Sabine Deckert

Stéphane Roussel

DIE HÜGEL VON BERLIN

Erinnerungen an Deutschland

Deutsch von
Margaret Carroux

Rowohlt

Die Originalausgabe erschien 1985 unter dem Titel
Les Collines de Berlin. Un regard sur l'Allemagne
im Verlag Mazarine, Paris
Schutzumschlag- und Einbandgestaltung Christian Diener
(Foto von Stéphane Roussel:
Pressebild Otto Schmidt, Hausen)

1. Auflage August 1986
Copyright © 1986 by Rowohlt Verlag GmbH,
Reinbek bei Hamburg
Les Collines de Berlin © 1985, Éditions Mazarine, Paris
Alle deutschen Rechte vorbehalten.
Satz Janson (Linotron 202)
Gesamtherstellung Clausen & Bosse, Leck
Printed in Germany
ISBN 3 498 05710 3

Ich war dort, dies widerfuhr mir.
La Fontaine

Inhalt

I
DIE HÜGEL VON BERLIN
9

II
WIE ES ANFING
39

III
DIE NACHT BRICHT HEREIN
67

IV
TIEFSCHWARZE NACHT
179

V
DAS GROSSE VERGESSEN
271

VI
DIE ZUKUNFT
325

NAMENREGISTER
355

I
DIE HÜGEL VON BERLIN

Fünf sind es. Fünf Hügel hat Berlin.

Als ich vor sehr langer Zeit zum erstenmal in die Stadt kam, lag sie völlig eben im Flachland der Mark Brandenburg. Stendhal hatte die Gegend in seinem Tagebuch ein «Sandmeer» genannt und gemeint: «Man mußte schon den Teufel im Leib haben, um da eine Stadt zu bauen.» Aber die Stadt ist gebaut worden. Später erst haben die Berliner wirklich den Teufel im Leib gehabt: Sie ließen es zu, daß ihre Stadt zerstört wurde. Fünf Hügel bezeugen es.

Über zwanzigtausend sowjetische Geschütze mußten die Stadt vierzehn Tage lang beschießen und britische Lancasterbomber und amerikanische Fliegende Festungen mehr als dreihundertfünfzigmal hier ihre Bombenteppiche legen, bis die Landschaft so umgestaltet war. Erpicht auf Zahlen und Statistiken, haben die Deutschen gleich nach dem Krieg errechnet, daß allein auf Berlin ein Sechstel der Schuttmengen des ehemaligen deutschen Reiches entfiel: fünfundsiebzig bis achtzig Millionen Kubikmeter an Schutt, verkohlten Backsteinen und Dachziegeln, Betonbrocken, Schrott aller Art. Kurz, alles, was nicht durch Feuer vernichtet worden war. Was sollte damit geschehen?

Nach einem kurzen Augenblick des Schocks machte man sich an die Arbeit. Vor dem Wiederaufbau mußten die Trümmer beseitigt werden. Eines Tages fielen irgend jemandem – man hat nie erfahren wem – die riesigen Sandgruben überall in und um Berlin ein, die durch Bombeneinschläge noch größer geworden waren. Aus allen Stadtteilen und mit allen nur möglichen Transportmitteln wurden die Trümmer dorthin gekarrt und die Sandgruben damit aufgefüllt. Dann wurde aufgeschüttet. Höher und höher bis es zur «Anhöhe» wurde, dann zu einem Hügel, immer höher hinauf.

Heute ragt der höchste der «Trümmerberge», die bald vierzig Jahre alt sind, mehr als hundertzehn Meter empor. Überall ist Gras gewachsen und zu Rasenflächen geworden. Man hat Birken und Pappeln gepflanzt, schnell wachsende Bäume, Ahorn, Kiefern und Weiden. Auch Büsche sind gepflanzt worden: Heckenrosen, Haselnußsträucher, Weißdorn; es gibt asphaltierte Fußwege, und auf den höchsten der Hügel führt eine befahrbare Straße. Man ergeht sich im Grünen, rechts und links Blumenbeete. Im Winter rodeln die Kinder hier, fahren sogar Ski.

Da ich nicht wieder nach Berlin zurückkommen werde, beschließe ich, mir die Hügel anzusehen.

Ich habe denjenigen ausgewählt, den die Berliner sehr zutreffend «Monte Klamotte» nennen. Ein Fußweg führt zum Gipfel. Der Magistrat hat das Durchschnittsalter der Bevölkerung berücksichtigt: alle fünfzig Meter steht eine Bank. Am Fuß des Hügels gibt es ein Schwimmbad und eine Trinkbude, die Bier und Coca-Cola ausschenkt. Auf einer großen Rasenfläche sonnen sich Männer und Frauen in der freundlichen Frühlingssonne.

Ehe ich die Stadt, die ich geliebt habe, und diese Trümmer verlasse, halte ich vor dem Teufelsberg, der allein zwanzig Millionen Kubikmeter Schutt verschlungen hat. Seinen Namen verdankt er einem kleinen See ganz in der Nähe. Er ist der höchste der Trümmerberge. Eine lange, schmale Hochfläche zeichnet sich scharf vom Himmel ab wie der Gipfel eines richtigen kleinen Berges. Rechts vergnügen sich junge Leute damit, ferngelenkte Flugzeugmodelle fliegen zu lassen. Links stehen eine Radaranlage und mehrere dazugehörige Gebäude. «Das am besten gehütete militärische Geheimnis der Amerikaner», erklären einem die Berliner. Mehr wollen sie darüber nicht wissen. Wichtig ist nur, daß die Amerikaner die Stadt schützen.

Am Fuß des Teufelsberges belehrt mich ein Anschlag in englischer und deutscher Sprache, daß ich eine Sondergenehmigung brauche, wenn ich mit dem Wagen auf der breiten Straße nach oben fahren will. Für Spaziergänger gibt es kleine, ziemlich steile Fußpfade. Hat man die Hochfläche erreicht, halten Gitter und die GIs, die hier Wache schieben, einen von den amerikanischen Einrichtungen fern.

Ehe ich weiterfahre, fällt mein Blick auf eine Berliner Familie – Vater, Mutter und zwei Kinder –, die im Schatten dreier kränklicher Birken dem Hügel gegenüber picknicken. In aller Ruhe packen sie Schwarzbrot, Aufschnitt, Äpfel und Coca-Colaflaschen aus. Den Teufelsberg kennen sie seit eh und je.

Durch einen amerikanischen Film, dessen Handlung in der ehemaligen Hauptstadt spielt und der 1957 in Berlin gedreht wird, erfahren die Berliner eines Tages, daß es in ihrer Stadt an Schutt mangelt. Die große Abschiedsszene zwischen einem Leutnant der deutschen Wehrmacht – den Marlon Brando darstellt – und der jungen Frau, die er liebt, soll in einer Wohnung spielen, die heil geblieben, aber von Ruinen umgeben ist. Man findet ein unbeschädigtes Gebäude. Aber das Viertel ist so gründlich aufgeräumt worden, daß es keine Ruinen und keinen Schutt mehr gibt. Berlin-Kenner verweisen darauf, daß es so etwas noch im Tiergarten geben könnte, da, wo sich die letzte Schlacht des Krieges abgespielt hat. Nur: im Tiergartenviertel steht kein einziges Gebäude mehr. Also mußte Schutt, den man hier und da aufgetrieben hatte, zur großen Freude der Berliner Gaffer an den Drehort geschafft und ein Stück Mauer aus Papiermaché aufgestellt werden.

Ich wollte das Stadtviertel wiedersehen, in dem mein Journalistenleben begonnen hatte. Ich wohnte damals in einer hübschen Nebenstraße in der Nähe des Tiergartens. Wenn ich die Alleen entlang promenierte, die den Tiergarten durchzogen, konnte ich Reiter und Reiterinnen vorbeikommen sehen und atmete die reine Luft der «grünen Lunge» der Hauptstadt.

Als 1945 die Schlacht um Berlin geschlagen war, gab es keinen Tiergarten mehr. Die amerikanischen Flugzeuge und die russischen Geschütze hatte ihn abgeholzt. Später holten sich die frierenden Berliner die verkohlten Baumstämme und die unter der Asche begrabenen Äste. Noch später wurde er wieder aufgeforstet.

Dem wiedererstehenden Tiergarten gegenüber steht weit und breit nichts mehr. Vergeblich habe ich versucht, die Stelle wiederzufinden, wo einst das Haus stand, in dem ich wohnte. Die Häuser sind verschwunden. Die Straßen auch. Allerdings nicht ganz. Wie bei einem surrealistischen Bühnenbild hängt noch ein Straßenschild an einem Laternenmast und deutet in eine Richtung, in der es nichts gibt. Ich denke: Ein Friedhof. Nein, schlimmer als ein Friedhof. Es gibt keine Grabplatten, die den Ort angeben, wo die toten Gebäude ruhen.

Mir fällt der Satz ein, den mir ein Berliner Kollege ganz zu Beginn meiner Karriere eingeschärft hatte: Du bist da, um mit deinen Augen zu sehen und zu bezeugen, was du gesehen hast. Deine Gefühle interessieren niemanden. Und noch eins: Ein Journalist weint nicht.

Nicht einmal auf einem Friedhof? Nicht einmal auf einem Friedhof.

Ich löse mich von dem Baum, an den ich mich gelehnt hatte. Es ist eine Eiche, die wie durch ein Wunder inmitten dieser Leere noch steht. Ich erkenne sie wieder. Es gab eine Zeit, da wandte ich den Blick ab, wenn ich an ihr vorbeiging. Ich hatte Angst. Angst, dort einen roten Anschlag zu sehen. Und nun fällt mir alles wieder ein.

Es war, glaube ich, im Februar 1935: Angeklebt oder angenagelt hing an dem Baum ein roter Zettel: «Im Namen des deutschen Volkes.» Im Namen des deutschen Volkes waren zwei junge Frauen zum Tode verurteilt worden. Die Wörter «zum Tode verurteilt» in Fettdruck. Benita von Falkenhayn, verwandt mit einem namhaften deutschen General, und Renate von Natzmer hatten eine gewisse Rolle in der Berliner Gesellschaft gespielt. Ganz unten auf dem Anschlag und in kleinerem Druck, als ob diese Tatsache nicht viel Bedeutung habe, stand: Das Urteil ist heute morgen im Hof der Strafanstalt Plötzensee vollstreckt worden.

In Plötzensee wurde mit dem Beil hingerichtet. «Das Urteil ist vollstreckt worden.» Mir kam der absurde Gedanke: Also kann man nichts mehr tun. «Der Führer hat es abgelehnt, von seinem Begnadigungsrecht Gebrauch zu machen.»

Gewiß, unschuldig waren sie nicht. In großen Zügen wurde die Affäre bald bekannt: Benita von Falkenhayn hatte einen eleganten polnischen Offizier kennengelernt, Hauptmann von Sosnowski. Sie wird seine Geliebte. Er überschüttet sie mit Geschenken. Nach einigen Monaten enthüllt er ihr die Wahrheit: Er arbeite für den polnischen Nachrichtendienst. Wenn Benita ihn liebe, müsse sie ihm behilflich sein, Leute kennenzulernen, die ihm nützlich sein können. Benita durchlebt Tage der Verzweiflung. Aber nicht einen Augenblick zweifelt sie an der Liebe des Geheimagenten. Schließlich macht sie ihn mit ihrer Freundin Renate von Natzmer bekannt. Renate läßt sich von den Vorschlägen des Hauptmanns, die ihre gegen das Monatsende immer knappe Kasse etwas auffüllen würden, verlocken. Sie bezieht ein recht kärgliches Gehalt vom Reichskriegsministerium und muß für einen kranken Vater sorgen. Außerdem erklärt ihr Sosnowski, sie werde, wenn sie ihm gewisse vertrauliche Dokumente überlasse, zu denen sie Zugang hat, auch dem Wohl des Reiches dienen. Sie erklärt sich bereit, erhält die Summe und ist so leichtsinnig, sogar eine Quittung zu unterschreiben.

Die beiden jungen Frauen werden verhaftet und zum Tode verurteilt. Sosnowski bekommt eine lebenslängliche Gefängnisstrafe (und wird nach ein oder zwei Jahren den Polen überstellt).

Warum ist das Urteil vollstreckt worden? Schließlich befand sich Deutschland nicht im Krieg. Noch nicht. Ich glaube, an jenem Morgen, vor dem roten Anschlag, habe ich es begriffen: Hitler dachte damals schon an die Zukunft. Er wollte alles tun, um die Staatsbürger das Fürchten zu lehren. Die Vorkriegszeit hatte begonnen.

Seit dem roten Anschlag war nichts mehr unmöglich.

Ich reiße mich von meiner Eiche los, kehre in die Gegenwart zurück. Die Stadt, die ich gekannt habe, gibt es nicht mehr. Zwölf Jahre der Erniedrigung gehen nicht spurlos an einer Stadt vorüber. Nicht die russischen Geschütze sind es, nicht die amerikanischen Bomben, die das lebendige Berlin, das funkelnde Berlin zerstört haben. Lange ehe feindliche Geschosse das erste Gebäude zum Einsturz brachten, war Berlin schon tot.

Kurz nach dem Krieg glaubten viele, die erloschene Flamme werde wieder aufflackern; geheimnisvolle Schätze, verborgene Schubladen würden sich öffnen, eine Welle von Begabungen werde sich über das Land ergießen. Aber so war es nicht. Und man hatte unrecht gehabt, es zu erwarten. Wer sollte auch geistige Schätze sammeln, wenn er sich belauscht, überwacht und manchmal verfolgt fühlte? Wie kann jemand geheime Gedankenvorräte anlegen und mit Freunden darüber diskutieren, wenn er sich auf niemanden verlassen kann? Ein befreundeter Schriftsteller hat mir damals erzählt, er habe die Gewohnheit, im Schlaf zu sprechen. Das beunruhigte ihn sehr. Ich riet ihm, sein Bett nur mit Menschen zu teilen, die dieselben, leicht subversiven Ideen hätten wie er. Aber auch das konnte ihn nicht beruhigen.

In der ersten Phase der Nachkriegszeit mangelte es Berlin

übrigens an Berlinern. Die Männer, die nicht unter dem russischen Schnee, dem afrikanischen Sand oder in anderer Erde ruhten, wo Hitler die Hakenkreuzfahne hatte hissen wollen, befanden sich in Kriegsgefangenenlagern. Erst sehr viel später sollten sie in ihre zerstörte, von den vier Siegern besetzte Stadt zurückkommen, und da konnte es geschehen, daß die neue Wirklichkeit sie mit voller Wucht traf: Zwei Berliner, aus russischer Gefangenschaft heimkehrend, konnten plötzlich Bürger unterschiedlicher Staaten werden. Je nachdem, in welchem Stadtteil seine Familie wohnte, wurde der eine ein freier Deutscher, der sich der Segnungen der Demokratie erfreuen konnte, während der andere als Untertan eines kommunistischen Staates dazu verurteilt war, unter staatlichem Druck und in Angst vor der Polizei zu leben. Ein unsichtbarer eiserner Vorhang trennte Freunde, die nur wenige hundert Meter voneinander wohnten.

Was mögen die Siegermächte sich vorgestellt haben, als sie sich kurz nach der deutschen Kapitulation in Potsdam trafen und über das Schicksal der Hauptstadt entschieden? Die Frage ist oft gestellt worden. Man hat Erklärungen gefunden. Aber keine Antwort. Man weiß immer noch nicht, was die angelsächsischen Mächte – Frankreich war nicht dabei – veranlaßte, dem Herren des Kreml ein Geschenk zu machen, das so üppig, so gefährlich und so absurd ist wie die Kontrolle über Berlin und seine Umgebung. Aber wie dem auch sei, Tatsache bleibt, daß Stalin die Partie gewonnen hat: Er hatte erkannt, wie wichtig es war, die ehemalige Hauptstadt zu einer Enklave in einem von seinen Truppen ganz und gar kontrollierten Gebiet zu machen. Denn auf diese Weise wurden nicht nur die Einwohner Berlins sondern auch die alliierten Besatzungsmächte seine Geiseln. Rußland hatte ungeheure Opfer gebracht, um bis zur Hauptstadt des Reiches vorzustoßen. Stalin war nicht gewillt, auch nur einen Zentimeter des eroberten Gebietes aufzugeben.

Nikita Chruschtschow, der sich gern anschaulich ausdrückte, beschrieb die Lage der geteilten Stadt folgendermaßen: «Berlin ist wie ein Hühnerauge am Fuß der westlichen Welt. Wir können jedesmal drauftreten, wenn es uns danach gelüstet.»

In den Augen der Deutschen sind vor allem die Amerikaner an der Teilung Berlins schuld: Als die Konferenz von Potsdam im Frühsommer 1945 stattfand, war der Nachfolger des Präsidenten Roosevelt ein Neuling auf der weltpolitischen Bühne. Aber auch Roosevelt hatte den Irrtum begangen, Stalins Glaubwürdigkeit und seiner Fähigkeit zur Mäßigung zu vertrauen. Und Churchill? Manche Teilnehmer an der Konferenz sollen gemeint haben, daß er recht sorgenvoll aussah. Als ob der große Staatsmann, der sein Volk zum Sieg geführt hatte, schon damals geahnt habe, daß Großbritannien bald nicht mehr sein werde, was es einmal gewesen war, und in Zukunft mit zwei Supermächten werde rechnen müssen.

Den westlichen Alliierten «auf das Hühnerauge zu treten», versucht Stalin im Jahre 1948. Er riegelt die westlichen Sektoren ab, sperrt die Zugangsstraßen, unterbricht den Verkehr auf den Wasserwegen. Er protestiert damit gegen die Währungsreform in den Westzonen, gegen den ersten Schritt zur Schaffung der Bundesrepublik. Stalin sah seine Chancen schwinden, eines Tages das gesamte besiegte Deutschland zu beherrschen. Außerdem konnte die neue Stabilität der westlichen Währung, der Ausgangspunkt einer zunehmenden Prosperität, die Aufmerksamkeit der Bewohner der Ostzone – der zukünftigen DDR – auf die Dürftigkeit des Lebensstandards in kommunistischen Landen lenken.

In den elf Monaten der Blockade landete alle zwei Minuten eine amerikanische Maschine auf dem Flughafen Tempelhof. Es war kein Kinderspiel, für zweieinhalb Millionen Einwohner Kleidung, Nahrung und Heizmaterial herbeizuschaffen und außerdem die Rohstoffe für die Berliner Industrie. Es begann die heroische Periode.

Die Berliner schnallten den Gürtel enger. Die Bewohner der zerstörten Hauptstadt fanden ihre Dynamik wieder.

Die Amerikaner wurden zu bewunderten Freunden und Beschützern. Auf den Straßen hob man den Kopf und blickte zum Himmel auf. Wie gebannt lauschte man dem unaufhörlichen Brummen der Flugzeuge, die jetzt nicht den Tod brachten, sondern das Überleben. Weihnachten herrschte tiefe Rührung. «Stellen Sie sich vor», erzählte mir eine Berlinerin, «sie haben sogar an unseren Weihnachtsstollen gedacht und uns mit Rosinen ‹bombardiert›.»

Die Russen gaben nach, die Blockade wurde aufgehoben.

Aber eine Krise folgte der anderen: Zwischenfälle auf den Autobahnen, auf denen man hundertachtzig Kilometer weit durch kommunistisches Gebiet fährt, ehe man die Stadt erreicht; russische Migs, die wie durch Zufall in der Nähe waren, wenn Passagier- oder Frachtflugzeuge in einem der drei genau festgelegten Luftkorridore flogen, die die westlichen Maschinen auf dem Weg nach Berlin benutzen müssen.

Damals sagte ein deutscher Minister – einer der hellsichtigsten – zu mir: «Wenn wir den Mut hätten, so zu handeln, wie es der Realismus verlangt, würden wir ganz einfach auf Berlin verzichten. Die Berliner hätten dann die Wahl, sich entweder mit dem kommunistischen Regime abzufinden, oder wegzugehen und in der Bundesrepublik zu leben. Wenn sie es gern möchten, könnte man für sie sogar eine neue Stadt in Norddeutschland bauen, wo es große, dünn besiedelte Räume gibt. Das wäre nicht teurer, als Berlin in den kommenden Jahrzehnten zu finanzieren. Dann würden eben die Russen die Wolkenkratzer Westberlins besetzen und sich in den Vierteln niederlassen, die uns heute gehören!» Er beeilte sich hinzuzufügen: «Natürlich kommt es nicht in Frage, Berlin aufzugeben. Die Bundesrepublik ist es sich schuldig, in der Gewißheit oder der Fiktion zu leben, daß diese Stadt eines Tages wieder die Hauptstadt eines wiedervereinten Deutschlands werden wird. Im übrigen würden sich die Amerikaner niemals zu einer solchen Lösung hergeben. Berlin zu verlassen hieße für sie, einen Vorposten der Vereinigten Staaten aufzugeben.»

Der Minister hat sich nicht getäuscht. Berlin ist nach wie vor eine Enklave und von finanzieller Unterstützung durch die Bundesrepublik abhängig: eine Stadt, die am Tropf hängt.

Jedesmal, wenn sich eine Krise abzeichnete, deutlicher wurde, auszubrechen drohte oder sich verzog, fuhr ich nach Berlin. Die Besatzungstruppen waren Tag und Nacht in Alarmbereitschaft. Der amerikanische Kontrollpunkt, Checkpoint Charlie, der die Friedrichstraße, einst eine der verkehrsreichsten der Hauptstadt, in zwei Teile schneidet, blieb ein riesiges Schilderhaus für die GIs, die Tag und Nacht Wache halten. Gegenüber, einige hundert Meter entfernt, der kommunistische Kontrollpunkt. Eine Szenerie, die später zahlreichen Filmen und Kriminalromanen als Hintergrund dienen sollte.

Wenn sich eine neue Spannung zwischen Ost und West ankündigt, werden die Geschäfte der Berliner Kaufleute schwieriger. Oft stellen sie fest, daß ihre nicht in Berlin wohnenden Landsleute die Lage viel zu schwarz sehen. Die Berliner beklagen sich darüber. So jener unglückliche Limonadenhändler, der seinem gewohnten Lieferanten in der Bundesrepublik gerade einen großen Auftrag erteilt hat. Der verweigert die Lieferung: «Die Krise ... die russische Gefahr.» – «Sie riskieren nichts», erklärt ihm der Berliner. «Ich bin bereit, sofort zu bezahlen.» – «Daran zweifle ich nicht», erwidert der vorsichtige Hamburger. «Die Lage ist zur Zeit einigermaßen ruhig. Aber wissen wir heute, wie die Situation an dem Tag sein wird, an dem ich das Leergut zurückhaben möchte?»

Warum diese Alarmiertheit? Gewöhnlich handelt es sich um das Berlin-Statut, das der Bundesrepublik gewisse politische Aktivitäten untersagt. Denn obwohl die Bonner Regierung die Sonderregelung für die von den vier Siegermächten besetzte Stadt anerkennt, findet sie sich nicht damit ab, daß die alte Hauptstadt als Hauptstadt dem Vergessen anheimfällt. Sie veranstaltet dort immer wieder politische Versammlungen und hat sogar einmal einen Bundespräsidenten in Westberlin wählen lassen. Die Russen protestieren gegen solche Verletzungen des Viermächtestatus. Was die Machthaber in Moskau und in Berlin-Ost in Wirklichkeit stört, ist die enge Nachbarschaft zu einer tatsächlich demokratischen, freien, florierenden Stadt, die inmitten der kommunistischen Welt gleichsam das Schaufenster der «kapitalistischen» Bundesrepublik ist. Das ist schlecht für die Stimmung der Bevölkerung von Ostberlin. Solange die Bewohner des kommunistischen Sektors unter sich bleiben, können sie den Eindruck haben, daß sich die Lage bessert. Aber sie brauchen nur in die westlichen Sektoren zu kommen (was bis zum Mauerbau möglich war), um festzustellen, wieviel noch fehlt. Ihre Einkäufe in den Läden Westberlins mit ihrem reichhaltigen Angebot erweisen sich als schwierig. Das kommunistische Geld ist nur ein Viertel oder ein Fünftel der Westmark wert.

In einem Schuhgeschäft komme ich mit einem Ostberliner ins Gespräch, der für seine Frau Pumps kaufen will. Er fragt mich, was ich von dem Modell halte, das er ausgesucht hat. Ich rate ihm, keine Schuhe mit Pfennigabsätzen zu nehmen, die zwar zur Zeit große Mode sind, aber womöglich mißgünstige Nachbarn aufmerksam machen könnten. Die kommunistischen Behörden schätzen es nicht, daß man im Westen einkauft.

Zufällig treffe ich diesen Mann im Westberliner Stadtteil Marienfelde wieder, wo diejenigen aufgenommen werden, die dem Kommunismus entfliehen wollen. Wie so viele andere kommt er, von seiner Familie begleitet, mit leeren Händen. Ich sehe, daß seine Frau einen resedafarbenen Regenschirm bei sich hat, offenbar der einzige Gegenstand, von dem sie sich nicht trennen wollte, selbst auf die Gefahr hin – es regnet nicht – die Aufmerksamkeit der Vopos zu erregen, die an Ein- und Ausgängen von S- und U-Bahn nach etwaigen Flüchtlingen Ausschau halten. *Republikflucht* ist ein schweres Vergehen und kann mit zwölf bis fünfzehn Jahren Gefängnis bestraft werden.

Solche Reisende ohne Gepäck treffen unaufhörlich in Westberlin ein. Ihr Strom schwillt in dem Maße an, in dem die Prosperität der Bundesrepublik deutlich wird. Gewiß ist es die Freiheit, die die Flüchtlinge suchen. Aber noch mehr als die Freiheit reizt sie ein angenehmeres Leben. Vergeblich versuchen die kommunistischen Behörden dem Exodus Einhalt zu gebieten und die Tätigkeit angeblicher Abwerbungsagenten anzuprangern, die, wie es hieß, in der kommunistischen Republik herumfahren auf der Suche nach qualifizierten Arbeitskräften oder Spezialisten aller Art. Tatsächlich kann die Bundesrepublik auf Abwerbungsagenten verzichten; diese Arbeit wird zum größten Teil vom westdeutschen Fernsehen übernommen. In vielen Haushalten im Osten kann man die Westsendungen empfangen. Am beliebtesten ist die Werbung. Die ist soviel wert wie alle Filme, die man sich vorstellen kann: ein Dutzend Waschmittel, von denen jedes noch weißer wäscht als die anderen, Schokoladenkekse, Seife in Pulverform oder flüssig und Mineralwässer, die alle Segnungen der Natur verheißen. Kurz: Eine unbekannte Welt!

Während weniger als zwölf Jahren haben sich mehr als drei Millionen ostdeutsche Bürger – Fachkräfte, Ingenieure, Ärzte, Forscher, Arbeiter und Bauern – entschlossen, im Westen zu leben. Die deutschen Kommunisten, die ebenfalls viel von Statistiken halten, haben ausgerechnet, daß dieser Aderlaß sie ungefähr hundert Milliarden Mark gekostet hat.

Nach zwölf Jahren findet es der Erste Sekretär der ostdeutschen KP, der Vertrauensmann des Kreml, an der Zeit, eine

Situation zu beenden, die das Land zu ruinieren droht. Am 3. August 1961 fliegt Walter Ulbricht nach Moskau.

Ich bin seit ein paar Tagen in Berlin: Man spürt, daß sich der Gang der Dinge beschleunigt. Im Juni waren zwanzigtausend Männer, Frauen und Kinder aus dem kommunistischen Deutschland geflohen; im Juli dreißigtausend; in der ersten Augustwoche täglich fünfzehnhundert.

Chruschtschow ist nicht besonders erfreut über den deutschen Besuch. Im Kreml geht der alte Kommunist Ulbricht manchen auf die Nerven: Er hat die ärgerliche Angewohnheit, bei jeder Gelegenheit daran zu erinnern, daß er Lenin gekannt hat.

Sein Vorschlag, die Grenzen hermetisch zu schließen, mißfällt. Eine solche Lösung des Problems komme dem Eingeständnis eines Fehlschlags gleich. Ulbricht bleibt hart: Die einzige Möglichkeit, das Land zum Funktionieren zu bringen, sei, die Bevölkerung hinter Gitter zu setzen. Anders gesagt, er werde eine Mauer bauen.

Das sind die Nachrichten, die aus Moskau durchsickern. Aber wie die Beratungen ausgegangen sind, weiß man nicht. Denn schließlich ist es der Kremlchef, der entscheidet. Wir werden bald mehr erfahren.

Ich versetze mich in «Alarmbereitschaft». Mein Wagen steht vor dem Hotel. Als mich am 12. August gegen Mitternacht ein amerikanischer Kollege, Gaston Coblentz, anruft und sagt: «Sie machen das Brandenburger Tor dicht», brauche ich weniger als eine Viertelstunde, um an Ort und Stelle zu sein. Coblentz hat die Information von seiner Zeitung, der New Yorker *Herald Tribune*, die vage Hinweise aus Moskau, Warschau oder Bukarest bekommen hat.

Als ich eintreffe, hat der Bau der Sperre noch nicht begonnen. Was ich vorfinde, ist kaum ermutigender: Vor uns steht eine menschliche Mauer. Drei- und vierfache Reihen von Polizisten im Kampfanzug bewachen die unmittelbare Umgebung des bekanntesten Bauwerks von Berlin, das die Grenze zwischen den beiden Teilen der Stadt ist; hinter den Polizisten die berühmten «Kampfgruppen», paramilitärische Formationen, denen militante kommunistische Freiwillige und die zuverlässigsten Arbeiter und Angestellten aus Fabriken und Staatsbetrieben angehören.

Im Augenblick sind Männer im Drillichanzug mit Vorbereitungsarbeiten beschäftigt. Ehe Pfosten aufgestellt und lange Spiralen von Stacheldraht ausgerollt werden können, muß das Straßenpflaster aufgerissen werden. Das Pflaster der einst lebendigsten und belebtesten Straße der Hauptstadt.

Wir, die wir vor dem Tor stehen und von der «menschlichen Mauer» in Schach gehalten werden, sind noch nicht sehr zahlreich. Ich gehe auf einen der Männer zu, die das Pflaster aufreißen. Ich bemühe mich, ruhig zu sprechen: «Seid ihr wahnsinnig geworden, eine Straße aufzureißen, die in tadellosem Zustand ist?» Ich bin darauf gefaßt, eine Schaufel voll Sand ins Gesicht zu bekommen. Ich irre mich. Statt einer Antwort begnügt er sich damit, die rechte Hand bis zur Schulter zu heben und mit einer Bewegung des Daumens auf etwas hinter sich zu zeigen. Und da sehe ich die Panzer. Dicht aufgereiht vor der sowjetischen Botschaft Unter den Linden, der Straße, die auf der kommunistischen Seite zum Brandenburger Tor führt. Russische Panzer? Deutsche Panzer? Aus dieser Entfernung läßt es sich nicht feststellen. Aber ich sehe, daß ihre Drehtürme auf uns gerichtet sind.

Später begreife ich, daß sie auch da waren, um die eigene Bevölkerung zu bewachen. Könnte sich nicht irgendein Unerschrockener finden, der laut hinausschreit, daß er keine Lust hat, eingemauert zu werden?

Um drei Uhr morgens beginnen Pioniereinheiten der Volksarmee in siebzig Straßen, die in den Westteil der Stadt führen, mehr als zwei Meter hohe Drahtzäune aufzustellen. Das ergibt in wenigen Minuten einhundertvierzig Sackgassen. Die Wege zur Freiheit sind abgeschnitten. In der noch dunklen

Nacht bringen Armeelastwagen Männer mit Pickel, Hacken und Planen zu den neuralgischen Punkten. An manchen Stellen werden Bohrmaschinen eingesetzt.

Ein Leutnant überwacht die Arbeit, und wenn sie in einem zu dunklen Sträßchen vor sich geht, leuchtet er seinen Leuten mit einer Taschenlampe.

Am Brandenburger Tor bedarf es keiner besonderen Beleuchtung. Das historische Bauwerk wird die ganze Nacht angestrahlt.

Mittlerweile sind Neugierige gekommen, um sich das Schauspiel anzusehen. Zu dieser Stunde schläft der brave Bürger. Auf den Straßen sieht man höchstens verspätete Nachtschwärmer, Polizeibeamte und die Saufbrüder vom Samstagabend. Es ist eine bunt zusammengewürfelte Menge – von der man gar nicht weiß, wie sie es eigentlich erfahren hat –, die diese entscheidenden Augenblicke miterlebt. Junge Männer im Smoking und Damen im Abendkleid, die aus Bars und Nachtlokalen kommen, lassen Bilder entstehen, die von Fellini oder Buñuel ersonnen sein könnten; die Zuschauer scheinen sich für eine makabere Gelegenheit extra in Schale geworfen zu haben: Man sieht nicht jeden Tag bewaffnete Männer, die siebzehn Millionen Menschen einmauern.

Die Morgendämmerung ist sehr schön. Die Sonne, die hinter dem Brandenburger Tor aufgeht, blendet und tut den Augen weh. Die von den Erdarbeiten erhitzten Soldaten knöpfen den Kragen ihrer Drillichanzüge auf und schieben ihr Käppi oder ihre Mütze in den Nacken. Sie machen Pause, um den Tagesanbruch zu genießen.

Da sehe ich links von mir, vom Osten kommend, einen festlich gekleideten, von einigen Personen begleiteten jungen Mann. Er trägt einen gelben Plastikeimer, in dem ein riesiger Strauß roter Nelken steckt.

«Woher kommen diese Blumen?» frage ich ihn.

Der junge Mann sieht ganz verzweifelt aus. Er erzählt: Er

wohnt in Westberlin und hat gestern abend seine Hochzeit mit einer Ostberlinerin gefeiert. Nach der Trauung und dem Festessen wollte er mit seiner Frau in den Westsektor zurückfahren. Aber am Kontrollpunkt hat ein Polizist zu ihm gesagt:

«Sie und Ihre Freunde wohnen in Westberlin. Sie können rüber. Ihre Frau muß hierbleiben. Wir haben neue Anweisungen bekommen.»

Das sei doch nicht möglich, habe er erwidert. «Wir sind verheiratet. Es steht geschrieben, die Frau müsse ihrem Mann folgen.» Der Polizist: «Neue Instruktionen? Woher haben Sie das?» Als der junge Mann sagte: «Aus der Bibel», hat der Polizist mit den Achseln gezuckt: «Ach so. Kenne ich nicht.»

Seine Freunde trösten ihn: «Du wirst sehen, Montag oder Dienstag bekommt sie neue Papiere. Heute ist ja alles zu.»

Warum hat er seiner jungen Frau die Blumen nicht gelassen? Ich stelle die Frage nicht. Ich sehe ihn traurig weitergehen, den gelben Eimer in der Hand.

Und was machen bei alldem die Vertreter der drei Westmächte? Das ist mit einem Wort beantwortet: Nichts. Den ganzen Tag über versuchen wir, jemanden aufzutreiben, der uns auf verständliche Weise sagen kann, wie der wichtigste «Beschützer Westberlins» reagieren wird: Präsident Kennedy.

Später erfuhren wir, daß Kennedy eher erleichtert war. Einige Wochen zuvor hatte er sich mit Chruschtschow in Wien getroffen. Die beiden Staatsmänner wurden von ihren Ehefrauen begleitet. Das Fernsehen zeigte die Russin ausgiebig, eine Frau mit behaglichen Rundungen, der unbekannt zu sein schien, daß es Büsten- und Hüfthalter gibt, die aber mit ihrer mütterlichen Herzlichkeit sympathisch wirkte. Man fragte sich, wie wohl die Beziehungen zwischen dieser schlichten, liebenswürdigen Frau und dem unausstehlichen Nikita Chruschtschow sein mochten. Zweifellos wissen wir zu wenig von ihm.

Jedenfalls hatte sich Nikita Chruschtschow in Wien bemüht, dem jungen amerikanischen Präsidenten Angst einzujagen. Er erklärte ihm, daß der jetzige Zustand nicht andauern könne, daß Berlin eine «freie Stadt» werden müsse, also frei von jeder ausländischen Besatzung. Was bedeutet, daß sie den Russen über kurz oder lang in die Hände fiel.

Kennedy war zutiefst beunruhigt in die Vereinigten Staaten zurückgekehrt. Jede Veränderung des Status von Berlin kann zum Krieg führen. Er weiß es. Und als man ihm mitteilt, daß sich die Russen im Augenblick damit begnügen, zwischen den beiden Teilen der Hauptstadt eine einfache Mauer zu errichten, erscheint ihm das als das kleinere Übel. Das am Abend des 13. August von den Militärbefehlshabern von Berlin herausgegebene Kommuniqué spiegelt diese Einstellung wider: Die Schaffung einer neuen «Staatsgrenze» gefährde den gegenwärtigen Status der Stadt nicht.

In seinen Erinnerungen *Begegnungen und Einsichten* wird der damalige Regierende Bürgermeister von Berlin, Willy Brandt, nicht verhehlen, was für ihn die Errichtung einer neuen «Staatsgrenze» in einem Teil der Welt, der für die Vereinigten Staaten von einer gewissen strategischen Wichtigkeit ist, bedeutet. «Es wurde Ulbricht erlaubt, der Hauptmacht des Westens einen bösen Tritt vors Schienbein zu versetzen – und die Vereinigten Staaten verzogen nur verstimmt das Gesicht.» Brandt kommt zu dem Schluß, daß das Erlebnis dieser Tage seine politischen Ideen in den folgenden Jahren deutlich beeinflußt habe. Die sogenannte Ostpolitik sei aus dieser Perspektive erarbeitet worden.

Im Klartext: Der zukünftige Bundeskanzler hatte erkannt, daß es im Interesse Westdeutschlands liegt, die Beziehungen zur Sowjetunion zu normalisieren, und sei es im Alleingang. Etwa zehn Jahre später wird das eine vollendete Tatsache sein.

Präsident Kennedy macht der zutiefst bestürzten Bevölkerung Westberlins gegenüber eine Geste. Er schickt ihr seinen

Vizepräsidenten Lyndon B. Johnson. Dieser Besuch, der mit einem wahren Ausbruch von Begeisterung der Berliner begann, wird zu einer Farce. Kaum hat Johnson die Stadt verlassen, erfährt man, daß er sich wie ein amerikanischer Tourist aufgeführt hat und diesen Aufenthalt, so dramatisch er auch war, dazu benutzen wollte, Einkäufe zu machen.

Die erste Geschichte, die durchsickert, ist die von den Schuhen. Den ganzen Tag über hatte er Willy Brandts Fußbekleidung bewundert. Spät am Abend – es ist Samstag, und die Geschäfte schließen früh –, äußert Johnson den Wunsch, Schuhe derselben Marke zu kaufen. Der Direktor der Firma wird alarmiert, er läßt einen Laden aufmachen und die Verkäufer holen. Da Johnsons Füße unterschiedlich groß sind, müssen zwei Paar Schuhe gefunden werden. Sie werden gefunden. Die beteiligten Personen beeilen sich natürlich, die Geschichte überall in der Stadt zu verbreiten.

Weitere Einzelheiten über dieses amerikanische Wochenende in Berlin findet man in Willy Brandts Erinnerungen. Am Sonntag will der Vizepräsident elektrische Rasierapparate als Reisemitbringsel für Freunde kaufen. Sie werden ihm geliefert. Am selben Abend bestellt er den Generaldirektor der berühmten Berliner Porzellan-Manufaktur in sein Hotel und erteilt ihm einen Auftrag über eine große Zahl kleiner Aschenbecher. «Johnsons entwaffnende Erklärung: ‹They look like a Dollar and cost me only 25 Cents.›»

Während dieses ganzen politischen Touristenbesuchs gehen die Abriegelungsarbeiten der Kommunisten weiter. Gesamtlänge der Mauer: 46 Kilometer.

Im Laufe der Jahre verändert sie ihr Aussehen mehrmals. Zu Anfang ist sie ein einfacher Zaun aus Stacheldraht, später eine ziemlich primitive Mauer, die nicht viel anders aussieht als sonst irgendeine Backsteinmauer. Noch später sieht man sich einer komplizierten Konstruktion aus Betonplatten und Metallgittern gegenüber. Hier und da ist der Stacheldraht, der wie eine Dornenkrone auf der Mauer sitzt, durch ein Rohr mit großem Durchmesser ersetzt worden. Ich wollte wissen, welchen Zweck die Rohre erfüllen. Einen ganz einfachen: Sie sollen die Flucht erschweren. Man kann sich nicht so leicht daran festhalten, man rutscht ab. Zweihundertsiebzig Wachtürme kontrollieren die «moderne» Grenze, wie die kommunistischen Behörden sie bezeichnen. Und dennoch haben immer wieder Männer und Frauen versucht zu fliehen. Sie haben Tunnel gegraben, sind über die Mauer gestiegen, haben einen Kanal durchschwommen. Von den viertausend Menschen, die in zwanzig Jahren ihr Glück versuchten, haben einundsiebzig dabei den Tod gefunden, und mehr als hundert sind verletzt worden. Je vollkommener die Mauer wird, um so geringer wird die Zahl der Versuche. Und außerdem hat sich manches geändert...

Acht Jahre nach dem traurigen Morgen des 13. August 1961 befinde ich mich wieder einmal im kommunistischen Deutschland. Schon nach wenigen Stunden wird mir klar, daß es «im Osten etwas Neues» gibt. Im Schatten der Berliner Mauer ist die Deutsche Demokratische Republik auf spektakuläre Weise wiedererstarkt.

Der Wagen, der mir für die Fahrt von Berlin nach dem mit russischer Hilfe wiederaufgebauten Dresden von den Behörden zur Verfügung gestellt worden ist, hat fünf Kilometer hinter der Hauptstadt eine Panne. Der Fahrer öffnet einen Werkzeugkasten, nimmt zwei Zangen und einen Schraubenzieher heraus, klappt die Motorhaube hoch und macht sich an die Arbeit. Er ist ein alter Berliner, war schon vor dem Krieg Kommunist und verhehlt nicht, daß er beauftragt ist, mich zu überwachen, unterstützt von dem jungen Diplomaten, der mich begleitet. Nach etwa zehn Minuten fahren wir weiter. Die nächste Panne folgt nach einer Stunde. Es hat angefangen zu schneien. Wir haben Dezember. Ich schlage vor, an einer Tankstelle anzuhalten. Der Chauffeur wirft mir einen erstaunten Blick zu. «Wozu? Ich kenne meinen Wolga.»

Nach einem zweistündigen Tête-à-tête zwischen dem deutschen sachverständigen Fahrer und dem sowjetischen Erzeugnis rollt der Wagen wieder.

So meine Anfänge im «Land der kleinen Wirtschaftswunder». Man entdeckt immer neue. Dieses andere Deutschland, dem man vor kaum zehn Jahren ein nahes Ende vorausgesagt hatte, versteht es, die schwerfällige kommunistische «Maschine» in Gang zu bringen.

Ohne die Lehren Lenins zu verraten und bei größter orthodoxer Loyalität gegenüber dem sowjetischen Rußland ist die DDR als ein im wesentlichen deutscher, schöpferischer und leistungsfähiger Staat aufgestiegen, den Blick auf die Zukunft gerichtet, und hat sich für ihre Wirtschaft die technischen und wissenschaftlichen Waffen geschmiedet, die es ihr heute erlauben, den kommenden Jahrzehnten mit Optimismus entgegenzusehen.

In diesem anderen Deutschland hat das Wirtschaftswunder nicht, wie in der Bundesrepublik, gleich nach dem Krieg begonnen. Erst mußte das makabere Geräusch von Spitzhacken in der Stille der Berliner Sommernacht widerhallen. Diejenigen, die diesen Augenblick im Westen miterlebt haben, sagten sich: Da wird die Freiheit begraben.

Hört man die Politiker in Ostberlin reden, dann war der Mauerbau «ein weitsichtiges Unterfangen», das es dem deutschen sozialistischen Staat ermöglicht hat, seinen Platz unter den europäischen Industrieländern einzunehmen.

Nachdem es keinen Bevölkerungsschwund durch Flucht mehr gab, konnte sich die kommunistische Republik ernsthaft dem Wiederaufbau des Landes zuwenden, und mit dem Wiederaufbau ihrer Hauptstadt, Ostberlin, beginnen. Auch in diesen Stadtvierteln sind die Ruinen verschwunden. Die Prachtstraße Unter den Linden ist von wiederaufgebauten Häusern gesäumt. Auf dem Alexanderplatz erhebt sich der Fernsehturm, der – größter Stolz – um fünfundvierzig Meter höher ist als der Eiffelturm in Paris.

Der wirtschaftliche Aufschwung hat schließlich auch auf die von der westlichen Welt abgeschnittene Bevölkerung einen günstigen Einfluß gehabt. Nach dem ersten Schock, der hart war, hat die Abriegelung der Grenze sie von einem Dilemma befreit, das sie belastete: Bleiben oder in den Westen gehen? Jetzt, da man die Wahl nicht mehr hat, richtet man sich, so gut es geht, endgültig ein.

Auch für Westberlin bedeutete der Mauerbau einen Wendepunkt. Die Stadt verkümmert.

Vorbei ist die «heroische Epoche», in der man sich in der vordersten Linie sah, als Vorkämpfer für die Freiheit. Starke Gefühle sind naturgemäß nicht von langer Dauer. Chruschtschow war sich darüber klar: Man brauchte die alte Hauptstadt nur einzumauern und von der kapitalistischen Welt abzuschneiden, um sie langsam ihrer Substanz zu entleeren. Das «Schaufenster der westlichen Welt» ist geschlossen. Zum «Schaufenster» gehört das Publikum. Und das Publikum saß jetzt hinter Stacheldraht.

Zahlreiche Westberliner Familien, viele junge Leute beschlossen wegzugehen. In den folgenden Monaten mußten die Umzugsfirmen Wartelisten anlegen und zusätzliche Möbelwagen einsetzen. Die Stadt, die am Ende des Krieges noch zweieinhalb Millionen Einwohner hatte, zählt heute nicht einmal mehr zwei Millionen.

Auch beträchtliches, in Berlin investiertes Kapital schlug den Weg nach Westen ein. «Das Kapital», sagte einigermaßen verbittert der Direktor der Berliner Börse zu mir, «ist noch nie besonders heroisch gewesen.»

Die Windstille bekommt Berlin nicht. Eine drohende Gefahr hat es immer vitalisiert. Sobald die Gefahr gebannt ist und sei es auch nur vorläufig, kann Berlin wie eine Stadt wirken, die sich gehen läßt. Man hat den Eindruck, sie macht nicht was sie will, sondern was den zahlreichen Touristen gefallen könnte.

Und das sind nicht mehr die Besucher von einst, die der früheren Hauptstadt eine zärtliche Liebe bewahrt hatten. Wer jetzt nach Berlin kommt, ist eher sensationslüstern.

Für 10 Mark kann man im Autobus eine Stadtrundfahrt machen und sich die Mauer ansehen, über die so viel geredet wird. Legt man 14 Mark an, darf man aussteigen und auf eine der Plattformen klettern, die an den interessantesten Punkten wie dem Brandenburger Tor und dem Potsdamer Platz errichtet wurden. Man kann fotografieren; mit etwas Glück gelingt es, einen Vopo, den ein Hund begleitet, auf den Film zu bannen. Und vielleicht befällt einen sogar ein kalter Schauder, wenn man sieht, was Menschen anderen Menschen antun können. Oder man studiert in aller Ruhe die Gedenktafeln, die an jene erinnern, die bei einem Fluchtversuch erschossen wurden. Jenseits der Mauer sieht man verrammelte Häuser mit zugemauerten Fenstern.

Für 36 Mark kann man schließlich eine Rundfahrt durch beide Teile von Berlin machen. Von der östlichen Seite sieht man die Mauer, aber man kommt nicht an sie heran. Auf etwa zweihundert Meter ist die Straße Unter den Linden, die dort hinführt, gesperrt. Die einst belebteste Prachtstraße der Hauptstadt, an deren westlichem Ende auf der einen Seite die französische Botschaft und ihr gegenüber das berühmte Hotel *Adlon* lagen, ist zur Sackgasse geworden.

Der Autobus hält an, damit die Fahrgäste die Ablösung der Wache am Ehrenmal für die Opfer des Faschismus und Militarismus bewundern können. Man sieht vier Soldaten im russischen Paradeschritt antreten, der ein perfektionierter deutscher Stechschritt ist. Die Beine werden fast bis zum Kinn hochgerissen, und der rechte Arm schwingt rhythmisch dazu.

Auf beiden Seiten der Mauer bietet Berlin Anblicke, die man sonst nirgends findet. Man kann zu Hause davon erzählen. Die ehemalige Hauptstadt eines der mächtigsten europäischen Länder ist sozusagen der Lunapark des Kalten Krieges geworden.

Die drei westlichen Alliierten halten nach wie vor Wache, wie immer das politische Klima auch sein mag. In regelmäßigen Abständen und unter größter Geheimhaltung löst ein nächtlicher Scheinalarm den Beginn von Manövern aus, die sich teilweise auf den Straßen der Stadt abspielen. Man kann sich unschwer das taktische Thema dieser Übungen vorstellen: ein unvermuteter russischer oder ostdeutscher Angriff.

Die Ruhe hält an in Berlin. Die Leute sind froh darüber und tun so, als sähen sie die Mauer nicht. Fast könnte man sagen, sie existiert nur für die Kinder, die in der Nähe wohnen und sie praktisch finden, um Bälle dagegen zu schießen, ohne Gefahr zu laufen, eine Scheibe zu zerdeppern, denn im Gegensatz zu den Fassaden ihrer Mietskasernen gibt es in der Mauer keine Fenster. Aber Vorsicht, daß die Bälle nicht zu hoch fliegen. Wenn sie jenseits der Mauer herunterfallen, sieht man sie nie wieder. Aus unbekannten Gründen haben die Vopos Befehl, niemals einen Ball zurückzuwerfen.

Als ich Anfang der dreißiger Jahre nach Berlin kam, wußte ich nichts von der Stadt.

Von heute auf morgen war ich gezwungen worden, meinen Lebensunterhalt zu verdienen und hatte zufällig in Paris eine Reisebekanntschaft wiedergetroffen, einen Mann, der in Berlin eine große Agentur für Varieté- und Zirkusartisten leitete. Er suchte eine Dolmetscherin. Ich beherrschte beide Sprachen und außerdem Englisch. Er bot mir einen Hungerlohn, und ich übernahm den Posten.

Ich traf mit dem Nachtzug ein. Es war Winter und kalt. Richard W., mein Chef, nahm mich in die *Dreigroschenoper* mit, die seit zwei Jahren allabendlich aufgeführt wurde, und ich vergaß die Kälte, die Müdigkeit und die Arbeit, für die ich mich nicht begeistern konnte.

Die folgenden Wochen erlebte ich in Gesellschaft von

Akrobaten, Trapezkünstlern, Sängergruppen, Jongleuren und Zauberkünstlern. Alle diese Leute wollten unbedingt im Wintergarten oder in der Scala auftreten. Um ein wirklich internationales Renommee zu erlangen, mußte man in Paris auf der Bühne gestanden haben. Aber auch in Berlin. Berlin war auf dem besten Weg, eines der Kulturzentren von Europa zu werden.

Bisher hatte sich Paris nur wenig für die deutschen künstlerischen Leistungen interessiert. Gewiß, die Eingeweihten waren über die moderne Architektur und das Bauhaus im Bilde, kannten die Bilder von Klee oder Kokoschka, die Zeichnungen von George Grosz und die Musik von Schönberg. Aber nichts von alldem erreichte das breite Publikum.

Den Durchbruch schaffte der deutsche Film, der Tonfilm. *Der blaue Engel.* Marlene Dietrich. Marlene, Symbol des damaligen Berlin: Selbstbewußt, arrogant, mit gerade so viel Gewöhnlichkeit, wie nötig, entschlossen, ihr Publikum zu bändigen, so wie man Leoparden oder Tiger bändigt, und sich mit ihrer Stimme durchzusetzen, obwohl sie kaum singen kann.

Während sich der deutsche Film anschickte, die Welt zu erobern – später kamen *M*, *Der Kongreß tanzt*, *Die Drei von der Tankstelle* und viele andere –, zeichnet sich die nationalsozialistische Offensive gegen Berlin immer deutlicher ab. Goebbels wirft der Hauptstadt vor, «Paris an Ausschweifungen und Lasterhaftigkeit zu übertreffen». Diejenigen, die mit der Stadt vertraut sind, sehen es anders.

Man lebte und sündigte hier, wie man wollte. Was eine gewisse Anzahl «spezialisierter» Touristen anzog. Es herrschte die absolute Freiheit und zugleich die deutsche Manie des Abgrenzens. Alles war hier nach Art der Stockwerke und Abteilungen großer Kaufhäuser geordnet. Jeder fand sofort, wonach ihm der Sinn stand, und was er sich leisten konnte. So wußte man, daß die sehr gefragten, gestiefelten jungen Damen vor einem gewissen Laden standen; die, die überdies noch Sporen trugen, fand man ein Stückchen weiter, und sie kosteten mehr. Die Frauen ihrerseits hatten die Wahl zwischen mehreren Tanzlokalen, wo Männer aller Art auf den Strich gingen.

Das Berlin von damals war zweifellos das Eldorado der Homosexuellen. Das größte allein für Männer reservierte Nachtlokal hieß übrigens *Eldorado*. Hier wurde nur Champagner serviert, und die Transvestiten waren meist keine echten Prostituierten, sondern in vielen Fällen gute Familienväter, die häufig aus Paris oder London gekommen waren. Der erfahrene Tourist vermied dieses Lokal, und die Adepten zogen diskretere Örtlichkeiten vor, wo man sich unter verbürgten «Ausübenden» befand.

Diese besondere Art von Kneipen fand sich vor allem in den Außenbezirken: kleine, bescheidene Bierlokale, für den besonderen Zweck wie ein gemütliches Zuhause eingerichtet. Die Ausstattung erinnerte an Wohnstuben mit handgestickten Deckchen und künstlichen Blumen auf den Tischen. Die Aufmachung sollte nicht die Sinne reizen, sondern das Verlangen nach einem Daheim stillen, und nach dem Zusammensein mit einer verwandten Seele, und sei es bloß für einige Stunden. Hier trank man Bier und Fruchtsäfte.

Eine der ersten Maßnahmen der nationalsozialistischen Regierung war es, diese Lokale zu schließen. Offensichtlich fürchtete der Führer die Internationale der Homosexuellen und die erstaunliche Mischung aller sozialen Schichten, die sie mit sich brachte. Da er alles verabscheute, was international war – die katholische Kirche, das «Weltjudentum», den Marxismus –, bekämpfte Hitler auch die Homosexualität.

Zahlreiche Homosexuelle – Schauspieler, Tänzer, Schriftsteller – verließen Deutschland ziemlich bald, um in England oder in den Vereinigten Staaten zu leben und zu arbeiten, andere setzten sich der Gefahr aus. Sie mußten es schwer büßen. Man weiß um das Martyrium der Häftlinge mit dem rosa

Winkel, die in den Konzentrationslagern besonders abscheuliche Demütigungen ertragen mußten.

Wir, die wir Berlin kannten, haben sein Verschwinden beweint, wie man um einen jung Dahingeschiedenen trauert. Und in der Tat: die Stadt der dreißiger Jahre hatte die Tugenden und die Fehler der Jugend: das Talent, die intellektuelle Arroganz, die Ambition und manchmal auch Unmäßigkeit.

Berlins Weg endete jäh. Der Nationalsozialismus hat die Hauptstadt um ihre volle Entfaltung gebracht. Joseph Goebbels, vom Führer beauftragt, die Stadt noch vor der Machtübernahme für sich zu gewinnen, Goebbels, der Berlin nicht mochte, hat mit Hilfe einer ihm hörigen Presse, einen regelrechten Krieg gegen den Geist der deutschen Hauptstadt geführt. So konnte es geschehen, daß die nationalsozialistischen Kräfte, die Berlin zunächst belagert und dann erobert hatten, den Sieg davontrugen, unter dem Kommando eines Mannes, der bislang nicht viel mehr war als der Autor eines politischen Buches voller wahnsinniger Prophezeiungen – und dem des erfolglosen Schriftstellers Joseph Goebbels; Goebbels hatte in jungen Jahren unter dem Titel *Michael* eine patriotische Erzählung verfaßt, die von allen deutschen Verlagen abgelehnt worden war.

Berlin zog an, integrierte, entdeckte. Der Fremde wurde mit offenen Armen aufgenommen. Vorausgesetzt, er brachte etwas Neues. Talent war die große Mode. Man erriet es. Man spürte es auf. Manchmal erfand man es. Dem schüchternen jungen Künstler, der die ersten Schritte nicht zu tun wagte, verlieh Berlin Flügel.

Wenn Paris unbestreitbar das Weltkulturzentrum blieb, so war Berlin damals aus heutiger Sicht eine Stadt im Werden, eine Stadt im Kommen, begierig zu wachsen und die Schätze zu sammeln, die ihr von außen zugetragen wurden. Die Schätze fand sie in Amerika, in England oder auch in Rußland. Paris aber blieb das Mekka. Die Reisen, die Schriftsteller und Künstler dorthin unternahmen, ähnelten Pilgerfahrten. Berlin kannte keine Eifersucht. Die Reichshauptstadt erhob nicht den Anspruch, es ihrer großen Nachbarin gleichzutun. Sie begnügte sich damit, Paris zu lieben.

Ich habe einen Nachdruck von Originaltexten des *Querschnitts* wiedergefunden, jener literarischen Zeitschrift aus den Jahren 1924 bis 1933, die für Leser bestimmt war, die auch Französisch und Englisch lasen. Die Beiträge ausländischer Autoren wurden in der Originalsprache abgedruckt. So auch der Aufsatz des Diplomaten und Schriftstellers Harold Nicolson, der sich oft in Berlin aufhielt und sich fragte, was die Stadt für ihn so anziehend mache: «In allererster Linie die Bewegung. Keine Stadt auf der Welt ist so unruhig wie Berlin. Alles regt sich. Die Verkehrsampeln schalten unablässig von Rot auf Gold und dann auf Grün. Die Lichtreklamen flammen mit der hartnäckigen Regelmäßigkeit von Leuchttürmen. Die Straßenbahnen schlingern und bimmeln. Der Jaguar im Zoo geht die ganze Nacht unruhig in seinem Käfig auf und ab... im Tiergarten flackern kleine Lämpchen zwischen den jungen Bäumen, und das Gras ist übersät mit Glühwürmchen: mit Tausenden von Zigaretten...

Der Jaguar im Zoo, der geglaubt hatte, es sei wirklich Zeit sich schlafen zu legen, steht wieder auf und durchmißt seinen Käfig. In der Nachtluft, die selbst die Türme der Gedächtniskirche aufgeregt zucken läßt, liegt ein bebendes Gefühl der Erwartung. Jeder weiß, daß Berlin allnächtlich zu einem neuen Abenteuer erwacht. Und jeder findet, es wäre schade, ins Bett zu gehen, ehe das Erwartete oder Unerwartete geschieht...

Diese Bewegung der Körper und der Lichter findet ihre Entsprechung in der Dynamik der Köpfe. Um 3 Uhr morgens zündet sich der Berliner noch eine Zigarre an und stürzt sich von neuem frisch gestärkt in Diskussionen über Proust oder Rilke oder das neue Strafgesetzbuch oder darüber, ob Menschenscheu auf Narzißmus zurückzuführen sei oder ob es klug oder töricht wäre, aus dem Pariser Platz ein Stadion zu machen.

Die Augen, die in London oder Paris vor Müdigkeit längst zugefallen wären, sind in Berlin hellwach und selbst um 4 Uhr morgens auf der Suche nach einem neuen Erlebnis oder einer neuen Idee ...»

In diesem Berlin begann eines Nachts im Jahre 1930 genau um 3 Uhr morgens meine Laufbahn als Journalistin.

II
WIE ES ANFING

Man kann auf vielerlei Weise Journalistin werden. Man kann zum Beispiel, und das war mein Fall, zu einem Herrn, den man bei Freunden kennengelernt hat, «nein» sagen, wenn er vorschlägt, spät noch gemeinsam eine Tasse Kaffee zu trinken.

Edmond Strieder – so hieß der Herr – hat mich nach dem Abendessen nach Hause gebracht. Er schlägt vor, unser Gespräch bei einer Tasse Kaffee fortzusetzen. Um drei Uhr morgens. Ich habe keine Lust, Wasser aufzusetzen, ich will schlafen gehen. Vielleicht ein andermal. Ich bin müde. Rufen Sie mal an? Meine Ablehnung scheint ihn zu freuen.

Ich schlafe sehr schnell ein. Noch weiß ich nicht, daß der nichtgetrunkene Kaffee mir eine Laufbahn erschließen wird, der ich ein Leben lang treu bleiben werde.

Edmond Strieder, Deutschlandkorrespondent des Pariser *Matin* hat während des Krieges für das Deuxième Bureau gearbeitet, den französischen Abwehrdienst. Von dieser Tätigkeit, über die er selten spricht und die ihm wohl abscheuliche Erinnerungen hinterließ, ist ihm die Manie geblieben, überall Geheimagenten zu vermuten. Vor allem Frauen scheinen ihm gefährlich. Die junge Dame, die es ablehnte, um drei Uhr morgens den ersten besten bei sich zu empfangen, macht sicher einen guten Eindruck auf ihn. Sie muß das sein, was man «seriös» nennt. Kurzum, er hat meine Müdigkeit für Tugend gehalten.

Am nächsten Tag ruft mich Edmond Strieder schon frühmorgens an. Er kommt gleich zur Sache. Er sucht eine Mitarbeiterin. Er glaubt, ich könne diejenige sein, die er braucht.

Ob ich ihn heute nachmittag in seinem Büro aufsuchen würde? Um drei Uhr?

Ich komme eine gute Viertelstunde zu spät. Eine Hausangestellte führt mich ins Büro. Ehe Strieder mir die Hand gibt, wirft er rasch einen Blick auf eine elektrische Uhr über der Tür. Und mir wird klar, daß der am Telefon benutzte Ausdruck «Mitarbeiterin» ein höflicher Euphemismus gewesen sein muß: Der Korrespondent des *Matin* sucht eine Sekretärin. Und die täte gut daran, pünktlich zu sein.

Obwohl gebürtiger Lothringer, sieht Edmond Strieder aus wie ein von George Grosz gezeichneter Deutscher: Groß, dick, stiernackig, spärliches blondes Haar, hochrotes Gesicht, vorquellende helle Augen, starrer Blick, knollig verdickte, blaurote Säufernase.

Es geht um folgendes: Er braucht jemanden, der für ihn ein Dutzend deutscher Zeitungen liest und die wichtigen Informationen daraus zusammenstellt. Nein, weder Theater noch Film, die politischen Nachrichten. Alles, was sich auf das Zeitgeschehen bezieht. Jemanden, der auch fähig ist, Texte von geringerer Bedeutung aus dem Deutschen ins Französische zu übersetzen, und zwar in der trockenen, unpersönlichen Sprache, die zur Zeit die der politischen Zeitungen ist. Als ich etwas hilflos dreinschaue, sagte er: «Das kann man lernen.»

Er unterzieht mich einem Test. Etwa dreißig Zeilen sind zu übersetzen. Sie sind bei weitem nicht so schön wie ein Goethescher Text und fast ebenso schwierig. Es dreht sich um den Warenaustausch zwischen dem Deutschen Reich und Polen, um fällige Zahlungen und Zinssätze. Also um etwas, das ich heute ein deutsch-polnisches Handelsabkommen nennen würde. Ich gebe ihm meinen Text.

Strieder nickt mit dem Kopf, sagt aber nichts. Dann schlägt er mir vor, in der nächsten Woche mit der Arbeit zu beginnen. Ich zögere. Ich versuche sogar, es ihm auszureden. Wäre es nicht besser, jemanden einzustellen, der etwas Erfahrung besitzt? Im Grunde verstünde ich doch nichts davon und wisse nicht, was die Leser des *Matin* interessiere.

Strieders Antwort bestand aus einem Wort und sollte meinen Lebenslauf bestimmen: «Deutschland.»

Ich sollte also in der nächsten Woche anfangen. Bürostunden von vier Uhr nachmittags bis Mitternacht. In jener fernen Zeit wurden die Morgenzeitungen nicht, wie heute, abends, sondern nachts gedruckt.

Durch die Hintertür betrat ich also die Welt der großen Politik.

Ich habe mich manchmal gefragt, wie wohl der Anfang einer Karriere als Auslandskorrespondent in einem Land aussehen mag, in dem nichts passiert. In Berlin rissen die Neuigkeiten nicht ab, überstürzten sich und widersprachen einander oft.

Nach einigen Tagen wurde mir klar, daß ich mit dieser Flut von Informationen allein nicht fertig wurde. Es mußte doch Leute geben, die «Zeitgeschehen» unterrichten. So, wie man eine Sprache lehrt. Ich beschloß also, mir einen Lehrer zu suchen. Ich fand ihn durch Zufall: es war Berthold Jacob, der Fachmann für militärische Fragen bei der pazifistischen Zeitschrift *Die Weltbühne*, deren Chefredakteur Carl von Ossietzky 1935 den Friedensnobelpreis erhielt, ihn aber nicht in Oslo in Empfang nehmen durfte, und der 1938 an den Folgen der grausamen Mißhandlungen im Konzentrationslager Oranienburg starb.

Berthold Jacob übernahm es, der Anfängerin, die ich war, die Wechselfälle der deutschen Zeitgeschichte zu erklären. Wir sahen uns jeden Tag. Er muß ein guter Lehrer gewesen sein, denn ich merkte ziemlich rasch, daß ich trotz der schönen in Berlin verlebten Zeit nichts von Deutschland und nur sehr wenig von Berlin wußte.

Manchmal, wenn ich ihm gegenübersaß und mir seine Analysen anhörte, kam es vor, daß ich mich in Gedanken davonstahl und mich nostalgischen Gedanken überließ. Ich dachte an jene ferne strahlende Oase, «mein» Berlin, dachte an seine sorglose Intelligenz, die es hinderte zu sehen, was jenseits der intellektuellen Grenzen geschah, die es sich aufzuerlegen beliebte. An das Vergnügen, abgeschirmt gegen die Außenwelt, mit Freunden zu leben, die sich auf die gleiche Weise ausdrücken, selbst wenn die Sprachen verschieden sind. An jene, die nicht begriffen, daß das Land immer tiefer in einem verzweifelten Nationalismus versank, die in einer Hauptstadt lebten, die immer mehr vom Land abgeschnitten war.

Es waren nur kurze Momente, die nicht anhielten. In diesem «fernen» Berlin war ich schließlich immer noch. Ich hatte nicht einmal die Adresse geändert, ich war inzwischen nur in einen Beruf geschlittert, dessen Voraussetzung es war, daß ich von nun an beobachtete und zu verstehen suchte, was um mich herum wirklich vor sich ging.

Jacob war ein bekannter Mann, von der politischen Rechten heftig kritisiert und als «schlechter» Deutscher beschimpft. In seinen Artikeln hat er häufig die Verstöße der Deutschen gegen die militärischen Bestimmungen des Versailler Vertrags angeprangert. Er hat das nur ungern getan. Er war ebenso patriotisch gesinnt wie seine Verleumder. Aber er war der Meinung, die neue Republik werde leichter den Platz wiederfinden, der ihr unter den anderen europäischen Völkern zukam, wenn sie die übernommenen Verpflichtungen einhielt.

So hatte er enthüllt, daß die Reichswehr, das vom Versailler Vertrag genehmigte 100 000-Mann-Heer, heimlich im Ausland, unter anderem in Rußland, zusätzliche Truppen ausbildete. Der zwischen Deutschland und der Sowjetunion 1922 unterzeichnete Vertrag von Rapallo war noch in Kraft. General von Seeckt, Chef der Heeresleitung, machte ihn sich zunutze, um Leute in die UdSSR zu schicken, die, von deutschen und sowjetischen Offizieren befehligt, den Umgang mit den schweren Waffen, die Deutschland nach dem Versailler Vertrag verboten waren, das Fliegen von Bombern und das Navigieren von U-Booten, lernten. Als Gegenleistung half das Reich Rußland bei der Entwicklung seiner Industrie und lieferte ihm wertvolle technologische Informationen.

Die Reichswehr selbst hatte Jacob auf die Spur einer Entdeckung gebracht, die viel Aufsehen erregte. Er studierte regelmäßig die militärischen Jahrbücher und hatte eines Tages festgestellt, daß Dutzende von Offizieren, deren Namen dort standen, ein Jahr darauf spurlos verschwunden waren, um zwei oder drei Jahre später wieder aufzutauchen. Wo hatten sich die Herren während dieser Zeit aufgehalten? Als guter Journalist hatte Jacob nicht allzu viel Mühe gehabt, dies herauszufinden.

Berthold Jacob, ein kleiner, schmächtiger Mann mit einem hageren Gesicht und von großer Höflichkeit, wurde später der Held eines politischen Zwischenfalls.

Gleich nach Hitlers Regierungsantritt verließ er Deutschland und ging nach Paris, wo er Freunde hatte. Die Stadt wimmelte von nationalsozialistischen Agenten, und Jacob stand ganz oben auf den Schwarzen Listen der Gestapo. Er wurde in eine Falle gelockt, in ein Gasthaus in der Schweiz, nicht weit von der deutschen Grenze. Nachdem man ihn betäubt und entführt hatte, wachte er im Hauptquartier der Gestapo in Berlin wieder auf.

Ich war in Berlin und versuchte, ihn zu sehen. Ich wurde abgewimmelt: Man müsse das Ende der Vernehmungen abwarten. Aber es gab die Schweiz, und die Schweiz hatte keine Lust, das Ende der Vernehmungen abzuwarten. Sie schätzte es nicht, daß Leute aus ihrem Hoheitsgebiet gewaltsam entführt wurden. Und sie ließ es Hitler wissen. Offenbar glaubte der Führer, es sich noch nicht leisten zu können, ein angrenzendes Land zu provozieren. Und eines schönen Morgens wurde tatsächlich ein «einfacher» Journalist an ein kleines

Land zurückgegeben, das den Mut gehabt hatte, seinem mächtigen Nachbarn gegenüber «Nein» zu sagen. Eine außerordentliche Lektion für alle, die nicht begriffen hatten oder nicht begreifen wollten, daß damals noch alles möglich war. Ganz besonders, wenn man sich ins Gedächtnis ruft, daß sich dieser Vorfall sechs Monate vor der Wiederbesetzung des Rheinlands durch die Hitler-Truppen ereignete, die (insgeheim) Befehl erhalten hatten, sich zurückzuziehen, falls Frankreich oder England zurückschlagen sollte. Es wurde nicht zurückgeschlagen.

Berthold Jacob aber sollte seinem Schicksal nicht entgehen. Beim Waffenstillstand in Frankreich interniert, ergriff er die Flucht, erreichte Lissabon, wurde von der Gestapo geschnappt und nach Berlin in ein Gefängnis verschleppt, wo er vor Kriegsende an Lungenentzündung starb.

In diesen ersten Monaten des Jahres 1930 erkenne ich das ganze Ausmaß meiner Unwissenheit. Aber ich glaube auch die Stärke dessen zu entdecken, der nichts weiß: Er sieht die wirklichen Konturen der Dinge, ohne bei seiner Sicht durch politische Vorstellungen beeinflußt zu werden, die das Bild entstellen, verzerren und Teile wegfallen lassen. Der Politiker kann die Ereignisse nur auf seine Weise sehen. Dem politischen Neuling bleibt nichts anderes übrig, als sie so zu sehen, wie sie sind. Manchmal bin ich selbst erstaunt über die Treffsicherheit der Fragen, die ich meinem «Lehrer» stellte: Hat Deutschland nach der Niederlage von 1918 wirklich eine neue Staatsform erhalten? Ist es nach der Revolution, die der Monarchie ein Ende machte, wirklich eine Republik geworden? Die Antworten darauf versetzen mich in eine wie von Kafka geschaffene Welt.

Die Mehrheit der Deutschen leugnet die Niederlage. Ihrer Ansicht nach ist die deutsche Armee niemals auf dem Schlachtfeld besiegt worden. Als Beweis dafür gilt die Tatsache, daß sich zur Zeit der Kapitulation noch deutsche Truppen auf feindlichem Territorium befanden. Die Alliierten ihrerseits haben den Fehler begangen, ihre siegreichen Truppen nicht durch die Straßen von Berlin marschieren zu lassen. Sie haben der kaiserlichen Armee unbeabsichtigt in die Hände gearbeitet, in dem sie zuließen, daß kein höherer Offizier bei der Unterzeichnung des Waffenstillstands mit Frankreich in Compiègne anwesend war. Die sozialistischen Politiker, die Nachfolger des letzten kaiserlichen Reichskanzlers, des Prinzen Max von Baden, sind in die Falle gegangen und haben die lebensgefährlich undankbare Aufgabe übernommen, den *Schandvertrag* zu unterzeichnen. Die Ehre der Armee blieb unbefleckt. Generalfeldmarschall von Hindenburg und General Ludendorff, die deutschen Heerführer, die Wilhelm II. schon Ende September gemeldet hatten, daß der Krieg militärisch verloren sei, haben, weitblickender und sicherlich schlauer als die Zivilisten, nicht eingegriffen. Und so setzte sich die Legende von einem unbesiegten Deutschland fest, von dem «Dolchstoß in den Rücken der siegreichen Truppen», geführt von einer geheimnisvollen Koalition Linksradikaler, Anarchisten und Juden, die eine neue Gesellschaft schaffen wollten.

Deutschland, eine Republik? Ja, zweifellos. Der Kaiser hatte abdanken müssen und war nach Holland gegangen. Aber die Sozialisten hatten im Grunde immer noch Respekt vor der Monarchie und wollten in der Tatsache, daß ihnen die höchsten Posten zugänglich waren, nur eine einfache Übertragung von Befugnissen sehen. Sie waren keine Revolutionäre; das erst wenige Monate alte russische Modell inspirierte sie nicht. Und da offenbar die Arbeiterklasse, manche entlassenen Soldaten und Teile der kaiserlichen Marine mit dieser Auffassung nicht einverstanden waren und radikalere Veränderungen wünschten, riefen die neuen sozialistischen Machthaber Divisionen zu Hilfe, die ihrem Soldateneid treu geblieben waren, und nahmen es sogar hin, daß sich Freikorps bildeten, die die Ordnung auf ihre Weise wiederherstellten. In den

Freikorps fanden sich ehemalige Offiziere, Abenteurer und fanatische Antikommunisten zusammen, die unerbittlich jeden niedermachten und liquidierten, der ihnen in die Hände fiel. Zahlreiche Angehörige der Freikorps wurden später zu Hauptanführern der Hitlerschen Sturmtruppen.

Die Siegermächte griffen nicht ein. Sie waren vor allem daran interessiert, daß die Umwälzungen, die Rußland erschütterten, nicht auf ein großes Land im Herzen Europas übergriffen.

Darauf bedacht, daß es nicht zu allzu tiefgreifenden Veränderungen kam, änderten die an der Macht befindlichen Sozialdemokraten die alte Verfassung nicht von Grund auf. Die Stelle des Kaisers nahm nun der Reichspräsident ein, der alle Machtbefugnisse besaß, unter anderem das Recht, gegebenenfalls auch ohne Parlament zu regieren, einfach durch Erlaß von Notverordnungen. Und was noch schlimmer war: Man hatte den Beamtenapparat nicht ausgewechselt. Dieselben Männer wie zuvor erledigten in den Ministerien die laufenden Angelegenheiten. Hohe Beamte, die die Republik offen bekämpften, behielten ihre Stellungen. Sie trauerten der Monarchie nach und wurden die ersten, die heimlich zum Nationalsozialismus übergingen. Dasselbe galt für die Polizei. Die Reichswehr, die sich als selbständiger Machtfaktor verstand, wurde zum «Staat im Staate» und konnte abwarten, bis ihre Stunde kam. Aber für die Republik am verhängnisvollsten war es, daß die Justiz keine neue Struktur erhielt. Überall, in Berlin wie in den anderen Städten des Reiches, oblag die Rechtsprechung Richtern, die frisch-fröhlich Liberale zu hohen Gefängnisstrafen verurteilten, obwohl sie kein anderes Verbrechen begangen hatten, als die Machenschaften der Rechten anzuprangern. Den Rechten, die die Legitimität der Republik nie anerkannt hatten, wurden jedesmal mildernde Umstände zugebilligt, wenn einer der ihren vor Gericht erscheinen mußte. Und oft waren diese wohlwollenden Urteile von einem verständnisinnigen Augenzwinkern begleitet.

Ein Beispiel: Im November 1923 versuchte ein österreichischer Staatsangehöriger namens Adolf Hitler, der sich eine kleine Privatarmee zugelegt hatte, die bayerische Landesregierung durch einen Staatsstreich zu stürzen. Der Putsch scheiterte. Er forderte siebzehn Todesopfer, darunter drei Polizisten. Hitler mußte sich vor einem Münchner Gericht verantworten. Es wäre logisch gewesen, einen Ausländer, der angeklagt wird, eine rechtmäßige Regierung stürzen zu wollen, und der überdies ohne nachweisbares Einkommen ist – Hitlers erste bezahlte Stellung wird die des Reichskanzlers sein –, in seine Heimat abzuschieben. Allerdings hatte er an seiner Seite einen nationalen «Helden» gehabt, General Ludendorff, der an diesem wahnwitzigen Unternehmen beteiligt gewesen war. (Aber konnte man den ehemaligen Generalquartiermeister der kaiserlichen Armeen noch ernst nehmen? Er war ganz unter den Einfluß seiner zweiten Frau, Mathilde, geraten, einer Ärztin, die zusammen mit ihrem Mann eine ultra-nationalistische Zeitschrift von beklagenswertem Niveau herausgab.)

Hitler wurde zu fünf Jahren Festung verurteilt, keine schwere Sühne für die geopferten Menschenleben. Die Haft in Landsberg war nicht allzu hart. Es wurde lediglich von ihm verlangt, daß er das Gefängnisgelände nicht verließ. Freundinnen, die ihn abgöttisch verehrten – er ist immer von vielen Frauen umringt gewesen –, schickten ihm eine so gewaltige Zahl von Lebensmittelpaketen, daß es ihm nicht schwerfiel, seine Kameraden ausgiebig zu bewirten. In erster Linie Rudolf Heß, der mit ihm am Putsch teilgenommen hatte und allmählich sein Privatsekretär wurde. Ihm diktierte Hitler sein Buch *Mein Kampf*, das die Leitgedanken seiner Besessenheit zusammenfaßte: die Theorie von der Überlegenheit der arischen und insbesondere der deutschen Rasse; den Kampf auf Leben und Tod gegen den Bolschewismus und das «Weltjudentum»; die Notwendigkeit, den Deutschen in Europa den Lebensraum zu sichern, auf den sie Anspruch hatten.

Man erzählte sich, daß zu den hübschen Damen, die persönlich kamen, um Hitler ihre Gaben zu bringen, Karin gehörte, eine steinreiche Schwedin, die Hermann Göring geheiratet hatte, den ehemaligen Kampfflieger. Ihr prächtiger Zobelmantel beeindruckte die Gefängniswärter sehr. Unter den anderen Wohltäterinnen, die aber unsichtbar blieben, wurden auch Winifred Wagner genannt, die Schwiegertochter des Meisters, den Hitler bewunderte, und Frau Bechstein (aus der Familie der Flügel-Hersteller dieses Namens).

Die republikanische Justiz war es sich zweifellos schuldig, einen so populären und so verwöhnten Häftling bevorzugt zu behandeln. Nach dreizehn Monaten und sieben Tagen wurde er entlassen. Wegen guter Führung. Im übrigen legte man Wert darauf, daß die Begnadigung vor Weihnachten erfolgte, damit der Mann, der ganz offen die «nationale Revolution» vorbereitete, wie jeder gute Bürger das Fest unter dem Weihnachtsbaum feiern konnte.

Der Aufenthalt in der Festung Landsberg hat es Hitler ermöglicht, eine in der Geschichte der Weltliteratur zweifellos beispiellose Leistung zu vollbringen. Er hat das Buch geschrieben, das zum am wenigsten gelesenen Bestseller werden sollte. Nachdem der Verfasser an die Macht gelangt war, verfügte er, daß das Buch von Amts wegen allen jungen Ehepaaren auf dem Standesamt überreicht werden sollte. Sie stellten es irgendwo in der Wohnung an gut sichtbarer Stelle auf, ohne es je aufzuschlagen. Beamten und Parteimitgliedern wurde der Kauf des Buches sehr dringlich empfohlen.

Für die deutschen Journalisten war die Lektüre obligatorisch. Eine mühsame Aufgabe: Es ist schlecht geschrieben, verworren und voller grammatikalischer und syntaktischer Fehler. Hätte es nicht schon damals klar sein müssen, daß es sich um eine Art zeitgenössischen Nostradamus handelte, dessen unheimliche Prophezeiungen um so mehr Aussicht hatten, in Erfüllung zu gehen, als der Prophet selbst sie in die Tat umsetzte?

Die Tantiemen für das Buch ermöglichten es Hitler, während seiner ganzen Regierungszeit auf die Dienstbezüge des Führers und Reichskanzlers zu verzichten und sie den Wohltätigkeitseinrichtungen der NSDAP zukommen zu lassen.

In den ersten Monaten des Jahres 1930 wird der letzte sozialdemokratische Reichskanzler, Hermann Müller, gestürzt. Die Weimarer Republik erlebt ihre letzten Jahre. Der Nachfolger des linken Kanzlers ist Katholik und gehört der Zentrumspartei an. Heinrich Brüning ist gewiß guten Willens, aber unfähig, den Verfall der Republik aufzuhalten. Trotz seiner Bemühungen gibt es kein Wirtschaftswunder für die Deutschen, denen es schwerfällt, sich von der Weltkrise von 1929 und vor allem von der wahrhaft apokalyptischen Inflation von 1923 zu erholen, als man sich mit Schubkarren voller Banknoten auf den Weg machte, um Zigaretten zu kaufen. In Deutschland gab es ständig um sechs Millionen Arbeitslose. Ist die genaue Zahl jemals bekanntgegeben worden? Dem Reichskanzler Brüning kommt das Verdienst zu, in seinen nach dem Krieg erschienenen Memoiren den Sachverhalt klargestellt zu haben: «Es war der Presse nicht beizubringen, daß sie in der Aufmachung der Arbeitslosenziffern zu differenzieren habe zwischen der Wirkung auf Ausland und Inland. Im Interesse unserer Reparationspolitik mußten wir möglichst hohe Ziffern publizieren.»

Am Tag des «Eisenbahnunglücks» beginne ich, die Aufgabe des Journalisten zu begreifen. Das Unglück hat sich irgendwo in Deutschland ereignet. Es hat Tote gegeben und Verletzte. Strieder mag die unpolitischen Nachrichten nicht. Ich muß mich damit befassen. Die deutsche Agentur, die uns mit Informationen versorgt, gibt schreckliche Einzelheiten an. Ich muß sehr ergriffen ausgesehen haben. Strieder fragt mich, Anteilnahme heuchelnd: «Kannten Sie denn jemanden, der mit diesem Zug gefahren ist?» – «Nein, natürlich nicht.» – «Dann verstehe ich nicht, was Sie von der Arbeit abhält.»

Und ich habe mich nicht abhalten lassen, habe es jedenfalls seitdem versucht, ob es sich nun um ein Eisenbahnunglück handelt oder um die Heldentaten von SA-Leuten, die im *Romanischen Café* ein halbes Dutzend Intellektuelle zusammenschlagen und sie tot oder halb tot auf einen Lastwagen laden, während sich auf dem Pflaster vor dem Café Rinnsale von Blut bilden. Der Journalist ist nichts weiter als ein Zeuge. Zwischen ihn und die Tragik des Ereignisses schiebt sich zuallererst die Pflicht, seine Leser zu informieren. Die eigene Betroffenheit kann warten.

Der Alkohol hat in meiner Karriere eine wichtige Rolle gespielt. Nicht der Alkohol, den *ich* getrunken habe, sondern die ungeheuren Mengen, die mein neuer Chef konsumierte.

An unseren Schreibtischen sitzen wir einander gegenüber. Vom ersten Tage an sehe ich an der Stelle, wo die beiden Tische zusammenstoßen, ein versilbertes Tablett mit zwei Wassergläsern und der eckigen Flasche, die so typisch ist für den Schnaps aus dem Schwarzwald. Das Etikett gibt es genau an: 40 % Alkohol. Es ist Kirschwasser.

Wie jeder echte Alkoholiker bemüht sich Strieder um Mittäter. Er trinkt nicht gern allein. Um 5 Uhr nachmittags schenkt er eines der Gläser ein und schiebt es zu mir herüber. «Mädchen», sagt er, «trinken Sie das. Wenn Sie eines Tages Journalistin sein wollen, müssen Sie trinken können.»

Ich weiß noch gar nicht, ob ich Journalistin werden will und es muß mir auch an Phantasie mangeln, denn ich kann mir nicht vorstellen, daß man ganze Schnapsflaschen leeren muß, um richtig zu arbeiten. Aber es besteht kein Zweifel, daß Strieders Trinkfestigkeit ihn zum am besten informierten Journalisten in Berlin macht. Bevor sie ihn umbringt.

Der Kirsch – es ist das erste Mal, daß ich einen trinke – schmeckt nicht schlecht. Ich nehme einen Schluck. Strieder hat sein Glas geleert, es wieder gefüllt und ein drittes Mal gefüllt. Eine sichtbare Wirkung bleibt aus.

Strieder versteht es auch auf Berliner Art zu trinken, das heißt, abwechselnd ein kleines Bier und einen Korn, und das ist seine Stärke. Damit fängt man gegen 10 Uhr abends an und hört beim Morgengrauen auf. Er hat viele Freunde in den Kneipen der Stadt, und manchmal – das ist eine große Ehre – wird er zu einem Stammtisch eingeladen. Stammtische gibt es überall. Eine kleine Fahne zeigt an, ob der Tisch für einen Jägerverein, für ehemalige Kriegsteilnehmer oder für einen politischen Klub reserviert ist. Man trifft sich ein- oder zweimal in der Woche, um die Probleme des Tages zu diskutieren. Frauen sind selten zugelassen. Bier und Schnaps lösen die Zungen, man spricht sehr offen. Wenn Strieder zu einem dieser Stammtische eingeladen ist, spielt er vollendet die Rolle eines Menschen, der nichts weiß und nur die Hälfte von dem versteht, was gesagt wird. Er hört zu. Und er trinkt. In beruhigenden Mengen. Auf Grund seines geröteten Gesichts hält man ihn oft für betrunken, aber er ist es nie.

Bei diesen Trinkereien erhält Strieder gewöhnlich wichtige Informationen. So erfährt er früher als alle anderen vom Vorhandensein geheimer Dokumente, die auf dem Boxheimer Hof in Hessen von einer Gruppe Nationalsozialisten ausgearbeitet worden sind und nichts anderes darstellen, als ein grob umrissenes Regierungsprogramm, für den Fall, daß Hitler Reichskanzler wird. Die Boxheimer Dokumente sehen die Übernahme aller Zweige der Wirtschaft und der deutschen Industrie durch die Partei vor, die Verhaftung und Internierung der politischen Gegner, die Ausschaltung der Juden und den gnadenlosen Kampf gegen den Bolschewismus. Strieder ist skeptisch. Er beschließt, sich dieser Information zwar zu bedienen, aber nur sehr vorsichtig, und alles wegzulassen, was ihm unwahrscheinlich vorkommt.

Er hat sich getäuscht. Der Plan existiert und wird unter dem Namen «Boxheimer Dokumente» in die Geschichte jener Zeit eingehen. Er enthält mehr, als am Stammtisch darüber verlautete. Einige Wochen später ist in der deutschen Presse davon die Rede. Aber Strieder wird nie erfahren, daß ihm beinahe ein großer Coup gelungen wäre.

Als ich eines Nachmittags ins Büro komme, finde ich seine Frau in Tränen vor. Strieder ist in den frühen Morgenstunden nach Hause gekommen, ruhig wie immer und ist plötzlich ohnmächtig zusammengebrochen. Der Hausarzt wurde sofort gerufen. Der Kranke kam wieder zu sich, aber sein Gehirn hat Schaden genommen. Frau Strieder hat sich die Diagnose des Arztes aufgeschrieben: Korsakoff-Syndrom. Sie muß sich irren. Korsakoff scheint mir eher der Name eines russischen Romanhelden zu sein. Ich ziehe ein deutsches Lexikon zu Rate: «Sergej Korsakoff (1854–1900), russischer Psychiater; nach ihm wird eine Geisteskrankheit benannt, die durch Alkoholmißbrauch hervorgerufen wird: Störung der Merkfähigkeit, Sucht, die Erinnerungslücken mit erfundenen Geschichten zu füllen.»
Für einen Journalisten zweifellos die schlimmste aller Krankheiten.
Ich schlage vor, Paris zu verständigen. Die verzweifelte Ehefrau fleht mich an, nichts zu unternehmen. Unter keinen Umständen dürfe es einen Skandal geben. Ich erfahre, daß die Chefredaktion des *Matin* ihrem Korrespondenten schon mehrfach Warnungen hat zukommen lassen. Frau Strieder bittet mich, an Strieders Stelle die Beiträge zu redigieren, bis er wieder gesund ist.
Das geht so mehrere Wochen lang. Ich habe Glück. Es herrscht eine gewisse politische Flaute. Mir unterläuft kein Schnitzer. Ich bin jetzt ganztägig im Büro und muß meine Arbeit jedesmal unterbrechen, wenn mich der Kranke zu sich ruft, um mir Fragen zu stellen, immer dieselben. Die Antworten vergißt er gleich wieder.
Und dann greift Joseph Kessel ein. Er ist damals schon ein

bekannter Autor, dessen etwas gewagten Roman *Belladonna* die Berliner gelesen haben, und Starreporter des *Matin*.

Kessel ist nicht das erste Mal in Berlin. Er hat eine Serie über «die Unterwelt der Stadt» veröffentlicht und ist mit Gangstern in Berührung gekommen, ohne zu ahnen, daß manche Leute, mit denen er einen Abend verbracht hat, unter Hitler Karriere machen werden.

Diesmal ist er auf dem Rückweg von einer Reise durch den Fernen Osten. Ich treffe ihn in der Redaktion, wo er Strieder besuchen wollte. Ich erfinde irgend etwas: Strieder sei etwas müde. Er habe eine kleine Unpäßlichkeit gehabt. «Ich will ihn sehen.»

Lange bleibt er bei ihm und sagt, als er zurückkommt: «Er ist erledigt. Er wird sich nicht mehr erholen.»

Strieder ist weniger als ein Jahr später gestorben.

Alles geht sehr schnell. Nach Paris zurückgekehrt, unterrichtet Kessel den Chef des *Matin*. Seit mehr als einem Monat gebe es in Deutschland keinen ständigen Korrespondenten mehr. Strieder werde nie wieder arbeiten können. Woher kommen denn dann die «Beiträge»? Von einer Mitarbeiterin.

Achtundvierzig Stunden später mache ich die Bekanntschaft des verantwortlichen Redakteurs für Außenpolitik, der nach Berlin gekommen ist, um die Angelegenheit zu regeln. Strieder hat inzwischen ins Krankenhaus gebracht werden müssen. Abends setzen Guy Laporte und ich uns auseinander. «Wie schade, daß Sie kein Mann sind», seufzt er. «Der Chef schätzt Ihre Arbeit. Sie könnten Strieders Nachfolgerin werden.» Und als ich nichts sage – was hätte ich sagen sollen –, fährt er fort:

«Sie sehen doch sicher ein, daß eine Frau physisch nicht die Kraft besitzt, rund um die Uhr im Einsatz zu sein.»

«Dennoch habe ich das seit einiger Zeit getan.»

Laporte will sich verständlich machen. «Ich glaube, manchmal gibt es Tage, an denen eine Frau weniger gut arbeitet. Einmal im Monat.» Ich bemühe mich, ruhig zu bleiben. Sogar höflich: «Sie lesen sehr aufmerksam alles, was ich Ihnen schicke. Zweifellos haben Sie also aus der Qualität meiner Beiträge entnehmen können, wann ich kürzlich die Tage durchgemacht habe, von denen Sie sprechen?» Ich komme mir irrsinnig emanzipiert vor. Er ist verlegen. Ich glaube, er hat es mir nie verziehen.

Es wird beschlossen, daß ich, ohne den Titel Korrespondent zu führen, weiterhin allein das «Tägliche» wahrnehme. Bei außergewöhnlichen Geschehnissen werde mir ein Sonderberichterstatter beigeordnet.

Nach vielem Hin und Her, dessen Widerhall sogar in Berlin vernehmbar ist, fällt die Wahl des *Matin* auf Philippe Barrès, der erst seit einigen Wochen Journalist ist und gerade eine hervorragende Reportage über die Vereinigten Staaten geschrieben hat. Deutschland interessiert ihn. Die nationalsozialistische Bewegung auch. Er findet sie jung, Erneuerung verheißend und vital.

Er ist der Sohn des berühmten, sehr konservativen Schriftstellers Maurice Barrès, der schon lange tot ist. Philippe lebt immer noch in enger Verbundenheit mit dem Geist des großen Vaters. Mit siebzehn Jahren hatte er seinem Vater zum erstenmal einen eigenen Text vorgelegt, den er für literarisch hielt. Maurice Barrès überflog den Text und warf seinem Sohn einen fragenden Blick zu. «Was ich sagen will, Papa...» begann der junge Mann, und sein Vater unterbrach ihn: «Warum sagst du es dann nicht?»

Lachend erzählt er mir diese Geschichte. Ich finde sie eigentlich tragisch. Ein Satz, ein kleiner Satz, der den jungen Barrès tief getroffen hat. Sein ganzes literarisches Leben ist von ihm geprägt. Er arbeitet mühsam, mit großem Fleiß. Er hat Angst, daß er das, was er sagen will, nicht gut sagt. Er hat ein sehr schönes Buch über de Gaulle geschrieben, dem er nach dem französischen Waffenstillstand nach London folgte.

Später, sehr viel später, nachdem sein einziger Sohn Claude in Algerien gefallen war, wandte er sich von dem General ab.

«Wie war das Leben einfach zur Zeit meines Vaters», seufzte er manchmal. «Er konnte noch Spanien entdecken, das damals niemand kannte. Uns bleibt nichts mehr zu tun.»

Doch, wir hatten noch ein Deutschland zu entdecken, von dessen Existenz Philippe Barrès an dem Tag im Jahre 1932, an dem er in Berlin eintraf, noch nichts ahnte.

Mehr als ein Jahr lang entschuldigte er im Namen des Kampfes gegen den internationalen Bolschewismus alle Exzesse Hitlers und der Seinen. Er «brach» mit ihnen in der Nacht, in der der Führer seine Kameraden der ersten Stunde, die SA-Führer geworden waren, ermorden ließ. Das fand Barrès «ungehörig». Der – nur für ihn sichtbare – Schatten seines Vaters, stimmte offenbar mit ihm überein, denn über diesen Tag und diese Nacht «die in Schmutz und Blut endeten», schrieb er in einem Zug ohne die imaginäre Intervention eines allzu anspruchsvollen Vaters einen ergreifenden Bericht.

Philippe Barrès – sollte ich vergessen haben, es zu erwähnen? – war ein schöner Mann. Sehr groß, schlank, elegant, dunkles Haar, blaue Augen, Hakennase. Eine vom Vater geerbte Nase, die es dem Sohn eines der großen Dreyfus-Gegner seiner Zeit einbrachte, im Verlauf einer Nazi-Versammlung als «Jude» übel zugerichtet, mit Beleidigungen überschüttet und aus dem Saal geworfen zu werden. Als er ins Büro kam, war ein Ärmel zerrissen und sein Gesicht voller Kratzspuren. Und vor allem war er schwer geschockt. «Jude» gewesen zu sein, wenn auch nur während einiger sehr langer Minuten, war für ihn ein Erlebnis, auf das nichts ihn vorbereitet hatte.

Seit wann haben wir gewußt, daß Hitler gute Aussichten hatte, an die Macht zu kommen? Berthold Jacob, der doch so prompt die Gefahren aufspürte, die der Republik drohen, spricht fast nie davon.

Seit dem Putsch von 1923 hat sich vieles geändert. Göring, der bei dem versuchten Staatsstreich verwundet worden war, ließ sich erst in Italien und dann in Schweden, der Heimat seiner Frau pflegen, bis schließlich eine Generalamnestie es ihm ermöglichte, nach Deutschland zurückzukehren. Hauptmann Röhm, ein weiterer Putschgenosse, der sich in Bolivien niedergelassen hatte, ist von Hitler zurückgerufen worden und befehligt die nationalsozialistische Miliz, die SA. Bei den Reichstagswahlen im September 1930 hat es einen faschistischen Erdrutschsieg gegeben, der auch die Gleichgültigsten hätte alarmieren müssen: Die Hitler-Partei, die bisher zwölf Abgeordnete hatte, gewann mit einem Schlag 107 Sitze. Hitler, der geschickt die Karte des Antibolschewismus ausspielt, hat sich die finanzielle Unterstützung der deutschen Industrie sichern können. Vorbei sind die mageren Jahre, da man darauf angewiesen war, dankbar die manchmal ziemlich kärglichen Geschenke des großen italienischen Bruders Mussolini anzunehmen.

Was zweifellos schwerer wiegt als die finanzielle Hilfe, ist die moralische Unterstützung der Wirtschaft. Zahlreiche Unternehmen, und gewiß nicht die kleinsten, stellen Nazis als Angestellte und Vorarbeiter ein, um dem Einfluß kommunistischer Elemente entgegenzuwirken. Diskret aber stetig wird die nationalsozialistische Unterwanderung stärker.

Die Liberalen, die Sozialdemokraten, die Pazifisten glauben nicht wirklich an eine nationalsozialistische Gefahr. Ein intelligentes und kultiviertes Volk wie das deutsche könne nicht hereinfallen auf die primitiven Schlagworte eines «ehemaligen Anstreichers», wie Hitler in Deutschland und im Ausland immer noch genannt wird. Aber der ehemalige Anstreicher steht nunmehr an der Spitze einer Bewegung, der man besser Rechnung tragen sollte.

Durch Krieg, Niederlage, Weltwirtschaftskrise, Inflation und Arbeitslosigkeit ausgeblutet, geschwächt und ratlos, von einer herrschenden Klasse verlassen, die unfähig scheint, die anstehenden Probleme zu lösen, verraten von politischen Parteien, die sich gegenseitig verschlingen, wendet sich ein krankes Volk an den Wunderarzt, der Heilung verspricht. Nicht das ganze Volk, gewiß. Noch ist es nur eine mächtige Minderheit, die Lärm schlägt, Straßenkämpfe provoziert, die politischen Kundgebungen des Gegners stört, dafür sorgt, daß es täglich irgendwo in Deutschland mindestens ein Todesopfer gibt.

Während die mächtige und rührige nationalistische Minderheit Angst und Schrecken verbreitet, bleibt die Mehrheit nach wie vor unentschlossen; die Stimmzettel beweisen es.

Heutzutage meinen viele Deutsche, die das Gute ebenso wie das Schlechte gleichermaßen aus ihrem Gedächtnis verbannt haben, «ganz Deutschland» habe sich «verfassungskonform» für Hitler ausgesprochen. Da sie von ihrer Vergangenheit nichts wissen wollen, wissen sie zweifellos auch nicht, daß die NSDAP auf dem Gipfel ihrer Popularität im Juli 1932 nur 37 Prozent der Stimmen auf sich vereinte. Und daß am 5. März 1933, wenige Wochen nach Hitlers Machtergreifung, als die Terrorherrschaft begann, die Partei noch nicht einmal 45 Prozent erreichte.

1932. Wenn wir auch wissen, was auf den Straßen passiert, so ist das, was uns aus dem Palais des Reichspräsidenten zu Ohren kommt, doch sehr vage. Allerhöchstens wissen wir, daß Deutschlands Zukunft dort entschieden wird.

Der alte Generalfeldmarschall hat den Reichskanzler Brüning entlassen, Brüning ist so ungeschickt gewesen, dem Reichspräsidenten einen Hilfsplan vorzulegen, der die Bewirtschaftung der stark verschuldeten großen Güter in Ostpreußen erleichtern sollte, der aber das Risiko einer Zerstückelung der Besitzungen einschloß. Die Familie Hindenburg, an ihrer Spitze Oberst Oskar, der älteste Sohn des Generalfeldmarschalls, war hellwach geworden. Die Hindenburgs, denen das Gut Neudeck in Ostpreußen gehört, sind ebenso wie ihre Nachbarn bis über beide Ohren verschuldet. Dem Reichspräsidenten wird erklärt, der Kanzler sei unter den unheilvollen Einfluß der kommunistischen Ideologie geraten, und er müsse seines Amtes enthoben werden.

Der Generalfeldmarschall, dem zugute gehalten werden muß, daß er nicht mehr im Vollbesitz seiner geistigen Kräfte ist, hat sich den Forderungen seines Sohnes gefügt und ist bereit, das Kanzleramt einem Freund des Obersten anzuvertrauen.

Franz von Papen, der neue Kanzler, ist in der Öffentlichkeit ziemlich unbekannt, obwohl er zur Berliner Gesellschaft gehört und Mitglied des «Herrenclubs» ist. Dank seiner Frau, der Erbin eines großen Vermögens im Saarland, ist er Miteigentümer des offiziellen Parteiorgans des katholischen Zentrums, der *Germania*. Er genießt einen gewissen Ruf als Reiter, nimmt an Turnieren und Hindernisrennen teil. Er ist ein begeisterter Schlittschuhläufer. Will er die Arabesken, die er so meisterhaft auf dem Eis zeichnet, in Politik umsetzen? Wahrscheinlich. Der einzige wichtige Posten, den er in der Vergangenheit je bekleidet hat, war der eines Militärattachés in Washington zu Beginn des Ersten Weltkriegs, als die Vereinigten Staaten noch nicht gegen Deutschland angetreten waren. In einem Autobus oder einem Taxi vergißt der Diplomat eines Tages eine Aktentasche voller vertraulicher Dokumente über die geheime Tätigkeit gewisser deutscher Dienststellen: Herr von Papen wird aufgefordert, nach Hause zu gehen.

Inzwischen ist Papen ein Freund des Obersten Oskar von Hindenburg geworden und hat es verstanden, das Vertrauen des Generalfeldmarschalls zu gewinnen, der Sympathie für diesen Mann empfindet. Papen ist umgänglich, ein guter Unterhalter, ganz anders als Brüning, «der etwas von einem anglikanischen Pastor an sich hat». Und wenn Hindenburg später bereit ist, Hitler zum Reichskanzler zu ernennen, dann deshalb, weil Papen ihn bei ihm eingeführt hat. Die Folgen sind bekannt.

Als ich André François-Poncet, Frankreichs Botschafter in Berlin, nach dem Krieg zum erstenmal wiedersah, hatte er ein Exemplar von Papens Memoiren in der Hand, das der ehemalige Reichskanzler ihm mit einer herzlichen Widmung geschickt hatte. François-Poncets Aussprüche waren bekannt und gefürchtet. «Ich habe unser Fränzchen immer für einen Dummkopf gehalten, und nun schreibt er dreihundert Seiten, um es zu beweisen.»

Mag sein. Nichtsdestoweniger ist es «Fränzchen» gelungen, beim Kriegsverbrecherprozeß in Nürnberg freigesprochen zu werden, und trotz seiner politischen Intrigen, die für die meisten Betroffenen tödlich ausgingen, unbestraft zu bleiben.

Der neue Reichskanzler scheint sich die Aufgabe gestellt zu haben, das immer schwieriger werdende Problem des Vorhandenseins der NSDAP und ihres Führers zu lösen. Er nimmt Kontakt mit Hitler auf und macht ihn mit wichtigen Persönlichkeiten aus Politik und Wirtschaft bekannt. Mehrmals schlägt Papen Hitler eine Beteiligung an einer konservativen Regierung vor. Aber Hitler zügelt seine Ungeduld und lehnt ab: Die Reichskanzlei oder gar nichts. Papen ist nicht unbedingt dagegen. Aber, in diesem Fall, so erklärt er seinen Freunden, müsse Hitler durch konservative Elemente «gut eingerahmt» werden: die «primitiven Revolutionäre», nämlich die Hitler-Anhänger, würden dann rasch in der traditionellen Rechten aufgehen.

In den letzten Monaten des Jahres 1932 scheint Papen die Zeit besonders günstig zu sein. Die NSDAP ist offenbar geschwächt. Vor kurzem hat sie bei den Wahlen im Land Thüringen Stimmen verloren. Die wirtschaftliche Lage hat sich weltweit gebessert, und sogar in Deutschland ist ein leichter Aufschwung zu spüren. Einige Industrielle sind plötzlich weniger geneigt, auf Hitler zu setzen. Der Augenblick ist also gut gewählt für einen Kuhhandel.

Aber Hitler läßt nicht mit sich reden. Um so weniger, als er in Oskar von Hindenburg einen neuen Verbündeten gefunden zu haben scheint. Erst nach dem Krieg wird bekannt, daß er sich zumindest einmal mit ihm getroffen hat; zu einer wichtigen Besprechung, denn es soll dabei um den Familienbesitz Neudeck gegangen sein, den zu unterhalten dem Reichspräsidenten so schwerfällt.

Dagegen haben wir seinerzeit erfahren, weil es einige Monate nach Hitlers Einzug in die Reichskanzlei offiziell bekanntgegeben wurde, daß der Staat beschlossen hat, das Gut Neudeck in Form einer steuerfreien Schenkung um eine gewisse Anzahl Hektar zu vergrößern.

Oskar von Hindenburg selbst wurde ein Jahr später zum General befördert. Die beiden Meldungen haben in der deutschen öffentlichen Meinung mehr als Unbehagen, sie haben Trauer hervorgerufen.

Wenn ich mir die Wochen vor dem Ende der Weimarer Republik vergegenwärtige, kehrt der Eindruck einer gewaltigen Verwirrung zurück: Vergeblich erwartete man, daß verantwortungsbewußte Männer – und daran mangelte es in Deutschland nicht – ernsthaft darangehen, den drohenden Vormarsch der braunen Truppen aufzuhalten. Jeder Tag, der verging, erhöhte die Verantwortlichkeit derjenigen, die nichts taten, nichts versuchten: der Ignoranten, der Arroganten, der allzu Intelligenten, der Gleichgültigen, jener, die sagen: «Ach, wissen Sie, ich kümmere mich nicht um Politik.» All jener Leute, die es ablehnten, der gefährdeten Republik zu Hilfe zu kommen.

Den traurigsten Anblick boten die Parteien der Linken. Die Sozialdemokraten konzentrierten ihre Angriffe auf die Konservativen und auf die Kommunisten. Und die Kommunisten ihrerseits taten so, als hätten sie nur einen Gegner: die Sozialdemokratie. Dann und wann provozierten sie Raufereien mit den Nazis, bestreikten aber Seite an Seite mit ihnen die Berliner Verkehrsbetriebe. Sie befolgten die Parolen, die sie aus

Moskau erhielten. Wir wußten, daß es diese Weisungen gab, wenn wir auch natürlich ihren genauen Wortlaut nicht kannten. Und schließlich mußten wir einsehen: die Zentrale in Moskau hatte nichts gegen einen Sieg der Nazis.

Hätte eine geeinte Arbeiterklasse den Lauf der Ereignisse ändern können? Das ist nicht sicher. Dagegen scheint es gewiß zu sein, daß Hitler gegen den organisierten Widerstand der deutschen Arbeiterklasse seinen Polizeistaat nicht so unbehelligt hätte einführen können. Und er hätte auch weder bei den Deutschen noch im Ausland den Eindruck erwecken können, daß ihn die Gesamtheit des Volkes unterstützte.

Wie hätten wir erraten können, daß Stalin inzwischen eine gewaltige, weltweit angelegte Schachpartie begonnen hatte? Fast hätte er sie verloren. Er hat sie gewonnen. Zwölf Jahre später flatterte über Berlin, im Herzen Europas die rote Fahne.

Auf die Beantwortung vieler Fragen, die für mich offen geblieben waren, habe ich warten müssen. Lange nach Kriegsende stellte ich sie einer alten Dame in ihrer Frankfurter Wohnung. Margarete Buber-Neumann hat – und das ist rührend – die Redeweise der wohlerzogenen jungen Mädchen aus Potsdam, ihrem Geburtsort, bewahrt. Potsdam, einst die Hochburg des deutschen Militärs und des deutschen Adels, liegt heute im russischen Einflußgebiet.

In ihrer Jugend hatte sich Margarete von ihrem Milieu losgesagt und war in die Kommunistische Partei eingetreten. Sie hatte nacheinander Rafael Buber, den Sohn des jüdischen Philosophen Martin Buber, und Heinz Neumann, den führenden Kopf der KPD und der Komintern geheiratet. Neumann wurde 1937 von Stalin liquidiert. Seine Frau, die ihn nach Moskau begleitet hatte, deportierte die GPU nach Sibirien, Stalin lieferte sie dann an die Deutschen aus, und diese internierten sie im Konzentrationslager Ravensbrück.

Sie berichtete mir von einer Unterredung ihres Mannes mit

Stalin im November 1931. Heinz Neumann hatte darauf beharrt, daß eine aggressivere Politik gegen Hitler notwendig sei, und auf die ständig zunehmende Bedeutung der deutschen faschistischen Partei hingewiesen.

«Stalin unterbrach ihn mit folgenden Worten», sagte Margarete Buber-Neumann: ‹Glauben Sie nicht, Neumann, daß sich die Nationalisten, wenn sie die Macht in Deutschland übernehmen sollten, ausschließlich mit dem Westen befassen würden und wir in aller Ruhe unseren Sozialismus aufbauen könnten?›»

«Nach diesem Gespräch», fuhr Frau Buber-Neumann fort, «war mein Mann davon überzeugt, daß Stalin nicht wollte, daß ein hochindustrialisiertes Land wie das Deutsche Reich eine sowjetische Republik wurde und womöglich Rußland an der Spitze der Dritten Internationalen ersetzte. Er hat die KPD also fallenlassen, die sich niemals von ihren Niederlagen erholt hat.»

Im Palais des Reichspräsidenten setzt Papen seine Wühlarbeit fort. Bildet er sich ein, daß er selber an Hitlers Seite eine spektakuläre Karriere machen könnte?

Mächtig unterstützt von seinem Freund Oberst Oskar von Hindenburg versucht er den Widerstand des Generalfeldmarschalls zu brechen, der sich nicht mit dem Gedanken abfinden kann, daß eine deutsche Regierung von dem Mann geführt werden soll, den er immer noch den «böhmischen Gefreiten» nennt. Aber das Gewicht seiner fünfundachtzig Jahre hat den alten Mann geschwächt. Seit dem Ende der Monarchie, der er immer noch nachtrauert, ist ihm dieses neue Deutschland fremd geblieben. Zu guter Letzt will er nur noch in Frieden gelassen werden.

Als Papen merkt, daß der Widerstand des Reichspräsidenten schwächer wird, erscheint ihm die Zeit reif für eine entscheidende Besprechung mit Hitler. Sie findet in Köln bei Herrn von Schröder statt, einem der großen Bankiers der

Stadt. Im Interesse der Verhandlungen wird strengstes Stillschweigen vereinbart. Aber die Journalisten tun ihre Pflicht. Am nächsten Tag – dem 5. Januar 1933 – berichten mehrere große Zeitungen über das Treffen zwischen von Papen, dem Freund des Reichspräsidenten und dem Führer der NSDAP im Haus des Bankiers. Steht eine Lösung bevor?

Die Zeit drängt. General von Schleicher, Papens Nachfolger in der Reichskanzlei, wird am 28. Januar 1933 gestürzt. Hindenburg ist es leid, sich der Handvoll ehrgeiziger und verantwortungsloser Politiker, die ihn bedrängen, zu widersetzen, und gibt nach. Hitler wird gerufen.

Der Führer der NSDAP hat sein Hauptquartier im Hotel *Kaiserhof* in der Nähe des Reichspräsidentenpalais aufgeschlagen. Ganz gegen seine Gewohnheit – er schläft gern lange – ist Hitler schon seit dem Morgengrauen wach. Mehrere Stunden ist er in dem großen Zimmer, das ihm als Büro dient, auf und ab gegangen und hat ab und zu einen Blick auf das Telefon geworfen, das endlich gegen 12 Uhr läutet ...

Es sind nicht mehr als hundert Schritte vom *Kaiserhof* zur Wilhelmstraße. Hundert Schritte, die dem Mann lang erscheinen müssen, der vierzehn Jahre gekämpft hat, um dort hinzukommen, wo er nun angelangt ist.

Zur Mittagszeit ruft mich die deutsche Nachrichtenagentur an, um mir die Liste der neuen Regierungsmitglieder durchzugeben. Der Direktor ist, wie immer bei wichtigen Ereignissen, persönlich am Telefon. Er hat es eilig. «Sind Sie soweit? Ich diktiere: Regierungsbildung. Reichskanzler: Adolf Hitler ...» Ich bitte ihn, den Namen zu wiederholen. Ich brauche Zeit, um mich zu fassen.

Nun ja! Es ist mir genauso ergangen wie allen anderen. Ich hatte nicht daran geglaubt.

III
DIE NACHT BRICHT HEREIN

Fernsehen gab es damals noch nicht. Wollte man ein Ereignis miterleben, mußte man sich an Ort und Stelle begeben.

Nachmittags bringen die Berliner Zeitungen Extrablätter heraus, um die Ernennung Hitlers und die Zusammensetzung der neuen Regierung bekanntzugeben – zwei Minister sind Nationalsozialisten, die neun anderen Konservative – und um anzukündigen, daß die NSDAP abends einen Fackelzug zu Ehren des neuen Reichskanzlers veranstaltet.

Ich rufe Joe Lederer an, eine zu jener Zeit sehr beliebte Schriftstellerin. «Hitler ist Reichskanzler.» Schweigen. Joe interessiert sich nicht für Politik. Sie schreibt Liebesromane, lauter Bestseller.

«Heißt das, daß du heute abend nicht zum Essen kommst?»
«Ja. Aber es bedeutet auch noch manches andere.»

Ich will in die Stadt, um zu sehen, was los ist. Joe und ich treffen uns in einer Buchhandlung am Kurfürstendamm. Wir beschließen, in eine nahe gelegene Geschäftsstraße, die Nürnberger Straße, zu gehen.

Ehe wir sie kommen sehen, hören wir von fern das rhythmische Hämmern von Hunderten von Stiefeln auf dem Pflaster. Dann die ersten Takte von Kampfliedern, die wir kennen. Schließlich sehen wir sie.

Sie marschieren im Gleichschritt, in Zehnerreihen, die die ganze Straßenbreite einnehmen. Die Männer der ersten Reihen tragen die Uniform der Sturmtruppen: Reithose, schwarze Stiefel, braunes Hemd, Koppel mit Schulterriemen, Mütze mit Kinnriemen. Am linken Arm die Partei-

Armbinde, rot mit dem schwarzen Hakenkreuz in einem weißen Kreis.

Ein Gesicht, das Gesicht eines Fahnenträgers, habe ich nicht vergessen. Es ist ein leicht hinkender junger Mann mit pickligem Teint. Warum ist er ausgewählt worden?

Nach den Uniformierten kommen mehrere hundert Männer in Zivil. Über den Blaumann oder den Alltagsanzug haben sie Jacken gezogen, um sich warmzuhalten, oder Mäntel, die nach der damaligen deutschen Mode knöchellang sind. Auch diese Männer marschieren im Gleichschritt. Nicht ohne Schwierigkeiten, denn die Mantelschöße behindern ihre Bewegungen. Ergänzt wird diese wenig militärische Aufmachung durch die Kopfbedeckung des respektablen Berliner Bürgers: die Melone, die runde Köpfe umschließt und fest auf kräftigem Nacken zu sitzen scheint. Beim Anblick dieser Leute bricht meine Begleiterin in Gelächter aus. «Wie sehen die komisch aus mit ihren Hüten!» Mehrere Köpfe drehen sich uns zu. Die Männer sehen die junge blonde Frau, mißverstehen den Grund ihrer Heiterkeit und winken ihr zu. Ich ziehe sie rasch in einen Hauseingang. «Bist du verrückt, dich über diese Leute lustig zu machen. Sie sind gefährlich.» Joe antwortet nicht. Sie hat mich oft gewarnt: Paß auf, Journalismus macht pessimistisch!

Zwei Wochen später sind ihre Bücher aus den Schaufenstern der Buchhandlungen verschwunden. Sie hat nicht den Nachweis liefern können, daß sie «hundert Prozent arisch» ist.

(Ich traf sie während des Krieges in London wieder. Das ehemalige Mitglied des deutschen PEN-Clubs hatte eine Stellung als «weiblicher Butler» bei einem sehr reichen Engländer angenommen. Immer optimistisch, hat sie Deutschland erst zu der Zeit verlassen, zu der «ausländische Arbeitnehmer» nur noch als Hausangestellte ein Einreisevisum nach England bekommen konnten. Joe bediente bei Tisch mit derselben Sorgfalt, mit der sie ihre Erfolgsromane verfaßt hat. Und wenn der Hausherr Gäste hatte, wandte er sich manchmal an seinen «Butler» und bat um eine literarische Auskunft. Mit ihrer leisen, ruhigen Stimme hörte ich sie einmal antworten: «Nein, Sir, das ist nicht von Shakespeare, das ist von Christopher Marlowe.»)

Ich lasse Joe bei ihrem Friseur und folge den Nazis. Es ist kalt, aber der Himmel ist klar. Wir kommen zum Wittenbergplatz, wo die Männer anhalten, weil Fackeln verteilt werden. Es gibt genug für alle. Dann bilden sich die Reihen wieder neu. Man wartet geduldig auf den Abmarsch. Zur selben Stunde treten an einigen fünfzig Sammelpunkten andere Männer auf der Stelle. Sie haben genaue Anweisungen erhalten. Sie wissen, wo sie sich einfinden und wohin sie gehen müssen.

Nichts wird dem Zufall überlassen. Bis auf die Menschenmenge, die von überall herbeiströmt, um sich den Zügen anzuschließen. So dieser ältere Mann, der sich unendlich anstrengt, nicht den Anschluß an die Reihe zu verlieren, die er sich ausgesucht hat. Auf beiden Seiten der Straße sind Berliner stehengeblieben, Parteianhänger oder einfach Schaulustige. Den vorbeimarschierenden Männern rufen sie ein kräftiges «Heil Hitler!» zu, ein oft gehörter Gruß, der aber heute abend klingt, als sei er neu. Von jetzt an ist er offiziell anerkannt.

Ich registriere auch Bilder und Gesten, die ich nicht vergessen werde und die kein Fotograf festgehalten hat: Männer und Frauen, die den Blick abwenden, wenn die braunen Uniformen vorüberziehen, und die sich beeilen, im Innern der Häuser zu verschwinden. Denen es schwerfällt, ihren Zorn, ihre Ohnmacht, ihren Schmerz oder ihre Angst zu verbergen. Einem jungen Mädchen laufen die Tränen über das Gesicht. Sie steht wie alle anderen am Rand des Bürgersteigs, während die SA vorbeimarschiert. Die Umstehenden rücken von ihr ab. An diesem Tag des Sieges ist es nicht gut, an der Seite einer weinenden Frau gesehen zu werden.

Gegen 7 Uhr abends machen sich die Fackelträger auf den Weg und strömen zum Brandenburger Tor. Dort werden die Fackeln angezündet, und der Zug biegt in die Wilhelmstraße ein, wo Reichskanzlei und Präsidentenpalais nebeneinander liegen. Wie viele sind es? Die offizielle Zahl wird am nächsten Tag veröffentlicht: über fünfundzwanzigtausend.

Inzwischen ist es Nacht geworden. Man sieht die Männer nicht mehr. Nur noch lange Lichtstreifen, die sich einen Weg durch die Dunkelheit bahnen. Die Fahnen scheinen von allein in der Luft zu schweben. Ihre Träger hat die Finsternis verschluckt.

Ich habe mich durch die Menge gedrängt, mich mühsam von einer Gruppe zur anderen vorgearbeitet. Ich brauche mehr als eine Stunde, um den Platz zu erreichen, den ich haben will: einen Platz gegenüber einem erleuchteten Fenster der Reichskanzlei, an dem Hitler steht.

Ein seltener Anblick: Der Nazi-Führer im Cutaway. Dieses für offizielle Zeremonien vorgesehene Kleidungsstück muß er schon mittags getragen haben, als er beim Reichspräsidenten erschien. Jetzt wird er gleich den grauen Regenmantel umlegen, den wir an ihm kennen, um sich gegen die Kälte zu schützen. Wie die Scheinwerfer, wie die Kameras der deutschen und ausländischen Fotografen, sind meine Augen auf sein Gesicht gerichtet. Ich kann seine Züge nur schlecht erkennen. Er scheint zu lächeln. Von Zeit zu Zeit streckt er den Arm aus wie es seine Art ist, fast horizontal, um die Fahnen zu grüßen, die unten vorbeiziehen. Er hat gar nicht gemerkt, daß sein Ärmel bis zum Ellbogen hochgerutscht und der ganze Unterarm hemdsärmelig ist.

Von seinem Fenster aus muß er den Eindruck eines riesigen, wogenden Teppichs aus Feuer und Flammen haben, der sich zu Füßen des Siegers entrollt. Auf dem benachbarten Balkon ziehen seine Leibwächter an Bindfäden zahlreiche Blumensträuße nach oben, die Frauen und Kinder gebracht haben.

Woran mag ein Mann denken, den sein Schicksal von einem Wiener Nachtasyl bis an dieses erleuchtete Fenster der Reichskanzlei in Berlin gebracht hat? In meiner Nähe stellt sich wohl niemand diese Frage. Die Leute schreien, lachen, singen und skandieren die Parteiparolen. Mehrere Ehepaare haben ihre Kinder mitgebracht. Die Väter haben sie sich auf die Schultern gesetzt oder halten sie hoch, damit sie Hitler näher sind. Die Kinder weinen. Sie frieren. Sie sind zu klein, um zu begreifen, was vor sich geht. Später aber werden ihre Eltern ihnen – so hoffen sie wenigstens – sagen können: «Du bist dabei gewesen.»

Der Aufmarsch ist sehr genau und auf höchst symbolische Weise gegliedert. An der Spitze Angehörige des Stahlhelms, des Bundes der Frontsoldaten, in feldgrauer, schwarzer oder blauer Uniform. Daß ihnen erlaubt wurde, die Ersten zu sein, ist eine Würdigung der Vergangenheit. Ist Hitler nicht einer der ihren gewesen? Auch er zeigt sich gern zur Erinnerung an den Weltkrieg in schlichter Uniform mit dem Eisernen Kreuz als einziger Auszeichnung.

Es folgen die braunen SA-Truppen, die Hitler seit so vielen Jahren blind gefolgt sind und im ganzen Land Angst und Schrecken verbreitet haben. Sind sie stolz? Bewegt? Ich kann kein Gesicht erkennen. Wenn sie sich der Reichskanzlei nähern, heben sie wie ein Mann den Kopf und wenden den Blick nach rechts, wo sie die Anwesenheit des siegreichen Führers mehr erraten als wahrnehmen.

Im Palais des Reichspräsidenten neben der Reichskanzlei ist auch Generalfeldmarschall von Hindenburg an einem Fenster erschienen. Man sieht, daß er sich auf einen Stock stützt und mit dem steifen Arm den Takt der Militärmärsche schlägt, die er hört. Er wird lebhafter, als eine der Kapellen den *Fridericus-Rex-Marsch* anstimmt. Hindenburg sieht erstaunt aus, als frage er sich, was dieser ganze Trubel zu bedeuten hat. Begreift er überhaupt, daß er ihn ausgelöst hat? Erinnert er sich, daß er das Schicksal des Reiches dem nationalsozialistischen Volkstribun anvertraut hat, den er nach wie vor verachtet? Gleich am nächsten Tag werden diese Fragen mit einem Witz beantwortet, der sofort in aller Munde ist. Der Reichspräsident soll gesagt haben: «Ich wußte gar nicht, daß wir so viele russische Gefangene gemacht haben.» Was heißen soll: Der ehemalige kaiserliche Heerführer, der in Ostpreußen die Russen besiegt hat, glaubt, es sei immer noch Krieg. Oder brutaler: er ist nicht mehr im Vollbesitz seiner geistigen Kräfte gewesen, als er Deutschland an Hitler auslieferte.

Die Apotheose ist nicht so bald zu erwarten, denn der Vorbeimarsch soll bis Mitternacht dauern. Ich muß zurück in die Redaktion. Ich werde also die SS-Leute nicht sehen, die sich im Tiergarten versammelt haben und darauf warten, ihrerseits Hitler zuzujubeln. In der ersten Reihe und in schwarzer Uniform wie seine Leute steht Heinrich Himmler, umgeben von den hervorragendsten Parteigenossen: unter ihnen sind Nachkommen ehemals regierender Familien, und mehrere Träger großer Namen des preußischen Adels.

Es ist ebenso schwierig, sich aus einer Menge zu lösen, wie einen Platz in ihr zu finden. An der Stelle, an der ich stehe und von der ich nun wegzukommen versuche, werde ich Zeuge eines jener «kleinen» Schönheitsfehler, die den Abend kennzeichnen sollten. SA-Leute verprügeln erbarmungslos einen noch jungen Mann, der sich geweigert hat, eine Hakenkreuzfahne zu grüßen. Die Polizei ist zwar allgegenwärtig, greift aber nicht ein. Mehrere Schüler, die sich eine Kluft verpaßt haben, die mit den roten Armbinden ein wenig wie eine Nazi-Uniform aussieht, verfolgen die Szene mit Interesse. Dem Mann, dessen Gesicht blutüberströmt ist, gelingt es zu fliehen, und er verschwindet in der Nacht.

Welch ein Kontrast zwischen der taghell erleuchteten Wilhelmstraße und den dunklen Nachbarstraßen! Eine große Stille, die mehr ist als bloße Geräuschlosigkeit, umhüllt die besiegte Stadt.

Die Winternacht hat die Wege im Tiergarten, die ich entlanggehe, mit einer dünnen Schneeschicht bedeckt. Auch die Bäume sind weiß bestäubt. Ich zittere vor Kälte. Ich hätte festere Schuhe anziehen sollen, oder noch besser, Stiefel.

Plötzlich bleibe ich stehen. Es liegt nicht an der Kälte. Ich zittere, weil ich es nicht verstehe. Weil ich das beunruhigende Schauspiel, das ich gerade gesehen habe, nicht begreife. Wie habe ich mir denn diese «nationale Revolution» vorgestellt, die Hitler uns schon so lange angekündigt hat? Hatte ich spontane Freudenausbrüche erwartet? Oder Gewalttätigkeit? Oder Ringelreihen tanzende, vor Glück singende junge Mädchen? Von Revolution wußte ich kaum mehr als das, was in Geschichtsbüchern stand, was die Abbildungen veranschaulichten. Kannte höchstens noch einige russische Filmaufnahmen von Leuten, die eilig in alle Richtungen auseinanderstoben, oder von Lenin, der mit großen Gesten Ansprachen an die Volksmenge hielt. Nichts hatte mich auf das wohlgeordnete Schauspiel von heute abend vorbereitet. Auf diese ungeheure Vision eines ganzen Volkes in Uniform. Auf die Perfektion einer Maschine, die vor unseren Augen zu funktionieren begann. In Gang gesetzt von geheimnisvollen Regisseuren, die keine Einzelheit außer acht lassen, die zweifellos schon lange wissen, daß dem jungen Pickligen von der Nürnberger Straße die Ehre zusteht, eine Fahne zu tragen.

Ich komme an einer letzten Abteilung von SS-Leuten vorbei, die auf dem Weg sind zum Brandenburger Tor. Ihre Fackeln sind noch nicht angezündet. Auf den verschneiten Wegen klingen ihre Schritte gedämpft. Sie wirken wie eine riesige kompakte schwarze Masse, die rhythmisch vorrückt. Gleich werden diese Männer ihre Fackeln anzünden. Mit ein und derselben Bewegung. Sie werden «Heil mein Führer!» rufen. Wie aus einer Kehle. Und von seinem Fenster aus wird Hitler wie ein unheimlicher Automat den Gruß erwidern.

Die Straße ist glatt geworden. Ich achte nicht darauf. Die letzten Meter bis zu unserem Büro lege ich im Laufen zurück. Mir schießt durch den Kopf: Hitler «mobilisiert».

Ich bin nicht die einzige, die das denkt. Später erfahre ich, daß mehrere Diplomaten in ihren Depeschen ähnliche Ausdrücke gebraucht – und ihre Regierungen ihnen nicht geglaubt haben. Hitler war doch nicht verrückt!

In den Redaktionen der Berliner Zeitungen werden die Leitartikel für den nächsten Tag geschrieben. Die liberale Presse hält hartnäckig an ihrer Illusion fest: Wichtig sei, so erklärt sie ihren Lesern, daß in der neugebildeten Regierung – die «Kabinett Hitler-Papen» genannt wird, als wolle man daran erinnern, daß Hitler gut «eingerahmt» ist – nur zwei von elf Ministern Nationalsozialisten seien. Vielleicht sei es besser, heißt es, Hitler an der Macht beteiligt zu haben. Auf diese Weise werde er sich leichter verschleißen. Oder auch: Die neue Verantwortung werde einen neuen Menschen aus ihm machen.

Die Nazi-Zeitungen ihrerseits jubilieren: Für Deutschland beginne ein neues Zeitalter. Was sie nicht sagen, ist, daß im Dasein eines jeden einzelnen Deutschen ein neues Kapitel beginnt. Es wird darum gehen, entweder mit dem Regime zu leben oder, wenn sich das als unmöglich erweist, es zu überleben...

Die Sieger feiern die ganze Nacht. In eleganten Restaurants, in einfachen Bierlokalen und in den kleinsten Kneipen fließen Sekt, Wein und Bier in Strömen. Trotz der kalten Winternacht stehen Fenster offen, und ich höre, daß Nazi-Lieder angestimmt und im Chor gesungen werden. Das ganze Repertoire kommt dran. Vor allem das *Horst-Wessel-Lied*, das zusammen mit dem Deutschlandlied die neue Nationalhymne werden sollte. Seltsamerweise stammt die einem sozialistischen Lied «entlehnte» Melodie von einem französischen Komponisten, François-Étienne Méhul. Den Text hat ein «Held» der Partei geschrieben, Horst Wessel, ein Pastorensohn, der Nationalsozialist geworden war und bei einer Schlägerei mit Kommunisten tödlich verwundet wurde. Manche meinten, es sei ein politischer Zwischenfall gewesen, andere sprachen von einer Auseinandersetzung zwischen Zuhältern. Weitere Leib- und Magenlieder der Nazis gelten dem Kampf gegen die Juden, «*Wenn's Judenblut vom Messer spritzt*». Auch Frankreich wird nicht vergessen: «*Siegreich woll'n wir Frankreich schlagen* ...»

Es wird eine schlaflose Nacht für mich. Ich habe keine Zeit, ins Bett zu gehen. Es gibt zuviel zu sehen. Zum Beispiel an einer Straßenecke einen Nazi in schwarzer Uniform, der zu viel getrunken hat und sich übergibt. Ein SS-Mann aus der Elitetruppe des neuen Reichskanzlers.

Am nächsten Morgen hat Berlin ein anderes Gesicht. Man könnte meinen, es sei eine besetzte Stadt, in der die Eroberer hin- und herfahren. Die braune Uniform der SA beherrscht das Stadtbild. Zahllose Zivilisten, die ihre Zugehörigkeit zu der siegreichen Partei eiligst bekunden wollen, tragen das Hakenkreuzabzeichen am Revers ihrer Jacke oder haben wenigstens ein braunes Hemd angezogen. Wo konnten sie Parteiabzeichen und Hemd so schnell kaufen? Wer hatte sie hergestellt? In welchen Lagerräumen wurden in Erwartung dieses Tages die einheitlich beige oder braungetönten Accessoires aufbewahrt?

Das gleiche gilt für die Fahnen: Ganz Berlin ist beflaggt. Die Farben der Republik sind ersetzt worden durch die der Monarchie. Mancher hat die alte schwarz-weiß-rote kaiserliche Fahne wohl nur vom Boden oder aus dem Keller geholt, wo er sie für alle Fälle aufgehoben hatte. Die Republik war schließlich erst fünfzehn Jahre alt. Aber woher kommen die Zehntausende von Hakenkreuzfahnen, die seit dem Vorabend im Wind flattern? Jemand muß rechtzeitig große Aufträge an spezialisierte Firmen erteilt, und auch die Bestellung von Wimpeln für Autos nicht vergessen haben. Keine republikanische Behörde hat sich für Geschäfte dieser Art interessiert. Lange vor dem Computerzeitalter hat es der Nationalsozialismus verstanden, die Unterwanderung von Armee, Polizei, Ministerien und Zeitungen zu programmieren. Überall hat er die Männer aufgespürt und ausgebildet, die jetzt das Parteiabzeichen tragen.

Heute wissen die Feiernden von gestern nicht so recht, was sie tun sollen. Unter ihnen sind viele Arbeitslose, aber auch Arbeiter und Angestellte, die an diesem Morgen nicht wieder in ihre Fabriken und Büros gegangen sind. Niemand wagt es, ihnen einen Vorwurf zu machen. Sie improvisieren Aufmärsche, bringen mit Liedern ihre Begeisterung über Hitler und den Sieg zum Ausdruck, bedrohen die Roten, ohne dabei eine Schmähung zu vergessen, die in regelmäßigen Abständen erschallt: «Juda verrecke!» Das Dröhnen der Stiefel auf dem Pflaster Berlins hat von neuem begonnen. Es sollte nicht so schnell wieder aufhören ...

Mir geht es wie allen anderen. Ich fühle mich etwas ratlos. Nichts geschieht so, wie wir es vorausgesehen hatten. Sind die SA-Leute nicht bereit, mit ihren politischen Gegnern abzurechnen? Nichts dergleichen. Die Nacht der langen Messer kommt später; und die Opfer werden dann die SA-Leute sein, die heute triumphieren.

Man hat Pogrome vorausgesagt? Gewiß, in Parolen und Liedern werden die Juden angegriffen – wird ihnen ein gnadenloser Krieg erklärt. Aber es gibt weder eine offene noch eine organisierte Verfolgung. Noch nicht.

In konservativen Kreisen herrscht eitel Freude. «Wir haben es ja gesagt. Sobald *er* an der Macht ist, wird er sich ruhig verhalten. Nur zu glücklich, Reichskanzler zu sein und seine Freunde mit Pöstchen versorgen zu können.»

Erst allmählich begreift man, daß Hitler nicht vorhat, das Land dem Chaos auszuliefern. Seine Revolution wird nicht eine Revolution wie die anderen sein. Keine Barrikaden, keine gestürmte Bastille, kein geplündertes königliches oder kaiserliches Schloß. Seine Revolution soll neue Menschen schaffen, die ihm, Hitler, überall hin folgen. Bis zum Ziel.

Zu welchem Ziel?

In den Augen der ausländischen Beobachter, die diese Tage in Berlin miterleben und den Mut haben, die Dinge zu Ende zu denken, zeichnet sich Hitlers Weg unmißverständlich ab. Er führt zum Krieg.

Der *Völkische Beobachter*, die Tageszeitung der Partei, gebraucht das Wort als erste. In Fettdruck auf der ersten Seite: «Wir befinden uns im Krieg.» Natürlich handelt es sich nicht um einen wirklichen Krieg, sondern um einen Aufruf zum Kampf gegen die internationalen, also antinationalen Kräfte, die das Reich bedrohen: zum Kampf gegen den Bolschewismus in aller Welt, das Judentum, die katholische Kirche, die Freimaurerei.

Und was wird bei alldem aus der Weimarer Republik? Sie zieht sich auf Zehenspitzen zurück, so diskret, wie sie gelebt hat. In der Arbeiterklasse gibt es einige schüchterne Ansätze zu lokalen Streiks, die rasch unterdrückt werden. Uneinig und geschwächt durch die langjährigen Kämpfe zwischen Sozialdemokraten und Kommunisten, bringt sie keine Aktion von größerem Ausmaß zustande. Die Bourgeoisie, die sich niemals von den verheerenden Wirtschaftskrisen erholt hat, hält sich abseits und macht sich die nationalsozialistische These zu eigen, das Land habe keine Wahl mehr gehabt zwischen der äußersten Rechten und der äußersten Linken. Dem Reichspräsidenten von Hindenburg, der schon so viele Jahre an der Spitze der Republik steht, werden seine Entscheidungen von nun an vorgeschrieben: Er läßt es zu, daß Hitler die Fahne der Weimarer Republik abschafft. Hatte er nicht seinerzeit den Treueid auf die Verfassung der Republik geschworen, die er nun verleugnet? Er ermächtigt Hitler, alle Maßnahmen zu ergreifen, die «notwendig sind, um das Volk und den Staat zu schützen und die verhängnisvollen Auswirkungen der seit vierzehn Jahren – also unter seiner Präsidentschaft – verfolgten Politik aufzuheben».

Und der preußische Adel, der in den konservativen Parteien und in der Armee immer eine wichtige Rolle gespielt hat? Er glaubt noch immer, den «Mann aus kleinen Verhältnissen, der nicht welterfahren ist und nie ein öffentliches Amt innehatte», in Schach halten zu können. Er will nicht einsehen, daß von heute auf morgen eine neue Aristokratie entstanden ist, deren Wurzeln bis zu Hitlers ersten Kreuzzügen zurückreichen. An die Stelle der adligen Vorfahren tritt das Datum des mit einem hübschen Hakenkreuz verzierten Parteibuchs. Wichtig ist, eine möglichst niedrige Nummer zu haben. Hitler hat die Nummer 7, das heißt, er trat eines Tages einer Gruppe bei, die damals schon sechs Mitglieder hatte.

1933 schwillt die Mitgliederzahl der NSDAP auf mehr als zweieinhalb Millionen an.

Ich bin mit einem Angehörigen der neuen Aristokratie zum Mittagessen verabredet. Fritz P. leitet die Werbeabteilung eines großen Unternehmens, das Waschmittel und Kosmetika herstellt. Er kommt zu spät und wirkt gehetzt.

«Die Ereignisse, weißt du ...»

«Was hast du damit zu tun?»

«Du hast ja keine Ahnung. Wir müssen die ganze Werbung für die nächsten Monate neu überdenken.»

Ich verstehe immer noch nicht.

«Die Mode hat sich geändert.» (Stimmt, vor fünf Tagen ist Hitler an die Macht gekommen.) «Die Werbung auch. Wenn wir unsere Produkte verkaufen wollen, müssen wir neue Werbesprüche herausbringen.»

Und jetzt ist er bei seinem Thema:

«Die Schönheitscreme zum Beispiel wird ‹den Reiz der nordischen Frau hervorheben›, oder die Seife wird ‹die Seife des deutschen Patrioten› ...»

«Und das Waschmittel, das weißer wäscht? Weißer als was? Es gibt nichts Weißes mehr. Alles ist beige und braun.»

«Mach dir keine Sorgen. Wir werden schon was finden. Die Wäsche wird eben nicht weiß sein, sondern ‹rein wie die nationale Wiedergeburt›, was weiß ich, wir haben Leute, die gute Werbetexte erfinden. Wichtig ist nur, daß der Verbraucher merkt, woher der Wind weht.»

Ich bin drauf und dran zu sagen: Du meinst wohl, «daß der Sturm aufzieht», als ich das kleine Hakenkreuz an seinem Revers entdecke. Wie kommt es nur, daß ich es nicht früher gesehen habe?

«Hast du es denn so schnell bekommen können?»

Er strahlt von einem Ohr zum anderen und zieht das Parteibuch aus der Tasche:

«Sieh dir die Nummer an. Nur dreistellig wie bei all denen von der alten Garde. Hab mir gesagt, man kann nie wissen. Und jetzt bin ich sicher, daß ich richtig liege.»

«Aber das sind doch gräßliche Leute. Die alles umstürzen wollen. Die ...»

Fritz unterbricht mich. Mir bleibt das Sprichwort nicht erspart, das zur Zeit in Berlin die Runde macht: «Nichts wird so heiß gegessen, wie es gekocht wird.» Ich habe nichts erwidert, nicht gesagt: Es wird siedend heiß sein, vielleicht sogar tödlich. Ich habe es nicht gesagt, weil ich meinem Pessimismus nicht traute.

(Später hat Fritz P. sehr billig zwei Verlage gekauft, die Juden gehörten und zwangsweise «arisiert» wurden. Das heißt, die Eigentümer, die für unwürdig erachtet wurden, die deutsche Kultur zu verbreiten, mußten ihren Besitz in kürzester Frist abstoßen. Die Verlage haben dann pleite gemacht, und Fritz war ruiniert. Die Partei fand immerhin eine kleine Stellung für ihn, ehe er an die russische Front geschickt wurde und dort fiel.)

«Nein, danke, Fritz. Keinen Nachtisch für mich ...»

Als ich nach Hause komme, finde ich Hedwig in Tränen. Hedwig ist eine vorbildliche Hausangestellte, hübsch, tüchtig und diskret.

«Was ist denn passiert?»

Hedwig zögert. «Ich bin verlobt.»

«Das ist doch kein Grund zum Weinen.»

«Doch. Ernst – so heißt er – ist bei der SS.»

Sieh mal einer an! Davon hatte sie nie etwas gesagt.

«Sie haben mir immer noch nicht gesagt, warum Sie weinen.»

«Ja, das ist so. Himmler, der Vorgesetzte von Ernst, erklärt immer, daß sie SS-Leute das beste Blut der Welt haben. Und ihre Frauen müssen ihrer würdig sein.» Es klingt, als sagte sie etwas auswendig Gelerntes auf. «Ich mußte einen Haufen Papiere beibringen, um zu beweisen, daß ich wirklich rein arisch bin. Aber wichtig ist auch, daß man bestimmt schöne Kinder bekommt. Darum mußte ich mich von mehreren Ärzten untersuchen lassen. Und dann –» sie errötet – «bin ich überall gemessen worden, um herauszufinden, wie ich eines Tages niederkomme, und all das in Anwesenheit von Ernst, der mich begleiten mußte. Das ist Vorschrift. Es war so peinlich ...»

Aber warum weint sie gerade jetzt?

«Weil einer der Ärzte meint, die Untersuchungen müßten wiederholt werden. Ernst hat es mir gerade gesagt. Es gibt da noch Zweifel ...»

Sie hört auf zu weinen, schneuzt sich energisch und fügt in ruhigerem Ton hinzu: «Manchmal frage ich mich, ob ich ihn überhaupt noch lieb hab.»

Ich vermag sie nicht zu trösten.

Spät abends setzt in der Wohnung der Strom aus. Ich laufe hinunter ins Souterrain, wo der Portier wohnt. Durch die geschlossene Tür bitte ich ihn, möglichst schnell zu kommen. Herr Hellmann erscheint. Er entschuldigt sich, er habe keine

Zeit gehabt, Schuhe anzuziehen. Er hat einen langen Mantel übergezogen und Pantoffeln an den Füßen. Da er den defekten Kontakt nicht gleich findet und das Büro überheizt ist, rate ich ihm, den Mantel auszuziehen. Das tut er auch, ist aber, wie mir scheint, etwas verlegen.

Herr Hellmann trägt die Uniform der Sturmtruppen. Er ist Scharführer der SA. «Sie müssen das verstehen», sagt er. «Mein Sohn ist in der Reichswehr. Ihm ist eine Beförderung versprochen worden, falls Hitler an die Macht kommt. Weil das Heer dann vergrößert wird ...»

«Sie sind mir keine Erklärung schuldig, Herr Hellmann. Wenn Sie Nationalsozialist sind, ist das Ihre Sache. Warum haben Sie es nie erwähnt?»

Er fühlt sich ermutigt. Sein Gesichtsausdruck ändert sich. «Was ist das für ein Mann, der Führer! Haben Sie ihn schon mal in einer Versammlung erlebt? Nein? Das müssen Sie aber unbedingt, ich bin überzeugt, Sie werden dann bestimmt genauso denken wie ich ...»

Ich antworte nicht. Es ist besser, mit Herrn Hellmann gut zu stehen. Der Kurzschluß ist repariert und das Gespräch beendet. Herr Hellmann zieht sich zurück, um seine Stiefel anzuziehen und zu seinen Kameraden zu gehen, die schon auf ihn warten.

An jenem Abend fällt mir das Einschlafen schwer. Ich wußte, daß es Nazis in Berlin gibt, aber nicht, daß ich in so naher Berührung mit ihnen lebte. Und ein Gedanke läßt mich nicht los: Warum haben so verschiedene Menschen wie mein Freund Fritz, Hedwig und Herr Hellmann ihre Verbindung zur Partei verheimlicht? Gewiß, Hitler und die Seinen waren bisher in gewissen Berliner Kreisen nicht gut angesehen. Aber hat es nicht noch einen anderen Grund? Das undeutliche Gefühl, einer Gemeinschaft anzugehören, die nicht zögern würde, Dinge zu tun, die bisher als unmoralisch galten?

Ich bilde mir ein, einen ungewöhnlichen Tag erlebt zu haben. Und wieder einmal irre ich mich. Es ist ein Tag wie alle anderen gewesen. Will sagen, wie alle, die folgen werden.

Daß Hitler sich an die Lösung der Probleme macht, von denen er schon lange gesprochen hat (Abschaffung der marxistischen Parteien und der Gewerkschaften; Institutionalisierung der Ungleichheit zwischen Ariern und Nichtariern), hat für uns nichts Erstaunliches. Verblüffend finden wir dagegen, was für ihn Vorrang hat. So greift er schon gleich in den ersten Tagen die orthodoxe Psychoanalyse an. Was weiß er darüber? Errät er, daß der Wunsch mancher Staatsbürger, ihre Identität auf der Couch eines Arztes besser zu erkennen, unvereinbar ist mit seinem eigenen Ziel, jede Anwandlung von Individualismus zu unterdrücken? Der offiziell angegebene Grund ist natürlich ein ganz anderer und viel einfacher: Sigmund Freud, der Vater der Psychoanalyse, ist Jude. Also ein Feind Deutschlands und der arischen Rasse.

Ich mache einen Abschiedsbesuch bei René Spitz, dem Psychoanalytiker österreichischer Herkunft, der später durch seine Arbeiten über Neurosen bei Säuglingen berühmt wurde. Er will Deutschland verlassen und sich in New York niederlassen. Kaum sind die Maßnahmen der Nazis, jüdischen oder sonst unerwünschten Ärzten das Praktizieren zu verbieten, im Ausland bekannt geworden, da kommen Angebote aus den Vereinigten Staaten, Großbritannien und den Ländern Lateinamerikas nach Berlin. Besonders gefragt sind die Fachleute, die vom großen Meister selbst ausgebildet worden sind. Zu ihnen gehört René Spitz.

In der Nachkriegszeit werden deutsche Ärzte Übersetzungen von Werken lesen müssen, die die Autoren, deren Muttersprache Deutsch war, auf englisch geschrieben haben.

Spitz und ich sprechen über Politik. Hitlers Herrschaft hat schließlich mit weniger Gewaltanwendung begonnen, als befürchtet wurde. Das wenigstens ist meine Ansicht. Ein langes

Schweigen. Dann berichtet René Spitz. Ich weiß, daß seine Patienten den unterschiedlichsten Kreisen angehören. Er nennt keine Namen, bemüht sich sogar, die Spuren zu verwischen. Aber ich begreife sehr schnell, daß die Menschen, die sich ihm anvertraut haben, wußten, wovon sie sprachen.

Der nationalsozialistische Terror richtet sich gegenwärtig gegen die Arbeiterschaft. Mit Maschinenpistolen und Handgranaten bewaffnete SA-Kommandos laufen durch die Straßen, wählen auf gut Glück ein Arbeiter-Wohnhaus und nisten sich in den oberen Stockwerken ein. Dann vergnügen sie sich damit, auf die Bewohner der Stockwerke darunter zu schießen. Es gibt Verwundete. Es gibt auch Tote. Die Häuser sind umstellt. Niemand kann entkommen. Einige Leute versuchen, die Polizei zu rufen. Aber deren Befehl lautet: Nicht eingreifen.

Dutzende von Überlebenden oder Augenzeugen werden verhaftet und in «Arbeitserziehungslager» gebracht, die in aller Eile in der Umgebung der Stadt errichtet werden und kaum mehr sind als primitive Baracken auf dem platten Land. Sie tragen uns unbekannte Namen: Sonnenburg, Oranienburg, Sachsenhausen.

Hitlers neugeschaffene *Geheime Staatspolizei* (Gestapo) hat ihr Hauptquartier mitten in Berlin, in der Prinz-Albrecht-Straße (das später ebenso gefürchtet ist wie die Lubjanka in Moskau). Hier wird gefoltert, um von Verdächtigen Geständnisse oder Namen von angeblichen Komplicen zu erpressen. Auch in den «ausgebauten» Kellern, die der SA gehören, werden Häftlinge mißhandelt. Um sie zum Reden zu bringen? Nicht immer. Oft nur zum Vergnügen. Schon tritt eine gewisse Erfindungsgabe zu Tage, das Streben nach Perfektion. So haben die Folterknechte ein an sich einfaches, aber besonders «wirkungsvolles» Instrument entwickelt: Die Lederriemen von Peitschen, mit denen man die Häftlinge schlägt, werden mit Regenschirmstangen verstärkt. Mehrere Häftlinge haben einer ausgedehnten Behandlung dieser Art nicht standgehalten und sind gestorben. Andere, die sich schämten, weil sie geschrien und um Erbarmen gefleht haben, nahmen sich das Leben. Man hinderte sie nicht daran, sich die Treppen hinunterzustürzen. Leichen werden verbrannt, und die Asche wird den Angehörigen zugleich mit den Sachen der Opfer zugestellt. Einer Frau, die außer der Urne auch die wohlgefüllte Brieftasche des «Verstorbenen» erhält und über diese Ehrlichkeit verwundert ist, erklärt der Nazi-Funktionär würdevoll: «Wir sind doch keine Diebe.» Genauigkeit muß sein!

Unvermittelt die Frage des Psychiaters: «Haben Sie die Absicht, in Berlin zu bleiben? Die nächsten Jahre werden schwierig sein.» Ich weiß es nicht. Habe ich überhaupt darüber nachgedacht? Die letzten Tage sind so unruhig gewesen, daß ich gar nicht auf die Idee kam, mir das zu überlegen. Ich antworte fast automatisch: «Ich bin Journalistin. Kann ich den Ereignissen den Rücken kehren?»

Gleich nach seiner Ernennung löst Hitler den Reichstag auf und schreibt Neuwahlen aus, die ihm endlich die absolute Mehrheit bringen sollen. Von einem parlamentarischen Sieg erhofft er sich eine beruhigende Wirkung auf das Ausland und auch auf die große Zahl derer, die noch zögern.

(Obwohl die Kommunistische Partei Deutschlands aufgehört hat zu existieren und obwohl sich viele sozialdemokratische Abgeordnete im Gefängnis befinden, kommt Hitler nicht über 44,9 Prozent hinaus. Die Mehrheit stimmt gegen ihn.)

Der Führer greift selbst in den Wahlkampf ein. Die wichtigste Versammlung findet im Sportpalast statt. Es gelingt mir, eine Eintrittskarte zu bekommen. Es gibt eine Pressetribüne auf der Galerie. Aber ich will lieber mitten in der Menge sitzen. Mein Platz ist nicht allzu weit von der Rednertribüne entfernt. Ich bin sehr früh gekommen, weil ich hoffe, einige private Unterhaltungen aufschnappen zu können. Aber offenbar ist niemand hergekommen, um mit Freunden oder Kameraden zu diskutieren. Man ist hier, um Hitler zu sehen und zu hören. Die Militärkapellen, die auf mehrere Stellen der riesigen Halle verteilt sind, haben angefangen, populäre Märsche und volkstümliche Melodien zu spielen, um die Atmosphäre anzuheizen.

Goebbels kommt als erster, halb getragen von Riesen, die ihn begleiten, was sein Hinken ein wenig verbirgt. Er wird auf der Rednertribüne «abgesetzt». Seine Ansprache wird ohne große Begeisterung aufgenommen. Man spart seine Kräfte für den Führer. Der kleine «Doktor» – er legt großen Wert auf seinen akademischen Titel – hat in den letzten Tagen viel von sich reden gemacht. In seiner Zeitung mit dem aggressiven Titel *Der Angriff* hat er angekündigt – und wiederholt es an diesem Abend –, daß er jetzt die Möglichkeit habe, den Berliner «Augiasstall» schonungslos auszumisten, und daß er das gegenwärtige «Babel» in eine des neuen Reiches würdige Hauptstadt verwandeln wolle. Er werde die Stadt von dem «jüdisch-bolschewistischen» Ungeziefer, von dem sie wimmele, befreien. Seine Attacke gegen die Kommunisten und die Juden trägt ihm stärkeren Beifall ein.

Während Goebbels noch redet, nähert sich aus der Ferne ein dumpfes Geräusch, das dem Grollen eines heraufziehenden Gewitters ähnlich ist. Ein Grollen, das nun begleitet wird von «Heil! Heil! Heil!»-Rufen. Auf diese Weise können wir drinnen im Sportpalast verfolgen, wie sich der Wagen des Führers langsam nähert.

Und plötzlich bricht das Gewitter herein. Die Menge, die draußen gewartet hat, strömt durch alle Türen in die Halle und übertönt mit ihren Schreien Goebbels' Rede. Alle suchen sich irgendwo einen Platz, ganz gleich wo, dabei immer jubelnd und singend. Ich ertappe mich dabei, daß ich zur Decke hinaufschaue, als befürchtete ich, der Schall der «Heil Hitler»-Rufe der zwanzigtausend Zuschauer könne sie zum Einsturz bringen.

Mit einemmal stehen alle. Und da ist auch Hitler, der durch ein Tor, ganz hinten im Saal, begleitet von einem ganzen Stab von Mitarbeitern, seinen Einzug hält. Ein wenig wie ein Torero, der die Arena unter dem Jubel eines Publikums betritt, das ein großartiges Schauspiel, einen dramatischen Todesstoß gegen die Feinde des Regimes – erwartet.

Der nach vorn ausgestreckte rechte Arm des Führers scheint ihm einen Weg durch den Mittelgang des Saales bahnen zu wollen, obwohl der Gang ganz frei ist. SA-Leute und Polizei stehen in doppelter Reihe, um die Menge zurückzuhalten. Aber man könnte auf diese Schutzmaßnahme genausogut verzichten. Keiner denkt daran, sich vom Platz zu rühren. Die «Heil Hitler»-Rufe, die hinten im Saal den Hereinkommenden begrüßt haben, begleiten von Reihe zu Reihe Hitlers Weg nach vorn. Er blickt weder nach links noch nach rechts. Kurz bevor er bei der Rednertribüne angelangt ist, setzt die Musik ein. Der Hauptmusikzug der SS spielt Hitlers Lieblingsmusik, den *Badenweiler Marsch*.

Endlich steht er nun, allen sichtbar, in der Mitte der Rednertribüne: Reithose, fahlgelbe Stiefel, Braunhemd, Schulterriemen. Die leicht verquollenen Gesichtszüge zeugen von den Anstrengungen der letzten Tage. Ein wenig hinter ihm steht Hermann Göring in einer mit Orden übersäten beigefarbenen Uniform.

Seit Hitlers Eintreffen hat sich die Atmosphäre verändert. Wir sind nicht mehr im Sportpalast, wo sonst die Berliner Sechstagerennen stattfinden. Wir sind «anderswo». Langsam knüpft sich ein geheimnisvolles Band zwischen der Menge und diesem einen Mann, der unbewegt dasteht, als nehme er die Wellen der Begeisterung nicht wahr, die auf ihn zurollen und sich am Fuß der Tribüne brechen, ohne ihn zu erreichen.

Er scheint die Tausende von Männern und Frauen nicht zu sehen, die sich zu zweit oder zu dritt auf einen Sitz drängen und die Zuschauerreihen bis hinauf zur letzten Reihe der Galerie füllen. Teils sitzend oder stehend, halb erdrückt von den

Nachbarn. Was tut's. Die Luft ist zum Schneiden. Aber man könnte meinen, daß niemand ans Luftholen denkt.

Als die Stimme anhebt, herrscht tiefe Stille.

Hitlers Stimme ist rauh. Wenn er einen Gedanken übermitteln will, der ihm besonders wichtig erscheint, geht sie in ein sehr langsames Stakkato über. Er spricht mit dem Akzent seiner österreichischen Heimatprovinz und gebraucht Redewendungen, die typisch sind für das Milieu, in dem er sich in Wien bewegt hat. Kein durchschnittlich gebildeter Österreicher drückt sich so aus.

Wie Wagner-Opern werden die Hitler-Reden von Leitmotiven durchzogen. Der Redner beginnt damit, an die vierzehn Jahre der *Schmach und Schande* zu erinnern, die das Reich durchmachen mußte, weil es von feigen und untüchtigen Männern regiert wurde, Verrätern des Vaterlandes, die das Märchen von dem auf dem Schlachtfeld besiegten Deutschland erfunden haben. (Sehr lebhafter Beifall aus dem Publikum, wo die alten Kämpfer überwiegen, die eigentlich wissen müssen, daß Hitler sie belügt.)

Dann wird der Führer zum Messias. Er verkündet die frohe Botschaft: Ein neues Deutschland ist euch geboren. Er, Hitler, wacht über das Land. Er dankt der Vorsehung, daß sie ihm diesen Auftrag erteilt hat.

Ein wesentliches Thema, das er nie ausläßt. Manchmal geht er sogar so weit, sich auf «Gott, den Allmächtigen» zu berufen. Was Tausenden praktizierender Katholiken und strenggläubiger Protestanten als Alibi dienen wird: Ein Mann, der so über seine Beziehungen zu Gott und der Vorsehung spricht, kann nicht unmoralisch sein. Und treten in die Partei ein.

Hitler hebt beide Hände, um dem auf allen Seiten ausbrechenden Beifall Einhalt zu gebieten. Er hat noch eine Botschaft, die allerdings nicht ganz neu ist. Seit vierzehn Jahren spricht er davon. Aber heute wiederholt er sie mit der Autorität, die ihm die Macht verleiht: Deutsche! Ihr repräsentiert die edelste Rasse der Welt. Ihr seid Arier. Das macht euch zu Herren. Herr sein bedeutet, dem Vaterland gegenüber Pflichten zu haben. Die Pflicht, den Gegner zu erkennen, ihn zu bekämpfen, ihn hassen zu können. Den Feind, der an allem Unheil, an dem Deutschland leide, schuld ist, kenne und nenne er: Es sei der jüdische Bolschewismus.

Vielleicht unbewußt haben viele Männer die Brust herausgestreckt, sich aufgerichtet. Sie haben das Gefühl: Wir sind wer, Angehörige einer Rasse, die edler ist als jede andere. Hat Hitler das nicht soeben gesagt? Hitler schenkt dem deutschen Volk ein neues Deutschland. Welch ein Rausch!

Ausgelöscht die Vergangenheit. Hinweggefegt, ausgemerzt die Erinnerung an die Niederlage, Revolution und Machtlosigkeit. Das Trauerspiel ist zu Ende, der Schuldige gefunden. Der jüdische Bolschewismus. Der Jude. Was macht man mit ihm? Wozu darüber nachdenken! Der Mann da oben auf der Rednertribüne wird es schon wissen.

Der Redner kennt sein Publikum. Er weiß, daß es nicht nur nach Brot hungert. Dennoch muß er auf das zur Zeit brennendste Problem zu sprechen kommen, eben auf das tägliche Brot für ein Drittel der erwerbstätigen Bevölkerung. Der Bevölkerung, die vergeblich Arbeit sucht: Sechs Millionen Arbeitslose. Hitler übernimmt feierlich eine Verpflichtung. Arbeit für alle. Wie, das sagt er nicht. Aber das macht nichts. Man vertraut ihm.

Ein großes Rascheln durchläuft den Sportpalast, als Tausende von Männern und Frauen ihre Stellung ein wenig verändern. Als wollten sie sich Hitlers Worten, der jetzt zum zweiten Teil seiner Rede kommt, noch besser öffnen. Es gelingt ihm, jeden Mann und jede Frau einzeln anzusprechen. Und das ist keine leichte Aufgabe in einem so riesigen Saal, wenn zwanzigtausend Gesichter auf einen gerichtet sind.

Er beginnt mit dem Schlagwort der Partei: «Deutschland erwache!» und geht dann gleich zu einem individuellen Appell über. Du bist es, scheint er zu sagen, und du und du, von dem die Wiedererstarkung des Landes abhängen wird. Ich rechne auf dich. Ich werde dir Arbeit geben, und du wirst mir folgen. Ich werde aus dir einen Deutschen machen, der dieses Namens würdig ist, aber ich brauche deine Hilfe.

All das wird in ganz einfachen Begriffen zum Ausdruck gebracht. Das Niveau des so angeknüpften Dialogs zu heben, liegt ihm fern. Hitler versteht es, sich in die Lage der einfachen Leute zu versetzen. Auch der Unzufriedenen. Derer, die davon träumen abzurechnen. Mit dem Schicksal, dem Nachbarn, dem Konkurrenten.

Jeder fühlt sich verstanden. Besser noch: Jeder entdeckt, daß er sich in gedanklicher Übereinstimmung mit diesem allmächtigen Volkstribun befindet, der unter den Klängen eines Militärmarsches hergekommen ist und vor dem – zumindest glaubt er das – die Großen der Welt zittern.

Eine lange Passage über Außenpolitik ruft wenig Widerhall hervor. Erst als der Führer verspricht, er wolle alles tun, um den Frieden zu wahren, «dieses kostbarste aller Güter», erhält er Applaus. Bloß keinen neuen Krieg!

Als geschickter Taktiker ruft Hitler nicht zur Gewalttätigkeit auf. Noch nicht. Er versteht es, das Gift, das er einträufelt, zu dosieren. Wir sind Zeugen, wie langsam jeder und alle manipuliert werden. Gefährliches Rezept des Demagogen: Individuen zu gemeinsamer Begeisterung zusammenführen, bis sie zu einer leicht zu beeinflussenden Masse verschmolzen sind, daraus «Menschen nach Maß» formen und den «Abfall» aussondern.

Ich weiß nicht, in welchem Augenblick der Funke übergesprungen ist. Die Tausenden von Menschen sind aufgesprungen, strecken dem Führer die Arme entgegen, sie lachen, weinen oder sperren den Mund weit auf, ohne daß ein Ton herauskommt, weil die Erregung ihnen die Kehle zuschnürt. Ich sehe meine Nachbarin an. Dicke Schweißtropfen laufen ihr über das Gesicht, und wollüstig wiegt sie sich unter den kernigen Tiraden. Wenn er nur nicht aufhört zu reden!

Es besteht keine Gefahr, daß Hitler aufhört. Seine Reden dauern immer länger als zwei Stunden. Angesichts der vor Begeisterung tobenden Menge wagt er sich weiter vor. Unbarmherzig schlägt er zu, stürzt sich auf die Gegner, die Besiegten. Er verspottet die Demokratie und ihre Schwächen, die er sich zunutze gemacht hat, um an die Macht zu kommen. Er macht sich über die Kommunisten lustig, die, um ihr Leben zitternd, sich in ihren Löchern verkriechen, während ihre Führer ins Ausland geflohen sind ... Aber wer sich versteckt hat, wird gefunden werden. Und dann die Juden, die immer noch glauben, sie könnten den Nationalsozialismus auf die leichte Schulter nehmen, und ständig daran erinnern, daß der Führer seine Laufbahn als «kleiner Anstreicher» begonnen habe. Wagen sie, darüber zu lachen? Nun, der Tag ist nahe, an dem ihnen das Lachen vergehen wird.

Im Saal herrscht eine bösartige Heiterkeit. Vergeblich suche ich in der Menge nach einem Gesicht, auf dem Ablehnung oder Zweifel zu lesen wäre.

Es ist immer noch nicht zu Ende. Der große Schauspieler hat noch ein hübsches Bravourstück auf Lager; die Zuschauer, die 50 Pfennig Eintritt bezahlt haben (wie für die Sportveranstaltungen), sollen nicht enttäuscht werden. Ein «mit Hitler verbrachter» Abend soll unvergeßlich sein. Ehe er zum Schluß kommt, wird der Redner darum für kurze Zeit zum Imitator: Drei Berliner, die pessimistischen Klatsch über das Hitler-Regime verbreiten. Nicht schlecht. Er schlägt den vertraulichen Ton eines Mannes an, der sich für gut unterrichtet hält: «Wißt ihr, der Hitler, der wird sich nicht bis zum Winter halten, das sage ich euch.» Dann mit etwas veränderter Stimme ein zweiter Berliner: «Doch, doch, er hält sich bis in den Winter hinein, und dann bekommt er Schwierigkeiten.» Und ein dritter: «Richtig, richtig. Hinein kommt er, aber heraus kommt er nicht.» Eine Handbewegung begleitet den Satz.

Und schließlich Hitler mit unverstellter Stimme: «Die Herren irren sich. Ich werde im nächsten Jahr noch hier sein und im übernächsten auch.»

Ein bewunderndes «Ah ...» durchläuft den Sportpalast, löst sich in Gelächter auf. Niemand will dabei ertappt werden, daß er nicht lacht. Aber man spürt so etwas wie ein banges Erschauern. Er weiß doch alles, dieser Mann! Die soeben zitierten Worte hat jeder der Anwesenden irgendwann einmal entweder selbst ausgesprochen oder gehört. Und manch einer zittert bei der Vorstellung, der allwissende Hitler kenne die geheimsten Gedanken, die einen ins Gefängnis oder in ein «Arbeitserziehungslager» bringen können. Der gutmütige Humor des Führers täuscht die Anwesenden nicht. Sie spüren die Drohung.

Meine Nachbarin, die sich eben noch so erregt hat, scheint wieder zu sich gekommen zu sein. Sie wischt sich die Stirn ab. «Es ist heiß», flüstert sie mir zu. Zwei Stunden hat sie gebraucht, um es zu merken.

Hitler endet mit großem patriotischem Schwung: «Deutschland», «Zukunft», und noch einmal: «Der Frieden, dieses kostbare Gut.»

Stehend singen alle *Deutschland, Deutschland über alles* und die neue Hymne, das *Horst-Wessel-Lied*.

Gefolgt von seinem Stab macht sich Hitler auf den Weg zum Ausgang, während das Singen der Nationalhymnen ganz unvermittelt in «Heil»-Rufe übergeht. Die Männer sehen angegriffen aus, die Frauen haben dunkle Ringe um die Augen. Ich beeile mich wegzukommen, um dem Geruch von Schweiß und fragwürdiger Erregung zu entgehen, der an ihnen haftet und mir lange in Erinnerung bleibt. Ich sehe mir meine Notizen an. Ich kann nicht stenographieren und habe mir ein eigenes System von Kürzeln ausgedacht. Ich stelle fest, daß das Wort, das am häufigsten vorkommt, das Wort «Frieden» ist. Ich bezeichne es mit einem kleinen Kreuz. Die letzte Seite ist mit Kreuzen übersät. «Wie ein Friedhof», denke ich.

Einige Jahre später hat Hitler in einem Vortrag vor höheren Offizieren beklagt, daß er so oft vom Frieden habe reden müssen. Das habe die Gefahr eingeschlossen, bei den Zuhörern pazifistische Neigungen zu wecken. Aber es sei notwendig gewesen, um sie nicht zu erschrecken und auch um die Nachbarstaaten zu beruhigen.

Am nächsten Tag sage ich zu einem deutschen Kollegen, der mich nach dem Abend fragt: «Ich fand Hitler nicht überzeugend.» Er antwortet mit einem etwas herablassenden Lächeln: «Er hat nicht für Sie gesprochen.»
Das stimmt. Aber anscheinend hat er auch die hübsche Maud F. nicht angesprochen. Als ich zu ihr komme, ist sie gerade dabei, sich zu schminken. Sie soll mit ihrem Verlobten ausgehen, der den Namen einer der großen Familien trägt.
«Wieso sind Sie eigentlich nicht in der Partei, Maud?» Sie hat eine etwas schleppende Art zu sprechen. Nach einem langen Blick in den Spiegel sagt sie: «Kann ich wirklich nicht sagen. Ich bin jung und hübsch, bekomme einen reizenden Mann und werde in einem prächtigen Herrenhaus wohnen. Natürlich könnte ich auch in der Partei sein. Im Grunde habe ich nie daran gedacht.» Und nach einem weiteren Zögern: «Vielleicht, weil ich den Radau nicht mag.»

Hitler hat auch meinen Freund Thomas nicht angesprochen, einen Preußen – Reserveoffizier –, der in einem Ministerium arbeitet.
Einige Tage später hören wir gemeinsam eine weitere Rede des Führers, diesmal im Rundfunk. Wir stellen zwei Sessel dem Radioapparat, einem großen, blinden Kasten, gegenüber, der auf einem kleinen Tisch steht. Musik und Worte kommen aus einer runden Öffnung, die mit Stoff abgedeckt ist. Ein seltsames Phänomen: Man starrt unverwandt auf das Rundfunkgerät, als ob es da etwas zu sehen gäbe.

Hitler spricht direkter, brutaler, mit einem Wort: vulgärer als neulich.

Thomas ist aufgestanden. Er dreht mir den Rücken zu und lehnt sich an die Wand. Aus dem Zucken seiner Schultern entnehme ich, daß er weint. Aus Wut? Aus Ohnmacht? Was macht man mit einem in Tränen aufgelösten preußischen Offizier? Er dreht sich zu mir um: «Ich schäme mich, daß es Deutsche gibt, die so etwas lieben!» (Das «so etwas» bezog sich auf den Führer.) Ich deute auf das kleine Sofa im Wohnzimmer, bringe ihm ein Glas Weißwein und setze mich neben ihn. Und da ich immer einen Kummer in Reserve habe, der darauf wartet auszubrechen, mache ich mir die Tränen von Thomas, dem Deutschen, zunutze, um mit ihm zu weinen.

Hitler setzt seine Wahlreise fort. In der Wochenschau sehen wir ihn in Köln, Hamburg, Stuttgart, Nürnberg, München, in Breslau und Königsberg. Er reist mit seinem Privatflugzeug, einer einmotorigen Junkers-Maschine mit offener Kanzel, in der er neben dem Piloten, immer dem gleichen, sitzt, den Kopf mit einer Ledermütze gegen Wind und Kälte geschützt.

Auf den Flugplätzen warten seine Getreuen jedesmal schon stundenlang vorher auf das Schauspiel der Ankunft, auf den Augenblick, in dem der Führer vom Himmel zu ihnen herunterkommt. Ehe das Flugzeug aufsetzt, heben sich Hunderte von Armen, um ihn zu empfangen. Die Regie führen bei alledem Spezialisten, die ganze Wälder von Fahnen gepflanzt, Spruchbänder mit Nazi-Parolen aufgespannt, die riesigen Lautsprecheranlagen installiert und darauf geachtet haben, daß Militärmusik übertragen wird.

Wir sehen einen lächelnden, entspannten Hitler. Die Aussicht, vor Tausenden von Menschen das Wort zu ergreifen, beflügelt ihn. Gleich wird er im größten Saal der Stadt zwei Stunden oder noch länger sprechen. Am nächsten Tag berichtet er seiner Umgebung dann, er habe zwei bis drei Kilo abgenommen. Was beweist, daß seine Schweißausbrüche denen seiner Zuhörer in nichts nachstehen.

Hitler wird seine Versprechen halten: Seine «Offensive gegen die Arbeitslosigkeit», ein großes Autobahnnetz, das ganz Deutschland überziehen soll, wird in Angriff genommen.

Einige Monate später sehen wir den Führer in der Wochenschau konzentriert und ernst, mit dem Spaten in der Hand, als «ersten Arbeiter des Reiches», während Hunderte von Arbeitern über eine Mainbrücke in ihren Betrieb gehen. Die Autobahn soll in der Umgebung von Frankfurt beginnen. Militärmusik, Gesang. Kurze Ansprache des Führers, dem BDM-Mädchen Blumensträuße überreichen. Die «Arbeitsschlacht» (die Sprache wird tatsächlich immer militärischer) hat begonnen. Hitler sollte sie gewinnen. Zwei Jahre später werden sich die sechs Millionen Arbeitslose auf dreieinhalb Millionen verringert haben. Und die Anhänger Hitlers, die dem Volkstribun vertraut haben, werden dem Staatsmann, der seine Versprechen einlöst, die Treue halten.

Sechs Tage vor den Reichstagswahlen wird den Berlinern ein großartiges Schauspiel geboten. Bei Anbruch der Dunkelheit Telefonanruf der deutschen Agentur, die uns Informationen liefert: Absolute Priorität, der Reichstag steht in Flammen.

Im Laufschritt eilen wir durch den Tiergarten und sind nach zehn Minuten vor dem Parlamentsgebäude. Noch steht die große Glaskuppel des Reichstags. Gleich wird die Hitze das Glas springen lassen, und die Flammen werden herausschlagen, die man schon im Innern des Gebäudes errät. Ich habe den Blick auf die Kuppel gerichtet, als mich ein Unbekannter beim Arm nimmt: «Gute Arbeit, nicht wahr? Das muß man schon sagen. Wenn die Kommunisten ...» Er hat keine Zeit, seinen Satz zu beenden. Rings um uns brüllen Leute im Chor: «Hängt die Kommunisten auf!» Eine große Menschenmenge hat sich auf dem Platz vor dem Reichstag versammelt. Woher kommen die Leute? Sie können nicht durch die Flammen herbeigerufen worden sein, denn die lodern noch gar nicht.

Jetzt ist es ein Herr in Zivil, gut angezogen und intelligent aussehend, der auf die ausländischen Journalisten zugeht. Er erzählt: Nachmittags haben mehrere parlamentarische Gruppen eine Sitzung abgehalten. Vor zwei oder drei Stunden seien die Abgeordneten weggegangen. Nur Ernst Torgler, der Leiter der kommunistischen Gruppe, sei noch dageblieben. In dem Augenblick, als er ging, sei das Feuer ausgebrochen. «Das ist interessant, nicht wahr?» Um so interessanter, als die Feuerwehr am späten Abend erklärt, das Feuer sei an mehreren Stellen gleichzeitig ausgebrochen. Der Brand kann also nicht das Werk eines einzigen Täters gewesen sein.

Am nächsten Tag gibt die Polizei bekannt, daß an Ort und Stelle ein junger Vagabund namens van der Lubbe verhaftet worden sei, ein Mitglied der holländischen Kommunistischen Partei. Er wird später zum Tode verurteilt, und – nachdem das Urteil nicht vollstreckt wurde – in ein Konzentrationslager gebracht. Ebenfalls verhaftet, aber dann wegen Mangels an Beweisen wieder freigelassen, werden drei bulgarische Kommunisten. Zu ihnen gehört Georgi Dimitrow, der nach dem Krieg eine wichtige Rolle in Bulgarien spielte und dann unter geheimnisvollen Umständen in Moskau starb.

Die wahren Hintergründe des Reichstagsbrands und der perfekten Inszenierung, die ihn begleitete, hat man nie mit Sicherheit erfahren. Unter den Namen derjenigen, die das Ganze ferngelenkt haben sollen, wurden immer die von Göring und Graf Helldorf, dem Polizeipräsidenten von Berlin, genannt.

Die Kommunistenjagd beginnt noch in derselben Nacht gleich nach dem Brand. Wer die Möglichkeit hat, verläßt mit falschen Papieren Berlin. Per Eisenbahn oder Auto. Oder auch zu Fuß, als Bergsteiger verkleidet, um zu versuchen, über die bayerischen Alpen nach Österreich oder Italien zu gelangen. Wer nicht gleich aufbrechen kann, verbringt die Nacht bei jemandem, der nicht befürchten muß, auf den Listen der Gestapo zu stehen.

Ich komme spät in der Nacht nach Hause. Vor dem Haus geht Felix G. auf und ab. Er erwartet mich. Ob ich ihn heute nacht beherbergen könne? Warum nicht. Aber wäre es nicht besser, er ginge nach Hause, seine Frau warte doch auf ihn? Eben das könne er nicht. Er habe gerade erfahren, daß sein eigener Schwager ihn bei der Gestapo denunziert habe. G. ist so etwas wie ein Filmemacher und Schriftsteller. Er ist auch Mitglied der KPD. Seit mehreren Jahren hat er unter falschem Namen vielbeachtete Streitschriften verfaßt und darin die Aktivitäten der Nazis gegeißelt. Das wußte ich nicht.

Er will Berlin am Morgen verlassen, nachts ist es nicht möglich. Ich biete ihm mein Bett an und mache es mir auf einem Sessel bequem. Ich will nicht schlafen, sondern die Umgebung des Hauses im Auge behalten. Er schläft tief und fest, als ob er wüßte, daß er in den kommenden Wochen nicht viel Ruhe finden wird.

Bei Morgengrauen bricht er auf. Er hat kein Gepäck. Er ist schon ein anderer Mann als am Vorabend. Sein Gesicht mit den regelmäßigen Zügen ist eingefallen, der Blick leer, seine Hände zittern. Ein Verfolgter mehr.

Die letzten Spuren der dahingeschiedenen Republik sind den Flammen des Reichstags zum Opfer gefallen. Einige Tage später verlangt Hitler vom Parlament die Ermächtigung, die alte Verfassung aufzuheben. Nur die Sozialdemokraten haben den Mut, gegen den Antrag zu stimmen, und müssen mit ihrem Leben oder mit ihrer Freiheit dafür bezahlen. Hitler hat die uneingeschränkte Macht. Früheren Republikanern macht die nationalsozialistische Partei den Übertritt leicht – allerdings nicht allen. Nur Deutschen arischer Abstammung und nationalsozialistischer Überzeugung sollen vollberechtigte Staatsbürger sein. Die sogenannten Nichtarier, wie Juden, Halbjuden und Vierteljuden bezeichnet werden, müssen ihr Leben am Rande der Gesellschaft fristen. Die deutschen Juden, die durch und durch Deutsche sind, wollen zum größten Teil nicht glauben, daß das letzte Wort schon gesprochen sein soll. Vielleicht ist Hitlers feindselige Haltung nur der übertriebene Eifer des Anfängers. Man wird sich zu guter Letzt schon mit ihm einigen können. Andere glauben, es genüge, seinen Patriotismus bewiesen zu haben, um bevorzugt behandelt zu werden.

Das trifft auf Viktor X. zu. Im Ersten Weltkrieg ist er Pilot im Jagdgeschwader von Richthofen gewesen, dessen Kommandeur nach dem Tod des berühmten Asses der kaiserlichen Fliegerei Hermann Göring war. Seit Kriegsende führt Viktor ein Juweliergeschäft. Er bittet um eine Unterredung mit seinem ehemaligen Kommandeur, der ihn gleich am nächsten Tag empfangen will. Ein gutes Zeichen.

Göring begrüßt ihn überaus herzlich. «Was kann ich für dich tun, alter Freund? Hast du Schererein mit deinem Laden?» Nein, Viktor hat keine Schererein. Aber er will beruhigt sein. Es ist so viel die Rede von bevorstehenden Verfolgungen. Er hat Drohbriefe erhalten. Zweifellos von der Konkurrenz. «Mach dir keine Sorgen. Ich kümmere mich darum.» Göring schickt sich an, auf einem Zettel den Namen eines Untergebenen zu notieren, an den Viktor sich notfalls wenden könne. «Ich wußte, daß du mich nicht im Stich läßt, Hermann. Unter Deutschen, schließlich ...» Görings Feder hält auf halbem Wege an. Sein Gesichtsausdruck hat sich verändert. Keine Spur von Wohlwollen mehr. «Für einen ehemaligen Kameraden tue ich alles. Aber ich spreche dir das Recht ab, dich als Deutschen zu bezeichnen. Deutscher bist du nie gewesen. Du bist Jude.»

Viktor hat den Zettel nicht genommen. Er ist grußlos weggegangen, in seinen Wagen gestiegen und hat an keiner Ampel gehalten. Er hat seiner Frau das Gespräch erzählt, zuerst den

Schluß. Dann den Anfang. Mehrmals. Dann ist er ins Nebenzimmer gegangen. Nach etwa einer Viertelstunde hat seine Frau den Schuß gehört. «Er hat nichts hinterlassen», erzählt mir die Witwe, ohne zu weinen. «Nicht ein Wort.»

Viktors Witwe ist keine Jüdin. Sie ist arisch. Was hält sie von Göring? Was hält sie von der Tat ihres Mannes? Von ihrem eigenen Schicksal? Ich blicke in die tränenlosen Augen und stelle die Fragen nicht.

Eine Woche nachdem er Reichskanzler geworden ist, schafft Hitler die Pressefreiheit ab. Der Wortlaut der Verordnung ist dehnbar. Jede (der Regierung lästige) Information kann als gegen den Staat gerichtet und damit als strafbar angesehen werden. Ein Streikaufruf beispielsweise wäre ein schweres Vergehen.

Die erste Tageszeitung, die verboten wird, ist *Tempo*, eine Abendzeitung, die am Nachmittag erschien und in vier Ausgaben herauskam, die letzte am späten Abend. *Tempo*, von einer manchmal etwas unkonventionellen Gruppe von Redakteuren gemacht, ist in den Augen der Nazis ein «zusammengeschmiertes Sensationsblatt», das im neuen Reich keine Daseinsberechtigung mehr hat.

Die zwei wichtigsten Pressekonzerne, Ullstein und Mosse, die beide jüdischen Familien gehören, werden aufgefordert, in kürzester Frist ihre Unternehmen zu verkaufen. Bis zur letzten Minute haben sie nicht an Hitlers Sieg geglaubt, jetzt müssen sie für ihren Irrtum büßen: Ullstein muß Zeitungen, Gebäude und Druckereien für 6 Millionen Mark abstoßen, obwohl sie gut und gerne 60 Millionen wert sind. Der Käufer wünscht ungenannt zu bleiben. Man erfährt aber sehr bald, daß es die NSDAP ist, die «für 'n Appel und 'n Ei», wie die Berliner sagen, die beiden Konzerne erworben hat.

Der Verkauf der wichtigsten Tageszeitung, des *Berliner Tageblatts*, wird zunächst mit Diskretion behandelt. Es ist noch die Zeit des Übergangs, und es geht darum, weder die jüdischen Abonnenten noch die stattliche Kundschaft zu erschrecken, die hier ihre Kleinanzeigen, vor allem ihre Todesanzeigen, aufgibt. In jüdischen Kreisen wird in diesen Tagen viel gestorben: durch Selbstmord und Herzanfälle. Todesanzeigen nehmen manchmal eine halbe Seite ein, und wenn es sich um eine bekannte Persönlichkeit handelt, sogar mehrere Seiten, weil jedes Unternehmen, jeder Verband, mit dem der Verblichene zu tun gehabt hat, ihm eine letzte Ehre erweisen will. Das bringt der Zeitung beträchtliche Beträge ein.

Aber haben die Juden überhaupt noch das Recht, in «arisierten» Zeitungen ihrer Toten zu gedenken? Die Frage gilt als so wichtig, daß sie dem Führer persönlich vorgelegt wird. Seine nicht sehr vornehme Antwort macht rasch die Runde in Berlin: «Tote Juden stören mich nicht.»

Lebende Juden dagegen stören. Im Pressewesen werden sie von allen, selbst von dem kleinsten Posten entfernt. Die Säuberung ist «total». Ebenso unerbittlich trifft sie Arier, die in der Vergangenheit haben erkennen lassen, daß sie Gegner des aufkommenden Nationalsozialismus sind.

Die Gleichschaltung der Presse wirkt sich auf unsere Arbeitsweise aus. Unsere gewohnten Gesprächspartner sind verschwunden. Entlassen, ins Ausland gegangen, im Gefängnis. Diejenigen, die ihre Stellungen behalten haben, vermeiden allzu häufige Kontakte mit ausländischen Journalisten.

Es genügt, einen einzigen Leitartikel der deutschen Zeitungen pro Tag zu lesen, um zu wissen, was wir nach den Wünschen der Regierung denken sollen. Wir lernen, zwischen den Zeilen zu lesen. Und uns vor allem auf die Rubriken zu konzentrieren, mit denen wir uns gewöhnlich nicht befassen, auf die Kleinanzeigen beispielsweise, die Heiratsannoncen und die Todesanzeigen.

Fast ohne es zu merken, beginnen wir – die ausländischen Journalisten – in kleinen Gruppen zu arbeiten und Informationen auszutauschen. Wir bilden gleichsam multinationale Widerstandsnester, um gemeinsam gegen die tendenziösen Nachrichten oder die falschen Auskünfte zu kämpfen, mit denen man uns überschüttet.

Die offiziellen Pressedienste schätzen uns nicht. Wir stellen zu oft Ereignisse heraus, die wir erwähnenswert finden, während die deutsche Presse, die täglich ihre Weisungen erhält, kein Wort darüber verliert. Auf öffentlichen Versammlungen braucht ein Redner uns nur zu erwähnen, um ein Protestgeschrei auszulösen. Das Propaganda-Ministerium gibt sich alle Mühe, uns als unehrliche, gehässige Menschen hinzustellen, die vor keiner Lüge zurückschrecken, kurz, als Gegner, die loszuwerden leider schwierig sei. Eine Strategie, die das Ziel hat, von vornherein jede Meldung zu diskreditieren, die – aus einer ausländischen Zeitung übernommen – auf Umwegen nach Deutschland gelangen könnte, wo ihr Bekanntwerden unerwünscht ist.

Sind wir wirklich besser informiert als unsere Berliner Kollegen? Daran besteht kein Zweifel.

Erstens sind wir keine Deutschen. Daher sind wir geschützt vor der allgemeinen Unruhe, die im Land verbreitet wird und die Hitler für die Umwandlung seines Volkes braucht. Wir profitieren von ständigen Kontakten mit der Außenwelt, vom Kommen und Gehen der Sonderberichterstatter, die in immer größerer Zahl nach Berlin entsandt werden, und von unseren eigenen Reisen ins Ausland, von wo wir Informationen mitbringen, die uns alle bereichern.

Schließlich – und das ist gewiß nicht unwichtig – sehen wir auch immer noch deutsche Politiker, die das neue Regime aus ihren Ämtern verdrängt, die aber weder ihre Objektivität noch ihren Scharfblick eingebüßt haben. Sie sind überzeugt, daß das Nazi-Experiment zu einer Katastrophe führen muß. Zweifellos nicht gleich. Aber unweigerlich.

Die für uns alle dramatischste Veränderung allerdings ist

die Tatsache, daß wir uns nicht mehr wie früher des Telefons bedienen können. Der Apparat steht immer noch vor uns, er funktioniert, man braucht nur den Hörer abzunehmen und die Nummer zu verlangen. Aber man zögert. Man präpariert seinen Text.

Wir alle werden abgehört. Wir wissen es. Wir werden denselben Einschüchterungsmethoden unterworfen wie die Deutschen, das Auge des Führers überwacht alles; sein Ohr ebenfalls. Kein Vergehen, von dem er nicht sofort erfährt.

Ich erinnere mich an ein auf französisch geführtes Gespräch, in dessen Verlauf ich ausnahmsweise eine Bemerkung über die Demarche eines deutschen Botschafters gemacht habe. «Ein einfacher diplomatischer Trick» habe ich gesagt. Eine Stunde später treffe ich im Außenministerium meinen üblichen Gesprächspartner Braun von Stumm. Er ist wie immer freundlich und scheinbar «offen». Als ich aufbrechen will, hält er mich zurück: «Sie haben vergessen, mit mir über die deutsche Demarche zu sprechen, die Sie so interessiert. Ich kann Ihnen versichern, daß es sich nicht um einen einfachen Trick handelt.» Ich schaue ihm direkt ins Gesicht. Er zuckt nicht mit der Wimper. Ich auch nicht. Will er mich warnen? Mir angst machen? Ich habe es nie herausbekommen.

In der neuen Welt, die entsteht, wird die Arbeit des Journalisten der eines Detektivs oder sogar – warum nicht? – eines Geheimagenten immer ähnlicher. Wenn ein Ereignis uns wichtig erscheint, suchen wir «Informanten»: ehemalige, nun arbeitslose Journalisten, die noch Kontakt mit begünstigteren Kollegen haben; «gelegentliche» Mitarbeiter, die kommen und ihre Dienste anbieten, sei es aus Überzeugung (damit gewisse Vorgänge im Ausland bekannt werden), sei es, daß die Vergütung, die wir ihnen zahlen können, ihnen das Überleben ermöglicht. Es kommt vor, daß wir uns nach Mitternacht irgendwo im Tiergarten treffen.

Der häufigste Treffpunkt ist der Zoologische Garten.

«Hinter dem Tigerkäfig» oder «vor den Schimpansen». Bestimmt fallen wir auf. Es ist ungewöhnlich, an diesem Ort Leute zu sehen, die, ohne einen Blick auf die Tiere zu werfen, ernst miteinander diskutieren. Die Gestapo muß über diese Verabredungen auf dem laufenden sein und sich damit begnügen, zu beobachten und zu registrieren. Dennoch kommt es vor, daß die eine oder andere unserer Kontaktpersonen nicht erscheint und man sie nie wiedersieht.

Wenn wir uns mit unseren Informanten verabreden, sei es des Nachts, sei es am Tage vor den Käfigen im Zoo, vergessen wir niemals, uns über ein imaginäres Gesprächsthema zu verständigen. Damit wir, falls wir vernommen werden, gleichlautende Aussagen machen können. In jenen Jahren eine weit verbreitete Gewohnheit in Berlin. Sobald man einen Besucher empfängt, erfindet man Gesprächsthemen, die man «gestehen» könnte.

Sorgfältig studieren wir die Kleinanzeigen, die oft ein anschauliches Bild der Situation vermitteln. So nimmt die Zahl der Stellengesuche zu, bei denen nicht mehr die Fachkenntnisse des Bewerbers erwähnt werden, sondern einfach die Tatsache, daß er arisch sei, Parteimitglied oder alter Kämpfer. Es gibt auch die «Verzweiflungsanzeigen». Dringend zu verkaufen: Wohnungseinrichtung, Geschäft, Arzt- oder Anwaltspraxis, Notariat. Ebenfalls «dringend» sind Heiratsanzeigen, die zweifellos von Männern oder Frauen aufgegeben werden, die das Abenteuer des Exils nicht allein auf sich nehmen wollen. In der nationalsozialistischen Presse werden vor allem Ehepartner für Ehen gesucht, die des neuen Deutschlands würdig sind. Unter anderen diese für die neue Zeit besonders charakteristische Annonce: «Arzt, 52 Jahre, rein arisch, alter Kämpfer, der männliche Nachkommen wünscht, würde standesamtliche Trauung mit junger Arierin von guter Gesundheit mit breiten Hüften ins Auge fassen, Jungfrau, bescheiden, sparsame Hausfrau, an schwere Arbeiten gewöhnt, die flache Absätze und keine Ohrringe trägt und möglichst kein eigenes Vermögen hat.» Ich weiß, daß man damals glaubte, es handle sich um einen Ulk. Keineswegs, der Doktor meinte es ernst.

Nachdem Tage und Wochen vergangen sind, müssen selbst die unbekümmertsten Deutschen einsehen, daß Adolf Hitlers Anwesenheit in der Reichskanzlei nicht so bald, wie sie gern glauben wollten, zu Ende sein wird. Ihm wird nicht nach einigen Monaten «die Puste ausgehen». Diejenigen, die auf eine bevorstehende Wiederherstellung der Monarchie hoffen, müssen erkennen, daß Hitler nicht die Absicht hat, seinen Platz dem Kronprinzen, dem ältesten Sohn des letzten Kaisers, zu überlassen. Die ehrgeizige Gattin Wilhelms II., die regelmäßig nach Berlin reist, um die Stimmung zu erkunden, hat kürzlich anläßlich einer Reise Hitler bei Freunden getroffen. Die Nachrichten, die Prinzessin Hermine dem immer noch im holländischen Doorn lebenden ehemaligen Herrscher überbringt, sind nicht gut: Hitler wird bleiben, wo er ist.

Die wichtigen Zentren des öffentlichen Lebens erobert er eines nach dem anderen. Das Heer hat sich mit seinem Regierungsantritt abgefunden. Die Polizei wird von seinem Vertrauensmann Göring befehligt. Im Rundfunk höre ich die metallische und abgehackte Stimme des ehemaligen Fliegers, der einen Appell an die Ordnungskräfte richtet: Es stehe ihnen von jetzt an frei, mit aller Strenge gegen die Feinde des Staates und der Partei vorzugehen, selbst wenn keine Beweise für ihre Schuld vorliegen. «Jeder von euch soll wissen», skandiert die Stimme, «daß ich eine Unterlassung strenger bestrafen werde als eine gelegentliche ‹Panne›.»

So stützt Hitler seine Autorität auf zwei Faktoren: ein immer vollkommeneres Polizeinetz und seine eigene Verführungsgabe. Zunächst will er Konfrontationen vermeiden. Also das Volk erobern, es überzeugen. Auch verborgene Wünsche wecken Haß und Neid von neuer Art. Hat er mit so wenig

Widerstand gerechnet? Selbst die Nicht-Engagierten lassen ihn gewähren.

Aber wer hätte in diesen entscheidenden Tagen zu behaupten gewagt, es gäbe bereits eine völlige Übereinstimmung zwischen dem Wahnsinn des Führers und dem deutschen Volk? Mochte auch das Schicksal für Hitler den Aufstieg zur höchsten Macht vorgesehen haben, das deutsche Volk hätte zweifellos auf die nationalsozialistische Erfahrung verzichten können. Abgesehen von der typischen Nazi-Klientel, die sich vor allem aus dem Mittelstand, aus gewissen Arbeiter- und Bauernkreisen, dazu aus ehemaligen Kriegsteilnehmern und manchen Halb-Intellektuellen rekrutiert, sehnte sich die Mehrheit des deutschen Volkes keineswegs nach einer Diktatur. Sie hätte sich mit einer intelligenten und kompetenten Regierungsmannschaft zufriedengegeben, die es verstand, den wirtschaftlichen Aufschwung auszunutzen, von dem infolge einer leichten Besserung der Weltkonjunktur neben den anderen europäischen Mächten auch das Reich zu profitieren begann. Das Volk wollte nichts anderes als Arbeit finden und in Frieden leben.

Angst vor dem Kommunismus? Es gab sie, aber ohne die Hysterie der Hitlerschen Bilderbogen, auf denen der russische Menschenfresser mit einem blutenden Messer zwischen den Zähnen dargestellt wurde. Und der Antisemitismus? Er war in Deutschland ebenso zu finden wie überall, ohne daß irgend jemand daran dachte, eine Staatsdoktrin daraus zu machen, einen neuen Darwinismus zu schaffen oder die überspannte Theorie von der Überlegenheit der deutschen «Rasse» ernst zu nehmen.

Ich weiß nicht genau, wann der Durchbruch gelungen ist. Er ist wie ein Rausch. Die Parteidienststellen haben nicht genug Personal, um die vielen Leute abzufertigen. Es wird zusätzliches Personal eingestellt. Männer und Frauen stehen vor den Türen Schlange und warten stundenlang, ehe sie das kostbare

Büchlein mit dem Hakenkreuz erhalten, das aus dem Deutschen erst einen vollgültigen Staatsbürger macht.

Die Massen-Beitrittserklärungen werden kräftig von der Gesetzgebung unterstützt, die, außer der einen, alle politischen Parteien verbietet. Die Zugehörigkeit zu einer nationalsozialistischen Organisation wird obligatorisch. Ein Junge, der nicht der Hitlerjugend angehört, findet keine Lehrstelle.

Viele, die gestern noch zögerten, schließen sich nun den anderen an. Einige von ihnen sind aufrichtig. Sie haben in sich ungeahnte Affinitäten mit dem neuen Regime entdeckt. Sie sind dem Talent des Führers erlegen.

Als genialer Marktschreier versteht es Hitler, seine Ware zu «verkaufen» und die Zaghaften aus ihrer Zurückhaltung herauszuholen. Er bietet ein ganzes Sortiment von Versprechungen: Arbeit für die Arbeitslosen; Beschäftigung in Unternehmen, die Sozialisten oder Kommunisten entlassen haben; den Garten des Nachbarn, der ausgewandert ist; das Lederwarengeschäft des Juden, der es zu welchem Preis auch immer wird abstoßen müssen. So viele materielle Vorteile in patriotischer und romantischer Verpackung. Dazu noch die Garantie eines neuen und mächtigen Deutschlands und einer großen Zukunft.

Wie jedermann treffe auch ich «Neubekehrte», die regelrecht geistige Verrenkungen machen, um ihr Gewissen zu beruhigen. Um ein Alibi zu finden, das ihre neue Mitgliedschaft rechtfertigt. Woher kommt dieses Bedürfnis, sich auszusprechen?

Am häufigsten hört man von ihnen: *Er* gibt Deutschland seine Ehre zurück. *Er* wird die Armee wieder stark machen. *Er* wird uns Arbeit verschaffen.

Die Konzentrationslager? ... Freilich. Aber da wird man nicht wahllos eingeliefert. Es muß sich um Leute handeln, denen etwas vorzuwerfen ist. Kein Rauch ohne Feuer.

Die Kommunisten? Da gibt es kein Zögern. Gut, daß wir sie los sind.

Die Juden? Schweigen. In manchen Berliner Kreisen kommt Antisemitismus gar nicht in Betracht. Noch nicht. Immerhin: Haben Sie die in den Zeitungen veröffentlichten Statistiken gesehen? Der Prozentsatz von Juden unter Ärzten, Rechtsanwälten, Notaren, Journalisten, Schriftstellern? Da muß man doch etwas unternehmen ...

Wenn ich es mir genau überlege, muß ich sagen, daß mir die Zyniker lieber sind. Die Berechnenden, die kühl an ihren Vorteil denken, sich auf die stärkere Seite schlagen wollen. Auch sie empfinden das Bedürfnis, darüber zu reden. (Als ob sie voraussehen, daß es in Zukunft immer schwieriger werden könnte, frei zu sprechen.) Zu sagen – wie es Hubert K. tut –, daß es zweckmäßig sei, «gutwillig mitzumachen». Wie es im Sprichwort heißt: «Man muß mit den Wölfen heulen.» – «Nicht gerade sehr nett, sie als ‹Wölfe› zu bezeichnen», sage ich zu ihm. Automatisch wirft der neue Nationalsozialist einen besorgten Blick nach rechts und nach links. Ich beruhige ihn: «Keine Angst, wir sind allein.»

Mit diesen langen Monologen, die einen Seitenwechsel oder ein neues politisches Engagement erklären sollen, wird vielleicht eine Wahrheit bemäntelt, die man nicht eingestehen will: die Angst, die man hat, als Außenseiter an den Rand gedrängt zu werden. Schlecht für die Karriere; vor allem schlecht fürs Geschäft. Außerdem leben die Deutschen gern in Gemeinschaften, gehören gern Verbänden und Vereinigungen an, und ertragen nur schwer den Gedanken, isoliert zu sein.

Von der Angst, an den Rand gedrängt zu werden – hier gesellschaftlich –, erzählt mir diesmal ganz offen Frau von P., die elegante Witwe eines preußischen Junkers. Sie hat sich eine gewisse jugendliche Frische bewahrt. Die meisten ihrer Freundinnen sind in der Partei, und sie hat den Eindruck, weniger eingeladen zu werden als früher. Ihr ist geraten worden, eine, natürlich ehrenamtliche, Tätigkeit in einer der

Frauenorganisationen der Partei zu übernehmen. «Wie soll ich denn mit Leuten auskommen, die diesen Hitler akzeptieren? Ist Ihnen aufgefallen, wie er sich anzieht? Wie er redet? Weiß man überhaupt, wo er herkommt?» Und dann mit einem großen Seufzer: «Wenn er wenigstens ‹adlig› wäre!»

Einige Wochen später ist sie weniger traurig. Sie hat mir etwas Wichtiges zu erzählen. Aber nicht am Telefon. Sie kommt zu mir und berichtet, Hitler sei der uneheliche Sohn eines Hohenzollern. «Aber, meine Liebe, wie soll denn ein Hohenzollernprinz die Frau eines Zollbeamten mitten in Österreich geschwängert haben?» Frau von P. weiß nichts darüber. Aber die Geschichte kommt ihr gelegen. Als ich sie wiedersehe, trägt sie Ohrringe in Hakenkreuzform und ein herrliches, mit Diamanten besetztes Hakenkreuz am Revers ihrer Kostümjacke. Als gute Deutsche macht sie alles gern gründlich.

Hans K., der Buchhändler, ist ehrlicher als die anderen. Ich habe nie erfahren, ob er Sozialist oder Kommunist ist. Jedenfalls will er in Deutschland bleiben. Er besteht auf dem «sozialistischen» Aspekt des Nationalsozialismus. «Wenn Hitler das gelingt, was die anderen immer vergeblich versucht haben, nämlich den Klassenkampf abzuschaffen, wenn er den sozialen Frieden wiederherstellt, dann sehe ich nicht ein, im Namen welcher Prinzipien ich gegen ihn sein könnte.»

Auf sozialem Gebiet scheint sich Hitlers Taktik auszuzahlen. Allerdings verfügt er über eine einfache und rasch zum Ziel führende Methode, um das schwierige Problem des Einvernehmens zwischen Arbeitgebern und Arbeitnehmern zu regeln. Wer sich den von den Behörden diktierten Lösungen widersetzt, kommt ins Gefängnis oder in ein Umerziehungslager. Die Gewerkschaften werden aufgelöst, ihr Vermögen beschlagnahmt. Dafür wird die Deutsche Arbeitsfront gegründet, eine riesige Organisation, der Unternehmer und Arbeiter gleichermaßen angehören. Das Verfahren ist nicht nach jedermanns Geschmack. Manche Unternehmer finden, es würden zu viele Zugeständnisse an die Arbeiter gemacht. «Was das kostet!» seufzt bei einem Dinner der Industrielle B. aus Wiesbaden – und er weiß, wovon er spricht. «Für diesen Preis hätten wir genausogut die Sozialisten oder die Gewerkschaften unterstützen können. Das wäre nicht schlimmer geworden, als es heute ist, wo ich in meinem eigenen Betrieb (Chemie) nicht mehr machen kann, was ich will.» Am empörendsten findet er, daß er an den Kreuzfahrten der Organisation *Kraft durch Freude* teilnehmen muß, wo Unternehmer und Arbeiter mit demselben Schiff reisen und an einem Tisch zusammen ihre Mahlzeiten einnehmen. B. kritisiert etwas zu oft. Eines Tages teilt mir seine Frau Barbara am Telefon mit, daß ihr Mann im Gefängnis sei. Sie scheint nicht bestürzt. Ich weiß, daß sich die Eheleute nicht mehr gut verstanden haben.

Barbara lädt mich ein, einige Tage in ihrem Chalet in der Schweiz zu verbringen. Sie möchte gern auf andere Gedanken kommen. Ich auch.

Wir treffen uns in Frankfurt. Ich sehe, daß Barbara einen neuen Mercedes gekauft hat, ein Kabriolett, schneeweiß, mit roten Ledersitzen. «Nach Maß angefertigt», sagt sie. Das ist möglich. Damals ist die «Konfektion» noch die Ausnahme. Man läßt seine Kleider von der Schneiderin nähen, die Schuhe macht der Schuhmacher nach Maß. Warum nicht auch das Auto?

Rechts und links von der Motorhaube zwei Hakenkreuzwimpel. «Das ist so viel praktischer, wenn man unterwegs ist», erklärt Barbara.

Einige hundert Meter vor der Grenze biegt sie von der Straße ab in einen kleinen Wald. Sie hält an, nimmt die Fähnchen ab und vergräbt sie unter einem Baum. Die Schweizer schätzen angeblich politische Touristen nicht. Aus dem Handschuhfach holt sie ein Schmuckkästchen voller Ringe, Armbänder, Ketten, Ohrringe sowie einem Diamantenhalsband.

«Du legst die Hälfte an, ich die andere. So kommen wir unauffällig rüber.»

«Ich würde diesen Schmuck lieber nicht tragen.»

Barbara ist nicht umsonst eine energische Frau. «Dann setze ich dich hier ab. Du wirst sicher einen Wagen finden, der dich zurückbringt.»

Es wird schon dunkel. Ich gebe nach. Barbara hatte recht: Wir brauchen nichts zu deklarieren. Zweifellos sagen sich die Zöllner, daß Damen, die in einem so prächtigen Wagen fahren, auch mit Schmuck überladen sein müssen wie Operettenprinzessinnen.

Wir lassen die Grenze hinter uns. Barbara erklärt mir, sie wolle in der Schweiz bleiben, Chalet, Wagen und Schmuck behalten und die Scheidung einreichen. Sie habe keine Lust mehr, mit ihrem Mann zusammen zu leben. Das neue Deutschland interessiere sie nicht. «Wenn mein Mann meine Bedingungen nicht akzeptiert, werde ich den deutschen Behörden erzählen, daß ich ihn verlasse, weil er ein schlechter Nationalsozialist ist. Notfalls kann ich auch einen kleinen, anonymen Brief abschicken.»

Es gibt also auch weibliche Gangster. Dabei habe ich Barbara seit mehreren Jahren gekannt und nichts bemerkt. Oder liegt es an der Zeit, in der wir leben, daß sie bei sich solche Talente entdeckt hat? «Schade, daß du nicht nach Deutschland zurückkehrst. Ich glaube, das Land könnte Frauen wie dich brauchen.» Barbara versteht mich nicht. Sie versteht auch nicht, warum ich sie bitte, mich am Bahnhof abzusetzen, als wir nach Basel kommen. Mit dem Nachtzug fahre ich nach Berlin zurück.

Sie wurde geschieden, und ihr Mann wurde aus dem Gefängnis entlassen. Was aus ihnen geworden ist, weiß ich nicht.

Rudy, meinen österreichischen Freund, treffe ich auf einer Café-Terrasse in einem hübschen Wohnviertel von Berlin. Es ist ein sonniger Tag im März. Wir sprechen nicht von Politik.

Rudy lacht gern: Beides zugleich kann man nicht machen. Mitten im Gespräch unterbricht er sich, um zwei Männerstimmen hinter uns zuzuhören. Die eine: «Als ich erfuhr, daß er an die Luft gesetzt werden sollte, habe ich gesagt: Das will ich selbst erledigen. Seit drei Jahren ärgert er mich mit seinen englischen Gentlemanallüren.» Er spricht das *Tschentlemen* aus. «Ich bin in sein Büro gegangen und habe gesagt: ‹Raus, du dreckiger Jud.› Und als er nicht schnell genug reagierte, habe ich ihn an der Schulter gepackt und auf den Flur geschubst. Zur Treppe. Dabei hat er seine Brille verloren, hat die Stufen nicht gesehen und ist nach unten gekullert.»

Die andere Stimme: «Hat er sich verletzt?» – «*Das* weiß ich nicht», erwidert die erste.

Ich drehe mich nicht um. Etwas später gehen sie an unserem Tisch vorbei. Sehr distinguierte Herren in den Vierzigern im schwarzen Gehrock und den gestreiften Hosen hoher Beamter.

«Das sind Nazis», sage ich zu Rudy.

Er sieht mich erstaunt an. «Natürlich. Wie alle.»

Wie alle? Nein.

Vor einigen Wochen, inmitten der tobenden Menge im Sportpalast, bin ich mir nicht wie unter Nazis vorgekommen. Unter Hungrigen, Dürstenden, Frustrierten – gewiß. Aber das waren noch Suchende.

Die Unbekannten im Café haben ihren Weg schon gefunden. Sie haben ein ruhiges Gewissen, sind gleichgültig gegenüber dem Leiden und der Demütigung eines wehrlosen Kollegen: zwei Deutsche des neuen Typs. Ich bin sicher, daß sie es verstehen werden, sich bei den Repräsentanten eines Regimes, das Männer wie sie braucht, ins rechte Licht zu setzen.

Das Ereignis ist im voraus angekündigt worden wie eine Lustbarkeit für die Berliner: An diesem Abend im Mai 1933 sollen auf dem Platz vor dem Auditorium Maximum der

Universität deutsche und ausländische Werke öffentlich verbrannt werden, Werke, die der Nationalsozialismus für verderblich hält.

Seit dem Nachmittag haben offene, mit Büchern beladene Lastwagen aus allen Stadtteilen herangeschafft, was sie aus städtischen Bibliotheken und privaten Sammlungen abgeholt haben. Studenten, die auf die Bücherhaufen geklettert sind, schwenken Fahnen und singen im Chor Nazilieder.

Mit dem Abladen weiterer Lastwagen hat man auf die Ankunft des Ministers für Volksaufklärung und Propaganda gewartet.

Die Studenten bilden Ketten, und von Hand zu Hand werden Bücherstöße weitergereicht wie Wassereimer. Der dem Scheiterhaufen am nächsten Stehende liest langsam und feierlich die Titel der Werke und die Namen ihrer Autoren vor. An diesem Tag, in dieser Stunde werden einige zwanzigtausend Bände vernichtet. Im Namen der Reinheit der deutschen Rasse und des deutschen Gedankengutes werden den Flammen überliefert: *Der Zauberberg* von Thomas Mann, *Das Kapital* von Karl Marx, *Im Westen nichts Neues* von Remarque, die Schriften von Sigmund Freud, Einstein und Erasmus von Rotterdam; von Zola, Barbusse, Proust, Bertolt Brecht, Kafka, Dostojewskij, Upton Sinclair und H. G. Wells...

Eine Kleinigkeit haben die Organisatoren nicht bedacht: Es ist nicht einfach, Bücher zum Brennen zu bringen. Die Einbände fangen nicht so leicht Feuer. Die Studenten können noch so viele brennende Fackeln auf den Haufen werfen, die Bücher wollen nicht brennen. Als wollten sie den jungen Henkern eine letzte Chance geben, vor der Untat zurückzuweichen. Goebbels steht dabei und wartet darauf, das Wort zu ergreifen. Die Scheinwerfer sind auf den Mann gerichtet, der diese mittelalterliche Zeremonie ausgedacht und organisiert hat. Es kommen die Wagen der Feuerwehr, die eiligst gerufen worden ist. Nicht um zu löschen, sondern um anzuzünden. Hunderte von Litern Benzin werden auf die Scheiterhaufen gegossen.

Endlich brennen die Bücher. Hohe Flammen steigen zum Himmel auf, sehr viel höher als die Gebäude ringsum. Ein leichter Wind läßt sie auflodern, schickt halbverkohlte Buchseiten mit ihnen gen Himmel. Ein dünner Aschenregen rieselt auf die Zuschauer – zum Dienst befohlene SA-Leute, Studenten, Schüler, Neugierige, zufällig Vorbeigekommene. Hier und dort fällt der Feuerschein auf ein Gesicht, beleuchtet ein breites Grinsen.

Ich bin vor Entsetzen gelähmt. Der Geruch der brennenden Bücher. Die öffentliche Hinrichtung des geschriebenen Wortes. Ist es meine jüdische Abstammung, die mich den Respekt für das geschriebene Wort gelehrt hat, daß zu Anbeginn das Wort Gottes war?

Die Stimme des Ministers hebt an wie zu einer Beschwörung: Die Flammen verkünden eine neue Zeit.

Wieder einmal, wie später noch oft, nehme ich Zuflucht zu der Belehrung, die mir seinerzeit als Anfängerin erteilt wurde: zur emotionslosen Beobachtung. («Kannten Sie jemanden, der mit diesem Zug gefahren ist? Nein? Nun, dann tun Sie Ihre Arbeit und berichten Sie, was vorgefallen ist.») Aber diese Bücher kenne ich, ich habe sie gelesen. Ich kann sie nicht brennen sehen, ohne betroffen zu sein. Ich bin schließlich nicht nur als «Journalistin» auf der Welt.

Ich bin es, die denkt: «Diese Sünde wird nicht unbestraft bleiben.» Und auch: «Die Stadt wird zerstört werden.»

Die Journalistin hätte sich niemals zu einer so dummen Prophezeiung hinreißen lassen.

Ich glaube, der Holocaust hat an jenem Maiabend vor der Berliner Universität begonnen, als eine begeisterte Menge den Mord an Büchern bejubelte.

Am nächsten Tag bin ich noch einmal hingegangen: keine Spur mehr von dem Scheiterhaufen. Die Müllabfuhr war dagewesen. Die Zeitungen berichten, daß in allen deutschen Städten zur selben Stunde Bücherflammen «die Nacht erhellten», daß aber das Autodafé von Berlin das eindrucksvollste von allen gewesen sei. Hatte nicht Goebbels persönlich die Zeremonie geleitet?

Der Propagandaminister ist fest entschlossen, die «Erzeugnisse des Geistes», wie er sie nennt, scharf zu kontrollieren. Die Reichsschrifttumskammer wird gegründet. Ihr muß man angehören, um weiterhin schreiben zu können. Zugelassen sind nur Autoren, die ihre arische Abstammung nachweisen können und überdies «das Vertrauen des Nationalsozialismus verdienen». Es ist die erste Aufgabe der Reichsschrifttumskammer, eine Liste von Werken aufzustellen, die «im Widerspruch stehen zu den kulturellen Zielen der Partei» und deren Verkauf verboten wird. Noch nicht veröffentlichte Manuskripte müssen dem Präsidenten der Kammer, einem ehemaligen Literaturkritiker, vorgelegt werden.

Georg E. kündigt mir seinen baldigen Besuch an. Ich habe ihn lange nicht gesehen. Er schreibt Reiseberichte. Begonnen hat er seine Karriere als Schiffsjunge auf einem großen Segelschiff, das zur Flotte eines schwedischen Reeders gehörte. Eine gefährliche Art, das Seemannshandwerk zu lernen: Es gab keine Fahrt, bei der nicht der Sturm oder die Wellen ein oder zwei Mann der Besatzung aus den Masten herunterrissen. Er hat immer gern von seinen Anfängen erzählt, das tobende Meer und das Leben an Bord beschrieben. Und als Schriftsteller hatte er weiterhin vom Meer gesprochen. Und jetzt hat er seinem Verleger zum erstenmal einen richtigen Roman übergeben: die Geschichte eines jungen Paares, das mit seinen Problemen nicht fertig wird. Er ist recht stolz darauf: «Das sind *wirkliche* Menschen, Freunde.»

Die Reichsschrifttumskammer hat ihn gerade wissen lassen, daß ihr der Schluß des Romans nicht gefällt, der Selbstmord der beiden Protagonisten. «Das ist doch nicht Ihr Ernst.

Unter Hitler bringt man sich nicht um. Man denkt an die Zukunft.» Georg wird gebeten, das Ende umzuschreiben.

«Und Sie wollen nichts ändern?»

Georg E. ist entrüstet. «Das ist doch eine wahre Geschichte. Ich habe Ihnen ja gesagt, daß ich von Leuten spreche, die ich kenne. Sie sind mit ihrem Latein am Ende.» Zutiefst enttäuscht, läßt er das Manuskript bei seinem Verleger, der damit machen soll, was er will. Er selbst bricht zu einer langen Kreuzfahrt auf und will einen Reisebericht darüber schreiben. Das ist ungefährlicher.

Etwa achtzehn Monate später sehe ich Georg E. wieder. Sein Roman ist mäßig erfolgreich gewesen. Er hat das Buch nicht aufgeschlagen, weil er das Happy-End, das hinzugefügt worden ist, nicht lesen wollte.

«Was ist übrigens aus den Romanhelden geworden, Georg? Aus Ihren Freunden? Haben Sie sie wiedergesehen?»

Er sieht mich verblüfft an. «Habe ich es Ihnen nicht erzählt? Sie haben Selbstmord begangen.»

Bei diesem gewaltigen Unternehmen, die Gehirne unter Kontrolle zu bringen, zählt jeder Bürger. Man überwacht also nicht nur den Schriftsteller Georg E., sondern befaßt sich auch mit dem Friseur.

Herr Ö., dem ich getreulich durch ganz Berlin von einem Frisiersalon zum anderen gefolgt bin, hat Ersparnisse und will sich selbständig machen. Aber nicht jeder, der will, kann selbständiger Friseur werden. Nein, er muß «ideologisch würdig» sein, um Chef zu werden.

Herr Ö. schildert mir die Einzelheiten der Meisterprüfung, die er ablegen muß: zwei Frisuren, die eine modern, die andere historisch; ein mündliches Examen; schließlich das politische «Verhör», vor dem er Angst hat.

Ich treffe ihn am Tag nach der Prüfung. An seiner niedergeschlagenen Miene erkenne ich, daß er durchgefallen ist. Was ist passiert? «Bei den Frisuren ging alles wie von selbst. Auch beim Mündlichen. Aber danach, da hat mich ein anderer Herr, der in Uniform war, gefragt: ‹Welches war der schönste Tag in Ihrem Leben?› Da habe ich mir gesagt, das muß eine Falle sein. Dann fiel mir ein, daß der Führer kinderreiche Familien liebt. Also habe ich geantwortet: ‹Mein Hochzeitstag.› Sicher, hat der Prüfer gesagt, aber ich solle mal nachdenken, ob mir nicht noch ein schönerer Tag einfällt. Ich kam nicht drauf. Und da hat er in strengem Ton gesagt: ‹Wenn Sie in Zukunft danach gefragt werden, dann sagen Sie: Der schönste Tag in meinem Leben war der 30. Januar 1933.› Als ich es nicht sofort begriff, wiederholte er das Datum und fügte hinzu: ‹Der Tag, an dem Adolf Hitler an die Macht kam.› Ich wollte meinen Fehler wettmachen und sagte: ‹Aber an dem Tag konnte keiner von uns wissen, wie schön es wird.› Ich hätte nicht so vorschnell sein sollen. ‹Wollen Sie Witze machen?› hat er mich angefahren. ‹Das kann Sie teuer zu stehen kommen.› Da hab ich große Angst bekommen. Schließlich hat der Herr gesagt: ‹Sie haben ein ehrliches Gesicht. Aber Sie müssen noch eine Menge lernen. Melden Sie sich nächstes Jahr wieder, dann werden wir sehen.›»

Er ist wirklich unglücklich. «Ein ganzes Jahr verloren. Und wer weiß, was sie mich beim nächstenmal fragen.»

Die große Mehrheit der Deutschen interessiert sich nicht für die brennenden Bücher. Sie haben persönliche Probleme zu lösen. Es heißt, die Diktatur befreie einen vom Denken. Aber das stimmt nicht. Gewiß ist der Bürger nicht mehr an der Diskussion wichtiger Fragen beteiligt. Dafür ächzt er aber unter der Last unzähliger Verhaltensregeln, von deren Einhaltung seine Karriere und seine Zukunft abhängen.

Der neue Nationalsozialist kann es sich nicht leisten, auch nur die kleinste Schwäche zu zeigen. Er muß einen Lernprozeß durchmachen, um in den Augen der Familie, des Nachbarn, des Chefs, der Angestellten als echter Nazi zu erscheinen. Von allen Seiten wird er belauert. Überall könnten

Fallen aufgestellt sein. Denn das Regime verlangt, daß jeder jeden überwacht.

Es genügt also nicht, sich einer veränderten Umgebung anzupassen. Die innere Wandlung muß überdies von einem überzeugenden äußeren Bild begleitet sein. Der Chef, der in sein Büro kommt und statt des üblichen «Guten Morgen!» zum erstenmal ein kräftiges «Heil Hitler!» ausstößt, muß den richtigen Ton treffen. Er muß das allzu vertrauliche «Heit'ler» des alten Kämpfers vermeiden und sich doch bemühen, so ungezwungen zu sprechen wie jemand, der nie anders gegrüßt hat.

Er muß seine Autorität bei denjenigen seiner Untergebenen wiederherstellen, die schon vor ihm «Pg» gewesen sind und die nun versuchen, ihn das spüren zu lassen. Es gelingt ihm nicht immer. Eines Tages findet er womöglich, daß auf seinem Stuhl der Buchhalter sitzt, der schon seit langem in der Partei ist.

In der Familie kann die Lage ebenso mißlich sein. Mann und Frau verändern sich nicht immer im gleichen Rhythmus. Ich habe peinliche häusliche Szenen miterlebt. Manchmal tragen Kinder zur Verlegenheit bei, machen Bemerkungen, die sich nicht gehören. «Aber, Vati, gestern hast du doch noch gesagt...» Eben, genau das will Vati nicht mehr wissen. «Gestern», das ist die Vergangenheit. Und die muß man so schnell wie möglich vergessen. «Aber Vati, Hitler...» – «Was, Hitler? Er ist der Führer. Der Mann, der uns unsere Ehre wiedergegeben hat...» (Man könnte meinen, er sagte eine frisch gelernte Lektion auf.)

Das Kind schweigt. Ordnet die Bemerkungen seines Vaters in die geheime Sammlung von Dingen ein, die es nicht versteht. In einigen Wochen oder Monaten wird es in die Hitlerjugend eintreten. Seine Tage werden dann ganz und gar ausgefüllt sein. Es wird die geheime Sammlung vergessen. Es wird keine Fragen mehr stellen und sich mit seinem Vater gut verstehen. Wird zu dem älteren Bruder, der schon seit einem

Jahr in der Hitlerjugend war, ohne es den Eltern gesagt zu haben, respektvoll aufsehen. Der Bruder macht jetzt, was er will. Kommt nicht zu den Mahlzeiten nach Hause: «Dienst.» Es ist Sache der Eltern, vorsichtig zu sein und keine Fragen zu stellen; nicht mit der Wimper zu zucken, wenn der älteste Sohn beim Abendessen ohne Rücksicht auf seine «alten» Eltern erklärt, die nationale Erneuerung sei die Revolution der Jungen. In zahlreichen Betrieben seien die Abteilungsleiter bereits durch jüngere Leute ersetzt worden. Er gebraucht brutale Ausdrücke: «Wir schicken das Friedhofsgemüse zum Teufel.» (Vati gibt sich ausschließlich dem Essen hin: vor allem einen Wortwechsel mit diesem Jungen vermeiden, der die kurze braune Hose und das braune Hemd, die Uniform der Hitlerjugend, überhaupt nicht mehr auszuziehen scheint.)

Die Partei verlangt von ihren Mitgliedern, daß sie mindestens einen Abend in der Woche der Parteiarbeit widmen. Wehe dem Nazi-Neuling, der eine politische Versammlung, eine Zusammenkunft oder die Vorführung der Wochenschau «schwänzt». Allerdings ertragen die Deutschen diese Gebote besser, als ihre Nachbarn sie ertragen würden. Unter Männern verbrachte Abende sind immer ein Bestandteil ihres Lebens gewesen. Auch früher hat man sich in einer Kneipe, einem Restaurant oder einem Café am Stammtisch getroffen, man gehörte einem Berufsverband oder Sportklub an, zu deren Veranstaltungen Frauen nicht zugelassen waren.

Die deutschen Frauen scheint es nie gekränkt zu haben, daß sie manche Abende allein verbrachten. Von nun an aber müssen auch sie sich für die Angelegenheiten der Partei interessieren und sich einmal in der Woche treffen. Und da das nicht immer an denselben Tagen ist, an denen ihre Ehemänner ausgehen, ergeben sich neue Probleme.

Wenn die Männer nach Hause kommen und die Wohnung leer finden, vergessen sie fast die Treue, die sie ihrem Führer schulden. Der Zettel, der auf dem Tisch liegt und immer dieselbe Botschaft übermittelt: «Dein Abendessen ist fertig. Du brauchst es nur warmzumachen», versetzt sie in höchste Wut. Sie sind es gewohnt, ihre Frauen in der Küche oder am Ofen sitzend und Strümpfe stopfend vorzufinden. Zum Teufel mit dem neuen Regime! Sie würden sich gern mit dem Nachbarn aussprechen, der in derselben Lage ist. Aber das wäre zu gefährlich. Einen Freund anrufen? Und der Abhördienst?

Wenn der neue Nationalsozialist vor seinem lauwarmen Essen sitzt – er hat keine Geduld gehabt zu warten, bis es richtig warm ist –, dann ißt er lustlos und grübelt. Vielleicht sagt er sich, daß es manchmal schwierig sei, ganztägig Nationalsozialist zu sein. Nicht wegen der immer zahlreicher werdenden Verhaftungen, von denen man zu reden beginnt. Auch nicht, weil vor der Universität Bücher verbrannt worden sind. Sondern weil das Regime alte Gewohnheiten umstößt. Im Lauf der Zeit findet er sich dann damit ab.

Die übelsten Diskussionen im Familienkreis, die ich miterlebe, sind jene, bei denen es sich um die Frage der Zweckdienlichkeit dreht: Mit welchen Leuten soll man verkehren? Welche Freunde läßt man besser fallen? Hat man nicht einen gewissen ehemaligen Kommilitonen des Ehemanns gekannt und ihm geholfen, als er damals wegen einer Schlägerei in einem Café von der Polizei gesucht wurde? Ihm ist gerade ein wichtiges Amt übertragen worden, es hat neulich in der Zeitung gestanden. Die Dame des Hauses übernimmt es, ihn anzurufen, um ihn zum Abendessen einzuladen. Im übrigen hat man ja seine Frau immer schon sehr sympathisch gefunden.

Dagegen will man den Vetter der Ehefrau nicht wiedersehen. Er war einer der Vertrauten von Hermann Müller, dem letzten sozialdemokratischen Reichskanzler. Ich habe den in Rede stehenden Vetter, einen begabten Historiker, gekannt, Er ist es gewesen, der mir erzählte, was sich eines Nachmittags auf der Terrasse eines Restaurants am Wannsee abgespielt hat, wo er mit Hermann Müller und dessen Frau saß.

Der Wirt war an ihren Tisch gekommen: «Entschuldigen Sie, sind Sie nicht unser Reichskanzler?» Müller bestätigt es lächelnd. Der Wirt sieht verlegen aus: «Ich muß mich leider gleich wieder verabschieden. Unsere Gäste hier sind ziemlich konservativ und würden es nicht verstehen, wenn ich mich länger bei Ihnen aufhalte.» Der sozialdemokratische Reichskanzler hat über diese Episode herzlich gelacht. Der Vetter, als er sie mir schildert, auch. Ich fand sie nicht so lustig. Wenn die Nationalsozialisten sich jetzt offen über die Schwächen ihrer Vorgänger mokieren – Schwächen, die sie so gut für sich auszunützen verstanden –, fällt sie mir oft ein.

Zugegebenermaßen spielt bei den neuen Bekehrungen oft etwas anderes eine Rolle als Berechnung oder die Angst, an den Rand gedrängt zu werden. Die Zahl derer, die glauben, in den Besitz der Gnade gelangt zu sein, ist größer als wir uns vorstellen. Vor allem unter den Intellektuellen, die für die Parolen von Größe und rassischer Überlegenheit besonders empfänglich sind.

In Tübingen, der berühmten Universitätsstadt, sprechen mehrere junge Professoren über Politik. Einer von ihnen, Carlo Schmid, der mir das Gespräch später berichtete, hatte sich zurückhaltender über die Reden des Führers geäußert als seine Kollegen. Schmid war Jurist und hatte eine französische Mutter. War er deshalb weniger geneigt, dem Sirenengesang der Nazis zu erliegen?

«Ich verstehe Sie nicht», hatte ein Kirchenrechtler zu ihm gesagt. («Ein sehr ordentlicher Mann», meinte Carlo Schmid später. «Sehr mystisch veranlagt.») «Wie können Sie sich eigentlich ausschließen? Spüren Sie denn nicht, was im Gange ist? Daß diesem Volk ein Retter erstanden ist? Daß dieses Volk auferstanden ist? Es hat sein Ostern gefunden.»

«Und die willkürlichen Verhaftungen? Und die Konzentrationslager? Und die Ungleichheit vor dem Gesetz? Und die Unfreiheit?»

Wie seltsam, daß es ein Theologe war, der die Verteidigung des Regimes übernahm. Ein Sprichwort, das damals viel zitiert wurde, lautet: Wo gehobelt wird, fallen Späne.

Der Apotheker und die Apothekerin sind sympathische und kultivierte Leute. Sie lieben die Musik. Ich erinnere mich, daß sie sich voriges Jahr von Freunden haben vertreten lassen, um zu den Wagner-Festspielen nach Bayreuth zu fahren.

Heute morgen sehen sie bestürzt drein. Ich werfe der Frau einen fragenden Blick zu. Sie macht mir ein Zeichen, und ich folge ihr in den kleinen Lagerraum hinter der Apotheke. Sie zeigt mir ein Flugblatt, das sie mit der Post bekommen hat. Im Umschlag, richtig adressiert an den Namen des Ehepaares, aber mit dem in Fettdruck hinzugefügten Vermerk «Juden». Ich hatte gar nicht gewußt, daß sie das waren. Vor Hitlers Regierungsantritt wurde die Frage, zumindest in Berlin, selten erwähnt.

Ich drehe das große, vierfach gefaltete Blatt Papier hin und her. «Aber Sie lesen ja gar nicht.» Nein, mir fällt die Qualität des Papiers und der gute Druck auf. Was ich in den Händen halte ist nicht eine einfache, von irgendeinem obskuren antisemitischen Verein zusammengeschusterte Schmähschrift. Es ist die sorgfältige Arbeit von Fachleuten, von Behörden.

Und der Text? «Verlaßt Deutschland, ehe wir Euch rauswerfen. Ihr wollt unser Unglück. Wir werden das nicht dulden. Wir werden uns verteidigen.» Der Verfasser von *Mein Kampf*, der jetzt an der Macht ist, hat also beschlossen, in die Wirklichkeit umzusetzen, was man für die Phantastereien eines kranken Gehirns hatte halten können: Er macht die Juden verantwortlich für Deutschlands Unglück und will einen gnadenlosen Krieg gegen sie führen. Einen wirklichen Krieg, der, wie alle Aggressionen, mit einer Lüge beginnt: «Wir sind bedroht. Wir werden uns verteidigen.»

Was könnte populärer sein als ein Defensivkrieg?

Die Apothekerin fragt: «Was tun?»

Auch bei dem Fragebogen, den mir Dr. Hans L. zeigt, fällt mir die vorzügliche Qualität des Papiers und des Satzes auf. Die Berliner Ärztekammer mit ihren mehr als zweiunddreißigtausend Mitgliedern hat es entschieden eilig, die nichtarischen Kassenärzte loszuwerden. Sie hat für eine hübsche Aufmachung der Fragen gesorgt, die sie ihren Mitgliedern stellt und die innerhalb von acht Tagen beantwortet werden müssen.

Die beiden ersten Fragen lauten: «Können Sie den Nachweis erbringen, daß Sie rein arisch sind?» und: «Können Sie den Nachweis erbringen, daß Ihre Frau rein arisch ist?» Die Antworten auf diese Fragen werden mit einem Schlag dreitausend Konkurrenten aus dem Weg räumen.

Dr. L. lacht, aber es klingt bitter. «Die Arbeit kann ich mir sparen. In meinem Fall absolut zwecklos.»

Er ist Volljude. Seine Frau ist arisch, aber das ändert nichts an seiner Lage. Er würde aus der Ärztekammer ausgeschlossen werden und könnte nur noch Nichtarier behandeln, bis er schließlich aufgefordert würde, seine Praxis endgültig zu schließen. Was tun? Als ehemaliger Offizier, der verwundet und mit dem Eisernen Kreuz ausgezeichnet wurde, bekäme er vielleicht eine Galgenfrist. Aber später? Sich an die Reichsärztekammer wenden, wo er Freunde hat? Er würde kein Gehör finden. Von allen freien Berufen haben die Mediziner, und das schon vor Hitlers Regierungsantritt, der NSDAP die meisten Mitglieder verschafft. (Die Lehrer kommen erst an zweiter Stelle.) 43 Prozent der deutschen Ärzte sind Parteimitglieder, 23 Prozent von ihnen gehören der SA an, 7,3 Prozent tragen, wenn sie zusammentreffen, die schwarze Uniform der SS.

Die Isolierung der Juden ist erbarmungslos. In der Nazi Terminologie findet sich der Nichtarier häufig dem Marxisten an die Seite gestellt. Der jüdische Bolschewismus wird fast täglich als die größte Gefahr angeprangert, die das Reich bedroht. Aber der kommunistische Deutsche kann sich freikaufen. Wenn ihm der Sinn danach steht oder er die Notwendigkeit erkennt, kann er die Fronten wechseln und zum Nationalsozialismus übertreten. Der Jude hingegen ist hoffnungslos verloren. Der Nationalsozialismus verweigert ihm sogar, was ihm die Inquisition im Mittelalter zugestand: das Recht auf Bekehrung. Heute ist allein die Geburt entscheidend: so gibt es Vollarier, hundertprozentige Juden und Mischlinge der minderwertigen Rasse. Die Rassenzugehörigkeit bestimmt nicht nur den Wert eines Menschen, sondern sie verleiht oder verweigert ihm das Lebensrecht.

Nach der Nazi-Theorie kann nichts den Juden von dem Bösen reinwaschen, das er an sich hat und womöglich auf das «Wirtsvolk» überträgt, das ihn bei sich duldet.

Dieses Böse hat Hitler in *Mein Kampf* erwähnt und unablässig in seinen Reden angeprangert. Er bezeichnet es mit den unterschiedlichsten Namen: als «Demokratie», die nach Hitler eine jüdische Erfindung ist, als «Marxismus» und «Kommunismus», die von Moskaus jüdischen Agenten nach Deutschland importiert wurden, und schließlich als «Internationalismus», der typisch sei für den Ewigen Juden, der naturgemäß niemals ein Patriot sein könne.

Was tun? In den jüdischen Kreisen Berlins gibt es kaum noch ein anderes Gesprächsthema.

Die erste Reaktion auf die antisemitischen Kundgebungen ist eine allgemeine Benommenheit. Viele Deutsche jüdischer Abstammung ertragen die Demütigung nicht, ausgeschlossen zu sein von der Mitarbeit an dem großen Werk, das sich ankündigt: von der Erneuerung des Vaterlandes, das wieder eine Großmacht wie zur Zeit des Kaisers werden soll. Des Kaisers, dem ihre Väter, ihre Ehemänner, ihre Söhne so treu gedient haben.

Trotz Hitler? Sie haben doch wohl von ihm reden hören? Gewiß. Aber sie haben seinerzeit nicht an seinen Sieg geglaubt. Bei dieser Ungläubigkeit spielt ein gewisser bürgerlicher und intellektueller Snobismus eine Rolle: doch nicht dieser Mann! Wie so viele andere haben sie *Mein Kampf* nicht gelesen. Oder haben das Buch nicht ernst genommen. Sie kennen die Stelle nicht, an der Hitler beklagt, daß die im Ersten Weltkrieg angewandten Giftgase nicht zwölf- oder fünfzehntausend Juden umgebracht haben.

Was tun? Einige tausend, die die Möglichkeit haben, verlassen Deutschland, um anderswo zu leben. Die meisten bleiben und warten ab, was weiter geschieht.

Es heißt, Juden seien Pessimisten. Die Berliner Juden waren es nicht. Sehr lange glauben sie, während ringsum die Notsignale aufleuchten, die den Sturm ankündigen, sich mit dem neuen Regime arrangieren zu können. Sie bemühen sich, Hitlers Drohungen günstig zu interpretieren, als nicht gegen die alten Familien gerichtet, die seit Generationen in Deutschland leben, sondern gegen die nach dem Krieg aus Rußland und Polen gekommenen Einwanderer, die oft die Bräuche ihrer Heimat beibehalten haben und immer noch so leben, wie sie es «im Osten» getan haben: orthodoxe Juden mit Bärten, Schläfenlocken und Kaftan, die sich regelmäßig in den Synagogen treffen, ihre Lebensmittel in besonderen Geschäften kaufen und ihre eigene Sprache, das Jiddische, sprechen – eine Mischung aus Hebräisch und dem Deutsch des 12. Jahrhunderts, das diesen Heimatlosen die Illusion gibt, sie seien ein wenig zu Hause, wenn sie sich in Deutschland niederlassen.

Es besteht keinerlei Kontakt zwischen diesen beiden Gruppen. Außer wenn aus den Reihen der Flüchtlinge ein Filmstar, ein großer Schauspieler, ein Schriftsteller oder ein Musiker hervorgeht. Selbst zur Zeit der ersten antisemitischen Übergriffe fühlen sich die Berliner Juden den Deutschen näher als den jüdischen Flüchtlingen aus dem Osten.

Und nun wirft Hitler sie alle in einen Topf. Macht keinerlei Unterschied zwischen dem Nobelpreisträger Einstein oder dem Maler Max Liebermann und einem kürzlich eingewanderten Schneider. Der jüdischen Bourgeoisie, die auf das Drama, das sie erleben sollte, schlecht vorbereitet ist, zwingt er eine ganz neue Solidarität auf mit den an ewige Ruhelosigkeit gewöhnten Juden aus dem Osten. Diese Solidarität haben die deutschen Juden niemals angestrebt, niemals gewollt und empfinden sie jetzt fast wie eine Demütigung.

Hitler liebt große Auftritte. Keine wirkliche Offensive ohne Trompetengeschmetter. Als Tag X für den Angriff auf die Juden ist der 1. April festgesetzt worden. Ziel des Angriffs sind besonders Ärzte, Rechtsanwälte und Kaufleute. Einige Nazi-Führer wollten den Kampf auch gegen Bankinstitute und Versicherungsgesellschaften führen und den Boykott über mehrere Tage ausdehnen. Aber der «geniale Finanzmann», der Hitler berät, Hjalmar Schacht, hat sich dagegen ausgesprochen. Derlei Maßnahmen würden womöglich die Schließung zahlreicher Unternehmen und ein starkes Ansteigen der Arbeitslosigkeit zur Folge haben.

Der 1. April also. Ab 10 Uhr morgens.

Überall im Land beginnt die große Aktion. Auf die Messingschilder mit den Namen jüdischer Ärzte, Rechtsanwälte und Notare werden Zettel mit der Aufschrift «Juda verrecke» geklebt. Mit Revolvern bewaffnete SA-Männer in Uniform halten vor den Eingängen jüdischer Geschäfte Wache, vom großen Warenhaus bis zum kleinsten Fleischerladen. Auf den Schaufenstern steht in weißer Schrift: «Die Juden wollen unser Unglück. Kauft nicht bei Juden.»

Auf Berlins Prachtstraße Unter den Linden haben mehrere große Juweliergeschäfte ihre Rolläden heruntergelassen, um Zwischenfälle zu vermeiden. Die SA-Leute greifen überall ein, wo unbekümmerte, unwissende oder mutige Kunden bei Nichtariern einkaufen wollen.

Am Eingang eines großen Kaufhauses packt ein junger SA-Mann eine alte Dame am Arm, die eintreten will. «Sehen Sie denn die Schilder nicht, auf denen steht: Kauft nicht bei Juden?» – «Aber ich kaufe hier seit Jahren. Die Leute haben mir nichts getan.» Der SA-Mann weiß nicht so recht, was er antworten soll. Seine geistige Schulung hat ihn nicht auf Dialoge vorbereitet. «Gehen Sie lieber woanders hin, wenn Sie keinen Ärger haben wollen.» Sie geht weg und schimpft auf ein Regime, das einen nicht einkaufen läßt, wo man es immer getan hat. Auf einen Lümmel in Uniform, der sich erlaubt, einen am Arm zu packen. Ein Passant ruft ihr zu: «Wenn Sie es nicht verstehen, fragen Sie doch Ihren Sohn. Der kann es Ihnen erklären.» Die Revolution der Jugend!

«Kauft nicht bei Juden.» Dasselbe Schlagwort steht auf Spruchbändern über den Motorhauben eleganter Wagen, die von Damen der Gesellschaft gesteuert werden. Einige von ihnen kenne ich. Früher hat es ihnen nichts ausgemacht, sich ins Theater oder in ein Restaurant von Herren begleiten zu lassen, die ihre hebräische Herkunft keineswegs verbargen. Die Mode hat sich in der Tat geändert!

Am Nachmittag besuche ich Maria H. Die Fenster ihrer Wohnung gehen auf den Kurfürstendamm, wo ein Propaganda-Aufmarsch stattfinden soll. Maria H. stammt aus einer ostjüdischen Familie, hat den Sohn eines Zeitungsverlegers geheiratet und sich von ihm getrennt. Regelmäßig treffen sich bei ihr Schriftsteller und Filmemacher, mit denen sie befreundet ist; einer der zahlreichen literarischen Salons von Berlin. Seit Hitlers Machtantritt kommen weniger Gäste.

An diesem Nachmittag sind wir allein und sehen hinunter auf die Straße, wo die diensttuenden Antisemiten zu den Klängen antijüdischer Lieder, an denen es im musikalischen Repertoire der Nationalsozialisten nicht mangelt, vorbeimarschieren.

«Was für gut erzogene Menschen diese Deutschen doch sind», sagt Maria H. Sie spricht ganz leise, als hätte sie meine Anwesenheit vergessen. «Und in Wirklichkeit gar keine Judenhasser.»

Ich weiß nicht, was sie damit meint. Gerade sehen wir eine große Gruppe von SA-Leuten vorbeigehen, die auf Brust und Rücken Plakate tragen: «Die Juden haben nicht am Krieg teilgenommen. Während wir an der Front kämpften, haben sie mit unseren Frauen geschlafen.» Maria erklärt ihren Ausspruch. «Wären in meinem ‹Stetl› in Polen antisemitische Parolen ausgegeben worden, wie hier seit heute morgen, dann wären alle Häuser in Flammen aufgegangen. Die Straßen wären mit Leichen übersät gewesen. Selbst die Hunde, die Juden gehörten, wären getötet worden.» Sie spricht von Pogromen.

«Sehen Sie sich doch diese Leute an, die sich ganz brav an die ihnen erteilten Anweisungen halten. Sie mögen die Juden nicht. Das steht fest. Aber sie hassen sie nicht genug, um den Befehlen zuwiderzuhandeln. Das ist ziemlich beruhigend.»

Keine kollektive Hysterie. Keine versuchte Lynchjustiz. Einige zerbrochene Fensterscheiben. Einige Faustschläge. Im großen und ganzen Leute, die Befehle ausführen. Aber wenn eines Tages die Anweisungen geändert würden?

Mit dem 1. April beginnt der institutionalisierte Antisemitismus. Hitler erläßt feierlich das Gesetz zur Wiederherstellung des Berufsbeamtentums, wonach nur arische Deutsche mit arischen Ehefrauen dem Staat dienen dürfen. Arische Beamte, die Jüdinnen geheiratet haben, wird geraten, sich möglichst schnell scheiden zu lassen. Dieser Rat wird in vielen Fällen befolgt, und oft kommen die Ehegatten überein, aus der Scheidung eine bloße Formalität zu machen. So ist es im Fall von Ruth von R., einer bekannten Berliner Fotografin. Sie ist Jüdin, ihr Mann arbeitet in einem Ministerium. Sie lassen sich scheiden und ändern ihre Gewohnheiten nicht, empfangen in der Wohnung, in der sie wie bisher zusammenleben, weiterhin Verwandte und Freunde. Das ist nicht ungefährlich, denn man ist auf die Diskretion der Nachbarn, des

Briefträgers, des Portiers angewiesen. Zwei Jahre später machen die berühmten Nürnberger Gesetze dieser Art Scheinscheidung ein Ende.

Die antijüdischen Maßnahmen überstürzen sich: Privatunternehmen in Industrie und Handel, Banken, Restaurants, Theater, Kinos, wissenschaftliche Gesellschaften werden aufgerufen, ihre jüdischen Mitarbeiter, ob in leitender Stellung oder nicht, zu entlassen. Der Staat erteilt nichtarischen Firmen keine Aufträge mehr. Die Apotheken werden aufgefordert, keine Medikamente jüdischer Hersteller zu empfehlen, es sei denn, es gäbe kein gleichwertiges anderes Mittel. Der Verkauf von Schallplatten jüdischer Sänger wird verboten.

Überall tauchen Schilder auf, auf denen Juden der Zugang zu Parks, Schwimmbädern, Sportplätzen oder Restaurants untersagt wird. Auf dem Lande, in den Dörfern werden die Namen jüdischer Händler, bei denen man nicht kaufen, und jüdischer Ärzte, die man nicht konsultieren darf, öffentlich angeschlagen.

Theater und Kinos verwandeln sich. Goebbels ordnet Massensäuberungen an. Vereinzelte Gewalttätigkeiten werden gemeldet. In Breslau wird der Intendant einer der besten Bühnen des Reiches von SA-Gangstern entführt und ermordet.

Dutzende deutscher und ausländischer Autorennamen sind von den Theaterplakaten verschwunden. Zur allgemeinen Verwunderung gehört Bernard Shaw nicht zu ihnen, obwohl sein Übersetzer jüdisch ist. Goebbels scheint dem irischen Autor einen seiner Aussprüche verziehen zu haben, der allerdings im literarischen Berlin die Runde macht: «Die Nazis», soll Bernard Shaw gesagt haben, «wissen nicht, was sie wollen. Aber sie wollen es so heftig, daß sie es schließlich bekommen werden.»

Die meisten nichtarischen Regisseure warten die Entscheidung des Ministers für Volksaufklärung und Propaganda nicht ab. Hollywood ruft nach ihnen. Sie verlieren ihr Vaterland, werden aber, auch wenn ihnen das Herz oft vor Heimweh schwer ist, berühmt. Bald kennt die ganze Welt die Namen Fritz Lang, Ernst Lubitsch, Billy Wilder ...

«Ich bin verloren», hatte Dr. Hans L. zu mir gesagt. «Mir bleibt nichts übrig, als Deutschland zu verlassen und mich woanders anzusiedeln. Können Sie sich vorstellen, daß noch jemand wagt, zu mir zu kommen?»

Er hat sich gewaltig geirrt. Der Grund, aus dem er Deutschland schließlich verlassen muß, ist nicht, daß seine Patienten ihn im Stich lassen, sondern daß sie ihm treu geblieben sind. Zu ihnen gehören viele Parteigenossen, alte und neue. Trotz der amtlichen Vorhaltungen wollen sie den Arzt nicht wechseln. Zumindest im Augenblick nicht. Dem Führer wollen sie gern ihre Seele anvertrauen, aber weder ihre Leber noch ihren Darm. Und vor allem nicht den Unterleib ihrer Ehefrauen. In der ersten Zeit haben sich nur wenige Nazi-Damen einen neuen Frauenarzt gesucht.

Wenn man Hans L. glauben darf, dann sind kranke Nationalsozialisten oft gefährlich schwatzhaft.

«Sie sind nicht mit allem einverstanden, was Hitler tut. Manche finden, er gehe zu schnell voran, andere sind dagegen der Meinung, er lasse die Dinge schleifen. Wenn sie unzufrieden sind, reden sie darüber. Sie fragen mich sogar um Rat, wenn sie Streit mit einem Rivalen haben. Sie beklagen sich über Denunziationen, über Erpressungen. ‹Haben Sie keine Angst›, habe ich einen von ihnen gefragt, ‹daß auch ich Sie eines Tages denunzieren könnte?› Mein Patient lächelte liebenswürdig. ‹In dem Fall werde ich sagen, daß Sie lügen. Wem würde man glauben? Dem jüdischen Arzt oder dem nationalsozialistischen Beamten?›»

«Schließlich hab ich doch Angst bekommen», führt Hans L. fort. «Ich weiß zuviel. Seit einer meiner Patienten befördert wurde und im Vorzimmer eines Ministers gelandet ist, habe ich mir gesagt, daß es Zeit ist, die Zelte abzubrechen.»

Ich weiß, daß er nach China geht wie viele seiner Kollegen. In Schanghai, Kanton und anderen Städten schätzt man die deutsche Medizin, auch wenn sie von Juden praktiziert wird.

Dagegen weiß ich nicht, was aus dem Zahnarzt von Gisela W. geworden ist, und zwar deshalb, weil ich ihn nie getroffen habe. Aber Gisela spricht ununterbrochen von ihm. Sie ist seit kurzer Zeit verheiratet und hat ein Auge auf den Mediziner geworfen, der ihre Zähne behandelt. Er ist Jude. «Stellen Sie sich vor, er lehnt es ab, mit mir zu schlafen.» (Die deutschen Frauen waren damals in sexueller Hinsicht wenig zurückhaltend.) – «Aber, Gisela, er wäre verrückt, wenn er es täte. Das wäre ja Rassenschande. Sie sind Arierin, haben Sie das vergessen?» Gisela, eine im übrigen recht hübsche Frau, lacht höhnisch. «Das hat er auch gesagt. Aber es ist nur eine Ausrede: Ich gefalle ihm nicht.» Ich habe die junge Frau seit dem Tag nicht mehr gesehen, an dem sie mir mitteilte: «Ich habe dem Zahnarzt gedroht, ich würde ihn bei der Gestapo anzeigen und behaupten, er habe versucht, mich zu vergewaltigen. Mich, die ich rein arisch bin!» – «Aber das wäre doch eine Lüge gewesen, Gisela.» – «Richtig. Er hat mich auf eine komische Weise angesehen. Als ob er mich bedauerte. Dabei ist doch er zu bedauern.» Nach einer Pause: «Ich gehe da nicht mehr hin.»

Ich habe mich geirrt. Es gibt tatsächlich Pogrome in Berlin. Allerdings von anderer Art. Heimtückischer. Raffinierter. Auch perfektionierter. Kurzum, deutscher.

Hier werden keine Häuser angezündet. Hier legt man Feuer an Gewißheiten, die unzerstörbar schienen. Man tritt die Vergangenheit mit Füßen. Man entreißt den Juden ein Land, das sie für ihr Vaterland gehalten haben. Es sind kleine Pogrome, die nicht körperlich vernichten, noch nicht.

Jeder Jude erlebt ein doppeltes Drama: die Vernichtung seines Berufslebens und die langsame Zerstörung seiner Eigenschaft als Mensch.

Es ist das erste Mal, daß Stefan mich in meinem Büro besucht. Mitten am Nachmittag, während er in dem Laboratorium sein sollte, in dem er als Chemiker arbeitet. Er gehört zu denen, die ihre Stellung noch nicht verloren haben.

Stefan ist einem SA-Kommando in die Hände gefallen, das sich in den Straßen der Hauptstadt damit vergnügt, Passanten von verdächtigem Aussehen aufzustöbern. Er mochte noch so viel protestieren («Ich weiß, daß ich feige war»), die SA-Leute haben ihn in einen Hauseingang gezerrt, ihm mit Gewalt den Hosenschlitz geöffnet und dabei die Knöpfe abgerissen. Dann haben sie ihn mit Beschimpfungen überschüttet. «Wir sollten dich umlegen, weil du uns angelogen hast.» Sie haben sich mit einigen Fußtritten in die Geschlechtsteile begnügt. Einem Mann mit offenem Hosenschlitz fällt es schwer, Ganoven in Uniform gegenüber seine Würde zu bewahren. Außerdem hatte Stefan, wie er zugibt, Angst.

Ich suche vergeblich nach Worten, um ihn zu trösten. Ich weiß, daß er, was immer auch seine Zukunft bringen mag, das Brandmal der Erinnerung tragen wird; ein wehrloser junger Mann in einem Hauseingang in Berlin.

Er sitzt mir gegenüber und hat die Beine gespreizt. Er muß starke Schmerzen haben. Überall. Ich rate ihm, in sein Labor zu gehen, um auf andere Gedanken zu kommen. «Das habe ich nicht vor», sagt er. «Ich habe Geld bei mir. Ich fahre weg. Egal, in welches Land. Es wird wohl eine Grenze geben, über die man kommt. Ich werde immer arbeiten können. Und wenn ich Tellerwäscher in einem Restaurant werde wie einige meiner ehemaligen Kollegen.»

Und seine Ambitionen? Die große Entdeckung, die kurz bevorsteht? Er sieht mich geistesabwesend an. Ich habe den Eindruck, daß er nicht einmal weiß, wovon ich spreche.

Damals wußte ich noch nicht, welcher Luxus es war, individuelle Dramen zu erleben. Die Zeit der Statistiken und der langen Zahlenreihen, hinter denen sich Millionen einzelner Leidenswege verbergen, sollte noch kommen.

Hitler soll persönlich angeordnet haben, daß die Handgreiflichkeiten gegen Juden unauffällig vor sich gehen müßten. Eine zugleich kluge und sadistische Strategie. Gewisse Berliner Kreise billigen die Rassenpolitik des Führers nicht oder noch nicht. Die Wirtschaft blickt auf das Ausland. Entstünde der Eindruck, daß das neue Deutschland ein rückständiges Land ist, das nicht zögert, die Uhren um mehrere Jahrhunderte zurückzustellen, wäre das nicht gut für den Export. Der Kampf gegen die Kommunisten – von denen Hunderte in Konzentrationslagern interniert wurden – ist vor allem in Frankreich und Großbritannien gut aufgenommen worden, dagegen scheinen die Nachbarn nicht geneigt zu sein, sich an einem Kreuzzug gegen die Juden zu beteiligen.

Soviel zur Klugheit. Der Sadismus steckt in der Politik der kleinen Schritte, mit der man die Juden über das endgültige Schicksal, das sie erwartet, hinwegtäuschen will.

In Gesprächen mit seinen Mitarbeitern behauptet Hitler gern, sein Antisemitismus sei im wesentlichen wissenschaftlicher Natur. Unter seiner Führung haben die neuen Gesetzgeber eine Theorie ausgearbeitet, die die Rolle der Nichtarier innerhalb der deutschen Gesellschaft gesetzlich regeln soll: Von jetzt an ist es der Prozentsatz an jüdischem, also minderwertigem Blut in den Adern eines Menschen, der seine bürgerlichen Rechte bestimmt. Man wird von seinem Stammbaum beschützt oder – bloßgestellt.

In der einfachsten und zugleich tragischsten Lage befinden sich die Volljuden (beide Elternteile nichtarisch, vier nichtarische Großeltern). Die meisten Tätigkeiten sind ihnen verboten, bald dürfen sie nur noch freie Berufe ausüben. Die nationalsozialistische Revolution trifft sie mit voller Wucht.

Weniger offenkundige Dramen gibt es in Familien, wo das «arische Blut» ungleich verteilt ist und sich nicht auf das Verhältnis zwischen Juden und der Außenwelt auswirkt, sondern auf die Beziehungen innerhalb der Familien.

Was ist damit gemeint? Gemeint ist, daß sich etwa unter den sechs Vorfahren, auf die es ankommt (Eltern und Großeltern), eine Person befindet, die der «verteufelten Rasse» angehört. Zum Beispiel diejenige, die den Nazis Anlaß zu vielen fragwürdigen Scherzen bietet: die jüdische Großmutter.

Ich habe eine dieser unglücklichen Großmütter gekannt; sie war noch jung und früher von ihrer Familie und ihren Freunden verhätschelt worden. Als ich sie auf der Straße treffe, scheint sie dicht an den Hauswänden entlangzuschleichen. Oh, nein, sie habe nicht zu klagen. Alle seien sehr freundlich zu ihr. Aber manchmal habe sie den Eindruck, daß ihre Enkelkinder – sie wohnt bei ihrer Tochter – den Blick von ihr abwenden. Ihr Sohn, der in einem Ministerium arbeitet, ist entlassen worden. Das ist normal, denn er ist Mischling, Halbjude. Die Enkel dürfen weiter zur Schule gehen, aber man weiß nicht, wie lange noch. Die Großmutter hält sich möglichst im Hintergrund. Einmal hat sie in Gegenwart ihres ältesten Enkels, eines fünfzehnjährigen Jungen, von Selbstmord gesprochen. Er hat ihr gerade in die Augen gesehen und gesagt: «Wozu? Was du auch tust, es hat dich gegeben.»

Ein grausamer Satz aus dem Mund eines Kindes, das es schwer erträgt, nicht wie die anderen zu sein.

Um ihren Kindern eben dieses Schicksal zu ersparen, hat Katinka eine verwerfliche Tat begangen. Später sollten wir erfahren, daß sie nicht die einzige war. Das Verfahren ist allgemein üblich geworden.

Katinka, die aus dem Baltikum stammt, hat früher als Verkäuferin in einem Modegeschäft gearbeitet und dann den Inhaber geheiratet. Aus Liebe? Das weiß ich nicht. Er ist Jude. Sie haben einen Sohn und eine Tochter, die seit Hitlers Machtantritt zu Mischlingen geworden sind. Katinka findet sich nicht damit ab. Im Einvernehmen mit ihrem Mann geht sie zu einem Rechtsanwalt. Mitfühlend hört er sich die traurige Geschichte an, die sie erfunden hat. Sie habe ihren Gatten niemals geliebt: Habe ihn vom ersten Augenblick an betrogen. Mit dem Mann, den sie liebe, einem rein arischen Ingenieur, sie lege Wert darauf, das zu betonen, der auch der Vater ihrer Kinder sei. Den Ingenieur gibt es. Er hat sich bereit erklärt, bei dem Spiel mitzumachen und die beiden Kinder anzuerkennen, die nicht die seinen sind. Katinka wird geschieden. Ihre Lüge wird geglaubt. Der Verlobte der Tochter, der sich in letzter Zeit zurückgezogen hatte, taucht wieder auf. Der Hochzeitstag wird festgesetzt. Der Sohn wird in die Hitlerjugend aufgenommen.

Einer allerdings ist etwas in den Hintergrund gedrängt worden: Michel, das Familienoberhaupt. Er hat durchgehalten, solange es darum ging, Lösungen zu finden und mit seiner Frau und seinem Freund, dem Ingenieur, Pläne zu schmieden. Jetzt bricht er zusammen. Er sieht sich als Hahnrei, als einen Mann, der mit einem Schlag seine Frau und seine Kinder verloren hat. Er verläßt Berlin Hals über Kopf, um sich anderswo ein neues Leben aufzubauen. Er ist frei und verzweifelt. Doch der letzte Schlag ist ihm erspart geblieben: Er hat nie erfahren, daß seine Kinder – wie Katinka behauptet – sich kein einziges Mal nach seinem Ergehen erkundigt haben.

Wenn die Jugend dem Leiden gegenüber so gefühllos ist, so haben die Lehrer daran einige Schuld. Folgendes geschieht in einem Gymnasium im Stadtteil Charlottenburg. Mit einem breiten Lächeln auf dem Gesicht ruft die Lehrerin das einzige jüdische Kind in der Klasse, ein vierzehnjähriges Mädchen, an die Tafel. «Seht sie euch gut an», sagt sie zu den Schülerinnen. «Hier habt ihr eine Jüdin mit allen Merkmalen ihrer Rasse, den Zeichen der Degeneration, die sie zu einem Untermenschen macht.»

Die Schülerin vor der Tafel wird von einem nervösen Zittern befallen. Sie versucht, das Gesicht mit den Händen zu bedecken. Energisch zieht die Lehrerin die Hände weg. «Seht ihr diese niedrige Stirn, diese abstehenden Ohren (stehen sie wirklich ab?), diesen kurzen Hals, diese Nase, die wie eine Sechs aussieht? Wir haben das Glück, einer höherstehenden Rasse anzugehören, haben eine Nase in Form eines L, einen schlanken Hals (offenbar ist sie nie in Bayern gewesen), eine hohe Stirn und auch sehr lange Beine.»

Das unglückliche jüdische Mädchen schluchzt leise. «Wie das Miauen einer Katze», erzählt mir später die Schülerin Lily Weinreich. Lily hat sich gemeldet.

«Hast du etwas zu sagen?» – «Ja. Was hier geschieht, das gehört sich nicht. Meine Mutter ist Engländerin. Ich bin die ersten Jahre in London in die Schule gegangen. Niemals hätte sich dort eine Lehrerin so unfair aufgeführt.»

Die Lehrerin wird blaß vor Zorn. Wie soll sie reagieren? Sie findet eine Möglichkeit. «Wie war doch dein Name?» (Er klingt jüdisch: Weinreich.) «Ach so. Und was ist dein Vater?» – «Er ist Latein- und Geschichtslehrer an einem Gymnasium.» Und mit leiserer Stimme, als müßte sie etwas Beschämendes gestehen, fügt sie hinzu: «Und er ist Gruppenführer in der SS.»

Trotz des SS-Vaters wird Lily wegen ungehörigen Benehmens von der Schule verwiesen. Einige Monate später verließ sie Deutschland mit ihrer Mutter Edith Williams, die meine Englischlehrerin gewesen ist, ein halbes Dutzend Schauspieler ausgebildet hat und sich von ihrem Mann scheiden ließ. Ebenso wie ihre Tochter Lily konnte sie sich an die Nazi-Sitten nicht gewöhnen.

Die seelischen Grausamkeiten, die die Lehrer ihren jüdischen Schülern zufügen (in den Schulen ist die Zahl der Nichtarier auf 5 Prozent beschränkt), haben die Kinder auf die körperliche Ebene übertragen. Gruppen zu bilden, die jüdische Kinder verprügeln, wird eine übliche Pausenbelustigung.

Seit einigen Tagen sieht Dr. V., ein bekannter Kinderarzt, der ein Krankenhaus in einem Berliner Vorort leitet, in regelmäßigen Abständen Krankenwagen vorfahren, die jüdische Kinder zu ihm bringen. Oft sind sie schwer verletzt. Er hat kein freies Bett mehr.

Er erhält den Besuch eines Gestapo-Führers, der sich nach den Patienten erkundigt und Dr. V. bittet, ihm eine Liste zusammenzustellen. Dann geht er zu Drohungen über. Wenn auch nur ein einziger dieser Schulvorfälle in der deutschen oder ausländischen Presse erwähnt werden sollte, werde er, Dr. V., dafür zur Verantwortung gezogen.

Am selben Abend verläßt V. zusammen mit seiner Frau, einer Bildhauerin, Berlin. Er geht zuerst in die Schweiz, dann in die Vereinigten Staaten, wo eine Klinik ihm Arbeit angeboten hat. Er hatte geglaubt, er könne in Berlin nützlich sein, hat aber seine kleinen Patienten verlassen müssen. Ihm drohte auf jeden Fall das Gefängnis. Wie hätte er denn die Familien der Opfer daran hindern können, ihre Bedrängnis laut zu beklagen?

Ich habe das Ehepaar zum Bahnhof begleitet. Als wollte er sich Mut machen, erzählte uns der Arzt eine «lustige» Geschichte, die ich nicht vergessen habe. Von einem deutschen Juden, der seinem auswandernden Freund ein prächtiges Porträtfoto von Hitler schenkt: «Das wird dich vor Heimweh schützen.»

Es gibt wandernde Witze. Sie begeben sich von einem Land ins andere und setzen sich auf höchst seltsame Weise immer dort fest, wo man kaum über sie lachen kann. Mehrere der politischen Witze, die in Berlin umgingen, kamen aus Rußland. Andere entstanden in Deutschland und machten sich später auf den Weg in andere Länder.

Die «lustigste» und bei weitem die tragischste Geschichte war jene, die man sich zu einer Zeit erzählte, da die Hoffnung der Juden auf ein Überleben in Deutschland beträchtlich geschwunden war, obwohl ab und zu ein schwacher Hoffnungsschimmer auftauchte. Es ist die Geschichte vom Hummer. Sie wird dem ungarischen Schriftsteller Franz Molnár zugeschrieben, dem Verfasser von *Liliom*, und sie lautet so:

Ein Hummer wird gefangen. Ihm ist unbehaglich zumute, bis der Fischer ihn in einen Eimer wirft. «Es ist nicht das Meer», denkt der Hummer, «aber erträglich.» Auf dem Markt kauft ihn eine Köchin und steckt ihn in ihre Einkaufstasche. «Mies, ganz mies», sagt sich der Hummer. Dann findet er sich in einem Kochtopf mit kaltem Wasser wieder. «Ich habe gut daran getan, nicht zu verzweifeln.» Ganz langsam beginnt das Wasser sich zu erwärmen. Das Telefon läutet. Die Köchin, eine umsichtige Frau, die allein in der Wohnung ist, dreht die Flamme aus, ehe sie an den Apparat geht . . .

Und das, so schließt Molnár, ist die gegenwärtige Lage der Juden in Deutschland.

Das französische Konsulat ist einige hundert Meter von unserem Büro entfernt. Wenn man vor dem Gebäude vorbeigeht, sieht man, daß sich eine immer größer werdende Zahl von Berliner Juden um ein Visum für Frankreich bemüht. Mit der Zeit beginnen sie zu begreifen, daß sich ihre Lage nicht bessern wird.

Die meisten von ihnen geben Villen oder Komfortwohnungen auf, Autos und einen großen Teil ihres Vermögens. Es sind Gesetze erlassen worden, die jedem Staatsbürger, der das Reich verlassen will, übermäßig hohe Abgaben und Steuern auferlegen. Außerdem hat der Fiskus das System der «Sperrkonten» eingeführt, über die nur verfügt werden kann, wenn der Kontoinhaber seinen Wohnsitz in Deutschland hat, die also für die Auswandernden verloren sind.

Im französischen Konsulat – und in den anderen ausländischen Konsulaten ist es genauso – sind die Warteräume überfüllt. Die Männer und Frauen sehen niedergeschlagen aus. Verzagt. Man hat ihnen ihr Vaterland geraubt.

Wenn man mit ihnen spricht, kommt es vor, daß der eine oder andere die Möglichkeit einer Rückkehr erwähnt. Der

Alptraum werde wohl eines Tages ein Ende haben. Aber sie glauben nicht wirklich an das, was sie sagen.

(Für eine Reihe von ihnen, die in die Nachbarländer ausgewandert sind, wird es eine Rückkehr geben. Von Nazi-Truppen auf ausländischem Boden eingeholt, trifft sie um einige Jahre verspätet das von einem mörderischen Regime für sie bestimmte Schicksal.)

Was tun, um wenigstens etwas von dem zu retten, was man besitzt? Die Gespräche zwischen zukünftigen Auswanderern drehen sich fast ausschließlich um diese Frage. Es gibt zwar einen Schwarzen Markt für die Überweisung großer Reichsmarksummen ins Ausland, aber aus Angst vor möglichen Denunziationen ziehen es die meisten vor, ihn nicht in Anspruch zu nehmen.

Die klassischen Mittel und Wege sind den Nazi-Zollbehörden nur allzu bekannt: der in der Zahncremetube versteckte große Diamant, der Koffer mit doppeltem Boden, die berühmte Briefmarkensammlung, die so unbedeutend aussieht und manchmal Exemplare von ungeheurem Wert enthält. All das ist versucht und meistens von den Zollbeamten entdeckt worden, was die Schuldigen ins Gefängnis oder in ein Konzentrationslager brachte.

Manchmal hat einer eine Idee, und man hört davon. So erfuhren wir – wie, weiß ich nicht mehr –, daß ein Berliner Geschäftsmann Glück gehabt hat, wo andere gescheitert sind. Mit Hilfe eines Zürcher Freundes läßt er an einer günstigen Stelle im *Völkischen Beobachter* eine Annonce erscheinen: «Schweizer Junggeselle, wohlhabend, wünscht junge deutsche Arierin zu heiraten; erbittet ausführliche Bildzuschriften.»

Auch wenn die jungen deutschen Frauen noch so patriotisch sind, die Aussicht, sich in der Schweiz zu verheiraten, ist verlockend. Mehrere Tage lang geht eine Flut von Zuschriften ein, die mehrere Postsäcke füllen und durch Vermittlung der Nazi-Zeitung auf den Weg zu einer fiktiven Adresse in der

Schweiz gebracht werden. Der erfindungsreiche Berliner hat sich inzwischen mit leeren Händen und ohne Gepäck in den Zug gesetzt. In den Hunderten von Briefen, die ihn erwarten, findet er Fotografien von wahrlich hübschen Mädchen. Aber er interessiert sich vor allem für die Umschläge voller Geldscheine, die er selbst aufgegeben hat. Die Reichsmark-Banknoten sind zwar im Ausland weniger wert als im Inland, aber die Gesamtsumme stellt doch einen hübschen Notgroschen dar.

Leider kann das Verfahren nicht wiederholt oder imitiert werden; die Nazi-Behörden haben Wind von der Sache bekommen.

«Es ist soweit», verkündet mir Herr Hellmann, der Portier. «Seit heute morgen ist mein Sohn Leutnant» und fährt fort: «Ich hab's Ihnen ja gesagt, mit Hitler würde er bald befördert werden.» Und nach einer kurzen Pause: «Ich habe auch gute Nachrichten von meinem Ältesten...»

«Sie haben nie erwähnt, daß Sie noch einen Sohn haben, Herr Hellmann.»

«Weil nicht viel über ihn zu sagen war. Er wohnt im Norden und war drei Jahre arbeitslos. Eine harte Zeit für einen jungen Mann, der eine Frau und drei Kinder zu ernähren hat. Jetzt hat er was auf dem Bau gefunden.»

«Ist er auch Parteimitglied?»

«Noch nicht. Aber ich kenne einflußreiche Leute. Es wird nicht schwer sein, seine Aufnahme durchzusetzen.» Das Gespräch ist noch nicht beendet.

«Ich wollte Ihnen auch sagen, daß ich für diesen Teil der Straße zum Blockwart ernannt worden bin.»

«Ach! Ich gratuliere, Herr Hellmann.»

Das vor kurzem von den Nazis geschaffene Amt des Blockwarts wird einer zuverlässigen Person übertragen, die darüber wachen soll, daß in dem Häuserblock, für den sie verantwortlich ist, die neuen Gesetze peinlich genau eingehalten werden.

Außerdem kontrolliert der Blockwart das Kommen und Gehen von Besuchern und erstattet der Partei regelmäßig Bericht. Da sich in unserer Straße hauptsächlich ausländische Botschaften befinden, die es nicht schätzen, wenn man sich in ihre Angelegenheiten einmischt, wird Herr Hellmann es schwer haben. Er scheint meine Gedanken erraten zu haben: «Es wird nicht einfach sein, aber ich sage mir, es ist ein Anfang.» Ich begreife, daß Herr Hellmann große Pläne hat. Vor allem jetzt, da er sicher ist, daß er auf die richtige Karte gesetzt hat.

Der Sohn Hellmann ist nicht der einzige, der nach mehreren Jahren der Arbeitslosigkeit Beschäftigung gefunden hat.

Hitler hat es eilig. Wenn er die euphorische Stimmung, die unter seinen Getreuen herrscht, erhalten will, braucht er rasche und spektakuläre Erfolge. Und er bekommt sie. Schon hat sich die Zahl der jugendlichen Arbeitslosen, die sich resigniert und mürrisch in den Parks herumdrückten, vermindert. Der Reichsarbeitsdienst, die paramilitärische Organisation der Nazis, hat mehr als zweihundertfünfzigtausend von ihnen aufgenommen. Sie werden sechs Monate lang mit allen möglichen Aufgaben, vor allem aber in der Landwirtschaft beschäftigt. Weitere zweihundertfünfzigtausend Mann arbeiten an den Autobahnen.

Der wirtschaftspolitischen Leitung der Partei mangelt es nicht an Ideen. So erhalten Industrielle, die sich verpflichten, vor dem 1. August 1933 neue Firmen zu gründen und ausschließlich ehemalige Arbeitslose zu beschäftigen, beträchtliche Kredite vom Staat.

Hjalmar Schacht, der «große Zauberer», der Deutschland mehr als einmal aus einer mißlichen Lage herausführte und sich nun Hitler zur Verfügung stellte, hat immer erklärt, das Nazi-Wirtschaftswunder sei unabhängig von jeder Wiederaufrüstungspolitik zustande gekommen. Tatsache bleibt, daß zu den öffentlichen Arbeiten, die sofort in Angriff genommen wurden, der Bau von Militärflugplätzen und Kasernen gehört, da ja in naher Zukunft die Erhöhung der Truppenstärke erwartet wurde.

Der erste Wirtschaftszweig, der einen wirklichen Aufschwung erlebt, ist die Textilindustrie. An ihrer Spitze die Hersteller von Fahnenstoffen, deren Fabriken Millionen von Hakenkreuzfahnen, Wimpeln, Spruchbändern und kilometerweise Dekorationsstoff für die Versammlungslokale liefern. Um alle Aufträge erfüllen zu können, werden die Belegschaften verdoppelt und manchmal verdreifacht.

Und noch einmal die Textilindustrie: Mehr als zwei Millionen SA-Männer müssen eingekleidet werden, und auch für weitere NS-Formationen sind Uniformen nötig. Am Abend des großen Siegeszugs hat sich herausgestellt, daß mehr als 90 Prozent der Gefolgsleute nur eine Mütze mit Kinnriemen und ein braunes Hemd besaßen. Jetzt müssen sie richtige Uniformen bekommen. Vor allem diejenigen, die Aussicht haben, in Hitlers Umgebung zu gelangen, der, wie es heißt, Männer in Zivil nicht gern sieht.

Zwei Millionen Männer einzukleiden ist keine Kleinigkeit. Die Partei wählt die Firmen aus, denen die Aufgabe bevorzugt übertragen wird. Und die Partei ist es auch, die in der ersten Zeit die Aufträge finanziert. Hitler hat zwar verfügt, daß jeder SA-Mann seine Uniform selbst bezahlen soll. Die große Mehrheit von ihnen kann aber nur auf Kredit kaufen. Zwei Jahre lang zahlen sie daher monatlich vier Mark an die Partei, der sie ihre Uniform verdanken.

Wochen und Monate vergehen, und wir müssen erkennen, daß wir nichts von Hitler wissen. Dieser wortreiche Mann, der ein politisches Buch geschrieben und Hunderte von Reden gehalten hat, hat seine wirkliche Persönlichkeit nie preisgegeben.

Ist es realistisch, ihn, wie es einige ausländische Zeitungen tun, weiterhin als «ehemaligen Anstreicher» zu bezeichnen? Immer wieder von der Haarsträhne zu reden, die ihm in die

Stirn fällt, und von dem lächerlichen Schnurrbart, der ihn wie Charlie Chaplin aussehen läßt? Unwiderstehliche Themen für die Karikaturisten? Gewiß, aber ist das wirklich genug?

Tatsächlich erweist sich Hitler als so erfolgreich, daß er die Aufmerksamkeit der ganzen Welt auf sich zieht. Woher hat er die Fähigkeit, Dutzende von Männern um sich zu scharen, die zu den fähigsten, zum Teil aber auch zu den widerwärtigsten gehören, die Deutschland aufzuweisen hat? Und sie dazu zu bringen, sich seiner Autorität zu fügen? Und wo hat er diese ungewöhnliche Kenntnis des deutschen Wesens erworben? Eine Kenntnis, die sich, wie wir später erfahren werden, nicht auf Liebe, sondern auf Verachtung stützt.

Hitler hat es eilig. Daher geht alles sehr schnell. Kaum zwei Monate nach seinem Regierungsantritt gibt es die alten Landesregierungen nicht mehr. Drei Monate später sind die Gewerkschaften, die politischen Gruppierungen und alle Parteien außer der NSDAP ausgeschaltet. Die italienischen Kollegen sind die ersten, die unsere Aufmerksamkeit auf das Tempo dieser Entwicklung lenken. Sie haben ausgerechnet, daß Hitler bei diesem Rhythmus für die Errichtung seiner Diktatur nur ebenso viele Monate brauchen wird wie Mussolini Jahre zur Festigung der seinen. Sie sind gleichfalls beeindruckt von der Tüchtigkeit der Nazi-Polizei und stellen gern Vergleiche an mit den Methoden der Mafia, insbesondere der sizilianischen Mafia, die auch sehr leistungsfähig sei. Aber da handelt es sich nur um relativ kleine Gruppen, während Hitler seinen Willen einem ganzen Land aufzwingen muß.

Um seine beiden Hauptziele zu erreichen – die Säuberung der deutschen Rasse und die Eroberung von Kolonien in Europa selbst –, braucht Hitler fügsame Untertanen. Das einfachste und sicherste Verfahren, sie in großer Zahl und serienmäßig zu «fabrizieren», ist, möglichst viele Zivilisten in Uniformen zu stecken.

Ein psychologisch entscheidendes Unternehmen: Hitler

weiß, was das Tragen einer Uniform für einen deutschen Staatsbürger bedeutet: Sobald er sie anzieht, verzichtet er freiwillig auf jede Individualität. Ja, manchmal hat er sogar das Gefühl, sich von ihr zu «befreien». Er unterwirft sich einer Autorität, deren Kompetenz er anerkennt. Von nun an wird ihm sein Tun diktiert. Aus dem Zivilisten wird ein Soldat. Er ist sich bewußt, daß er nunmehr das trägt, was die deutschen Dichter aller Zeiten das *Ehrenkleid* genannt haben. Und das als um so glorreicher gilt, je blutgetränkter es ist.

Ich habe mich oft gefragt, ob die brutalen Mißhandlungen, die in den Konzentrationslagern immer häufiger vorkamen und von denen wir gerüchtweise hörten, mit derselben Unbekümmertheit, derselben Gleichgültigkeit von Männern in Zivil begangen worden wären? Oder ob es ebenso leicht fällt, wehrlose Menschen zu foltern, wenn man einen gutgeschnittenen Anzug, ein weißes Hemd mit gestärktem Kragen und eine modische Krawatte trägt, die eine Ehefrau oder eine Verlobte ausgesucht hat?

Menschen in Zivil sieht man immer seltener auf den Berliner Straßen, die Uniform herrscht vor. Das fängt an mit den sogenannten «Pimpfen», die nach dem Vorbild der italienischen *balillas* als Mini-Nazis verkleidet zur Schule laufen. Mit vierzehn Jahren gehören die Jungen dann zur Hitlerjugend (kurze braune Hosen und braune Hemden) und die Mädchen zum Bund Deutscher Mädel (schwarzer Rock, weiße Bluse mit schwarzem Halstuch, «Kletterweste»). Dann gibt es den grauen Drillich des Arbeitsdienstes. Und selbstverständlich das Feldgrau der Reichswehr, das Braun der SA, das Schwarz der SS und das Grün der Polizei. Zählt man zu dieser Farbenpalette noch die Bediensteten der Post und Bahn und die Angestellten der Gas- und Elektrizitätswerke, die alle eine besondere Uniform tragen, dann begreift man, daß die Minderheit in Zivil sich nicht wie Außenseiter vorkommen will und darauf Wert legt, im Knopfloch ein Abzeichen zu tragen, das ihre Zugehörigkeit zu einer nationalsozialistischen Organisation bezeugt.

Wenn Hitler eine Rede vor Zuhörern in Uniform hält, fühlt er sich besonders wohl. Dann wendet er sich an Kameraden, ruft ihnen die neueste Parole zu: «Das Volk ist alles.» Und die Menge antwortet im Chor: «Führer, befiehl. Wir folgen –»

Sein Stil hat sich geändert. Er ist mehr denn je Schauspieler. Sein Auftritt ähnelt manchmal fast einem Ballett. Am Ende eines langen Redeschwalls führt er eine langsame Volte aus, beugt die Knie und scheint mit einer wohlausgewogenen Bewegung der rechten Hand die letzten Worte seiner Rede gen Himmel zu werfen.

Vor unseren Augen bereitet Hitler die Deutschen auf den Krieg vor. In kleinen Etappen.

Zuerst einmal geht es darum, diesem Begriff, der seit der Niederlage für die meisten Deutschen etwas Abstoßendes hat, wieder ein wenig von dem Glanz zurückzugeben, den er zu der Zeit besaß, als der Kaiser Tausende von Männern in den Kampf schickte, die, mit Blumen am Gewehr und mit der Pickelhaube auf dem Kopf, überzeugt waren, dem Sieg entgegenzuziehen. Bisher ist alles vermieden worden, was diese schon ferne Vergangenheit wieder ins Gedächtnis rufen könnte.

Das soll sich nun ändern. Und es ändert sich. Die Propaganda kümmert sich darum. Schon zeigt eine Illustrierte auf der Titelseite das Erwachen der Germania, einer jungen Dame im Harnisch; sie grüßt behelmte Männer, die zu einem in Flammen stehenden Horizont marschieren. Wer sind diese Leute? Wohin ziehen sie? Und warum steht der Horizont in Flammen?

Die Mobilisierung beginnt mit einem Appell an die nationale Solidarität. Jeder Deutsche, der Arbeit und Brot hat, soll benachteiligten Landsleuten helfen und sich am Kampf gegen Hunger und Kälte beteiligen.

Die «Winterhilfe» wird aufgebaut und ein neues Ritual eingeführt. An jedem ersten Sonntag im Monat muß die deutsche Familie auf die Sonntagsmahlzeit verzichten, die immer etwas reichlicher ausfällt als an den Wochentagen, und sich mit einem «Eintopf» begnügen, einem Gericht aus Kartoffeln, Gemüse und Speck. Das ist billiger als ein Braten. Der Preisunterschied muß an die Winterhilfe abgeführt werden. In Wirklichkeit ist das Opfer nicht sehr groß, denn in allen deutschen Landesteilen liefert die kulinarische Tradition Rezepte für Eintopfgerichte mit den unterschiedlichsten Zutaten.

Die feinen Berliner Restaurants erlauben sich manchmal originelle Einfälle und servieren zum Beispiel den Eintopf auf drei Tellern: Fleischbrühe, Fleisch mit Gemüse und schließlich Äpfel oder Pflaumen, die zu manchen Eintöpfen gehören. Das Verfahren findet bei der Obrigkeit keinen Anklang und muß aufgegeben werden. Denn auch das Wort Eintopf hat eine militärische Nebenbedeutung. Es solle, hat Hitler in einer öffentlichen Rede erklärt, an das Kochgeschirr des ruhmreichen deutschen Soldaten erinnern, der jederzeit bereit ist, sich für sein Vaterland zu schlagen.

Ebenfalls einmal im Monat wird auf den Straßen Berlins für die Winterhilfe gesammelt. Alle Minister, alle hohen Regierungsbeamten beteiligen sich daran. Wenn man das Pech hat, sie zu treffen und sie zu kennen, halten sie einem die Sammelbüchse unter die Nase und bitten um einen Obolus. Die Sammlungen werden in zahlreichen Salons fortgesetzt, wo Schecks, manchmal über beträchtliche Summen, nicht den Umweg über die Sammelbüchse brauchen, um von einer Hand in die andere zu gelangen. Im Jahr der nationalen Revolution haben die Sammlungen im Rahmen der Winterhilfe der Regierung dreihundertfünfzig Millionen Mark eingebracht.

Jedesmal, wenn ich nicht umhin kann, einige kleine Münzen in den Schlitz dieser Sammelbüchsen zu stecken, ist mir unbehaglich zumute. Aus welchem Grund? Warum nicht

Menschen helfen, die frieren und hungern? Wieder einmal ist es der Berliner Witz, der mir die Frage beantwortet: Zwei Männer gehen spazieren. Plötzlich dröhnt am Himmel eine Jagdstaffel Flugzeuge, die laut Friedensvertrag verboten sind. «Guck mal», sagt der eine zum anderen, «da oben fliegt unsere Winterhilfe.»

Die heimliche Aufrüstung bietet immer mehr Anlaß zum Lachen. Man erzählt sich die Geschichte von den beiden Arbeitern, die in einer Fabrik beschäftigt sind, wo Kinderwagen hergestellt werden. Der eine vertraut seinem Kollegen an: «Meine Frau ist schwanger, und ich wollte ihr einen Kinderwagen verschaffen. Jeden Abend hab ich ein Einzelteil mitgenommen. Aber wenn ich sie zusammensetze, wird immer ein Maschinengewehr daraus.»

Ich bilde mir ein, das hämmernde Geräusch von Stiefeln, die über das Straßenpflaster von Berlin marschieren, habe seit dem Fackelzug vom 30. Januar überhaupt nicht aufgehört. Vielleicht ist das nicht ganz falsch.

Tagsüber ein ununterbrochenes Geräusch: Hunderte von Männern, die aussehen, als wüßten sie nicht, woher sie kommen und wohin sie gehen. Nachts plötzliche Marschschritte, die die Stille zerreißen: ein SA-Kommando, das auf dem Weg ist, Räume zu durchsuchen, die linken Gruppierungen gehören. Am nächsten Tag sprechen die Zeitungen von einer «schlagartigen Aktion», die gleichzeitig in einem Dutzend deutscher Städte stattfand, weil die Sicherheit des Staates auf dem Spiel stand.

Auch die Sprache hat sich militarisiert. Es ist nur noch die Rede von «Gleichschaltung», «Kriegserklärungen an Kälte und Hunger», von «Offensiven» gegen die politische Gleichgültigkeit gewisser bürgerlicher Kreise, von «Kampfansagen» und «Blitzaktionen» gegen Gegner des Regimes – Kommunisten, Sozialdemokraten und Juden.

Die Nachrichten sind wie Siegesmeldungen abgefaßt, obwohl es sich doch in allen Fällen um das Vorgehen bewaffneter Männer gegen wehrlose Menschen handelt, die keinerlei Widerstand leisten.

Im Reich gibt es jetzt mehr als dreißig Konzentrationslager. In aller Eile auf dem flachen Lande, gewöhnlich in der Nähe einer Stadt, errichtete Baracken.

Peter Schuerl hat mehrere Wochen im Lager Oranienburg in der Nähe von Berlin zugebracht. Die Insassen sind Regimegegner, Leute, denen vorgeworfen wird, «lügnerische» Behauptungen über Nazi-Methoden verbreitet zu haben; Deutsche, die versucht haben mit falschen Papieren über eine Grenze zu fliehen und auch echte Kriminelle.

Peter hatte früher einer österreichischen Vereinigung sozialistischer Studenten angehört. Seit er in Deutschland war, hatte er sich nicht mehr mit Politik beschäftigt. Er verfaßte Werbetexte für eine große Berliner Firma.

Eines Morgens kamen drei Gestapo-Leute, verhafteten ihn und brachten ihn nach Oranienburg. Tag und Nacht wurde er verhört. Sie wollten wissen, ob er noch Verbindung mit linksgerichteten Kreisen habe. «Nein.» Dieses einsilbige Wort reizte die ihn Vernehmenden aufs äußerste. Ist er gefoltert worden? Nicht wirklich. Geschlagen wurde er natürlich. Wie alle. Jeden Tag? Jeden Tag. Peter ist kräftig. Er findet, es sei «erträglich» gewesen.

Ehe er entlassen wurde, mußte er sich schriftlich verpflichten, niemals darüber zu sprechen, wo er gewesen war. Im Grunde glaubt er allerdings, daß die Nazis Wert darauf legen, daß die Häftlinge darüber sprechen. Die Angst vor den Konzentrationslagern gehört zur Konditionierung der Bevölkerung. Ich habe nie einen Deutschen getroffen, der nicht gewußt hätte, daß es KZs gab.

In seinen Berichten kommt Peter immer wieder auf ein «merkwürdiges» Erlebnis zurück, das er sich nicht erklären kann. Fast jeden Abend nach dem Abendessen (dem der Lageraufseher natürlich) wurde er von zwei riesigen SA-Männern ziemlich grausam ausgepeitscht, während ein dritter, der einen höheren Rang hatte, zusah, als ob es sich um ein Schauspiel handelte. «Auf eine komische Art atmete er sehr schwer», erzählt Peter «es war wie ein Keuchen, das mit einem Seufzer endete. ‹Aufhören›, schrie er dann den SA-Leuten zu.» Peter wurde in einer Ecke liegengelassen, wo er sich wieder anziehen durfte (während der Mißhandlungen durch die Folterknechte war er nackt). Später, und auch das versteht Peter nicht, kam der SA-Führer allein in seine Zelle, brachte ihm Verbandszeug für seine Wunden, aber auch belegte Brote, eine halbe Flasche Wein, Zigaretten und einmal eine große Tafel Schokolade.

Was ihn aber nicht hinderte, den Vorgang am nächsten oder übernächsten Tag von neuem in Szene zu setzen, bis er dann eines Tages nicht wiederkam. Peter hielt mitten in seinem Bericht inne. Er wird puterrot. Endlich hat er begriffen, was da in seiner Zelle vor sich gegangen ist, wo ein Abartiger, der gern Blut sah und Schmerzensschreie hörte, sich seiner bedient hatte, bis er in einem benachbarten Kerker einen anderen Häftling fand, der für sein Phantasiespiel herhalten mußte.

Peter spricht wieder und immer wieder von einer jungen Deutschen, die ebenfalls in Oranienburg inhaftiert war. Eine fanatische Kommunistin, die, als ihr bei ihrer Verhaftung zwei SA-Leute Handschellen anlegten und dazu «Heil Hitler!» riefen, geantwortet hatte: «Hitler verrecke!»

Peter hat sie einmal bei dem täglichen Spaziergang getroffen, den sie trotz ihres schlechten Gesundheitszustandes machen mußte. Sie konnte nur mit Mühe laufen, ihr Gesicht war ganz verschwollen und der rechte Arm hing schlaff herab. «Sie kommen jeden Morgen», hat sie erzählt «und ich empfange sie mit den Worten: ‹Hitler verrecke›! Ich sage auch: ‹Wenn ich gewußt hätte, daß ihr mir so weh tut, hätte ich Heil Hitler gesagt.› Jetzt ist es zu spät. Zu Anfang habe ich gesagt, was ich denke. Jetzt muß ich so weitermachen.» Peter hat ihr erklärt, sie sei verrückt, aber sie hat gemeint: «Vielleicht.

Aber ich kann nicht zurück. Und sie sollen auch nicht wissen, daß ich bald sterben werde.»

Es ist eine schreckliche Wahrheit, daß in den KZs jetzt häufig gestorben wird. Als offizielle Todesursache gilt plötzliche Lungenentzündung. Es kommt selten vor, daß der Familie ein Sarg geschickt wird. Meistens erhält sie eine Schachtel, in der sich angeblich die Asche des Verstorbenen befindet, und eine zweite Schachtel mit Gegenständen, die er bei seiner Verhaftung bei sich gehabt hat: Armbanduhr, Ehering, Brieftasche, Ausweispapiere...

Viele von uns ahnen, daß all das ein böses Ende nehmen muß. Aber haben wir das Recht, die «idealistische» Jugend zu übersehen, die zum erstenmal Glück und Entfaltung zu erleben glaubt?

So ist es Mathilde Alt ergangen, die nach dem Krieg mit mir darüber sprach. Sie war vierzehn Jahre alt, als das neue Deutschland entstand, und lebte in der Nähe von Stuttgart.

«Je weiter die Vergangenheit zurückliegt, um so weniger versteht man sie. Ich sehne mich so sehr nach einem ‹Ideal›, nach etwas, das ich lieben und bewundern konnte. Und da ist von einem Tag zum anderen Deutschland das Ideal geworden, nach dem wir suchten. Wir hatten ein Vaterland, auf das wir stolz waren.

Mein Vater besaß eine Kohlenhandlung. Er gehörte zum Kleinbürgertum. Die Roten, so nannte er nicht nur die Kommunisten, sondern auch die Sozialdemokraten, hat er immer bekämpft.

Mit ungeheurer Begeisterung bin ich in die Hitlerjugend eingetreten, genauer gesagt, in den Bund Deutscher Mädel. Da war ich glücklich. Es war eine Freude, mit den anderen zusammenzusein. Wir hatten aufgehört zu denken. Alles, was man erlebte, erlebte man gemeinsam. Wir hatten eine Heimat gefunden.

Wir waren sehr wachsam. Und mißtrauisch gegen alle, die

in die Kirche gingen. Es gab unter uns einige Mädchen, die Kritik an der Partei übten. Sie wurden ausgeschlossen. Mehrere von ihnen kamen ins Gefängnis.

Mein Vater starb 1935, meine Mutter kurz danach. Mein Vormund wollte nicht, daß ich weiter zur Schule ging und riet mir, in einem Büro zu arbeiten. Da hat unser Gebietsjugendführer mir eine Ganztagsstelle angeboten, und so bin ich Parteifunktionärin geworden. Ich war für die Organisation der politischen Schulungsabende verantwortlich. Da wurde über den Kampf gegen den Kommunismus gesprochen. Wir wußten, daß es Verhaftungen gab. Uns wurde erklärt, die Verhafteten seien Staatsfeinde, und man müsse sie einsperren. Die Juden? Auch in bezug auf sie wurde uns gesagt, man bringe sie, um das Land zu schützen, in Arbeitserziehungslager.

Als der Krieg verloren war, und wir die Wahrheit über die KZs und Gaskammern erfuhren, hat unser Gebietsjugendführer das Zyankali geschluckt, das er immer bei sich hatte. Er ließ eine Frau und vier Kinder zurück und einen Brief, in dem stand: ‹Ich sterbe, damit meine Kameraden leben können.› Damit wollte er sagen, daß einer von denen, die Hitler blind gefolgt waren, sein Leben opfern mußte. Vor seinem Selbstmord hatte er uns allen Gift gegeben, damit wir es vermeiden könnten, den russischen Siegern lebend in die Hände zu fallen.»

In ihrer Gegend hat es keine russischen Sieger gegeben. Mathilde hat Carlo Schmid, den sozialdemokratischen Politiker, kennengelernt, der sie in seinem Büro anstellte. Als er ihr eines Abends vorschlug, zusammen mit ihm zum Essen zu einem berühmten deutschen Journalisten zu gehen, der den Krieg in England verbracht hatte, weinte Mathilde vor Angst: «Er wird mir nicht die Hand geben wollen. Er ist Jude. Ich bin Deutsche und habe in einer Nazi-Organisation gearbeitet.»

Als sie zitternd bei ihren Gastgebern ankamen, hat Richard

Löwenthal, der während des Krieges Leitartikler beim Londoner *Observer* gewesen war, ihre Verzweiflung bemerkt und sie sofort geduzt. «Komm, Mädchen», hat er gesagt, «du willst doch hoffentlich nicht die Schuld einer ganzen Nation auf dich nehmen.»

Nach dem Abendessen sind sie lange spazierengegangen und haben sich stundenlang unterhalten. Über alles. Richard hat zugehört und versucht zu verstehen. «Er war so ganz anders als alles, was man uns gesagt hatte. Das war», schloß Mathilde, «meine erste Begegnung mit einem deutschen Juden. Warum hatte man uns nur so viele Lügen erzählt?»

Mit einem unerhörten Enthusiasmus stellen sich die jungen Deutschen Hitler zur Verfügung. In wenigen Jahren werden sie dem Führer die Truppenverbände liefern, die er braucht, um seine Kriege zu führen.

Aber Hitler hat größere Pläne. Und weiterreichende. Er hat den Deutschen ein Reich versprochen, das tausend Jahre bestehen soll. Es handelt sich also darum, die Zukunft vorzubereiten. Er wendet sich insbesondere an die Frauen, die künftige Soldaten zur Welt bringen sollen. Ein neues Schlagwort kommt auf: Jede deutsche, an Körper und Geist gesunde Arierin ist es sich schuldig, dem Führer ein Kind zu schenken. Mit Hilfe eines Ehemanns oder Geliebten natürlich. Hitler selbst beteiligt sich nicht an dem gewaltigen Unternehmen der Geburtensteigerung. Er bleibt Junggeselle.

Um das Heiraten zu erleichtern, führt Hitler das «Ehestandsdarlehen» ein, einen zinslosen Kredit bis zur Höhe von 1000 Reichsmark, eine Summe, die ungefähr dem Lohn eines Arbeiters für acht Monate entspricht. Ein Teil des Kredits wird in Form von Gutscheinen für den Kauf von Möbeln und Haushaltsgegenständen ausgezahlt, was den betreffenden Industrien Umsatz verschafft. Rückzahlbar ist der Kredit in Gestalt von Säuglingen: Durch jede Geburt verringert sich die Schuld um 250 Reichsmark. Nach dem vierten Kind ist das Ehepaar also schuldenfrei. Außerdem muß sich die junge Ehefrau verpflichten, keine Stellung anzunehmen, solange ihr Mann mindestens 125 Reichsmark monatlich verdient. Die Stelle, die sie eingenommen hätte, soll einem männlichen Arbeitslosen zugute kommen. Finanziert werden die Ehestandsdarlehen teilweise durch eine besondere Steuer, die Ledigen auferlegt und der Einkommensteuer zugeschlagen wird.

Der *Matin* erscheint an sieben Tagen in der Woche. Ich arbeite also an sieben Tagen in der Woche. Aber nicht an jenem Samstag.

Rudy hat mir vorgeschlagen, mit ihm zu Mittag zu essen. Wir wollen uns in einem italienischen Restaurant treffen. Unserem Restaurant. Ich sehe Rudy immer seltener. Er hat an den Wochenenden frei, während ich arbeite. Aber nicht heute. Für heute habe ich ihm das Mittagessen, den Nachmittag und den Abend versprochen.

Er kommt zu spät. Während wir unsere Bestellung aufgeben, frage ich: «Sag mal, Rudy, wie kommt es, daß du unpünktlich bist? Das wirfst du doch gewöhnlich mir vor.» Warum wirkt Rudy so betreten? Oder betrübt?

«Ich mußte einen großen Umweg fahren. Die Tiergartenstraße war für Autos gesperrt.»

«Ach! Es sind doch gar keine Straßenbauarbeiten angekündigt. Ab wo ist sie denn gesperrt?»

Rudy nennt eine Parallelstraße zu der, in der unser Büro liegt.

«Ach so, da ist das Hauptquartier der SA. Da findet sicher ein Empfang statt.»

Rudy sieht immer bedrückter aus. «Ein Empfang? Das würde mich wundern. Ich habe Lastwagen mit Maschinengewehren gesehen. Leute wurden aufgeladen. In Doppelreihen hielt die Polizei die Menschenmenge zurück.»

Ich lege meine Gabel hin, um die sich die Spaghetti ringeln.

«Was sagst du? Sie haben Leute aufgeladen? Was für Leute?»

«Man konnte es schlecht erkennen. Vielleicht waren es SA-Männer. Ich konnte die Farbe ihrer Uniformhosen nicht genau sehen. Der Oberkörper der meisten Leichen war nackt.»

«Leichen? Hast du Leichen gesagt?»

«Ja. Ich glaube, die meisten waren tot. Da ihre Gesichter voll Blut waren, konnte man es nicht so genau erkennen.»

Ich stehe auf. «Rudy, sei bitte, bitte, bitte nicht böse...»

«Ich war darauf gefaßt», sagt Rudy.

Ich brauche weniger als eine Viertelstunde, um die Redaktion zu erreichen. Ich durchbreche die Absperrung der Polizei und der SS und erkläre, daß ich eine dringende Arbeit zu erledigen habe. Die Lastwagen sind verschwunden, aber die Menschenmenge ist noch da.

Niemand im Büro. Philippe Barrès ist weggegangen. In dem Augenblick, in dem ich ins Zimmer komme, beginnt das Telefon zu läuten. Es ist unsere Agentur. Der Direktor persönlich. Ich versuche, ein Gespräch anzufangen. «Entschuldigen Sie», sagt er. «Wir sind überlastet. Ich gebe Ihnen nur noch einige Zeilen durch, die den Meldungen von heute vormittag (welchen?) hinzuzufügen sind: SS-Offiziere sind heute bei General von Schleicher erschienen und haben ihn aufgefordert mitzukommen. Da der ehemalige Reichskanzler offenbar Widerstand leistete, wurde er von mehreren Kugeln niedergestreckt. Seine Frau, die dazwischentreten wollte, wurde ebenfalls getötet.»

Da habe ich nun das ermordete Ehepaar Schleicher auf dem Hals, das «zu den Vormittagsnachrichten hinzukommt». Ganz automatisch sehe ich mich um und lese das Datum auf dem Kalender: 30. Juni 1934.

Etwas später kommt Philippe Barrès zurück. Er ist totenblaß. Die Ereignisse haben ihn erschüttert. Ich stelle keine Fragen. Ich habe auf dem laufenden zu sein. Stückchenweise erreichen uns neue Informationen. Schließlich begreife ich das Ausmaß des Dramas, das sich seit vierundzwanzig Stunden abspielt.

Hitler behauptet, von einem Staatsstreich Wind bekommen zu haben, den die SA-Spitzen vorbereitet haben sollen. In einem kleinen Hotel in Bad Wiessee in der Nähe von München sollen sie sich getroffen haben, um die Einzelheiten eines Handstreichs gegen das Regime auszuarbeiten.

An diesem Punkt werden die Nachrichten widersprüchlich: Die meisten SA-Führer sind nicht allein nach Wiessee gekommen, sondern haben zu diesem angeblich revolutionären Wochenende ihre Liebhaber mitgebracht. Und Hitler soll erst jetzt erfahren haben, daß diese Männer, die Kameraden der ersten Stunde, die ihm während des ganzen vierzehnjährigen Kampfs zur Seite gestanden haben, Homosexuelle sind. (Da sie es nie verheimlicht hatten, war ganz Deutschland im Bilde.)

Der vom Propagandaministerium verbreitete Bericht lautet anders: Hitler sei in seinem Privatflugzeug nach Bayern geflogen. In Wiessee angekommen, sei er in das von den Verschwörern gemietete Hotel und schnurstracks in das Zimmer des Stabschefs der SA Ernst Röhm, gegangen. Röhm schläft fest. Er wird geweckt, begreift nicht, was vor sich geht. Ein geladener Revolver wird auf den Tisch gelegt. Wenn er ein Ehrenmann ist, wird er sich in der nächsten Viertelstunde selbst richten. Da Röhm nichts dergleichen tut, dringt ein SS-Kommando, das vor der Tür postiert war, in den Raum ein und schießt ihn mit Maschinenpistolen nieder. Inzwischen ist im Nebenzimmer Heines exekutiert worden, der ehemalige Freikorpsführer. Auch er hat geschlafen. Aber nicht allein. Die Haltung des Jünglings in seinen Armen läßt keinen Zweifel an den Beziehungen zwischen den beiden Männern. Die anderen anwesenden SA-Führer werden entweder an Ort und Stelle oder in einer nahegelegenen Kaserne umgelegt.

Hauptmann Ernst, der Chef der Berliner SA, der mit 250000 Mitgliedern größten Ortsgruppe, ist nicht in Bad

Wiessee. Ernst, der seine Karriere als Page im *Eden*, einem der elegantesten Hotels der Hauptstadt, begonnen hat, soll angeblich dieselben sexuellen Neigungen haben wie seine Kameraden. Was ihn aber nicht gehindert hat, vor kurzem ein «anständiges» junges Mädchen zu heiraten. Das frischgebackene Ehepaar hält sich in Bremerhaven auf, von wo es zu einer dreiwöchigen Kreuzfahrt in See stechen will. Und das, während eine Verschwörung gegen Hitler im Gange ist? Unwichtig. Ernst wird in Gegenwart seiner jungen Frau verhaftet, abgeführt und erschossen.

Hitler hat Göring beauftragt, die Säuberung im ganzen Land durchzuführen. Der Minister hat sich seine unbeschränkte Vollmacht zunutze gemacht, um sich einiger unerwünschter Personen zu entledigen, darunter sind auch General von Schleicher und zwei Mitarbeiter des Vizekanzlers von Papen.

Mehrere tausend SA-Männer aller Dienstgrade sind von der SS erschossen worden. Die Bewohner von Lichterfelde, einem Berliner Vorort, wo sich in der ehemaligen Kadettenanstalt das Hauptquartier der SS befindet, haben in jener Nacht wenig geschlafen. Immer von neuem wurden sie vom Krachen der Salven geweckt.

Die meisten der verhafteten Männer glauben an eine Konterrevolution. Bis zur letzten Minute ihres Lebens vertrauen sie ihrem Führer und sterben mit dem Ruf «Heil Hitler!», einer letzten Huldigung an ihren Mörder auf den Lippen.

Der Hauptsieger des Tages – daran zweifelte niemand – ist der Generalstab der Reichswehr. Ihm steht nun kein Milizheer mehr gegenüber. Hindenburg schickt ein Glückwunschtelegramm an den Führer, «der das Volk aus ernster Gefahr gerettet hat». Er weiß nicht, daß Hitler sich seinetwegen so schnell seiner Freunde entledigt hat. Hindenburgs Tage sind gezählt. Die Frage der Nachfolge wird sich bald stellen. Hitler weiß über die monarchistischen Tendenzen innerhalb der Reichswehr Bescheid: 21 Prozent der Offiziere gehören dem preussischen Adel an. Um sich die Nachfolge des Generalfeldmarschalls zu sichern und endlich die totale Macht zu erlangen, kann Hitler nicht auf die Unterstützung des Militärs verzichten. Die Ermordung seiner Freunde soll ein Beweis seines guten Willens sein.

Niemand hat eine so rasche und tragische Entwicklung erwartet. Ich fühle, daß die Ereignisse dieses Tages für Philippe Barrès mehr bedeuten, als eine neue Serie von Verbrechen, die sich an jene anschließt, die Hitler und die Seinen in der Vergangenheit begangen haben. Für ihn zerreißt ein ganzes Gespinst von Illusionen. Hat er nicht erst kürzlich noch geglaubt, in den Zügen des Volkstribuns so etwas wie Milde zu entdecken? Er ist nicht der einzige Franzose, der Sympathie für die Veränderung empfindet, die sich in Deutschland vollzieht. Warum sollte das Reich nicht ein wenig von dem Traum verwirklichen, den so viele ehemalige Kriegsteilnehmer im Herzen tragen: den Traum von einer lauteren, kompromißlosen Regierung, die frei ist von den Schwächen eines demokratischen Regimes? Bisher haben diese wohlwollenden Beobachter dazu geneigt, die den Nazis zum Vorwurf gemachten Gewalttätigkeiten als «Kinderkrankheiten» zu erklären. Sie sagten sich, aus dem anfänglichen Durcheinander werde bald ein wohlgeordnetes, der Zukunft zugewandtes Land entstehen, das bereit sei, Europa gegen die drohende bolschewistische Gefahr zu verteidigen. Das Blutbad von Bad Wiessee läßt Zweifel aufkommen.

An jenem Abend schreibt Philippe Barrès einen leidenschaftlichen Bericht über den Tag, «der einen Abgrund voller Blut und Schmutz aufdeckte». Und er stellt die Frage: «Wird es Reaktionen geben?»

Nun ja. Es gibt Reaktionen. Aber sie sind nicht so, wie wir sie erwartet haben.

Ich treffe Herrn Hellmann, den Portier. Ich glaube ihn jetzt am Wickel zu haben. Schließlich hat er diese erschossenen

SA-Führer seit eh und je gekannt. Er ist den Tränen nah. «Der arme Führer», sagt er, «was muß er gelitten haben.»

Am späten Nachmittag rufe ich Rudy an. Er meldet sich nicht, ist wohl ins Kino gegangen. Samstags arbeiten die Geschäftsleute nicht. Wird er den Abend mit Lil oder mit Margot verbringen?

Es war Margot. Zwei Jahre später hat er sie geheiratet. Wir hatten uns schon geraume Zeit vorher wegen der Unvereinbarkeit unserer Arbeitszeiten getrennt.

Ich will den Abend des 30. Juni in einem regelmäßig von SA-Leuten frequentierten russischen Restaurant beenden. Ich treffe gleichzeitig mit André F. ein, mit dem ich verabredet bin, und nehme an der üblichen Willkommenszeremonie teil. André begrüßt die Wirtin mit einem respektvollen Handkuß. Sie findet ein paar höfliche Worte, mit denen sie ihrer Freude Ausdruck gibt, unter ihren Gästen so nette Leute wie Baron F. und mich zu sehen. Als die Kellnerin mit der Speisekarte kommt, steht André auf und umarmt sie. Sie sind entfernt miteinander verwandt. Dann bittet er Ihre Hoheit, die Güte zu haben, uns zwei Schaschlik und zwei *Perzowkas*, den von uns bevorzugten Pfefferwodka zu bringen. Ihre Hoheit bedient uns. Vor annähernd vierzehn Jahren hat sie Schloß, Ländereien und Vaterland verlassen. Aber sie ist eine Großfürstin geblieben.

An mehreren Tischen des Restaurants sitzen SA-Leute. Sie sind unauffällig gekommen, ohne den üblichen Lärm, sprechen leise und werfen ab und zu Blicke nach rechts und links, um sicher zu sein, daß ihnen niemand zuhört. «Man könnte meinen, sie seien Juden», bemerkt André und fügt hinzu: «Menschen, die nicht wissen, was die Zukunft ihnen bringen wird.»

Andy – so nennen seine Freunde den jungen baltischen Schriftsteller – ist besorgt. Es ist nicht die Unterdrückung einer angeblichen Verschwörung gegen Hitler, die ihn beunruhigt, sondern eher die Adressenbüchlein, die die Polizei und die SS bei den homosexuellen Opfern gefunden haben könnten. «Ich habe nie mit SA-Leuten verkehrt», sagt Andy in angewidertem Ton, «aber man weiß nie, wer wen kennt.» Mehrere Schauspieler von Berliner Theatern seien bereits auf dem Weg ins Ausland und fest entschlossen, nicht nach Deutschland zurückzukehren, solange Hitler an der Macht ist. Er selbst wisse nicht so recht, was er tun solle.

Etwa zehn Tage nach dem Massaker von Wiessee gibt Hitler bekannt, er werde den Reichstag einberufen und ihn über die blutigen Ereignisse dieses Tages unterrichten.

Seit dem Reichstagsbrand im Winter 1933 finden die außerordentlich selten gewordenen Reichstagssitzungen in einem ehemaligen Berliner Theater, der Kroll-Oper, mitten im Tiergarten statt. Die Abgeordneten erscheinen in Uniform. Wenn Hitler auf der zur Rednertribüne umgebauten Bühne das Wort ergreift, ist er sicher, zu seiner Rechten die beiden Männer zu haben, die wir unter uns die «Wundergläubigen» nennen. In der ersten Reihe Rudolf Heß, seinen Stellvertreter in der Parteileitung. Er hat die Arme über der Brust gekreuzt. Nicht aus Mangel an Respekt. Er wirkt, als ob er sich von allem abschließen wolle, das von außen kommen und nicht das Gesicht des Führers, oder Worte des Führers sein könnte. Man sieht ihn immer nur im Profil, da er das Gesicht seinem Idol zuwendet. Rudolf Heß, der Sohn eines reichen Kaufmanns in Ägypten, hat dort seine Jugend verbracht und wohl daher den leicht bräunlichen Teint. Sein starrer Blick unter den sehr schwarzen und buschigen Augenbrauen läßt ihn etwas wild aussehen. Am Ende der Hitler-Rede rührt er sich nur, um sich dem Applaus anzuschließen.

Im Hintergrund, auf der zweiten Reihe der Regierungsbank, sitzt der andere getreue Paladin, Werner von Blomberg, der Reichswehrminister. Auch er hängt wie gebannt an den Lippen des Führers.

(Seltsam, daß diese beiden Getreuen einige Jahre später Hauptfiguren von Skandalen werden sollten. Heß kurz vor dem Angriff gegen Rußland durch seinen nächtlichen Flug nach England, dessen nähere Umstände niemals ganz aufgeklärt wurden; Blomberg, der den Führer durch seine nicht standesgemäße Heirat, bei der Hitler Trauzeuge war, blamierte, was ihm nie verziehen wurde.)

Hitler wirkt erschöpft. Der erste Teil seiner Rede ähnelt einem Plädoyer für das Nazi-Regime. «Wir sind keine Usurpatoren», schreit er und schlägt mit der Faust auf das Rednerpult. «Das deutsche Volk hat unsere Machtübernahme legalisiert.» Eine erste Anspielung auf das Blutbad: Ich habe das Reich vor einer zweiten Revolution bewahrt.

Erst nach einer Stunde, als habe er den Augenblick, davon zu sprechen, so lange wie möglich hinausschieben wollen, erwähnt er den Namen Röhm. Die Reihen der Abgeordneten durchläuft ein vorsichtiges Murmeln. Das Geschrei wird sich erst erheben, wenn das Zeichen dazu gegeben wird. Im Augenblick bleibt die Entrüstung diskret. Es folgt der lange, ausführliche, unerträgliche Bericht über die Ereignisse in Wiessee, die «widernatürlichen» sexuellen Aktivitäten der SA-Führer, das angebliche Komplott gegen ihn, Adolf Hitler, das zu vereiteln ihm in letzter Minute gelungen sei.

«Röhm wollte mich verhaften lassen», brüllte er. «Er wollte die öffentlichen Gebäude besetzen, Terror im Land verbreiten.» Es ist das erste Mal, daß Hitler in der Rolle eines Mörders auftritt. Und es ist ein voller Erfolg. Die Abgeordneten singen stehend erst das *Deutschlandlied*, dann die Nazi-Hymne.

Für Hitler ein sicherer Sieg. Jetzt kann er den Weg der offen eingestandenen Verbrechen fortsetzen. Was die Deutschen betrifft, soweit sie durch diese Abgeordneten in Uniform repräsentiert werden, so haben sie eine bedeutsame Wende vollzogen: Sie haben sich, ohne zu protestieren, damit abgefunden daß politische oder andere Morde nicht mehr gegen die guten Sitten verstoßen.

Die Opfer haben Familien, Freunde. Doch keine Stimme erhebt sich zu ihrer Verteidigung. – Natürlich würde es viel Mut erfordern, den offiziellen Erklärungen zu widersprechen. Und wer handelt? Unter den Angehörigen der ermordeten SA-Leute – man sagt, es seien Tausend gewesen – scheint es keinen Anwärter auf den Märtyrertod zu geben.

Sollte die Periode der spektakulären Verbrechen begonnen haben? Zwölf Tage nach der Reichstagsrede unternehmen die österreichischen Nationalsozialisten, ferngelenkt von der Berliner Zentrale, in Wien einen erfolglosen Staatsstreich, bei dem jedoch der österreichische Kanzler Dollfuß ermordet wird. Grausamer noch als einige ihrer deutschen «Brüder» verweigern sie dem Sterbenden, der viele Stunden auf dem Sofa in seinem Büro im Bundeskanzleramt mit dem Tode ringt, den Beistand eines Priesters. Auch einen Arzt zu rufen, gestatten die Mörder nicht.

Zum erstenmal, seit die Nationalsozialisten in Deutschland die Macht übernommen haben, wird Mussolini böse. Er erwartete den Besuch des österreichischen Kanzlers, dessen Frau nach Rom vorausgefahren war. Jetzt muß ihr der Duce die Ermordung ihres Mannes durch Faschisten bekanntgeben. Er schickt mehrere Divisionen an den Brenner und läßt Hitler wissen, daß er keine Abenteuer dulden werde. Die italienischen Zeitungen, der Verpflichtung ledig, freundliche Artikel über das Reich zu schreiben, geben sich nach Herzenslust ihren Angriffen auf die Deutschen hin. Jeden Plan einer «Vernunftheirat» zwischen den beiden Völkern haben sie bisher als eine Mesalliance angesehen. In einem der in diesen Tagen erscheinenden Leitartikel werden die Nationalsozialisten sogar als «Mörder» und «Päderasten» bezeichnet. In einem anderen wird daran erinnert, daß «die Germanen zu einer Zeit, als die Römer schon eine fortschrittliche Zivilisation besaßen, noch auf den Bäumen lebten».

Hitler läßt das Gewitter vorüberziehen. Er beschließt,

einen neuen Botschafter nach Österreich zu entsenden, der wieder normale Beziehungen zwischen den beiden Ländern herstellen soll. Es ist kein anderer als der unselige Franz von Papen, der mit knapper Not und nur dadurch dem Massaker vom 30. Juni entgangen war, daß er sich zu Freunden geflüchtet hatte. Papen erhält den kaum verhüllten Auftrag, den Anschluß Österreichs an das Reich vorzubereiten.

Am 2. August 1934 stirbt Hindenburg. Hitler ordnet ein Staatsbegräbnis für den Mann an, dessen Platz einzunehmen er kaum erwarten kann. Der Sarg des Generalfeldmarschalls wird auf einer von vier Rappen gezogenen Lafette in der Nacht nach Ostpreußen zum Tannenbergdenkmal gebracht, das an Hindenburgs Sieg über die Russen in der Schlacht von Tannenberg 1914 erinnert. Seine sterblichen Überreste sollen dort in einer Krypta beigesetzt werden.

Eine Einzelheit, die allen Beobachtern auffällt: Unter den zahlreichen Fahnen auf der Umfassungsmauer des Denkmals ist keine Hakenkreuzfahne. Als habe Hitler in einer Anwandlung von Zartgefühl, die man sich bei ihm schlecht vorstellen kann, auf diese Weise dem Greis, der seine Verachtung für das gebrochene Kreuz nie verhehlt hat, Respekt bekunden wollen. Im Namen des deutschen Volkes nimmt Hitler Abschied vom Generalfeldmarschall, «der nun in Walhall weilt», dem legendären Aufenthaltsort der in der Schlacht gefallenen Krieger. So endet das Leben eines Mannes, der es nicht verstanden hat, sich rechtzeitig zurückzuziehen, und der in die Geschichte eingeht als einer derjenigen, die verantwortlich sind für die Tragödie, die Deutschland ereilt.

Das Gerücht verbreitet sich rasch: Hindenburg hat kein Testament hinterlassen. Und dennoch wird kaum zwei Wochen später von Franz von Papen – schon wieder Papen! – verbreitet, er sei im Besitz eines vom Generalfeldmarschall aufgesetzten Dokumentes, in dem Hindenburgs Nachfolge ausdrücklich Adolf Hitler übertragen wird.

Niemand glaubt an die Echtheit des «Testaments», aber wer würde es wagen, Zweifel zu äußern? Nur die Reichswehr könnte dagegen aufbegehren, daß der Führer den Platz des Generalfeldmarschalls einnimmt. Aber sie beschließt mitzumachen, denn sie ist überzeugt, sich Hitlers entledigen zu können, sobald er ihr nicht mehr nützlich ist. Sie ist also damit einverstanden, daß alle Offiziere und Soldaten – nicht nur die neu Verpflichteten – den Eid auf den Führer und Oberbefehlshaber der Wehrmacht ablegen.

Hitler verzichtet auf den Titel des Reichspräsidenten. Er will Führer des Volkes sein. Und er bleibt Reichskanzler. Beide Funktionen behält er bis zum Schluß.

Es gibt ein ungarisches Sprichwort: «Wovon träumen die Gänse?» – «Von Mais.» Warum? Weil Mais ihr Hauptnahrungsmittel ist.

Wir sind ein bißchen wie die Gänse, meine Kollegen und ich. Wir träumen vom Zeitgeschehen unserer täglichen Nahrung. Und es kommt vor, daß auch wir überfüttert werden.

Unseren politischen Diskussionen mangelt es an Abwechslung. Immer drehen sie sich um die Aktivitäten des an der Macht befindlichen Triumvirats. Wer sind sie? Wie leben sie? Die insgesamt gleichgeschaltete Presse muß zwangsläufig diskret sein. Und die Deutschen, von denen es heißt, sie seien gut informiert, nehmen sich vor uns in acht.

Ganz allgemein hat sich der Ton der Berliner Unterhaltungen geändert. Der frivole Ton, der früher gang und gäbe war, ist verschwunden. Mondäne Klatschereien sind nicht mehr angebracht.

Weit scheint die Zeit zurückzuliegen, da man sich, höchst indiskret, für das Privatleben von Persönlichkeiten des öffentlichen Lebens, des Theaters und Films interessierte. Damals hätten wir, sofern man genügend geschwätzige Leute traf, wirklich eine ganze Menge erfahren können. Und man hatte darüber ebenso offen gesprochen, wie über das neueste Stück von Bertolt Brecht, eine Kokoschka-Ausstellung, die Bauhaus-Architektur, wie sie der Franzose Le Corbusier oder der Deutsche Gropius auffaßten. Oder über das Mißgeschick des etwas betagten Filmproduzenten, der, als er seine Geliebte besuchte und sich gerade ausziehen wollte, einen sehr jungen Mann entdeckt hatte, der unter dem Bett versteckt war. Es handelt sich um eine Erpressung: «Ich werde Ihrer Frau nichts davon erzählen, wenn Sie mich bei Ihrer nächsten Produktion als Regieassistenten beschäftigen.» Man einigte sich. Der ungetreue Ehemann konnte sich weiter ausziehen. Der junge Mann unter dem Bett nahm seinen Hut und ging. Der Filmproduzent sieht ihn erst wieder, als die Dreharbeiten seines Films beginnen. Überraschung! Das war ja der beste Regisseur, den er je getroffen hatte! Der junge Mann beweist es in Berlin, und bewies es später in Hollywood, wo er einer der Größten wurde.

Natürlich gibt es unter Hitler derlei Klatsch nicht mehr. Wir müssen uns mit den amourösen Eskapaden des Ministers für Volksaufklärung und Propaganda begnügen.

Goebbels hat eine schwierige Kindheit gehabt. Er ist der Sohn eines Buchhalters und erkrankt im Alter von vier Jahren an Kinderlähmung, die einen Fuß auf Dauer schädigt. Dank des Stipendiums einer katholischen Organisation kann er an verschiedenen deutschen Universitäten studieren und wird schließlich zum Doktor der Philosophie promoviert. Er geht nach Berlin und träumt von einer Karriere als Journalist und Schriftsteller. Ein Roman, teils Kitschgeschichte, teils politische Polemik, wird überall abgelehnt. Es gelingt Goebbels auch nicht, im Journalismus Fuß zu fassen; er beginnt diese Stadt, die sich ihm und seinen Ambitionen verschließt, zu hassen. Schließlich lernt er Hitler kennen, der so viele Versager, Unzufriedene, Enttäuschte oder auch Phantasten an sich zieht. Die beiden Männer trennen sich nicht mehr. Der Führer beauftragt seinen neuen Mitarbeiter, die Eroberung von Berlin vorzubereiten. Eine hochwillkommene Aufgabe für Goebbels. Er hat noch ein Hühnchen zu rupfen mit der arroganten Hauptstadt, die von ihm nichts hat wissen wollen. Er, der sich eine Karriere als Intellektueller gewünscht hat, führt nun einen erbitterten Kampf gegen die Intellektuellen von Berlin.

Der kleine Doktor mit dem Klumpfuß hat inzwischen Magda Quandt geheiratet, die Frau eines reichen Industriellen, den sie um Goebbels' willen verließ, und zwar schon vor der Machtergreifung der Nazis. Dieser Liebesroman hindert ihn nicht, gewissenhaft mit jeder Filmschauspielerin zu schlafen, die er trifft, vorausgesetzt, sie ist hübsch. Und er trifft viele. Sie sind willig, denn man sagt nicht so leicht nein zu dem allmächtigen Minister. Es sei denn, man ist Elga Brink, meine Freundin, die schön und tugendhaft ist wie ein Engel von Botticelli, und die, als Goebbels sie bei einem Empfang einlädt, «einmal in seiner Villa mit ihm Tee zu trinken», ganz arglos sagt: «Wie schön! Ich habe Ihre Frau schon immer gern kennenlernen wollen.» Der Minister hat ihr demonstrativ den Rücken zugewandt und nie wieder das Wort an sie gerichtet.

Seine Abenteuer hindern Goebbels nicht, seine Pflicht als guter nationalsozialistischer Staatsbürger zu erfüllen: In Rekordzeit bringt seine Frau fünf Mädchen und einen Jungen zur Welt.

Er ist nicht unglücklich über seinen Ruf als Frauenheld und scheint nicht einmal den Vorfall übelzunehmen, über den ganz Berlin klatscht: Eines Abends hat ihm ein sehr bekannter Filmschauspieler eine gewaltige Ohrfeige verpaßt, weil er ihn Arm in Arm mit seiner Frau, ebenfalls einer Schauspielerin, getroffen hat. Goebbels unternimmt nichts gegen ihn: Zweifellos hält der Minister einen geohrfeigten Rivalen für einen erfolgreichen Rivalen.

Derweil geht die schöne Magda Goebbels zum Führer – der sie gern mag –, um sich bei ihm auszuweinen und ihm mitzuteilen, daß sie die Absicht habe, sich scheiden zu lassen. Das kommt nicht in Frage. Hitler will keinen solchen Skandal. Er verlangt von seinem Minister, er solle sich diskreter aufführen, und Magda Goebbels willigt ein, bei ihm zu bleiben. Wir sehen sie also weiterhin für die Winterhilfe sammeln. Überall, wo sie vorbeikommt, finden sich riesige Mengen von Neugierigen ein. Sie wird begleitet von einem SS-Mann, der keine andere Aufgabe hat, als die volle Sammelbüchse gegen eine leere auszutauschen. Jedesmal, wenn ich dieses schöne, aber völlig ausdruckslose, verschlossene Gesicht sehe, frage ich mich, wie sie es fertigbringt, den heftigen Antisemitismus ihres Mannes, der ein großer Verfechter der Verfolgung der «minderwertigen Rasse» ist, mit den Erinnerungen an ihre Kindheit in Einklang zu bringen, als ihre Mutter in zweiter Ehe einen deutschen Juden heiratete, der das kleine Mädchen, wie Magda selbst zugibt, wie sein eigenes Kind behandelt hat.

Noch deutet nichts darauf hin, daß auch Magda Goebbels ihren Platz unter den großen Gestalten der Hitler-Saga einnehmen wird, als eine Mutter, die der Ermordung ihrer sechs Kinder zustimmt.

(Als Hitler sich am Ende des Krieges umbringt, beschließt Goebbels, seinem Beispiel zu folgen. Aber erst nach vierundzwanzig Stunden schluckt er sein Zyankali. Vorher muß er seine sechs Kinder, von denen das älteste noch keine dreizehn Jahre alt ist, töten.

Wie sind die Goebbels-Kinder gestorben? Nach der offiziellen Version hat ihre Mutter in das warme Getränk, das sie ihnen jeden Abend brachte, Gift getan. Nach anderen Zeugenaussagen hat Goebbels ihnen tödliche Spritzen gegeben. Sicher ist jedenfalls, daß das mörderische Ehepaar im Augenblick des eigenen Todes die Leichen von sechs Kindern vor Augen hatte.)

Der fettleibige Göring in seinen Operettenuniformen interessiert uns weniger. Der ehemalige Jagdflieger nimmt Rauschgift. Einige seiner Mitarbeiter erzählen, daß der künftige Reichsmarschall manchmal mitten in einer Konferenz in sich zusammenfällt: Seine Hände fangen an zu zittern, und es scheint ihm schwerzufallen, der Verhandlung zu folgen. Er verläßt dann für ein Viertelstündchen den Raum, und kommt danach ruhig und entspannt zurück. Das, so wird erklärt, sei eine Gewohnheit, die er kurz nach dem Krieg angenommen habe, als seine Verwundungen ihm schwer zu schaffen machten.

Sein Jagdhaus in der Umgebung von Berlin hat er zu einer monumentalen Gedenkstätte für seine erste Frau, die Schwedin Karin, gemacht. Seine zweite Frau, die ehemalige Schauspielerin Emmy Sonnemann, die er unter großer Prunkentfaltung geheiratet hat, muß dort zusammen mit ihm in der Erinnerung an die Verstorbene leben.

Emmy Göring, fast ebenso dick wie ihr Mann, ist die «Erste Dame» des Reiches geworden. Göring verlangt, daß sie bei offiziellen Anlässen als «Hohe Frau» angesprochen wird. Dennoch bleibt sie das, was sie immer gewesen ist: ein anständiger, netter Kerl. Die Geschichten, die über sie im Umlauf sind, bezeugen alle ihre erstaunliche Menschlichkeit: Sie hilft Schauspielern, die aus politischen oder rassischen Gründen ohne Engagement sind, läßt ihnen Geld zukommen, schützt sie sogar vor Verfolgungen durch die Polizei.

Sie will gern ein Kind haben, kann es aber von ihrem Mann nicht bekommen. Später wird erzählt, obwohl die orthodoxe Psychoanalyse in Deutschland verboten sei, habe sich Göring einer völlig «judenfreien» psychischen Behandlung unterzogen, die zu erstaunlichen Ergebnissen geführt habe. Er habe dem Rauschgift entsagt und unterhalte «normale» Beziehungen zu seiner Frau.

Als Göring dann kurz nach der Geburt seiner Tochter Edda einem seiner getreuen Adjutanten, einem jungen, gutaussehenden Mann, feierlich einen Orden verleiht, bricht ganz Berlin – das «böse» Berlin, zu dem wir gehören – in schallendes Gelächter aus. Das war boshaft und ungerecht, denn Edda ist dem Marschall wie aus dem Gesicht geschnitten.

Und Hitler? Hitler, von dem wir so wenig wissen? Die ersten Hinweise auf sein Privatleben erhalten wir auf Umwegen aus dem Ausland. In Paris höre ich zum erstenmal von amourösen Beziehungen zwischen dem Führer und seiner Nichte Angela Raubal, genannt «Geli», die in München bei ihm gewohnt hat, als er noch nicht Reichskanzler war. Er überwachte sie eifersüchtig. Eines Tages schoß sie sich eine Kugel in den Kopf. Manche Gerüchte besagen, sie sei von Hitler geschwängert worden. Nach anderen soll sie, die neunzehn Jahre Jüngere, die sexuellen Praktiken von «Onkel Adolf» schlecht ertragen haben. Erst der Liebe, dann des Lebens überdrüssig, habe sie den Tod gesucht.

Tatsache ist, daß keine Frau jemals behauptet hat, Hitlers Bett geteilt zu haben. Obwohl Tausende von Deutschen und zumindest eine Engländerin, die verrückte Unity Mitford, von nichts anderem geträumt haben.

Damals kennen wir den Namen von Eva Braun nicht, die der Führer erst später kennenlernte.

Ich halte mich wieder einmal an meine lieben Berliner, die oft den richtigen Instinkt haben. Sie schätzen das sexuelle Verhalten des Führers so ein:

Frage: Warum hält Hitler, wenn er eine Truppenparade abnimmt, beide Hände vor den Unterleib? Antwort: Um den letzten Arbeitslosen des Reiches zu schützen.

(Der Witz ist in zweifacher Hinsicht aufschlußreich. Er zeigt auch, daß dank Hitler, der die Industrie in Gang gebracht und heimlich aufgerüstet hat, die Arbeitslosigkeit in Deutschland im Verschwinden begriffen war.)

Sind wir völlig ehrlich, wenn wir untereinander unsere Gedanken austauschen? Ich bin dessen nicht so sicher. Was mich betrifft, so weiß ich, daß ich meine geheimsten Gedanken nicht preisgebe. Die anderen zweifellos auch nicht.

Auch wir haben Angst. Es ist keine Feigheit. Wir sind keine Feiglinge. Zumindest glaube ich das. Unsere Angst ist eher jener vergleichbar, die einen unwiderstehlich beim Anblick eines Betrunkenen befällt, der mit einem geladenen Revolver herumspielt und noch nicht weiß, was er damit machen wird. Hitler steuert auf eine Konfrontation zu. Dessen sind wir sicher, auch wenn wir nicht darüber sprechen. Und unsere Angst ist die Angst vor dem Krieg.

Der Graben wird immer tiefer zwischen uns, die wir in Deutschland leben, und den vielen Politikern und Journalisten, die nur zu Besuch kommen, um sich zu erkundigen, was es Neues gebe. Oft beurteilen sie Deutschland danach, wie sie von den Behörden empfangen werden.

Wenn wir, sehr vorsichtig, die Möglichkeit eines Konflikts zwischen dem Reich und einem unserer Heimatländer erwähnen, lautet die immer gleiche Antwort der Besucher: «Sie sind zu pessimistisch. Schließlich ist Hitler nicht verrückt.» Das ist es ja eben ...

Offen gestanden, der Gedanke, Hitler könnte etwas anderes als verrückt sein, wäre mir nie gekommen.

Ich weiß es, ich spüre es, daß es Deutsche gibt – und zwar viele –, die das neue Regime nicht billigen, die sich eines Staatschefs wie Hitler schämen, die sich vor der unausbleiblichen Katastrophe fürchten: Sie sind keine Nazis, gehören nicht dem Widerstand an, sind keine Kämpfer und werden sich niemals dem Führer und seiner Regierungsmannschaft offen widersetzen. Nur ein Attentatsversuch könnte sinnvoll sein und sie glauben nicht das Zeug zu Helden oder Märtyrern zu haben. Sie warten ab und hoffen auf irgendein Ereignis oder gar ein Wunder von außen, das den Alptraum beenden wird.

Hat man im Vatikan jemals erfahren, wie viele Gläubige darum gebetet haben, ihr Vaterland möge von der Herrschaft des Mannes befreit werden, in dem manche sogar den Antichristen sehen? Wie viele deutsche Mütter in den Kirchen Kerzen angezündet und für die Seelen ihrer Kinder gebetet haben, deren sich der Staat schon annimmt, wenn sie acht Jahre alt sind, und die sich mit Begeisterung in eine von Wildheit und Aggressivität gekennzeichnete Atmosphäre stürzen? Während in Rom mit einem Vertreter des Reiches – wiederum ist es Franz von Papen – über den Abschluß eines Konkordates zwischen dem Heiligen Stuhl und Deutschland verhandelt wird, sagen sich manche gutgläubige Staatsbürger, der Papst werde Hitler angesichts der von den Nazis verübten Greueltaten schließlich exkommunizieren. Was eine große Zahl der etwa zwanzig Millionen Katholiken im Reich gegen Hitler aufgebracht hätte.

Es ist keine Rede davon, Hitler zu exkommunizieren. Im Vatikan findet man es im Gegenteil vordringlich, sich mit ihm zu verständigen und die katholischen Institutionen in Deutschland durch ein Abkommen zu schützen. Im Hintergrund zeichnet sich auch das Anliegen ab, den Staatsmann schonend zu behandeln, der als erster nach dem Papst die Stimme gegen den Bolschewismus erhoben hat.

Das Konkordat wird unterzeichnet. In Kreisen der Opposition spricht man offen von einer «Katastrophe». Der Vatikan, heißt es, habe Hitler dadurch, auch in den Augen von Nicht-Katholiken, sozusagen «hoffähig» gemacht. Schwer zu sagen, ob die von Goebbels – der selbst ursprünglich katholisch war – lancierte Kampagne gegen Priester und Gläubige der römisch-katholischen Kirche ohne das Konkordat noch brutaler ausgefallen wäre.

Dutzende katholischer Priester werden vor Gericht gestellt und «subversiver Umtriebe gegen den nationalsozialistischen Staat», der Steuerhinterziehung oder auch der Homosexualität und unzüchtiger Handlungen beschuldigt. Die Presse veröffentlicht Einzelheiten, die an Pornographie grenzen.

Agnes, unsere neue Hausgehilfin, kommt in mein Arbeitszimmer gestürmt und schwenkt die Abendausgabe des *Angriffs*. Auf der ersten Seite prangert eine auffällige Überschrift das «lasterhafte» Treiben eines Priesters an. «Das müssen Sie lesen!» Ich überfliege den Artikel. Der betreffende Priester soll sich manchen seiner Schäfchen mit «unzüchtigen» Gesten genähert haben. Die Einzelheiten der Affäre füllen zwei ganze Seiten. Nicht ein einziger überzeugender Beweis. Dagegen die Aussage mehrerer kleiner Mädchen, denen die Gestapo verfängliche Fragen gestellt hat.

Agnes schwimmt in Tränen. «Ich habe dasselbe erlebt. Seit mehr als dreißig Jahren habe ich darüber geschwiegen. Jetzt, wo es in der Zeitung steht, will ich davon reden.»

Ich verspreche, mir ihre Geschichte anzuhören, aber nicht sofort. Erst muß ich meine Arbeit fertig machen. Sie bittet um Erlaubnis, eine Stunde wegzugehen. So lange werde sie brauchen, um dem Herrn Pfarrer mitzuteilen, daß sie ihn nicht wiedersehen wolle. Sie ist nicht die einzige, die der Kirche den Rücken kehrt. Die Austritte werden immer zahlreicher.

Ich schlage meiner Freundin Maria vor, für ein paar Tage zu mir zu kommen. Ihr Verlobter, ein bekannter Anwalt in Köln, hat sich gerade das Leben genommen. Er hatte kurze Zeit zuvor den Freispruch mehrerer katholischer Priester erreicht, die angeblich an einem Sittlichkeitsdelikt beteiligt waren. Er bekam daraufhin den Besuch eines Gestapo-Beamten, der kein Blatt vor den Mund genommen hat. Dem Staat, so hat er erklärt, liege nichts daran, daß katholische Geistliche, die vor Gericht erscheinen müßten, freigesprochen würden. Ihr Anwalt täte gut daran, «weniger überzeugend» zu sein.

Als Maria das erfuhr, hat sie ihrem Verlobten geraten, Deutschland möglichst schnell zu verlassen. Er hat Freunde in der Schweiz, die ihn gern aufnehmen würden. Der Rechtsanwalt ist einverstanden, er fährt nach Hause und packt seinen Koffer. Am nächsten Tag findet man ihn tot in seiner

Wohnung. Neben den fertig gepackten Koffern. Hat die Gestapo ihm einen weiteren Besuch abgestattet? Ist ihm zufällig sein Revolver, eine Erinnerung an den Ersten Weltkrieg, in die Hand gekommen? Man weiß es nicht. Die polizeiliche Untersuchung erkennt auf Selbstmord.

Später bekommen die angeklagten Priester in den meisten Fällen Offizialverteidiger. Freisprüche werden selten. Pater Lichtenberg, der Pfarrer der Hedwigs-Kathedrale in Berlin, wird ins Konzentrationslager Dachau gebracht, wo er den Tod findet.

Die Kampagne wird von Goebbels mit großer Leidenschaft geführt. Er spricht den Kirchen das Recht ab, die Jugend zu erziehen. Er wirft ihnen vor, einer nicht-deutschen, internationalen Autorität zu gehorchen, die ihren Sitz in Rom hat.

Neue Parolen machen die Runde in Berlin: «Katholiken sind kaum mehr wert als Juden.» Oder: «Gegen Rom und Juda.» Oder auch: «Man kann nicht gleichzeitig Nationalsozialist und Christ sein.»

Philippe Barrès ruft mich aus Paris an. Er werde am nächsten Tag in Berlin sein. Ob wir zusammen Mittag essen wollen? Er habe mir einiges zu erzählen. Wir treffen uns, wie vereinbart, im Grillroom des Hotels *Esplanade*. Während wir die Vorspeisen essen, unterrichtet er mich über eine Veränderung bei der Zeitung: Er ist zum Chefredakteur ernannt worden. Ich gratuliere ihm. Das ist eine beachtliche Beförderung. Und er sieht in der Tat hocherfreut aus. Beim Nachtisch fügt er hinzu, daß er beschlossen habe, mir die Leitung des Berliner Büros zu übertragen.

Oft erfährt man aus der amerikanischen Presse, was in Europa vor sich geht. Einem New Yorker Journalisten – dessen Namen ich nie erfahren habe – verdanke ich Aufschluß über das, was mir in meiner kleinen Welt widerfahren ist.

Er spricht mich in der Halle des Hotels *Adlon* an, wo wir auf irgendeine wichtige Persönlichkeit warten.

«Ich habe gehört, Sie seien die Korrespondentin des *Matin*, stimmt das?»

«Ja, das stimmt.»

«Ganz allein?»

«Ganz allein.»

Er ist sehr groß. Er beugt sich ein wenig zu mir herab, um mit mir zu reden. «Interessant. Eine junge Frau als Auslandskorrespondentin. Bei uns hat es das schon gegeben. Aber nicht in Frankreich.» In der Tat.

Er sagt noch etwas ganz Erstaunliches: «Und obendrein Kriegsberichterstatterin.» Mit einer Bewegung des Daumens lenkt er meinen Blick auf eine Gruppe deutscher Journalisten, alle in Uniform, die sich mit einem Beamten des Propagandaministeriums unterhalten, auch er in SS-Uniform.

Ich bin sehr beeindruckt. Er hat recht: Bisher ist mein Beruf in Frankreich niemals ein Frauenberuf gewesen. Ich bin die erste.

Es ist entschieden «mein» Tag. Ich werde von Jules Sauerwein am Arm gepackt, der damals für *Paris-Soir* schreibt und lebhaft mit Ward Price von der Londoner *Daily Mail* diskutiert, dem Hitler oft seine Projekte anvertraut, wenn er will, daß sie bekannt werden. Ich schließe mich den beiden Star-Kollegen an.

Am nächsten Tag bringen mehrere deutsche und ausländische Zeitungen ein Agenturfoto. Die Bildunterschrift: Die beiden berühmtesten europäischen Journalisten (es folgen die Namen) im Gespräch mit einer unbekannten französischen Journalistin.

Ich komme mir richtig berühmt vor!

In diesem Beruf, der immer mehr der meine wird, muß alles schnell gehen. Eine Woche später habe ich mich in der «Dienst-Wohnung» eingerichtet. An der Wand gegenüber dem Tisch, an dem ich arbeite, hänge ich eine Zeichnung auf, von der ich mich nie trenne. Es ist die Vergrößerung einer Illustration aus dem *New Yorker* und stellt einen tristen Hof mitten in der Stadt dar, umgeben von Wolkenkratzern, die schief gebaut zu sein scheinen. In der Mitte des Hofs steht ein armseliger, entlaubter Baum, die kahlen Äste jämmerlich einem Himmel entgegengestreckt, den man nicht sieht. Die Unterschrift: *But only God can make a tree* auf englisch (*Aber nur Gott kann einen Baum erschaffen*).

Als eines Tages ein Gestapo-Beamter kommt, um mir Fragen über meine Freundin Maria zu stellen, die am Vorabend verhaftet worden ist, interessiert er sich für die Zeichnung. Vor allem für die Unterschrift in fremder Sprache. Er bittet mich, sie ihm zu übersetzen. Das tue ich. Sie ihm zu erklären, worum er ebenfalls bittet, vermag ich nicht.

Unvorsichtigerweise hatte mir Maria am Telefon erzählt, sie habe «fünfundvierzig ihrer Vettern an die Grenze begleitet». Das hatte nach chiffrierter Sprache geklungen. (Tatsächlich handelte es sich um fünfundvierzig jüdische Kinder, die über die Tschechoslowakei hatten ausreisen können.)

Maria wird zur Gestapo vorgeladen und hat das Glück, dort an einen SS-Mann mit Universitätsbildung zu geraten. Er hat wie sie Philosophie studiert, behandelt sie wie seinesgleichen und macht ihr sogar Komplimente. «Meine Leute», sagt er, «haben erwähnt, daß Sie den vollständigen Goethe besitzen. (Die Ausgabe in sechzig Bänden war selten geworden.) Woher haben Sie ihn?» – «Von meinem Vater.» – «Sie sind Mischling. Ihr Vater war also arisch?» – «Nein, umgekehrt. Meine Mutter.»

Der SS-Mann sieht unzufrieden aus. Ihm wären eine arische Mutter und Goethe-Leserin und ein jüdischer Vater, des Lesens und Schreibens unkundig, lieber gewesen. «Und die ganze Zeit zitterte ich», sagte Maria zu mir. «In einem der Goethe-Bände ist alles versteckt, was ich an Devisen habe.» (Damals war es streng verboten, ausländische Banknoten zu besitzen.)

Sie hat die Nacht in einer Zelle verbracht, zusammengepfercht mit mehreren Frauen, die schon seit Wochen eingesperrt sind. Als sie aus ihrer Handtasche, die nicht durchsucht worden ist, ein Röhrchen Veronal holt – um Selbstmord zu begehen? um zu versuchen, etwas Schlaf zu finden? sie weiß es nicht mehr –, flehen die Frauen sie an: «Geben Sie jeder von uns wenigstens eine Tablette. Wir haben schon so lange nicht mehr geschlafen.» Die ganze Nacht über hört man Gewehrschüsse. Erschießungen, oder nur vorgetäuschte Hinrichtungen, um den Häftlingen Angst zu machen? Sie weiß es nicht.

Sie verteilt die Tabletten. Am nächsten Tag wird sie von einem anderen Mann vernommen: Die fünfundvierzig Vettern? Maria arbeitet in einer jüdischen Organisation, deren Aufgabe es ist, so viele Juden wie möglich ins Ausland zu bringen. (In der ersten Zeit wollten die Nazis sie lieber vertreiben als vernichten. Diese Ausreisen erfolgten tatsächlich mit Zustimmung deutscher Dienststellen, und das war auch der Fall bei den fünfundvierzig Schülern gewesen, die auf dem Weg über die Tschechoslowakei nach Palästina gelangen sollten.) Mit wem Maria darüber verhandelt habe? Mit ihrem gewohnten Geschäftspartner. Sein Name? Eichmann. Zwei Stunden später ist Maria frei. Sie bekommt sogar noch eine Scheibe Brot mit Schweineschmalz und Wurst. Seit dem Vortag hatte sie nichts gegessen. Sie kommt direkt zu mir. Sie ist verändert.

Ihre Haltung, die eines robusten, energiegeladenen Wandervogels und ihre vollen Wangen, die ihr das Aussehen einer fröhlichen Landfrau verliehen, hat sie für immer verloren.

Was meinen Gestapo-Mann betrifft, der gehofft hatte, von mir zusätzliche Auskünfte über Maria zu bekommen, so ist er nach zwei Stunden und einem letzten Blick auf den Baum mit den kahlen Ästen weggegangen. Da er wie alle Deutschen

Wälder, Bäche, grünes Laub, Flüsse und Vögel liebt, kurzum, damals schon ein «Grüner» ist, versteht er die Ausländerin nicht, die sich mit einem so armseligen Anblick begnügt.

Ich erhalte Anweisung, mich beim französischen Botschafter einzufinden. André François-Poncet wird mich am nächsten Tag empfangen. Ich habe Lampenfieber. Ich habe den Botschafter noch nie getroffen. Er wird mir Fragen stellen und zweifellos werde ich ihm dumme Antworten geben. François-Poncet ist dafür bekannt, daß er erbarmungslos Leute zurechtweist, die Dummheiten von sich geben. Da ich nicht einschlafen kann, stehe ich auf, um mir ein Buch zu holen. Zufällig finde ich *Der Untergang des Abendlandes* von Oswald Spengler. Ich schlage den Band auf, lese auf gut Glück einen Abschnitt über Außenpolitik und schlafe ein.

Aus Angst, zu spät zu kommen, bin ich eine Viertelstunde zu früh in der französischen Botschaft. Ein Amtsdiener führt mich in das Wartezimmer, das bei großen Empfängen als Garderobe dient. Der Weg zum Arbeitszimmer des Botschafters führt noch einmal durch die Eingangshalle.

André François-Poncet empfängt mich sehr höflich. Er ist, wie immer, überaus elegant gekleidet: Schwarzes Jackett, gestreifte Hose, gestärktes Hemd und die berühmte Fliege, die man an ihm kennt. Er deutet auf einen Sessel rechts von seinem Schreibtisch. «Sie haben einen sehr hübschen Hut, Mademoiselle.»

Ich nehme das «Kompliment» ohne großes Vergnügen entgegen. Was hätte er als Einleitung zu einem Mann gesagt? Schließlich bin ich Journalistin.

Die Unterhaltung, die folgt, ähnelt einem Examen: Internationale Politik; Außenpolitik des Deutschen Reiches. Und da kommt mir der Gott der Journalisten – es gibt ihn, so manches liebe Mal habe ich es erlebt – zur Hilfe. Ich erinnere mich der Passage, die ich in der letzten Nacht gelesen habe und die gerade die Beziehungen Deutschlands zum Ausland betrifft.

Ich zitiere, was ich gelesen habe, und beziehe mich natürlich auf Spengler. Der Botschafter wirft mir kurz einen Blick zu. «Kommen Sie zu mir, wann immer Sie Rat brauchen. Oder wenn Sie mir etwas Interessantes zu erzählen haben.»

Am nächsten Tag sagt er zu einem Pariser Journalisten, der es mir schleunigst wiedererzählt, ich sei ein «seltsames» Mädchen. «Trägt extravagante Hüte und zitiert obendrein Oswald Spengler.»

IV
TIEFSCHWARZE NACHT

Sieben Monate lang verhält sich Hitler relativ ruhig.

Am 16. März 1935 – wieder ein Samstag, wieder eine abgesagte Verabredung – fordert er zum erstenmal die Sieger des Ersten Weltkriegs offen heraus. Er erhöht die Ist-Stärke der deutschen Truppen, die der Friedensvertrag auf hunderttausend begrenzt hatte, auf mehr als eine halbe Million. Er führt die allgemeine Wehrpflicht wieder ein. Er verlangt, daß die Bewaffnung der der anderen Mächte gleicht: Unterseeboote wie alle anderen; Jagdflugzeuge wie alle anderen und Kampfpanzer auch.

Man kann nicht behaupten, daß die Alliierten überrascht worden wären. Zahlreiche militärische Gespräche vor der Bekanntgabe der Wiederaufrüstung haben vermuten lassen, daß Hitler die Taktik der Verschleierung aufgeben und zum offenen Handeln übergehen würde.

Die Bevölkerung ist fassungslos. Gewiß, man hat etwas geahnt. Aber jetzt ist es eine Tatsache: Hitler hat es gewagt. Und die «anderen» scheinen sich damit abzufinden. Auf Anweisung von Goebbels bringen die Zeitungen Extrablätter heraus, um das Ereignis groß anzukündigen. Der Tag wird zu einem «historischen» erklärt. Eine Menschenmenge, die an jeder Straßenecke größer wird, zieht zur Reichskanzlei, um dem Führer zuzujubeln, um ihm dafür zu danken – so drückt sich der Rundfunkkommentator aus –, daß er der Schmach von Versailles ein Ende bereitet und die Ehre des Deutschen Reiches wiederhergestellt hat. Als sich der Führer wiederholt an einem Fenster zeigt, mischt sich in den üblichen Chor der Heil-Rufe das berühmte Hurra der Soldaten der kaiserlichen

Armee, mit dem sie ihren obersten Kriegsherrn feierten und die zu Beginn des Ersten Weltkriegs errungenen Siege: Eine seltsame Atmosphäre der Kontinuität.

17. März. An einem strahlenden Frühlingsmorgen gedenkt die Stadt Berlin wie alljährlich am fünften Sonntag vor Ostern der Gefallenen des Ersten Weltkriegs. Hitlers Ankündigung vom Vortag hat den Sinn des Gedenktags verändert und man erlebt ein ungewöhnliches Schauspiel: Die seit dem frühen Morgen auf Halbmast gesetzten Fahnen auf den öffentlichen Gebäuden werden an ihren Masten wieder hochgezogen. Die Privatleute, die der Sitte gemäß ihre Fahnen mit schwarzem Krepp versehen haben, lassen in den ersten Nachmittagsstunden das Symbol der Trauer verschwinden. Von diesem Augenblick an gibt sich die Stadt in ihrer Gesamtheit der Freude, dem Sieg, dem Triumph hin.

In seiner Morgenausgabe hat der *Völkische Beobachter* an den 17. März 1813 erinnert und an den Aufruf des Preußenkönigs Friedrich Wilhelm an sein Volk, sich gegen Napoleon zu erheben und sich vom Joch des Eroberers zu befreien.

Es ist kein Zufall, daß Hitler diesen Tag gewählt hat.

Zehntausende von Seiten werden später dem Phänomen «Hitler» gewidmet werden. Man wird zahlreiche Krankengeschichten heranziehen, und versuchen, auf diese Weise zu einer Diagnose des Mannes zu gelangen, der «ganz offensichtlich schwer krank war», wie mir später Margarete Mitscherlich sagen sollte, «und auch, wie viele Kranke dieser Art, höchst leistungsfähig».

Vergebliche Bemühungen. Er allein hätte uns sagen können, wer er war. Und auch das ist nicht sicher. Wußte er es selbst?

Ebenso eifrig wird man sich mit dem Verhalten der Deutschen befassen. Ein hoffnungsloses Unterfangen. Jeder Deutsche, der Nationalsozialist war, war es auf seine Weise. Bis zu dem Zeitpunkt, da alle diese Spielarten sich zu einer einzigen vereinigten und die Masse von Robotern hervorbrachte, die wir erlebt haben.

Bleibt eine selten oder niemals untersuchte Gruppe: «Wir». Die Nicht-Nazis. Die Außenwelt.

«Wir», das waren in erster Linie die Deutschen, die einer Bande politischer Abenteurer, die ihre Absichten nicht verhehlt hatten, den Weg nicht verlegten.

«Wir», das war später die Außenwelt, die die Gefahr heraufziehen sah, ohne zu reagieren. Als wäre sie zu unbedeutend, als daß man ihr Aufmerksamkeit schenken müßte. Als wäre sie die berühmte kleine Wolke, «nicht größer als eines Menschen Hand», die dennoch den Wirbelsturm ankündigt, von dem alles, was in seiner Reichweite ist, verschlungen wird.

«Wir», das waren auch die Politiker jener Zeit, die Staatsmänner der Westmächte, die den beruhigenden Mythos vom «Bollwerk gegen den Bolschewismus» erfanden. Bis zu dem Tag, an dem sie sich wohl oder übel mit den Bolschewisten verbünden mußten, um der Bedrohung durch die Nazi-Armeen zu begegnen.

Die Alliierten lassen also die Verletzung des Versailler Friedensvertrages geschehen, als ob es sich um einen harmlosen Zwischenfall handle. Wir wissen, daß einige Diplomaten irgendeine Geste begrüßt hätten, die hätte erkennen lassen, daß man das Vorgehen nicht billigt. So hätten die französische und die englische Regierung ihre Botschafter «zur Konsultation» zurückrufen können, wie der übliche Ausdruck lautet. Davon ist nicht nur nicht die Rede, sondern der britische Außenminister, Sir John Simon, ist genau eine Woche nach der Bekanntgabe der Wiederaufrüstung bereit, Adolf Hitler einen Besuch abzustatten. Er hatte zu einem früheren Termin kommen sollen, aber Hitler hatte eine leichte Erkältung vorgeschützt und das erste Treffen abgesagt. Er hatte damit seine Mißbilligung eines in London erschienenen Weißbuches bekunden wollen, in dem die übermäßige Aufrüstung des Reiches und die paramilitärische Erziehung der Jugend angeprangert wurden.

Es heißt, die Unterredung zwischen Hitler und seinen englischen Gästen sei gut verlaufen. Wir sind dessen nicht so sicher. Bei der Ankunft der beiden britischen Staatsmänner – Sir John Simon wird von seinem Staatssekretär Anthony Eden begleitet – hat es einen Zwischenfall gegeben, der bedeutungslos gewesen wäre, hätte er sich woanders und nicht gerade in Berlin ereignet. Hitler war auf den taktvollen Gedanken gekommen, die Engländer von einer Ehrenkompanie aus SS-Leuten, die ja im Ausland nicht gerade einen sehr guten Ruf haben, empfangen zu lassen. Dem Brauch entsprechend ist der Kompaniechef, in diesem Fall ein unendlich großer sehr junger Mann, zur Meldung vorgetreten und hat dabei die Entfernung falsch eingeschätzt: Sir John Simon, der die ersten Schritte auf deutschem Boden tat, sah plötzlich vor sich einen Riesen mit Stahlhelm und schwarzen Stiefeln auftauchen, der schwungvoll seinen Säbel zog, zuckte ein wenig zurück, und der Säbel saust haarscharf an seiner Nase vorbei. Ohne Schaden anzurichten. Meine englischen Kollegen berichten in ihren Zeitungen, der Minister sei mit knapper Not davongekommen.

Vor ihrer Rückreise stellen sich Sir John und Eden der ausländischen Presse. Der Staatssekretär ergreift als erster das Wort und verliest ziemlich lustlos das Schlußkommuniqué. «Wir hatten», liest Eden, «mehrere Besprechungen mit dem Führer und Reichskanzler ...» Er unterbricht sich, um die Seite umzublättern. Er tut so, als habe er den Namen des deutschen Gesprächspartners vergessen, beugt sich über das Blatt und fügt nach einer ganz kurzen Pause hinzu: «... Herrn Hitler.» Wir sehen uns an. Das ist ein Affront. Und er ist beabsichtigt. Dennoch ist der Führer bester Laune, und die hohen Offiziere machen sich an die Arbeit. Drei Wochen später wird bekanntgegeben, daß das Budget für die Landstreitkräfte, die Marine und die Luftwaffe um mehr als dreihundertfünfzig Millionen Mark erhöht worden sei.

Das Reich ist in einer außerordentlich vorteilhaften Lage: Es fängt wieder bei Null oder fast bei Null an. Es kann mit Neuem beginnen. Natürlich sind auch schon im verborgenen Ausrüstungen hergestellt worden. Aber jetzt, da es in aller Öffentlichkeit geschieht, werden nicht die Modelle von gestern, ja nicht einmal die von heute gebaut, sondern die von morgen. Angesichts von Gegnern, deren Mittel zweifellos größer, aber zum großen Teil veraltet sind.

(Zehn Jahre später, in einem besiegten, zerstörten Deutschland verstanden es dieselben hohen Offiziere, aus denen inzwischen Industrielle geworden waren, sich von neuem das zunutze zu machen, was sie «die Gnade der Stunde Null» nannten. Die Fabriken, die damals aus den Ruinen entstanden, waren moderner und leistungsfähiger als die im Krieg zerstörten und als die der siegreichen Nachbarn. Deutsche Erzeugnisse konnten wieder die Auslandsmärkte erobern, die Männer, die die Operationen leiteten, waren dieselben, nur zehn Jahre älter.)

Die von Hitler erzielten Erfolge führen ihm neue Anhänger zu. Sie kommen von der nationalistischen und traditionalistischen Rechten, die den Machthunger dieses Neulings anfangs nicht gern gesehen hat. Und nun hat es dieser Mann, «wo immer der auch herkommt», verstanden, die Engländer und Franzosen ungestraft herauszufordern, was ja nun nicht jeder gekonnt hätte.

Von jetzt an ist es nicht mehr nur die charismatische Ausstrahlung des Führers, die eine Rolle spielt. Nun kann man sich auf handfeste Realitäten stützen: Zweieinhalb Millionen Arbeitslose stehen wieder in Lohn und Brot, und die günstige Entwicklung setzt sich fort, die Aufrüstung wird Arbeitsplätze für Hunderttausende von Deutschen schaffen.

Das Reich wird wieder eine Militärmacht, mit der Europa und die Welt werden rechnen müssen. All das, weil ein einziger Mann – Adolf Hitler – es so beschlossen hat. Das Ausland hat nicht gewagt zu reagieren. Das Prestige des Führers erhält neuen Auftrieb.

In Industriellenkreisen ahnt man, was die – nunmehr offizielle – Wiederaufrüstung an Vorteilen mit sich bringen kann. Es werden Truppenübungsplätze, Militärflughäfen und Schiffswerften gebaut werden. Vor allem aber Panzer. Hitler erklärt in einer Rede, «diese so lange verbotene Waffe sei die Waffe der Zukunft, die Waffe des Durchbruchs, die Waffe des Sieges».

Einige Tage nach der Bekanntgabe der Wiederaufrüstung kommt Herr Hellmann zu mir, in seiner Eigenschaft als Blockwart. «Ich muß Sie davon in Kenntnis setzen, daß von morgen abend bis übermorgen früh eine erste Verdunkelungsübung in Berlin stattfindet. Sie müssen dafür sorgen, daß kein Lichtstrahl durch Ihre Fenster dringt.»

Er fügt hinzu – und das muß wohl zu den Instruktionen gehören, die er erhalten hat: «Natürlich handelt es sich nur um eine routinemäßige Übung.» Und dann, ein wenig verlegen, denn er muß seinen Text auswendig gelernt haben: «Vergessen Sie Görings Worte nicht.» In einer Rede hat der Reichsluftfahrtminister vor kurzem den Deutschen versprochen, daß im Kriegsfall kein feindliches Flugzeug nach Deutschland eindringen wird. «Dafür verbürge ich mich persönlich», zitiert ihn der Blockwart.

Ich mache es wie alle anderen. Ich kaufe schwarzes Papier, um es in Fenstergröße zuzuschneiden, und Reißnägel, um es zu befestigen.

Das immer größere Prestige des Führers erleichtert die Aufgabe seines Propagandaministers, der seine Bemühungen auf die Förderung und Verbreitung eines einziges Produktes konzentrieren kann: des Nationalsozialismus. Goebbels verfügt über wichtige Trumpfkarten. Er kontrolliert Rundfunk und Presse, und niemals erhebt sich eine Stimme, die ihm widerspricht. Dafür sorgen Polizei und Gestapo.

Das hat die seltsame Mischung von Archaismus und Modernität geschaffen, die das Nazi-Deutschland manchmal so doppeldeutig und widersprüchlich erscheinen läßt. Während Hitler die germanischen Mythen und die Rückkehr zur Vergangenheit verkörpert, bleibt Goebbels der Mann des Fortschritts, der «Technokrat»; der Führer liefert das Rohmaterial, das Goebbels verarbeiten kann. Was will der Minister? Das ganze Land in Atem halten. Millionen Deutsche teilhaben lassen am Tun und Treiben des Führers. In der damaligen Zeit gab es das Visuelle nur mit Verspätung: Man muß auf die Wochenschau im Kino warten, um ein Ereignis zu sehen. Goebbels will nun etwas schaffen, das etwas «fast visuelles» ist. Der Zuschauer im Kino soll den Eindruck haben, daß er sich das Bild, das er sieht, schon vorgestellt hat. Und das glückt mit Hilfe des Rundfunks, der eine Bedeutung erlangt, die er in den anderen europäischen Ländern nicht besitzt.

Goebbels beginnt damit, daß er die Zahl der Rundfunkgeräte in den deutschen Haushalten erhöht. Ein Radioapparat war bis dahin ein Luxusgegenstand gewesen, den man nicht überall fand. Von nun an muß er für alle erschwinglich sein. Der Minister läßt den sogenannten «Volksempfänger» herstellen, der einen doppelten Vorzug hat. Von Anfang an ist er relativ billig und wird einige Jahre später «der billigste Radioapparat der Welt». Und außerdem entspricht er einem der Hauptanliegen jeder Diktatur: Man kann keine Auslandssendungen damit empfangen, und so trägt er dazu bei, die Deutschen vom Rest der Welt abzuschneiden.

Wenn Hitler eine Rede hält, muß man, um sie zu hören, nicht etwa zu Hause bleiben. Von einem Ende der Stadt bis zum anderen, besonders im Sommer, wenn die Fenster offenstehen, wird man von seiner Stimme begleitet. An großen Straßenkreuzungen verbreiten an Masten befestigte Lautsprecher seine Worte. In Restaurants, Cafés und Bars ist es verboten, auch nur ein Wort zu äußern, während die Rede des Führers aus einem Apparat erklingt, der leistungsfähiger ist als der Volksempfänger und mitten im Lokal steht. Die Kellner gehen auf Zehenspitzen. Es wird übel vermerkt, wenn ein Gast aufsteht und sich zum Ausgang begibt, ehe die Rede zu Ende ist.

Wenn der Führer vormittags spricht, ist in den Schulen das Anhören seiner Reden obligatorisch. Die Schüler versammeln sich dann in der Aula und haben sich in den nun folgenden zwei Stunden mäuschenstill zu verhalten. Sie verstehen nicht immer alles, aber die Lehrer erklären ihnen am Schluß, daß sie soeben einen wirklich «historischen» Augenblick miterlebt haben.

Es ist ebenfalls Goebbels, der die Reisen des Führers inszeniert. Selbst wenn es sich nur darum handelt, die Strecke zu beschreiben, die Hitlers Auto zurücklegt, wenn er sich vom Präsidentenpalais zu einem Flugplatz in der Umgebung von Berlin begibt, um in irgendeine andere deutsche Stadt zu fliegen: immer stehen im Abstand von zwei- oder dreihundert Metern Reporter am Weg. Die Arbeit der Journalisten ist nicht leicht. Bei Veranstaltungen beginnt die Sendung gewöhnlich eine Stunde im voraus. Und während noch gar nichts passiert, muß dann eben die Menge beschrieben werden, die genauso geduldig wartet wie die Journalisten. Ausführlich wird über die Gruppen von Kindern mit Blumensträußen in der Hand berichtet. «Die Liebe dieser Kinder ist so groß, daß sie unbedingt versuchen werden, sich dem Wagen zu nähern. Sie werden die Blumen hineinwerfen, was streng verboten ist.» Dann ein anderer Reporter, der ehrlich und langweilig beschreibt: «Ich sehe nichts. Überhaupt nichts. Ringsum Getreue, die warten. Wie ich. Und die nichts sehen.» Aber dann – schließlich ist er Rundfunkreporter und muß etwas sagen: «Die Spannung steigt. Eine Frau neben mir fragt ungläubig: ‹Wird er wirklich hier langkommen?› Ich beruhige sie: ‹Ja. Sie sehen doch den Ordnungsdienst. Haben Sie Geduld, Sie werden ihn bestimmt sehen.›»

Und plötzlich, als ob es sich um ein völlig unerwartetes Ereignis handelt, der Ausruf eines zweifellos ganz dicht am Präsidentenpalais stationierten Sprechers: «Da ist es! (Das Auto.) Da ist er! (Der Führer.) Er steht. Er sieht uns. Er grüßt mit erhobener Hand. Er lächelt. Er sieht uns...» Der Text, immer derselbe, wird auf der ganzen Strecke, die der Wagen zurücklegt, aufgegriffen und wiederholt. Und tatsächlich – nach einigen Minuten stellt man sich Hitler vor, die wohlbekannte Geste des rechten Arms, das etwas verzerrte Lächeln, das den Mund unter dem Schnurrbart kleiner erscheinen läßt. Ohne Kopfbedeckung, natürlich.

Am nächsten Tag widmen die Zeitungen dem Ereignis, entsprechend den Anweisungen des Propagandaministeriums, mehrere Spalten.

Der von Goebbels in Gang gebrachte Propaganda-Apparat funktioniert ohne die geringste Panne. Nichts wird dem Zufall überlassen. Mehrere ausländische Journalisten haben den Wunsch geäußert, eines der Konzentrationslager zu besichtigen, von denen so viel die Rede ist. Der erste, der die Genehmigung dazu erhält, ist Jules Sauerwein, einer der Sonderberichterstatter des *Paris-Soir*. Er soll Sonnenburg besuchen, etwa hundert Kilometer von Berlin entfernt. Ein junger SS-Mann, der dem Justizministerium angehört, wird ihn begleiten.

Voller Ungeduld warte ich auf seine Rückkehr. Zwar habe ich schon Berichte von Häftlingen aller Art gehört, aber ich bin begierig, etwas über die Eindrücke eines ausländischen Beobachters zu erfahren, der unbeteiligter und vielleicht objektiver ist.

Jules Sauerwein kommt in einem Zustand der Begeisterung

zurück, den ich an ihm nicht kannte. Der «Zufall» hat es gewollt, daß der junge SS-Mann, sein Reisebegleiter, ein glühender Anhänger Rudolf Steiners ist, des in Deutschland populär gebliebenen Philosophen, der die Anthroposophie begründet hat. Und zufällig hat Jules Sauerwein die Werke von Steiner, den er als seinen geistigen Vater ansieht, ins Französische übersetzt.

«Wir haben uns außerordentlich interessant unterhalten.»

«Und Sonnenburg? Das Konzentrationslager?»

«Ach ja, das Konzentrationslager. Nun, Alexander hat mir alles erklärt. (Die Herren sind also schon bei den Vornamen.) Er hat zu mir gesagt: ‹Das ist eine unserer schönsten Einrichtungen. Das sind keine Straflager, sondern Besserungsanstalten. Wir halten unsere Häftlinge nicht für Kriminelle, sondern für Verirrte.›» (Ich kann nicht umhin zu denken: Natürlich, da man sie auch nicht wiedersehen wird. Der bekannteste Insasse des Lagers ist der ehemalige Chefredakteur einer pazifistischen Zeitschrift, Carl von Ossietzky.)

In dem Artikel, den Jules Sauerwein an seine Zeitung schickt, gibt er immerhin zu, daß der Lagerkommandant «das Gesicht eines Folterknechts» hat. Ohne zu präzisieren. Dagegen: «Die Häftlinge sind sauber.» Der französische Journalist hat gesehen, daß sie etwas essen, «das lecker aussieht». Aber er schließt nicht aus, daß wegen seines Besuchs die Lagerkost etwas verbessert wurde. Er sieht auch einen alten Mann auf dem Boden liegen, dem es nicht gelingt aufzustehen. «Voller Fürsorge» ordnet der Kommandant an, ihn in die Krankenstation zu bringen. Auch ein kurzes Gespräch zwischen dem Kommandanten und Ossietzky: «Na, Ossietzky, begreifen Sie allmählich, daß sich in Deutschland etwas geändert hat?» Der Häftling, dem das Sprechen schwerfällt, hat den Mut gehabt zu antworten: «Ich müßte überhaupt keine Beobachtungsgabe haben, wenn ich das nicht bemerkt hätte.»

Ich bin enttäuscht. Der erste ausländische Besucher, der in diese noch wenig bekannte Welt eindringt, hat nichts gesehen und nichts gehört. Auf dem Rückweg hat er mit seinem anthroposophischen «Glaubensbruder» ein zweites Gespräch geführt, das noch bedeutsamer war als das erste. Die beiden Männer rechnen darauf, sich wiederzusehen.

Ein Auslandskorrespondent ist eine ganz «andere» Art Journalist als der Kollege, der in der Hauptredaktion arbeitet. Er ist eine ganze Redaktion für sich allein. Er befindet selbst darüber, was seine Leser interessieren könnte, sei es ein politisches Ereignis, ein Unglück in einem Bergwerk oder ein neues Herstellungsverfahren für synthetischen Kautschuk. Oder manchmal auch eine Lokalnachricht.

In Berlin sind die Lokalnachrichten zu dieser Zeit vor allem tragisch, eintönig, wenngleich oft voll des schwarzen und zynischen Humors der Nazis. So, als die Zeitungen die Verhaftung eines recht bekannten Wissenschaftlers melden und hinzufügen, zur Verwunderung der Bewachungsmannschaft sei der Häftling auf dem Polizeirevier in einem so ernsten Zustand eingetroffen, daß man ihn sofort in das nächstgelegene Krankenhaus habe bringen müssen: mit mehreren gebrochenen Rippen, einem Leberriß und Schädelbruch. «Von ihren Vorgesetzten vernommen», geben die Polizisten vor, nicht zu wissen, «woher die Verletzungen stammen.» Der Häftling ist noch auf dem Weg ins Krankenhaus gestorben.

Aber manchmal gibt es auch ganz andere, wie etwa jene Meldung, die ich «Geschichte der Anführungszeichen» nenne. Die deutsche Presse bringt sie ohne jeden Kommentar. In der Schule hat ein Junge seine Eltern denunziert: «Ich habe gehört, wie sie gesagt haben: ‹Mit Hitler wird es ein böses Ende nehmen. Und das ist gut so.›» Der Direktor legt Wert darauf, den eifrigen Schüler zu beglückwünschen. Er veranstaltet sogar eine kleine Feier in der Aula. Der Held wird seinen Kameraden als ein Vorbild an Patriotismus hingestellt. Er bekommt ein schönes Album voller Fotografien aus dem Zeitgeschehen. Dann wird den versammelten Schülern bekanntgegeben, daß Werners Eltern gerade verhaftet und in ein Arbeitslager gebracht worden seien. Werner, der junge Held, werde bis zur Rückkehr seiner Eltern in eine nationalsozialistische Institution kommen. Das Kind hört die Mitteilung, ohne mit der Wimper zu zucken.

Ich übernehme die Nachricht so, wie sie in den Zeitungen erschienen ist. Nur setze ich das Wort *Held* in Anführungszeichen.

Die Geschichte läßt mich nicht los. Ich stelle Nachforschungen an, weil ich wissen will, in welche Art von Institution der zehnjährige Werner gekommen ist. Es ist ein Waisenhaus. Das Kind wird seine Eltern nicht so bald wiedersehen. Und die Behörden wissen es. Ich finde die Nachricht dann im *Matin* wieder. Das Wort *Held* ist, wie ich es am Telefon diktiert habe, in Anführungszeichen gesetzt, diabolische Häkchen, die eine fragwürdige Wirklichkeit in ihr Gegenteil verwandeln. Die Anführungszeichen scheinen zu dem Kind zu sagen: «Du bist kein Held, sondern ein kleiner Lump, der bekommen hat, was er verdient. Denn das Waisenhaus wird bestimmt nicht alle Tage lustig sein.» Aber Werner wird den *Matin* niemals zu Gesicht bekommen, er liest nicht französisch, und meine Anführungszeichen haben keine Aussicht, ihn zu erreichen.

Viel später habe ich wieder an die Geschichte denken müssen, und ich habe mir gesagt, daß das Ende des Nazismus für viele Deutsche wie das «In-Anführungszeichen-Setzen» all dessen gewesen sein muß, woran sie geglaubt haben.

Ein junges deutsches Ehepaar, das ich am nächsten Tag sehe, reagiert anders als ich: «Wie unvorsichtig von diesen Eltern! Wie konnten sie so etwas in Gegenwart ihres Sohnes sagen? Uns könnte das nicht passieren. Wir nehmen uns vor unseren Kindern viel zu sehr in acht.»

Ohne gute Propaganda keine «gute» Diktatur. Der Führer und sein Minister arbeiten weiterhin Hand in Hand. Hauptziel: Möglichst viele Deutsche davon zu überzeugen, welches Glück sie haben, in der jetzigen Zeit zu leben, in der Zeit des «Erlösers» Adolf Hitler. Große Worte. Abseits zu bleiben wird immer schwieriger, selbst für einen Oppositionellen von einst. Jede Spur von Widerstand könnte als Mangel an Realismus ausgelegt werden. Kann man die Tatsachen leugnen? Daß das besiegte Deutschland sich wieder aufrichtet?

Die Erinnerung an den Tag, an dem Hitler ohne Zögern die Leitung des Massakers an seinen Kameraden in die Hand genommen hat, verblaßt um so schneller, als man nicht gern daran denkt. Gewiß, die Zahl der Konzentrationslager nimmt zu. Aber gleichzeitig vermehren sich die berühmten Ordensburgen, wo die Elite herangebildet wird. Denn von jetzt an begnügt sich Hitler nicht mehr mit der Treue seiner Truppen. Er verlangt Gläubigkeit.

Auf diesen Ordensburgen oder Parteihochschulen verbringen die Privilegierten – hauptsächlich Angehörige der SS – einige Monate, um sich mit der Nazi-Ideologie vertraut zu machen. Nichts dringt über ihre teilweise paramilitärischen Betätigungen nach außen. Von Zeit zu Zeit kommt Hitler und spricht zu ihnen, oder sie erhalten von Himmler, dem Reichsführer SS, persönlich Aufklärung über die wirklichen Absichten des Führers: ein Volk von hundertzwanzig Millionen Deutschen schaffen und die Grenze des Reiches um fünfhundert Kilometer nach Osten verschieben.

In einem Land, wo es im Interesse eines jeden liegt, den Mund zu halten, ist es nicht einfach, sich eine auch nur annähernde Vorstellung von der Geistesverfassung der Bevölkerung und ihrer politischen Struktur zu machen. Gab es damals schon Meinungsumfragen? In Deutschland wären sie in jedem Fall verboten gewesen.

Wir sind also auf unsere eigenen Beobachtungen angewiesen. Hitler ist seit zwei Jahren an der Macht, und vor unseren Augen zeichnet sich immer klarer das Aufkommen von drei

Hauptgruppen ab. Ihre jeweilige Bedeutung ändert sich von einer Phase der nationalsozialistischen Herrschaft zur anderen.

Das Gros der Nazi-Bataillone rekrutiert sich aus einer ebenso zahlreichen wie disparaten Mehrheit, die Angehörige aller Schichten umfaßt, auch Sympathisanten oder einfach Opportunisten, die nur der Mode folgen. Ist ihnen die Nazi-Brutalität peinlich? Kaum. Es ist viel einfacher, als man glaubt, nicht hinzuschauen, wenn Leute in braunen oder schwarzen Uniformen auftauchen und Menschen, die halbtot sind, durch die Straßen schleifen und auf Lastwagen werfen, als wären es Mehl- oder Kartoffelsäcke. Denn es handelt sich nicht darum, zu erfahren, ob die Deutschen wissen, was sich in mehr oder weniger entfernten Konzentrationslagern abspielt. Sondern vielmehr darum, zu begreifen, warum sie das nicht sehen wollen, was sich vor ihren Augen abspielt.

Zu dieser «blinden» Mehrheit gehört eine große Zahl von Deutschen, die erst nach Hitlers Machtantritt in die Partei eingetreten sind und deren Einstellung unterschiedlich ist. Da jeder von ihnen seine persönlichen Gründe hat, Parteigenosse zu werden, ist auch jeder auf seine eigene Weise Nationalsozialist. Selbst wenn sich alle gleich verhalten. Die Hitler-Anhänger der ersten Stunde nennen sie ganz respektlos «Märzgefallene».

Ihre politische Stimmung hängt von der allgemeinen und der persönlichen Lage ab. An manchen Tagen ist man weniger Nationalsozialist als an anderen. Weil der Nachbar Vergünstigungen bekommt, die man selbst nicht genießt. Weil irgendein hoher Parteifunktionär mit einem nicht so gesprochen hat, wie er es hätte tun sollen, obwohl er früher doch bloß ein kleiner Lehrer war, während man selbst seit eh und je an der Spitze eines großen Unternehmens stand. Weil man an der Berechtigung irgendeiner neuen Bestimmung zweifelt. Weil man es übertrieben findet, daß man Beiträge leisten oder zusätzliche Steuern bezahlen muß, alles für die Volkswohlfahrt.

Es gibt sogar Tage, an denen man überhaupt nicht Nazi ist oder wenigstens nicht von früh bis spät. An diese Tage wird man sich nach Hitlers Sturz zweifellos am besten erinnern, wenn es darum geht zu beweisen, daß man im Grunde niemals wirklich mit seinem Regime einverstanden war. Was bei diesen Menschen auffällt, nein, was erschreckt, ist die Gleichgültigkeit, mit der sie die Tatsache hinnehmen, daß manche ihrer Mitbürger nach und nach ausgeschaltet und wie Sträflinge behandelt werden. Dabei gibt es viele Deutsche, denen es besonders schwerfallen sollte, die Augen vor dem zu verschließen, was geschieht: es sind die Architekten, die die Pläne für Konzentrationslager zeichnen, die Fahrer der Lastwagen, auf denen Gefangene transportiert werden, die mehr tot als lebendig sind, die Stenotypistinnen, die bei den Vernehmungen der Gestapo dabei sind, die Waschfrauen im Dorf in der Nähe eines Gefängnisses, die blutige Hemden und Unterhosen waschen müssen, die Ärzte, die – allerdings selten – gerufen werden, um die Opfer der Polizei zu versorgen, die Angestellten der Umzugsfirmen, die aus Wohnungen, deren Mieter verschwunden sind, die Möbel auf Lager bringen. Gewiß, der Polizeistaat gibt ihnen Arbeit, oft sogar gut bezahlte. An die sie aber nicht gewöhnt waren. Jeder von ihnen kennt wohl mindestens eine Person, der er sich anvertraut und die zu ihm sagt: «Halte bloß den Mund.»

Rechts von dieser Mehrheit steht die immer mächtigere Gruppe von Fanatikern und bedingungslos Ergebenen. Es sind vor allem die Nazis der ersten Stunde, die aktiven Nazis. Sie wissen, daß Hitler die Wertskala geändert hat. Daß er – ich zitiere einen sozialistischen Freund – auf Menschen «eine Rassenphilosophie anwendet, die früher für Viehzüchter Bedeutung hatte». Daß dies im 20. Jahrhundert und mitten in Europa vor sich geht, kümmert sie nicht. Sie glauben an die Unfehlbarkeit des Führers. (Was ihnen später ein kostbares Alibi liefert, als sie beschuldigt werden, im Namen des Nationalsozialismus Verbrechen begangen zu haben.)

Auf der anderen Seite die schweigenden Oppositionellen. Sie sind weder Helden noch Märtyrer – und doch werden einige den aussichtslosen Versuch, Hitler zu beseitigen, mit ihrem Leben bezahlen müssen –, aber sie sind absolut gefeit gegen die NS-Ideologie: Männer und Frauen, die ihre eigene Ethik nicht bloß deshalb über Bord werfen wollen, weil ein begabter Demagoge sich – durch welches Wunder wird man nie erfahren – als ein talentierter Organisator erweist, der Erfolg hat, während andere gescheitert sind.

Sie haben begriffen, daß sie ihre Würde in einer unter den Vorzeichen der Ungleichheit und Ungerechtigkeit stehenden Gesellschaft nur bewahren können, wenn sie sich abseits halten. Keinen Posten annehmen, der ins Auge fällt. Einen Lebensunterhalt finden, ohne allzusehr an Verbrechen beteiligt zu sein.

Denn täuschen wir uns nicht: Abgesehen von einigen Ausnahmen kommen Karrieren unter Hitler genauso zustande wie eh und je. Will man einen wichtigen Posten bekleiden, muß man das Seine dazu beitragen. In der damaligen Zeit bedeutete das: sich als hartherziger, gefühlloser erweisen als andere Bewerber. Und wenn man sich später, um einer interessanten Beförderung willen, als Mörder bewähren muß, dann wird man eben töten!

Einer meiner Kollegen gibt mir eine Nachricht durch, die bestürzend ist: in den Gefängnissen und Konzentrationslagern nimmt die Zahl der Hinrichtungen zu. Die von einem Gericht zum Tode verurteilten Häftlinge werden gehenkt oder mit dem Beil enthauptet. Das Hitler-Regime aber gibt diesen Willkürakten, denn das sind sie zum größten Teil, noch einen sadistischen Anstrich, der zum Kennzeichen der Nazi-Verbrechen werden sollte: Die Hinrichtung erfolgt jetzt auf Kosten der Angehörigen. Zugleich mit der Schachtel, in der sich die Asche des Verstorbenen befindet, erhält die Familie eine Gebührenaufstellung: Sie muß den Henker entlohnen, aber auch

«Pensionskosten» bezahlen, nämlich Unterkunft und Verpflegung für die Zeit von der Verhaftung bis zur Hinrichtung.

Es kommt vor, daß es der Familie, deren Vermögen konfisziert ist, schwerfällt, die Summe zusammenzubringen, die zur Bezahlung des Mordes notwendig ist.

Als ich ein Kind war und man mir die Geschichte von Sodom und Gomorra erzählte und von Abrahams Fürsprache bei Gott für die Stadt, «deren Sünde gewaltig war», und wie er den Herrn dennoch bat, sie nicht zu bestrafen, wenn sich fünfzig oder auch nur zehn Gerechte dort fänden, da stellte ich mir diese Gerechten als Männer mit weißen Bärten vor, die Gebete sprachen und alle Geheimnisse der Welt kannten. Jetzt denke ich sehr viel an Sodom. Denn ich merke, daß ich nicht mehr diejenigen zähle, die auf die Seite des Bösen überlaufen. Ich zähle jene, die es ablehnen.

Heute habe ich einen der Gerechten, von denen die Bibel spricht, getroffen, zumindest glaube ich es. Er entspricht aber ganz und gar nicht der Vorstellung, die ich mir gemacht hatte. Zunächst einmal handelt es sich nicht um einen Mann, sondern um eine Frau. Bei einer Freundin lerne ich Lisa kennen. Sie ist die Gattin eines renommierten jüdischen Rechtsanwalts, des ehemaligen Präsidenten der Berliner Anwaltskammer, den die Nazis ins Gefängnis gesteckt haben, weil er früher in einem Sensationsprozeß republikanische Politiker verteidigt hat. Jetzt ist er im KZ Oranienburg.

Ich frage mich, wo er seine Frau kennengelernt haben mag, die eher wie ein Callgirl der Luxusklasse aussieht. Zur Zeit «arbeitet» Lisa daran – das ist der Ausdruck, den sie gebraucht –, den Rechtsanwalt freizubekommen. Wie? Es gibt Lageraufseher, die Bestechungen annehmen, vorausgesetzt, sie sind beträchtlich. Sie fädeln es ein, daß Lisa «wichtige Leute» trifft, die natürlich nicht käuflich sind, aber für hübsche Rothaarige schwärmen. Also verabredet man sich. Ob sie viele dergleichen kennengelernt habe? Mehrere.

Aber Lisa hat kein Geld mehr, seit das Konto ihres Mannes gesperrt wurde. «Und woher nehmen Sie das Geld für die Bestechungen?»

«Ich habe meinen Schmuck verkauft.»

«Auch die Smaragde?»

«Auch die Smaragde. Man kann sie gut entbehren.»

Einige Wochen später erfahre ich, der Anwalt sei freigelassen worden und nach Paris emigriert. Sicherlich hat er Lisa mitgenommen.

Ich bin erstaunt, als ich sie in einer Buchhandlung am Kurfürstendamm sehe.

«Ich dachte, Sie seien in Paris!»

«Ich habe nie die Absicht gehabt», sagt sie und fügt als Erklärung hinzu: «Mein Mann und ich leben schon lange getrennt. Wir hatten die Scheidung schon eingereicht, als Hitler an die Macht kam.»

«Aber wieso dann all diese ‹Arbeit›? Der verkaufte Schmuck? Die Verabredungen mit den SS-Leuten?»

Lisa sieht mich fassungslos an. Lisa, die aufrechte Deutsche, wahres Edelfräulein inmitten rassetrunkener Ritter. Ihre Worte überstürzen sich: «Ja, verstehen Sie das denn nicht? Wo gibt's denn so was. Ein grundanständiger Mann, der keinem was getan hat und den man einsperrt und halb totschlägt!» Sie fügt hinzu, und es ist beinahe etwas wie Stolz dabei: «Außerdem war ich die einzige, die ihm helfen konnte.»

Ich sehe Lisa nach, als sie weggeht, und beschließe, sie in meine Akte *Sodom und Gomorra* «einzuordnen». Die Akte ist nicht sehr dick.

Andy, mein Schriftsteller-Freund, hat Glück gehabt. Neulich abend haben wir um ihn gezittert. Wir waren zu fünft oder zu sechst in einer Bar, wo man sicher war, nicht auf braune oder schwarze Uniformen zu stoßen. Sollten wir ihn nicht anrufen? Einer von uns geht ans Telefon. Er kommt ganz bleich zurück: «Andy ist verrückt, völlig verrückt ... Er hat gesagt: ‹Ich glaube, mit Onkel Adolf geht's zu Ende. Ich bleibe lieber zu Hause, um die Nachricht abzuwarten.› Er wollte noch etwas hinzufügen, aber ich habe eingehängt. Ich war von Panik ergriffen. Stellt euch bloß vor ... der Abhördienst ...»

Andy hat uns später erzählt, wie es weiterging. Nach zwanzig Minuten wird bei ihm geläutet: die Gestapo. Sie sind zu fünft. Die Angelegenheit ist zu ernst, als daß man sie einem oder zwei Beamten überlassen könnte. Weiß Andy etwas über eine Verschwörung gegen den Führer?

«Ich weiß nicht, wovon Sie reden.»

«Vom Plan eines Attentats auf denjenigen, den Sie am Telefon Onkel Adolf genannt haben.»

«Ich sprach von meinem Onkel, der in der Charité liegt.»

«Ziehen Sie sich an und kommen Sie mit. Wir werden das nachprüfen.»

Andy wird auf den Rücksitz des Wagens zwischen zwei Polizisten gesetzt, die ihn daran hindern, auch nur die kleinste Bewegung zu machen.

Als der Pförtner im Krankenhaus die Männer kommen sieht, die Andy in ihre Mitte genommen haben, gerät er in Verwirrung. Einer von ihnen zeigt seinen Ausweis. Als ob das nötig gewesen wäre. «Liegt hier ein Patient mit Namen Fölkersam?» Der Pförtner sieht in einem Verzeichnis nach. Er findet es nicht gleich. «Hier.» – «Vorname?» Der Mann hatte das Buch wieder zugeklappt und muß von neuem suchen. Endlich: «Adolf.» – «Und sein Gesundheitszustand?» – «Das weiß ich nicht. Da muß ich den Assistenzarzt rufen.» Der kommt. Andy stellt sich ihm vor: «Ich bin der Neffe von Baron Adolf Fölkersam. Wie geht es ihm?» Der Assistenzarzt zögert. Er spricht nicht gern vor all diesen Leuten. «Leider kann ich nichts Gutes berichten. Wir tun unser Möglichstes. Aber wir sind nicht sicher, ob er die Nacht überlebt ...» Andy wendet sich an seine Begleiter: «Kann ich jetzt gehen?» – «Das können Sie. Wenn Sie wollen, können Sie mit uns zurückfahren.» Andy: «Ich nehme lieber ein Taxi. Es war ungemütlich eng auf der Herfahrt, finden Sie nicht?» Die Männer schlucken seine Ironie. Sie sind enttäuscht. Sie glaubten sich auf der Spur einer regelrechten Verschwörung. Hätten sie sie vereitelt, wäre ihnen eine Beförderung sicher gewesen.

So manche Berliner rechneten immer noch mit dem möglichen Ableben von «Onkel Adolf». Aber sie hatten nicht alle einen Verwandten dieses Namens in einem Krankenhaus der Stadt.

Seit Hitler die Wiederaufrüstung angekündigt hat, scheint er von neuer Energie erfüllt. Eine wichtige Etappe ist zurückgelegt: Deutschland wird in der Welt wieder den Platz einnehmen, auf den es ein Anrecht hat.

Der von Goebbels geschickt gelenkten Nazi-Propaganda ist es gelungen, den Begriff des materiellen Wohlstands mit dem eines nicht-demokratischen Systems zu verknüpfen, genauer gesagt, mit dem vom Nationalsozialismus und seinem Führer begründeten Regime. Hitler läßt sich öffentlich als «der von der Vorsehung geschickte Mann» bezeichnen. Es ist fast anzunehmen, daß er selbst daran glaubt.

Daß in vielen Schulen das Kruzifix durch das Porträt des Führers ersetzt wird, ist nicht einfach eine Sache der politischen Routine. Eine wahre nationalsozialistische Liturgie bürgert sich im Land ein: Adolf Hitlers Geburtstag wird in einem Klima gleichsam religiöser Gläubigkeit gefeiert. Am Vorabend werden, für die Passanten auf der Straße sichtbar, unzählige kleine Kerzen auf die Fensterbretter gestellt und angezündet. Überall sieht man Frauen nach Hause eilen, die Arme voller Blumen, die vor dem Foto des Führers aufgestellt werden sollen. Nicht nur, weil es Brauch ist. Die Frauen werden von einem tieferen Gefühl getrieben. Viele von ihnen übertragen auf Hitler ungeheure Reserven an Liebe und Zärtlichkeit, die sie sonst nicht zu äußern vermögen. Und selbst wenn ein Paar sich zärtlich liebt – wie die beiden jungen

Leute, die ich einmal auf einer Nazi-Versammlung unter freiem Himmel beobachtete, wie sie sich an der Hand hielten und mitten in der Menge einige Tanzschritte andeuteten –, selbst dann bleibt ein Platz für Hitler. Während der ganzen Rede und obwohl es ihnen schwerfiel, die Blicke voneinander zu lösen, wandten sie dennoch von Zeit zu Zeit den Kopf dem Redner zu. Ohne daß sich ihr Ausdruck änderte. Ihre Gesichter waren von Liebe und auch von Glück gezeichnet. Ich war überzeugt, daß sie auch später an ihn denken würden. Sein Bild wird sie daran erinnern, daß er den Deutschen für die nächsten tausend Jahre Glück versprochen hat. Und das ist nicht schlecht, wenn man jung verheiratet ist.

Die jungen Paare sind nicht alle so überschwenglich wie dieses. So hat mir meine Blumenhändlerin, die so besonders hübsche Sträuße zusammenstellt, eines Tages anvertraut, daß es ihr lieber wäre, wenn ihr Mann – der in der SS sehr rasch Karriere macht – für das Hitlerbild über dem Ehebett einen anderen Platz fände. Sie habe den Eindruck, daß «die ständige Anwesenheit» des Führers die Aufmerksamkeit ihres Mannes «ablenke». Sie erklärte das nicht genauer.

Der 30. Januar, Jahrestag von Hitlers Machtergreifung, ist ebenfalls ein Feiertag. Fahnen überall. In den Schulen werden Lehrer fristlos entlassen, die sich weigern, die Hakenkreuzfahne zu hissen.

Aber das wichtigste Ereignis des Jahres ist natürlich der Reichsparteitag, zu dem sich Zehntausende von Getreuen und Gäste aus der ganzen Welt in Nürnberg versammeln. Jedes Jahr ändern sich die Inszenierung, die Aufmärsche, die Massenkundgebungen. Und jedes Jahr hat der Parteitag einen anderen Namen: «Parteitag des Sieges», «Parteitag des Willens», «Parteitag der Freiheit». Wer in Nürnberg nicht dabeigewesen ist, kann sich im Kino den spektakulären Film ansehen, den Leni Riefenstahl von einem dieser Parteitage gedreht hat. Auch sie ist eine Entdeckung Hitlers. Es heißt, sie sei in ihn verliebt. Warum auch nicht? Sie verdankt ihm alles.

Als er sie kennenlernt, hat sie bereits Hauptrollen in Filmen gespielt, die die Schönheit der Natur und «die Majestät der Berge» verherrlichen. Sie ist dunkelhaarig, hübsch und sehr sportlich und hat sich bei einem dieser Streifen nicht gescheut, nur mit einem winzigen Rock bekleidet die Reize ihres Körpers zur Schau zu stellen, die genausogut die Reize eines schönen Epheben hätten sein können.

Der Führer hat angeordnet, daß Leni Riefenstahl unbegrenzte Mittel zur Verfügung gestellt werden, um *Triumph des Willens* zu drehen. Wir sehen den Film im größten Kino Berlins in einer Gala-Vorstellung vor der Uraufführung. Der Regisseurin ist ein Meisterwerk gelungen. Die Zuschauer spenden der packendsten Szene des Films ausgiebig Beifall: 150 Flakscheinwerfer bilden während der nächtlichen Weihestunde auf dem Zeppelinfeld einen «Lichtdom», dessen Kuppel sich bis zu 8000 Meter Höhe am Himmel abzeichnet. Und man sieht, wie sich Fahnen entfalten, Tausende von Fahnen, immer mehr, immer lebendiger, immer bedrohlicher...

An jenem Abend im Kino hat Leni Riefenstahl nichts von einem Epheben an sich. Über ihr schwarzes Kleid mit dem tiefen Dekolleté hat sie einen weißen Pelzmantel geworfen. Sie läßt den Eingang zum Ufa-Palast nicht aus den Augen, wo eine SS-Wache die Ankunft des Führers erwartet, der der Aufführung beiwohnen wird. Wir erleben einen Hitler, den wir noch nicht kannten, mondän und fast schüchtern. Begleitet von seinem Stab, begibt er sich zur Loge von Leni Riefenstahl. Wie alle anderen steht sie auf, als er den Saal betritt. Hitler begrüßt sie mit einem Handkuß und verbeugt sich dabei sehr tief. Dann ergreift er einen riesigen Blumenstrauß, den einer seiner Adjutanten getragen hatte, und legt ihn mit einer ungewollt brüsken Geste der Filmregisseurin in die Arme. Sie taumelt unter dem Gewicht.

Am nächsten Tag schreiben die Zeitungen, sie sei, von ihren Gefühlen überwältigt, beinahe ohnmächtig geworden.

Zwei Jahre an der Macht. Zwei Jahre, mit ungezählten Reden vor immer größeren Volksmengen. Die mit der immer gleichen Begeisterung bejubeln, was er seit zwei Jahren sagt.

Ich vermeine, an der Art, wie die Zuhörer reagieren, etwas Neues zu entdecken. Jetzt scheint die Faszination der Wiederholung wirksam zu werden. Das sich lange hinziehende Warten auf ein bekanntes Leitmotiv. Kurzum, das, was man empfindet, wenn man eine vertraute Musik hört.

Man ist immer wieder gespannt. Wie wird er heute abend das Thema anpacken? Wird er, als der Virtuose, der er ist, die Akzente verschieben? Ist ihm zu einem gar nicht neuen Thema eine unerwartete Variante eingefallen?

Seit einigen Wochen konzentriert er sich mit besonderer Leidenschaft auf den Kampf gegen jene, die er die Hauptgegner des Hitler-Reiches nennt: den Kommunismus und das «internationale Judentum». Die in seinen Augen oft ein und dasselbe sind.

Was den Antisemitismus betrifft, so haben die Deutschen Fortschritte gemacht. Wenngleich nach Hitlers Ansicht die Dinge nicht schnell genug vorankommen. Der Österreicher hat es immer bedauert, daß es in Deutschland nicht einen angeborenen Antisemitismus gibt wie in Rußland oder Polen. Oder wie in Österreich, wo er allerdings gemildert wird durch eine gewisse Schlamperei. Hatte nicht das geistige Vorbild des Führers, der überzeugte Wiener Antisemit Karl Lueger, Bürgermeister dieser Stadt, öffentlich erklärt: «Wer Jude ist, bestimme ich»?

Gewiß, in Deutschland liebte man die Juden nicht, und man hätte auf sie verzichten können. Nicht so Hitler. Er braucht sie.

Bei seiner Propaganda gegen das Judentum unterstützen ihn zwei Männer. Joseph Goebbels und Julius Streicher, der eine der übelsten Persönlichkeiten in der Umgebung des Führers ist. Streicher, jetzt Gauleiter von Franken, hat in der Vergangenheit mehrmals wegen Verstößen gegen die Sittlichkeit mit der Justiz zu tun gehabt.

Mittelgroß, mit groben Gesichtszügen und kahlem Schädel ist auch er kein sehr überzeugender Vertreter der Herrenrasse. Als ich ihn zum erstenmal in einem Luxushotel in München sehe, wo man alle Parteiführer zu einem großen Empfang erwartet, ist er wie üblich gekleidet: Reithose, schwarze Langschäfter, braunes Hemd mit Schulterriemen, Koppel aus schwarzem Leder. In der Hand hält er wie immer eine Reitpeitsche, mit der er sich rhythmisch gegen die Stiefel schlägt: ein Tick, der Psychiater interessieren sollte.

Er gibt eine antisemitische Zeitschrift mit einer Auflage von 800 000 Exemplaren heraus, *Der Stürmer*, deren Seiten außerdem im ganzen Reich an großen Tafeln öffentlich angeschlagen werden. Eine wahre Augenweide, besonders für eine Jugend, die auf dem Gebiet der Pornographie nicht gerade eine große Auswahl hat. Die «Schmutz- und Schundblätter», die man früher an allen Kiosken fand, sind verboten. In Julius Streichers Zeitschrift kommt auf besonders spektakuläre Weise der seltsame sexuelle Beiklang des nationalsozialistischen Antisemitismus zum Ausdruck. *Der Stürmer* stellt den jüdischen Mann als ein wahres Raubtier hin, gefährlich und mit Kräften ausgestattet, die an Zauberei grenzen. Der Held der «Reportagen», die das Blatt bringt, ist immer ein Jude, körperlich abstoßend, wie es sich gehört, oft nach Art der Juden aus dem Osten mit einem langen Mantel bekleidet, der im Staub schleift, das Gesicht unter einem ungepflegten Bart fast verborgen. Wie es sich ebenfalls gehört, hat er keinen anderen Wunsch, als arische Jungfrauen zu verführen. Vergewaltigt er sie? Keineswegs. Er besitzt vielmehr eine geheimnisvolle Anziehungskraft und hypnotische Fähigkeiten, die ihm naive und unerfahrene junge Mädchen buchstäblich in die Arme treiben, und sobald sie einmal dort sind, scheinen sie keine Lust mehr zu haben, sich aus der Umarmung zu befreien. Sofern *Der Stürmer*, der Verteidiger arischer Tugenden, sie nicht warnt und beschützt.

Die Zeitung «enthüllt» auch, daß die Juden Wert darauf legen, in Häusern zu wohnen, die über große Keller verfügen. Um hier Ochsen, Kühe und Kälber nach hebräischem Ritus zu schlachten und den «Ritualmord» an deutschen Kindern vorzunehmen, «wie ihre Religion es verlangt». Es werden die Namen von jungen Deutschen aufgezählt, die in den letzten Jahren verschwunden und nicht wieder aufgetaucht sind.

Am meisten gelesen und geschätzt werden Leserbriefe und Denunziationen. Es ist bedrückend, welche läppischen Vergehen einem Nachbarn, einem Lieferanten oder – warum nicht? – einem Familienmitglied vorgeworfen werden: Der Obsthändler hat einem jüdischen Kind aus der Nachbarschaft eine Apfelsine geschenkt. Es folgen Namen und Adresse dieses schlechten Deutschen. Frau X. (ebenfalls mit Namen und Adresse) hat auf der Straße eine nichtarische Freundin umarmt. Eine Studentin denunziert ihren Arzt, weil er einem von der Polizei verletzten Juden Hilfe geleistet hat.

Später, während des Krieges, als die Vernichtung der Juden begonnen hat, beklagt Himmler, der Gestapo-Chef, in einer 1943 vor den Reichsleitern und Gauleitern gehaltenen Rede das Fehlen eines allgemeinen Antisemitismus in Deutschland; es gäbe allzu viele Deutsche, die für den einen oder anderen Juden Partei ergreifen.

Es gab also, sogar nach Himmlers Aussagen, Deutsche, die sich für bestimmte Juden einsetzten. Dagegen hat man nie gehört, daß sich jemand für einen Kommunisten verwendete. Die wollte man ganz allgemein los sein.

Hitler verquickt sehr geschickt die beiden Kampagnen, die er führt. Der Kommunismus, sagt er, sei nichts anderes als eine Emanation des Weltjudentums. War die russische Revolution nicht inspiriert von den Ideen eines Juden, Karl Marx, Sohn eines Juristen aus Trier und einer holländischen Jüdin,

Henriette Preßburg? Waren die sowjetischen Politiker nicht fast alle jüdischer Herkunft? Nach Ansicht der Nationalsozialisten galt das sogar für den großen Lenin, «dessen Herkunft unbekannt ist und dessen Mutter mit einer jüdischen Familie namens Blank verwandt war».

Heute morgen habe ich eine Schar Jungen in HJ-Uniform gesehen, die eifrig Hakenkreuze auf die Fassade der Kirche meines Viertels malten.

Mehrere SS-Männer kommen vorbei, sehen zu und lachen. Auch ein Polizist ist da. Aber er greift nicht ein. Ich bleibe einen Augenblick stehen und beobachte ihr Tun. Ich habe den zweifellos falschen Eindruck, daß sie zuerst ein Kreuz malen und erst dann die Linien abknicken, um eine Swastika daraus zu machen. Es ist nicht das erste Mal, daß ich mitansehe, wie sie «das Kreuz brechen». Warum beeindruckt es mich jetzt so? Als ich nach Hause komme, finde ich die Antwort. Auf meinem Schreibtisch liegt eine alte Ausgabe von *De l'Allemagne* von Heinrich Heine. Er, der seit 1831 in Paris lebte, hatte diesen langen Essay auf französisch geschrieben und später erst ins Deutsche übertragen. Am Tag zuvor war ich auf eine Passage gestoßen, die ich zwar kannte, die mir aber von neuem den Atem benommen hatte. Was wußte Heine? Woher hatte er diese erschreckende Sehergabe?

«Das Christentum hat jene brutale germanische Kampflust einigermaßen besänftigt, konnte sie jedoch nicht zerstören, und wenn einst der zähmende Talisman, das Kreuz, zerbricht, dann rasselt wieder empor die Wildheit der alten Kämpfer ... Wenn ihr dann das Gepolter und Geklirre hört, hütet euch, ihr Nachbarskinder, ihr Franzosen, und mischt euch nicht in die Geschäfte, die wir zu Hause in Deutschland vollbringen. Es könnte euch schlecht bekommen. Hütet euch, das Feuer anzufachen, hütet euch, es zu löschen. Ihr könntet euch leicht an den Flammen die Finger verbrennen ... Der deutsche Donner ist freilich auch ein Deutscher und ist nicht sehr gelenkig, und kommt langsam herangerollt; aber kommen wird er, und wenn ihr es einst krachen hört, wie es noch niemals in der Weltgeschichte gekracht hat, so wißt: der deutsche Donner hat endlich sein Ziel erreicht ... Es wird ein Stück aufgeführt werden in Deutschland, wogegen die Französische Revolution nur wie eine harmlose Idylle erscheinen möchte ... Ich rate euch, ihr Franzosen, verhaltet euch alsdann sehr stille, und beileibe! hütet euch zu applaudieren.»

Kennen die Franzosen, die kommen, um den Deutschen Beifall zu spenden, ob sie nun Fernand de Brinon oder Louis Bertrand von der Académie Française heißen, Heines «Prophezeiungen»? Es ist nicht sicher. Louis Bertrand, der bei dem letzten Parteitag anwesend war, bereitet ein von Begeisterung überströmendes kleines Buch vor. «Wir waren da einige Franzosen, die, beklommen und dennoch überwältigt von der Schönheit eines solchen Schauspiels, zuschauten. Und wir sagten uns: Warum sieht man nichts dergleichen bei uns?»

Der französische Beobachter vergißt nicht, «die Mehrheit der französischen Presse» und «die öffentliche Meinung» anzugreifen, «die aus Dummheit, Unverständnis und Angst bestehen. Eine idiotische und käufliche Presse, die die Unwissenheit geradezu fördert, das Land schandbar täuscht und immer wieder den friedlichen Erklärungen des Führers die ständigen und gewaltigen deutschen Rüstungen entgegenhält.»

Als das Buch, das den Titel *Hitler* trägt, schließlich erschien, hatte die Wirklichkeit das schöne und edle Bild, das der Autor von dem deutschen Führer zeichnet, schon verzerrt.

Es ist gerade jener «Parteitag der Freiheit», der auf übel wartete Weise endet. Hitler hat alle Abgeordneten des Reichstags nach Nürnberg kommen lassen, die Männer, die der deutsche Humor den «bestbezahlten Männerchor Deutschlands» nennt: Er tritt nur zwei- oder dreimal im Jahr auf. Und dafür erhalten die Männer Diäten, die sehr viel höher sind als der Lohn eines Arbeiters.

Vor diesem «Parlament» richtet Hitler an Moskaus Adresse eine besonders bedrohliche Rede.

Danach werden die Abgeordneten aufgefordert, über eine Reihe neuer Gesetze abzustimmen, die sich gegen die Juden richten. Der Führer hat den eindrucksvollen Rahmen von Nürnberg gewählt, um einen neuen Schlag gegen die jüdische Minderheit in Deutschland zu führen. Die Nichtarier besitzen nun nicht mehr die «vollen politischen Rechte», die nur noch den Inhabern des «Reichsbürgerrechts» zustehen, sondern werden einfache «Staatsangehörige». Sie dürfen weder wählen noch ein öffentliches Amt bekleiden. Eheschließungen zwischen Ariern und Juden sind verboten, ebenso sexuelle Beziehungen zwischen Personen, die nicht der gleichen Rasse angehören. Die sogenannte «Rassenschande» wird mit Gefängnis oder Zuchthaus bestraft. Schließlich – und diese Maßnahme wird als besonders demütigend empfunden – darf ein Nichtarier keine deutsche weibliche Person unter 45 Jahren beschäftigen. Als ob die Juden in ihrer damaligen Lage an nichts anderes dächten als daran, ihr Hausmädchen zu verführen!

Aus dem, was wir aus dem Ausland hören, geht hervor, daß man dort meint, die Nürnberger Gesetze brächten abgesehen von dieser letzten Maßnahme nichts Neues und institutionalisierten nur einen seit zwei Jahren bestehenden Sachverhalt. Die Wirklichkeit ist anders. Für Tausende von «falschen» Ehepaaren und «zum Schein Geschiedenen» saust das Fallbeil herab. Sie erleben eine entsetzliche Nacht. Für viele ist es die letzte. Für alle ist es das Ende eines Aufschubs, einer Illusion, einer Hoffnung...

Auch die Durchführung der neuen Gesetze trägt den Stempel des nationalsozialistischen Sadismus. Nachmittags verkündet, treten sie schon um Mitternacht in Kraft. Zahlreiche

«Mischlingspaare» versuchen noch in dieser Nacht eine Grenze, irgendeine, zu überschreiten, um sich nicht trennen zu müssen.

Den ehemaligen Ehepaaren, die sich nur der Form halber haben scheiden lassen, die aber immer noch zusammen wohnen, bleiben nur wenige Stunden. Der nichtarische Ehepartner muß seine Koffer packen und weggehen, ohne genau zu wissen, was er machen wird. Gegen Mitternacht kann der für das Haus zuständige Blockwart läuten und fragen, ob der oder die Betreffende schon ausgezogen sei. Oft ist er über die Scheinscheidungen im Bilde gewesen und hat zugleich mit der Situation beträchtliche Trinkgelder akzeptiert. Jetzt ist er nur noch Blockwart. Es gibt in Berlin bereits mehr als anderthalb Millionen ihrer Art, die «ehrenamtlich», das heißt unbezahlt, das Amt übernommen haben.

Ruth, die nichtarische Frau des Verlegers Albert R., die aber weiterhin Wohnung und Bett mit ihm teilte, hat eines Tages zu mir gesagt: «Ich könnte nicht ohne ihn leben.» Ihr Mann, ein preußischer Junker, hörte den Satz und schien sich darüber zu freuen. Ruth bestätigt ihn in seiner männlichen Autorität: «Ich weiß nicht, was sie ohne mich anfangen würde», pflegte er zu sagen. Sie ist in seinen Augen das, was die skandinavische Literatur eine «Kindfrau» nennt. Unfähig, selbständig zu denken.

Ruth ist keineswegs dumm. Sie ist verwöhnt. «Er nennt mich seine Prinzessin», sagte sie einmal. «Vielleicht ist das wahr. Ich weiß nicht, wo ich herkomme. Ich glaube eher, daß ich aus einem alten Bettlergeschlecht stamme.» Sie betrachtet dabei lange ihre Hände, die so schön sind, daß ein bekannter Bildhauer sie in Bronze nachgebildet hat als Bücherstützen für ihren Mann.

Am 16. März 1935, als die Nürnberger Gesetze verkündet werden, ist es nicht Ruth, die mich anruft, sondern ihr Mann.

«Ich bin gerade nach Hause gekommen. Sie ist weg.»

«Was sollte sie denn tun? Sie hatte nur Zeit bis Mitternacht.»

Schweigen. Dann: «Sie hat alles mitgenommen, was sie an Schlafmitteln hatte. Luminal. Veronal.»

Neuerliches Schweigen. «Und sie hat eine Nachricht dagelassen: Dein blauer Anzug ist in der Reinigung.» Eine Nachricht?

«Ich bin sicher, sie wollte etwas anderes damit sagen. Aber was wird aus ihr werden? Mein Gott, was wird bloß aus ihr werden? Ohne mich ist sie verloren.»

In den folgenden Tagen und ohne uns abgesprochen zu haben, studieren wir eifrig die Zeitungen. Es gibt Selbstmorde. Sogar viele. Aber keiner der Toten hat Ähnlichkeit mit Ruth.

Ich habe Albert nicht wiedergesehen. Er ist in den ersten Tagen des Polenfeldzugs gefallen.

Als ich Ruth viele Jahre später zufällig in New York treffe, erzählt sie mir nur wenige Einzelheiten über den langen Leidensweg, der sie schließlich nach Amerika geführt hat. Die «Kindfrau» hatte entdeckt, daß sie einen ungeheuren Mut besaß. Hatte sie früher, nur so zum Spaß, viel fotografiert, so tat sie das nun, um damit Geld zu verdienen. Sie fotografierte überall: an Stränden, in Parks und selbst in Nachtclubs.

«Wissen Sie, daß Albert tot ist?»

«Das höre ich jetzt erst von Ihnen.» Sie hat nach wie vor die Angewohnheit, ihre Hände zu betrachten, die immer noch schön sind, aber doch schon ihr Alter verraten.

«Ich habe ihm nie verziehen. Er hat es nicht vermocht, mich zu beschützen. Mir Demütigungen zu ersparen. Da habe ich aufgehört ihn zu lieben. Ich war sogar froh, daß ich weggehen mußte. Ohne dazu gezwungen zu sein, hätte ich den Mut nicht gehabt. Ich hatte Gift mitgenommen. Aber ich habe es weggeworfen. Ich weiß nicht einmal mehr wo. Es ist so lange her.»

«Aber Sie hatten die Nachricht hinterlassen, daß einer seiner Anzüge in der Reinigung sei. Albert war überzeugt, daß Sie ihm damit etwas anderes sagen wollten.»

Ich weiß nicht mehr, in welchem Augenblick Ruth angefangen hat zu weinen. Die Tränen rinnen ihr über das Gesicht.

«Ja, es war eine Botschaft. Sie sollte besagen, daß ich erwachsen geworden war, daß ich sogar an seinen Anzug dachte. Ich verzeihe ihm nichts. Aber ich habe nur ihn geliebt.»

Ruth, eben noch eine erfolgreiche, elegante Frau in einer großen, sehr hübsch eingerichteten Wohnung, ist nur noch ein armes Ding, das ein zerstörtes Glück beweint. Sie ist Hitler zum Trotz mit dem Leben davongekommen. Aber hat sie ihr Leben wirklich gerettet?

Ein neues Jahr hat begonnen. 1936. Ich beschließe, mit frischem Eifer an die Arbeit zu gehen und die wichtigsten Presse-Attachés, die in Berlin akkreditiert sind, zu besuchen. Ich fange bei der italienischen Botschaft an, die gleich nebenan liegt.

Marchese Antinori, den ich angerufen habe, will mich nachmittags empfangen.

Vortrefflich. Welchen Hut setze ich auf? Als ob das wichtig wäre! Ich weiß, daß ich mich an dem Tag lächerlich gemacht habe, an dem ich bei François-Poncet mit einem Riesenrad von Hut erschienen bin. Deshalb wähle ich jetzt das Gegenteil: eine ganz schlichte Toque, Typ «ägyptische Perücke».

Sofern ein Italiener wie ein Engländer auszusehen vermag, ist das bei Antinori der Fall. Er hätte einer der eleganten Londoner sein können, die man in der City trifft und für die zur guten Erziehung auch eine gewisse Langsamkeit gehört. Groß, blond, helle Augen. Dennoch: die römische Nase.

Er ist von einer verwirrenden Höflichkeit. Das Gespräch beginnt mühsam. Ich habe Zeit, oben auf einem Möbelstück, das ein Aktenschrank sein könnte, eine jener ägyptischen Statuetten zu bemerken, die zur Zeit sehr gefragt sind und die man bei Souvenirhändlern findet. Obwohl die ägyptischen Prinzessinnen, die sie angeblich darstellen, den Normen der Hitler-Doktrin ganz und gar nicht entsprechen. Sind sie überhaupt arisch gewesen?

Ich stelle fest, daß Antinori mich beobachtet, und hoffe, daß ihm meine kritische Miene nicht aufgefallen ist, die ich wohl aufgesetzt haben muß, als ich das kleine, kitschige Meisterwerk auf dem Aktenschrank betrachtete.

Da wir uns nicht viel zu sagen haben, stehe ich bald auf, um mich zu verabschieden. In dem Augenblick fragt er mich: «Und was halten Sie von dem gestern zwischen Berlin und Moskau abgeschlossenen Handelsabkommen?»

Man muß Journalist sein, um den Salto mortale zu kennen, den das eigene Herz ausführt, wenn man auf solche Weise eine noch nicht veröffentlichte Nachricht zu hören bekommt. Niemand hat bisher auch nur die geringste Anspielung auf ein solches Abkommen gemacht. Was ich davon halte? Ich suche nach einem Ausweg, um meine Unwissenheit zu verschleiern. «Glauben Sie nicht, daß es zu früh ist, sich eine genaue Vorstellung zu machen...»

Er unterbricht mich. «Ich verstehe, was Sie sagen wollen. Es ist nicht das erste Mal, daß Deutschland Rußland Kredite gewährt. Man hält hier die Russen für gute Kunden. Aber da die Summe die früheren Abmachungen bei weitem übersteigt, ist es, glaube ich, besser, der Sache Beachtung zu schenken.»

Nun kann ich eingestehen, daß ich nicht auf dem laufenden bin: «Ich weiß nicht, um welche Summe es sich handelt.»

«Ich habe mir das alles notiert, um meinen Bericht abzufassen. Sie können es abschreiben, wenn Sie wollen.»

Ich schreibe es ab: ein Kredit von fünfhundert Millionen Mark, rückzahlbar in zehn Jahren. Bei früheren Verhandlungen war es nur um zweihundert Millionen gegangen.

Ich beeile mich, in mein Büro zu kommen, um die Agenturmeldungen durchzusehen. Die Nachricht ist noch nicht «heraus». Etwas später diktiere ich über Telefon meinen Artikel. Am nächsten Tag ist *Le Matin* die einzige Zeitung, die – natürlich auf der ersten Seite – eine Nachricht bringt, die von allen ausländischen Agenturen übernommen wird, und ich habe die Freude, als «stets gut informierter Korrespondent» bezeichnet zu werden.

Der Berliner Leiter der Agentur Havas ruft mich an. Verärgert: «Sie hätten uns doch verständigen können. Um 6 Uhr morgens wurden wir angerufen und um Bestätigung gebeten. Sie vergessen, daß Sie Anfängerin sind. (Wie lange wird man mir das noch sagen!) Sie haben Glück, daß die Nachricht nicht falsch war.»

Ja, ich habe Glück.

Soll ich Antinori anrufen und ihm dafür danken, daß er den Weihnachtsmann gespielt hat? Das erscheint mir schwierig. Ich hatte ja so getan, als wäre ich auf dem laufenden.

Ich suche eine Gelegenheit, ihn wiederzusehen, und ich finde eine: Im vergangenen Jahr war es beinahe zu einer Entente zwischen Frankreich, England und Italien gekommen. Man hatte sogar von notfalls zu ergreifenden Schutzmaßnahmen gegen Deutschland gesprochen. Und zum erstenmal hatte ich im Reichsaußenministerium ratlose Beamte getroffen, die nicht genau wußten, wie sie die Entwicklung interpretieren sollten. Alles schien darauf hinzuweisen, daß Hitler isoliert werden könnte. Zu seinem Glück ist die Gefahr vorüber. Mussolini ist im letzten Herbst auf die wahnsinnige Idee gekommen, Abessinien anzugreifen. Infolge der Verurteilung seines Vorgehens durch England und Frankreich haben sich die Beziehungen zwischen den beiden Mächten und Italien verschlechtert. Und jetzt ist sogar von einer Annäherung zwischen Rom und Berlin die Rede. Es wäre interessant, zu erfahren, wie die Dinge stehen.

Ich besuche Antinori noch einmal. Kaum habe ich sein Büro betreten, da bemerke ich, daß die Statuette verschwunden ist.

Ich stelle meine Fragen. Ja, es gebe eine Annäherung. An seinem Ton merke ich, daß ihn das keineswegs entzückt. Und das ist alles. Keine weiteren Fragen.

Bis zu dem Tag, an dem mir ein Kollege mitteilt, der Duce werde demnächst nach Berlin kommen.

Nun habe ich einen Vorwand. Es ist zwar schon 11 Uhr abends, aber ich rufe dennoch Antinori in seiner Wohnung an. Ein Besuch von Mussolini in naher Zukunft? Er dementiert entschieden. Es seien keine Reisen vorgesehen, der Duce habe ja einen Krieg zu führen.

«Es tut mir furchtbar leid, daß ich Sie so spät angerufen habe.»

«Entschuldigen Sie sich nur ja nicht! Jeder Anruf von Ihnen ist ein Geschenk für mich.»

Ein seltsamer Satz, der mich verwundert. Das muß wohl, sage ich mir, eine italienische Höflichkeitsfloskel sein. Ich irre mich.

Aber der Abhördienst irrt sich nicht. Er fertigt einen Bericht an.

Am nächsten Tag ruft Antinori mich seinerseits an. Zur selben Zeit wie ich am Tag zuvor: um 11 Uhr abends. Er habe bei einem offiziellen Dinner in der Botschaft «Dienst gehabt». Da er also «gleich nebenan» sei, bitte er um die Erlaubnis, vorbeikommen zu dürfen. Er habe mir wichtige Dinge zu sagen.

Keine Zeit, mich umzuziehen. Wir müssen ein seltsames Paar gewesen sein, ich im «Arbeitsanzug» – Rock und Bluse mit Wolljacke, er im Frack mit Orden.

Er erklärt mir ernst: «Ihr Telefon wird abgehört.» Ich bemühe mich, nicht laut aufzulachen. Daß meine Gespräche aufgenommen werden, ist mir bekannt. Ich begnüge mich mit der Antwort: «Das Ihre zweifellos auch.» Daran scheint er nicht gedacht zu haben.

Er war am Vormittag ins Außenministerium bestellt und dort von einem angeheirateten Vetter, Braun von Stumm, empfangen worden. Der deutsche Diplomat – mein gewöhnlicher Gesprächspartner – hat ihn daran erinnert, daß die Beziehungen zwischen Frankreich und dem Reich sich zu verschlechtern drohen (ich höre aufmerksam zu). «Ist es zweckmäßig, daß du dir einen solchen Augenblick aussuchst, um dich mit einer französischen Journalistin zu liieren? Es gibt so viele junge Frauen in Berlin. Warum gerade sie?»

Das Gespräch zieht sich etwas in die Länge. Mein Besucher sieht auf die Uhr. Schon nach Mitternacht. Er verabschiedet sich. Ich schließe die Tür hinter ihm und beginne ganz automatisch, die Aschenbecher zu leeren. Wir haben sehr viel geraucht. Plötzlich halte ich inne. Mir fällt etwas ein. Antinori hat vergessen mir zu erzählen, was er seinem Vetter geantwortet hat, als er fragte: Warum «sie»? Es wäre interessant gewesen, es zu wissen. Am nächsten Morgen bekomme ich die Antwort: fünfundzwanzig rote Rosen. Ein Kärtchen mit ein paar Worten des Dankes für den Abend. Ich rufe ihn an, um ihm zu sagen, daß seine Blumen da sind und ich mich sehr darüber gefreut habe. Diesmal hat der Abhördienst Stoff für einen schönen Bericht: «Entschuldigen Sie, daß ich gestern nacht so lange geblieben bin.»

Ich stelle fest, daß die Rosen von Francesco – jetzt nenne ich ihn schon beim Vornamen – aus dem Blumengeschäft kommen, in dem ich auch kaufe, das einzige in unserem Viertel. Ich hole noch an demselben Tag ein paar Nelken, da mich eine Freundin zum Abendessen eingeladen hat. Die Inhaberin kennt mich schon lange. Sie fragt lächelnd: «Kann man Ihnen gratulieren?» Mir gratulieren, weil mir jemand Rosen schickt? Sie fährt in vertraulichem Ton fort: «Ich sollte nicht darüber sprechen, aber der Herr hat verlangt, daß die Blumen alle vier Tage erneuert werden sollen.» Als erfahrene Geschäftsfrau fügt sie hinzu: «Ich glaube, das ist ein sehr umsichtiger Herr. Er hat den Auftrag auf drei Monate erteilt und gesagt, dann werde er weitersehen.»

Zwei Jahre lang sind in diesem Rhythmus die Rosen gekommen. Dann mußte Francesco sie durch Fleurop schicken lassen: Ich war nach Paris zurückgekehrt, er in Berlin geblieben. Und später ist der Krieg gekommen. Keine Rosen mehr. Ein gebrochenes Herz? Ich habe es vergessen.

Mitten im Krieg hat sich mein Leben an dem Tag geändert, an dem ich einen kleinen Strauß Feldblumen bekam. Wunderblumen, die sogar die Erinnerung an alle Blumen der Vergangenheit ausgelöscht haben.

Wir sind sechs. Sechs Personen wie in einem Stück von Pirandello. Der Schauplatz: ein Erster-Klasse-Abteil im D-Zug München–Berlin. Ich habe zwei Tage in der bayerischen Hauptstadt verbracht: Vernissage einer Ausstellung von nationalsozialistischer Kunst.

Der Zug ist überfüllt. Francesco und zwei Journalisten-Kollegen haben in meinem Abteil keinen Platz mehr gefunden.

Wir sitzen dicht gedrängt zu dritt – das ist das Maximum – auf jeder der beiden Bänke. Links von mir – ich habe den ungünstigen Platz in der Mitte – schläft ein Herr in seiner Ecke dicht am Fenster. Er hat sich in seinen Mantel eingewickelt, um nicht durch das Licht gestört zu werden, und man hört ihn schnarchen. Ihm gegenüber eine Dame ganz in Schwarz. Das Gesicht ist hinter einem dichten, schwarzen Schleier verborgen. (Und wenn uns wirklich irgendein Autor hier versammelt hätte?) Rechts von mir zum Gang hin ein dicker Mann, der einem anderen dicken Mann ähnlich sieht, der ihm gegenübersitzt. Sicherlich Süddeutsche: runde Köpfe, die scheinbar ohne Hals direkt auf den Schultern sitzen. Dann ich, beiges Kostüm, Schuhe mit viel zu hohen Absätzen – ich habe mich immer um einige Zentimeter größer machen wollen, bis mich eines Tages meine Pfennigabsätze mitten auf der Straße zu Fall brachten und ich mir einen Fuß brach.

Die sechste Person trägt die Uniform eines höheren SS-Offiziers. Er kann nicht älter sein als vier- oder fünfundzwanzig Jahre. In Hitlers Prätorianergarde wird man manchmal rasch befördert. Er beteiligt sich nicht an dem Gespräch, das sich zwischen den beiden dicken Männern entsponnen hat. Mein Nachbar erzählt mit lauter Stimme, daß er Viehhändler sei und in Fürth bei Nürnberg wohne. Es sei das erste Mal, daß er nach Berlin fahre. Sein Gegenüber ist diskreter, hört aufmerksam zu, spricht aber nicht von dem, was er selbst tut.

Jedesmal, wenn ich eine Zigarette heraushole, zündet sie der SS-Offizier für mich an. Er hat ein Feuerzeug, ich sehe aber nicht, daß er raucht. Ich sehe auch nicht, daß er lächelt oder sich bewegt. Ich habe den seltsamen Eindruck, daß seine Augen völlig reglos sind. Er blickt geradeaus.

Es fällt mir auf, wie schön seine Gesichtszüge sind. Es ist nicht die etwas leere Schönheit des «schönen Mannes». Sein Gesicht strahlt Intelligenz und Energie aus. Wäre er nicht in dieses abscheuliche schwarze Zeug verpackt, würde man sich sagen, die Natur sei in einer besonders wohlwollenden Laune gewesen, als sie dieses Gesicht mit den vollendeten Konturen schuf, diese ins Rötliche spielenden Haare, diese dunkelblauen Augen, diesen so schön gezeichneten Mund. Wem sieht er ähnlich? Dem Johannes von Dürer, einem der Vier Apostel, den ich gestern in der Münchner Pinakothek gesehen habe? Das muß es sein. Wie käme ich sonst auf diesen Vergleich?

Der starre Blick des Mannes wird mir schließlich lästig. Ich verlasse das Abteil und konzentriere mich auf die Landschaft, die vor meinen Augen vorbeizieht: kleine bayerische Dörfer, Fachwerkhäuser, ein Horizont aus Hügeln und Wäldern. Alles in allem recht hübsch.

Ganz automatisch mache ich meine Handtasche auf, suche mein Zigarettenetui und habe wie immer Schwierigkeiten damit. Es ist ein flaches Zigarettenetui, das ich aus London bekommen habe und dessen Deckel man verschieben muß, um es zu öffnen.

In dem Augenblick, in dem ich die Zigarette in den Mund stecke, ist das Feuerzeug «meines» SS-Mannes da, um sie anzuzünden. Ich habe gar nicht gemerkt, wann er auf den Gang herausgekommen ist. Ich frage mich, ob er vielleicht den Auftrag hat, mich zu beschatten. Wie die beiden Beamten der Geheimpolizei, die mir aus unerklärlichen Gründen während der in München verbrachten Tage auf Schritt und Tritt gefolgt sind. Ich werfe, in einer Anwandlung von Revolte, meine kaum angerauchte Zigarette aus dem halboffenen Fenster: Ich will nicht von der Gestapo beschattet werden. Ich will nicht nach Berlin zurückfahren. Ich will aussteigen, wo immer der Zug hält, will meine Arbeit in Berlin aufgeben und nach Paris zurückkehren.

«Mein» SS-Mann fühlt sich in seiner Bewegungslosigkeit wohl. Gerade fährt der Zug in einen Bahnhof ein. Ich mache mich zur Wagentür auf. Er legt mir die Hand auf die Schulter. «Wir sind noch nicht in Berlin.» – «Ich fahre nicht nach Berlin.» Seine Hand liegt immer noch auf meiner Schulter. Ich mache eine Bewegung, um mich zu befreien. Er hält mich zurück. «Auf dem Münchener Bahnhof haben Sie doch mit Ihren italienischen Freunden von Berlin gesprochen. Wenn Sie hier aussteigen, wird man nicht wissen, wo Sie sind.»

Der Zug ist angefahren. Ich komme wieder zu mir. Natürlich werde ich nach Berlin fahren. Also warum das Theater? Ich bin vernünftig genug, mir die Antwort selbst zu geben: Es war der flüchtige Wunsch, in einem Land leben zu können, wo ich mich nicht fragen müßte, ob ein junger Mann, der mir folgt, es im Auftrag der Polizei tut.

Ich sehe ihn an. Er lächelt:

«Ich wußte, daß Sie schließlich meine Gesellschaft dulden.»

«Sie sind mir gefolgt!»

«Klar doch. Seit München.»

«Aber warum? Wofür halten Sie mich?»

Er lacht schallend – Automaten können also lachen.

«Für eine junge Dame, die mir gefällt. Sie sind sicher älter als ich. (Die berühmte deutsche Ehrlichkeit gewinnt doch immer die Oberhand!) Eine Frau, die schon einiges erlebt haben muß.» Und plötzlich unerwartet bescheiden: «Eine Frau, die jemand wie ich nicht alle Tage trifft.»

Endlich wird die Journalistin wach. Was für ein Glücksfall! Ein echter SS-Mann, der mir für die Dauer einer langen Reise zur Verfügung steht!

Wir sprechen miteinander. Nein, ich bin weder Diplomatin noch die Ehefrau eines Diplomaten. Ich arbeite in Berlin für eine französische Zeitung. Er hat Jura studiert, aber das Studium abgebrochen, um in die SS einzutreten. Warum? Um der nationalen Erhebung zu dienen.

«Ich wollte nicht abseits stehen. Ich habe sofort begriffen, daß dieses neue Deutschland uns, der Jugend gehört. Es ist nicht mehr das Deutschland unserer Eltern, die haben uns ein schlappes Land hinterlassen, das sich mit der Niederlage, der Demütigung und der Schande abgefunden hatte. Heute weiß ich, daß ich recht hatte, in die Partei einzutreten.»

Er wirkt ehrlich. Glaubt seine eigenen Ideen darzulegen, während er fast wörtlich aus einer der letzten Reden von Goebbels zitiert.

«Vergessen Sie nicht, was wir Hitler schon jetzt verdanken. Er hat Deutschland vor dem Bolschewismus gerettet. Ohne ihn stünden die russischen Panzer jetzt am Rhein. Das sollten auch unsere Nachbarn und vor allem Frankreich in Rechnung stellen. Er hat unser Land von der Demokratie befreit, der schwächsten und unwirksamsten Staatsform, die es gibt. Er hat die Juden wieder auf ihren Platz verwiesen, die Juden, die in Deutschland all das eingeführt haben, was unsere Schwäche ausmachte: den Parlamentarismus, den Pazifismus, den Internationalismus, den Intellektualismus.»

«Sind Sie nicht selbst ein Intellektueller?»

«Wollen Sie mich beleidigen? Ich bin ein Mann der Tat. Natürlich interessiere ich mich für die großen Ideen. Ich habe gerade auf einer Ordensburg einen mehrmonatigen Lehrgang mitgemacht und beabsichtige, wieder hinzugehen. Es ist schade, daß nicht alle Deutschen so etwas mitmachen können. Es gibt so vieles, was man besser versteht, wenn es einem richtig erklärt wird.»

Er achtet immer noch auf meine Zigaretten. «Sie rauchen zu viel!»

«Das habe ich mir angewöhnt, seit ich Journalistin bin.»

Endlich kommt die Frage, auf die ich schon seit Beginn unserer Unterhaltung warte.

«Was denkt man in Frankreich über uns?»

«Schwer zu sagen. Frankreich ist ein freies Land. Da gibt es ebenso viele Meinungen wie Einwohner. Und die kommen offen in Zeitungen und in öffentlichen Diskussionen zum Ausdruck. Man ist sehr interessiert an dem, was in Deutschland vor sich geht. Es gibt sogar eine kleine Minderheit, die Hitler bewundert. Aber die Mehrheit ist mißtrauisch. Vor allem versteht man nicht, daß ein Volk sich damit abfinden kann, ohne Freiheit zu leben.»

Wird er wütend werden? Keineswegs. Als guter Nationalsozialist scheint er nur das gehört zu haben, was ihm ins Konzept paßt.

«Ja, das ist genau das, was uns auf der Ordensburg gesagt wurde. Viele Franzosen bewundern unsere Regierungsform, würden sich gern mit uns verständigen, werden aber von den Kommunisten, den Juden und den Freimaurern daran gehindert.»

Ich vermag der Versuchung nicht zu widerstehen: «Wie kann man ein Volk daran hindern, den Nachbarn zu lieben oder nicht zu lieben?»

Er schlägt einen vertraulichen Ton an: «Es gibt Druckmittel. Sehr wirksame Mittel. Sie kennen Frankreich. Sie müßten es wissen.»

«Was wissen?»

«Wissen, daß das Weltjudentum seinen Hauptsitz in Paris

aufgeschlagen hat, um besser gegen Hitler agieren zu können?»

«Seinen Hauptsitz?»

«Sie müssen darüber im Bilde sein. Ich meine dieses große Gebäude an dem großen Platz...»

«Es gibt viele große Plätze in Paris und viele große Gebäude. Wovon sprechen Sie?»

Es fällt ihm ein: «Die Place de la Concorde. Da ist kürzlich ein Gebäude mit mehreren Stockwerken gebaut worden, um das Weltjudentum da unterzubringen mit seinen Tausenden von Angestellten, von da aus gehen die Befehle in die Welt. Ein nach dem Vorbild der kommunistischen Internationale in Moskau errichtetes Gebäude.»

Ich kenne Moskau nicht. Aber ein nach dem Vorbild sowjetischer Bauwerke errichtetes Gebäude an der Place de la Concorde wäre nicht unbemerkt geblieben.

«Mein» SS-Mann ist enttäuscht. «Sie machen sich über mich lustig. Sie kennen sicher das Gebäude und die Organisation. Ich nehme sogar an, daß richtige Franzosen, solche, die den vom Führer vorgeschlagenen Frieden annehmen werden, einen Umweg einschlagen, um nicht daran vorbeigehen zu müssen.»

Langes Schweigen. Schließlich verrät er mir das Ergebnis seiner Überlegungen: «Ich bin sicher, daß ich eines Tages nach Paris kommen werde. Frankreich wird eine wichtige Rolle spielen, wenn einmal die neue Ordnung in Kraft tritt, die der Führer für Europa plant.»

«Eine neue Ordnung unter Deutschlands Führung?»

Er, verwundert: «Was für eine Frage! Wir, die Deutschen, haben Hitler, also werden wir die Stärkeren sein.»

«Und Sie glauben daran, daß Ihr Führer der Messias ist?»

«Bibelvergleiche mag ich nicht. Sagen wir lieber der ‹Retter›. Er hat Deutschland das Heil gebracht, und er wird es auch Europa bringen.»

«Indem er Krieg führt?»

«Ohne Krieg zu führen. Es wird der Tag kommen, an dem sich die Völker unterwerfen, ohne daß wir kämpfen müssen.»

Ich kann nicht mehr an mich halten. «Wann haben Sie aufgehört, Ihren Verstand zu gebrauchen? Sie zitieren Goebbels. Sie zitieren Hitler. Sie zitieren Ihre Lehrer von der Ordensburg. Man kann Ihnen alles mögliche erzählen. Da Sie nicht reisen dürfen und von der Außenwelt abgeschnitten sind, können Sie es nicht einmal nachprüfen. Sie bewegen sich in einem imaginären Raum, in einer Welt falscher Ideen. Und das wissen Sie auch. Was versprechen Sie sich davon?»

Er antwortet nicht sofort. Und dann, zweifellos aufrichtiger, als er hat sein wollen: «Einen Auftrag. Eine Mission. Niemals mehr diese Leere, an der ich fast verzweifelt wäre. Einen Anteil an der Macht, die wir eines Tages erringen werden. Das Recht zu befehlen, das Recht des Stärkeren...»

Er hält inne. Bestürzt. «Warum sehen Sie mich so an?»

«Wie sehe ich Sie an?»

Ohne zu zögern: «Voll Entsetzen, könnte man meinen.»

Auch ich zögere nicht mit der Antwort: «Das ist kein Entsetzen. Das ist Trauer. Das ist Kummer. Ich bedaure Sie.»

Er sucht nach einer Erwiderung, die ihm seine Überlegenheit wiedergibt, die Überlegenheit eines Mannes in der schwarzen Uniform. Er findet sie und sagt mit einem Anflug von Bosheit: «Ich könnte Ihnen entgegenhalten, daß Sie zu alt sind, um zu begreifen. Der Führer hat einmal erklärt, um unsere Revolution zu verstehen, dürfe man nicht viel älter als zwanzig Jahre sein.»

Stimmt, ich bin nicht mehr zwanzig.

Es ist Zeit, ins Abteil zurückzugehen. Er versperrt mir den Weg: «Ich möchte Sie gern wiedersehen. Ein gemeinsam verbrachter Abend könnte uns gedanklich näherbringen.»

Ich beschließe, meinerseits boshaft zu sein: «Ich möchte Sie lieber nicht wiedersehen. Es ist besser, die Generationen nicht zu vermischen.»

Wir nehmen unsere Plätze wieder ein. Wir wissen, daß wir nicht mehr miteinander reden werden.

Inzwischen hat sich die Atmosphäre im Abteil erhitzt. Mein Nachbar zur Rechten, der Viehhändler, hat erzählt, daß er nach Berlin fahre, um sich von einer jüdischen Familie zu verabschieden. Sie hat in Fürth gewohnt und ist im Begriff, Deutschland zu verlassen und in ein südamerikanisches Land auszuwandern. Der Herr, der uns seinen Beruf nicht verraten hat, schüttelt mißbilligend den Kopf: «Wie können Sie so etwas tun? Wegen Juden eine Reise unternehmen?» Mein Nachbar ist ganz erstaunt: «Aber das sind nette Leute, die immer sehr gut zu uns waren.» – «Sehr gut?» – «Ja, eine Zeitlang gingen die Geschäfte schlecht. Als unsere jüdischen Freunde erfuhren, daß wir Schwierigkeiten hatten, haben sie uns unter die Arme gegriffen. Sie haben es nie versäumt, meinen Kindern Geschenke zu machen. Ihre Abreise wird ein großer Verlust für uns sein.»

Sein Gegenüber ist entrüstet: «Ist das Ihr Ernst?» Die Sache sieht bedrohlich aus. Aber der entrüstete Mann ist auch ein geschickter Mann, der es versteht, die Taktik zu ändern.

«Ach was, diese Leute haben Sie hereingelegt, und Sie werden es bald merken.»

«Was für ein Interesse sollten sie daran gehabt haben? Wir waren arm. Schließlich gibt es auch anständige Juden!»

«Man muß Ihnen Ihre Unwissenheit zugute halten. Nehmen Sie also zur Kenntnis und vergessen Sie es nicht: Kein Jude darf einem Nichtjuden helfen, da er sich sonst schrecklichen Repressalien aussetzt.»

«Durch die NSDAP?»

«Nein, natürlich nicht. Durch das internationale Judentum.»

Und da der «Unwissende» noch immer nicht überzeugt zu sein scheint, fährt er fort: «Ich sehe, daß es besser ist, offen darüber zu reden. Ich bestreite nicht, daß es hier und da – die Fälle sind selten – einen Juden geben mag, der, wie Sie sagen, ‹anständig› sein möchte, wenn er es mit einem Arier zu tun hat. Aber er braucht bloß auf seinem Nachttisch das Buch zu sehen, das er wie alle Juden besitzt und das ihm sein Verhalten diktiert...»

«Ein Buch?»

«Den Talmud natürlich. Eine Art ‹Gebrauchsanweisung›. Alle möglichen Fälle sind darin beschrieben. Alle Hypothesen kommen vor. Zusammen mit der Aufzählung der Strafen, denen er sich aussetzt, wenn er gegen das Gesetz verstößt. Das kann bis zur Todesstrafe gehen. Damals, als die Juden noch Positionen im öffentlichen Leben innehatten, organisierten sie manchmal wichtige Aktionen gegen Deutschland, gegen uns, die Arier.»

«Aber wie kann das internationale Judentum wissen, was mein Freund oder vielmehr mein ehemaliger Freund für mich getan hat? Für meine Frau? Und für meine Kinder?»

«Das ist das große Geheimnis. Überall haben sie ihre Agenten, die alles überwachen und die bestrafen. Die denjenigen, die es nicht begriffen haben, erklären, daß sie sich auf Kosten der Nichtjuden bereichern müssen. Daß sie Freundschaft heucheln müssen, um sich deren Hab und Gut besser aneignen zu können.»

«Und Sie glauben, daß unsere Freunde...»

«Wie die anderen sind. Und daß Sie gut daran täten, sie nicht wiederzusehen. Nicht umsonst will der Führer, daß wir uns von ihnen befreien. Sie sind gefährlich. Sie werden einen Kampf auf Leben und Tod gegen uns führen.»

«Auch diejenigen, die auf unserer Seite in den Krieg gezogen sind, wie mein Freund, der einen Arm verloren hat?»

«Auch die. Sie sind es vielleicht, die an unserer Niederlage die Schuld tragen.»

Die Dame in Schwarz hat ihren Schleier hochgeschlagen. Man sieht ihr Gesicht: regelmäßige Züge, müde Augen, schwere Lider. «Sind Sie sich dessen sicher, was Sie da erzählen?» fragt sie den Unbekannten. «Mein Mann war Kriegsteilnehmer und hatte jüdische Kameraden, die er auch später noch gesehen hat. Einen Rechtsanwalt, einen Universitätsprofessor, einen Schuhmacher. Er hat mir gegenüber nie ein solches Buch, eine solche ‹Gebrauchsanweisung›, erwähnt.»

Der Herr ist ein bißchen verlegen. Vielleicht glaubt auch er es selbst nicht so richtig. «Haben Sie Ihren Mann kürzlich verloren, gnädige Frau?»

«Ja, vor einigen Monaten. Er hat den ganzen Krieg mitgemacht, ist bei Verdun schwer verwundet worden. Aber er ist zurückgekommen.» Und als ob sie, die während der ganzen Fahrt geschwiegen hat, gleichsam das Bedürfnis hätte, ihr Herz auszuschütten: «Ich habe alle Briefe aufgehoben, die er mir damals geschrieben hat. Er hat niemals viel von diesem Krieg gesprochen, der so hart, so schrecklich, so lang war. Er dachte nur an mich. Tröstete mich in meiner Einsamkeit. Sagte mir, ich solle nicht traurig sein. Denn ich hatte ihm geschrieben, daß ich viel weinte, seit er weg war.»

«Mein» SS-Mann mischt sich zum erstenmal in die allgemeine Unterhaltung ein. «Das nächste Mal», sagt er in gleichmütigem Ton, «werden wir dafür sorgen, daß unsere Frauen nicht derlei Briefe an ihre Männer schicken.»

Es tritt Schweigen ein. Man hört das Rollen der Räder und das Pfeifen des Zugs, der in einen Tunnel einfährt. Man sieht die Gesichter nicht mehr.

Als wir aus dem Tunnel herauskommen, ist der SS-Mann wieder so reglos wie zuvor. Die Dame hat ihren schwarzen Schleier heruntergelassen – weint sie? –, mein Nachbar zur Rechten ist verärgert, man sieht es. Es war ein Fehler gewesen, von seinen jüdischen Freunden zu sprechen. Soll er seine Reise fortsetzen, obwohl der Mann ihm gegenüber ihn nicht aus den Augen läßt?

Ich habe Glück; Francesco schiebt die Abteiltür auf: «Bei uns ist jetzt ein Platz frei. Sie können herüberkommen, wenn Sie wollen.»

Es ist, als falle ein Vorhang über die fünf Reisenden, als ich sie nun verlasse. Ich habe vergessen, dem SS-Offizier einen letzten Blick zuzuwerfen. Ich hatte unrecht, ihn für einen Automaten zu halten. Er ist etwas, was es noch gar nicht gibt (der Computer wird erst viele Jahre später erfunden): perfekt programmiert, bereit, auf Anweisung alles Individuelle auszuschalten und zur vollwertigen «Maschine» zu werden.

Die nächsten Olympischen Spiele sollen in diesem Sommer in Berlin stattfinden. Der Beschluß ist 1930 gefaßt worden, vor der Machtergreifung der Nationalsozialisten: ein sehr umstrittenes Thema in der ausländischen Presse. Ist es richtig, sich «bei Hitler» zu treffen, und sei es auch nur zu einem Sportfest? Oder muß man vielmehr einen Unterschied machen zwischen dem Regime und dem Volk? Manche Kommentatoren warnen: Nach Berlin zu gehen, heiße gewissermaßen, die moralische Legitimität des Diktators anzuerkennen, die noch Zögernden zu ermutigen, sich der Mehrzahl anzuschließen. Vor allem, und das sei das Wichtigste, bedeute es, denjenigen Argumente zu liefern, die sich um ein gutes Gewissen bemühen.

Und plötzlich bietet Hitler selbst der Weltmeinung die Gelegenheit, ihn in Acht und Bann tun zu können. Die bevorstehenden Olympischen Spiele haben in keiner Weise den Zeitplan verändert, den er für sich aufgestellt hat: Ein Jahr nach der Wiederaufrüstung bereitet er eine weitere Verletzung des Versailler Vertrages vor. Er will seine Truppen in die entmilitarisierte Zone auf dem linken Rheinufer einmarschieren lassen.

Wie immer behauptet er, in der Defensive zu sein. In einigen Wochen soll das französische Parlament einen im Jahr zuvor abgeschlossenen Pakt zwischen Rußland und Frankreich ratifizieren, Frankreich will die «kollektive Sicherheit» in Osteuropa konsolidieren. Die offiziellen deutschen Kreise sprechen von Einkreisung. Hitler behauptet, es handle sich um eine gegen das Reich gerichtete Allianz und erinnert daran, daß Rußland vor zwölf Monaten seinen Truppenbestand verdoppelt hat. Deutschland sei es sich schuldig zu reagieren.

Gerüchte, die von überall und nirgends kommen, lassen keinen Zweifel an Hitlers Absichten: Er will die deutsch-französische Demarkationslinie abschaffen, die im Versailler Vertrag festgelegt wurde und die den Rhein zur militärischen Grenze zwischen den beiden Ländern macht. Frankreich hat die linksrheinischen deutschen Gebiete nicht annektiert, aber Deutschland hat sich verpflichten müssen, dort keine Garnisonen zu unterhalten oder Befestigungen anzulegen.

Dieser Lage will Hitler nun ein Ende bereiten. An Warnungen hat es nicht gefehlt. Wir wissen, daß François-Poncet mehrere Unterredungen mit dem Führer gehabt und ihm Besonnenheit und Mäßigung angeraten hat. Anscheinend hatte der Botschafter, einer der erfahrensten ausländischen Diplomaten in Berlin, gehofft, Hitler könne äußeren Einflüssen zugänglich sein. Dabei treibt ihn eine obskure Kraft von einem Abenteuer zum anderen, ohne daß jemand ihn von seinem Weg abbringen kann.

Es ist eine polnische Freundin – auch sie Journalistin, Expertin auf dem Gebiet militärischer Fragen –, die mir den Wink gibt, die Wiederbesetzung des Rheinlandes stehe unmittelbar bevor. Ich informiere meine Zeitung, in aller Vorsicht natürlich. Für den Fall, daß Hitler dem Rat seiner Generale folgt, die, wie es heißt, gegen eine Maßnahme sind, die einer militärischen Operation gleichkäme.

Am nächsten Tag werde ich in die Botschaft bestellt. Auf dem Schreibtisch von François-Poncet liegt der *Matin*, meine Meldung ist rot angestrichen. «Wer hat das geschrieben?»

Das fängt ja gut an. «Ich.»

«Na, dazu kann ich Ihnen nicht gratulieren. Das ist dummes Zeug.» Ich sage nichts.

«Ich nehme an, Sie haben diesen Unsinn nicht allein erfunden. Wer hat Ihnen solche Tips gegeben?»

Ich schweige. Ich will meine polnische Kollegin nicht in die Sache hineinziehen. Der Botschafter steht auf. Was bedeutet, daß für ihn das Gespräch beendet ist.

Einige Tage lang passiert nichts, obwohl das französische Parlament gegen die Stimmen der Rechten das Abkommen zwischen Paris und Moskau ratifiziert hat. Philippe Barrès kommt nach Berlin. Beim *Matin* nimmt man an, Hitler werde in Kürze handeln. Barrès begibt sich direkt zur Botschaft, wo François-Poncet ihn so unfreundlich wie nur möglich empfängt. «Was wollen Sie in Berlin? Hier ist alles ruhig. Warum lassen Sie sich von den Zeitungen angst machen?» Und um zu beweisen, daß er nicht an das unmittelbare Bevorstehen irgendeines dramatischen Ereignisses glaubt, sagt er: «Ich gehe heute abend mit meiner Frau in die Oper. In unserer Loge ist noch ein Platz frei. Kommen Sie doch mit, wenn Sie Lust haben.» Philippe Barrès geht in die Oper. Es ist der Abend des 6. März.

Um 9 Uhr abends kommt er nach Hause. Das Drama hat sich nicht auf der Opernbühne abgespielt, sondern in der Loge von François-Poncet. Kaum hatte sich der Vorhang gehoben, als ein Angehöriger der Botschaft erschienen war, um mitzuteilen, daß der Reichstag für den kommenden Tag um 12 Uhr mittags zu einer Sondersitzung einberufen sei. Schon am Nachmittag hatte Herr von Neurath den Botschafter telefonisch gebeten, sich am nächsten Morgen um 10 Uhr 30 bei ihm einzufinden. Eine Unterredung im Reichsaußenministerium war an sich nichts Ungewöhnliches und es hätte sich um reine Routine handeln können. Nun aber war kein Zweifel mehr möglich. Der kommende Tag war ein Samstag. Seit Hitlers Regierungsantritt fanden «historische» Ereignisse immer sonnabends statt. Hitler würde zur Tat schreiten und das Rheinland wiederbesetzen.

Am nächsten Tag bin auch ich um 10 Uhr 30 in der Wilhelmstraße, aber draußen vor dem Reichsaußenministerium. Ich hoffe mit dem Botschafter sprechen zu können, wenn er herauskommt. Eine Viertelstunde später sehe ich ihn, wie er mit Sir Eric Phipps, dem britischen Botschafter, das Ministerium verläßt. François-Poncet ist bleich. Er hebt die Arme gen Himmel, als wollte er sagen: «Die sind ja verrückt.» Ich habe erfahren, was ich wissen wollte. Ich gehe nur rasch nach Hause, informiere Barrès und Paris – die Agenturen bringen noch nichts über das Treffen – und eile zum Reichstag.

Die unmittelbare Umgebung der Kroll-Oper, wo der Reichstag tagt, ist durch Doppelreihen von SS abgesperrt. Ich finde noch einen Platz auf der Pressegalerie, wo sich die Kollegen heute drängen. Auch die Diplomatentribüne ist überfüllt, aber es fehlen die Hauptakteure, die damit beschäftigt sind, Telegramme an ihre Regierungen aufzusetzen. Einer der letzten, die den Saal betreten, ist der Reichswehrminister, General von Blomberg, der treueste der Getreuen, den wir den «Wundergläubigen» nennen, weil sein Gesicht über und über strahlt, wenn er die rauhe, bellende Stimme seines Abgotts vernimmt. Heute wirkt er anders als sonst. Mit einer Handbewegung wehrt er Politiker und Kabinettsmitglieder ab, die ihm Fragen stellen wollen. Er hat keine Lust zu reden. Fragt sich der Nationalsozialist Blomberg, der schließlich als Militär Karriere machte, vielleicht zum erstenmal, ob die Armee recht gehabt hat, dem ehemaligen Gefreiten Adolf Hitler völlig freie Hand zu lassen? Sollte Blomberg einen lichten Augenblick haben? Ich bin bestimmt nicht die einzige hier, die sich diese Frage stellt.

Die Abgeordneten, alle in Uniform, reagieren wie immer, und heute ist ihre Begeisterung echt. Die Ankündigung des neuen Gewaltstreichs entfesselt einen wahren Beifallssturm.

Am Schluß der Sitzung gehe ich nicht, wie ich es sonst tue, zu den Diplomaten, um zusätzliche Informationen zu erfragen. Irgend etwas treibt mich zu den Männern in Uniform, zu den Abgeordneten. Ich erlebe eine Überraschung. Die Gesichter, eben noch gerötet von Triumph und Begeisterung, haben sich verändert. Kleine Gruppen haben sich gebildet.

Die Männer diskutieren untereinander. Von der Menge geschubst lande ich bei zwei Berliner Abgeordneten – der Akzent läßt keinen Zweifel daran –, und ich höre den einen zum anderen sagen: «Wenn det man jut ausjeht...»

Die ganze Welt wartet ab, was Frankreich tun wird. Frankreich tut nichts. Der Ministerpräsident hält eine schöne Rede: «Frankreich wird nicht verhandeln, solange Straßburg von deutschen Geschützen bedroht ist.» Ein Mitarbeiter soll das geschrieben haben, für den Fall, daß der Ministerpräsident sich zum Handeln entschlösse. Monsieur Sarraut hält die schöne Rede, handelt aber nicht. Wir leben in einer Zeit, in der Frankreich nichts ohne Großbritannien tut. Und im Foreign Office ist man der Meinung, daß die Deutschen gewissermaßen das Recht hatten, das Rheinland, *«their own garden»*, zu besetzen. Ihren eigenen Garten. Möglich. Aber Hitler hat nicht die Absicht, dort Apfelbäume zu pflanzen.

Goebbels wartet einige Tage; dann, als er ganz sicher ist, daß Frankreich nicht reagieren wird, verbreitet er eine Reihe von Enthüllungen, die leider nicht erfunden sind und einzig und allein das Ziel haben, das Nachbarland zu demütigen: die deutschen Truppen hätten Befehl erhalten, sich bei dem geringsten Anzeichen von französischem Widerstand zurückzuziehen; sie seien mit Gewehren bewaffnet gewesen, hätten aber keine Munition gehabt; statt einen Konflikt zu riskieren, hätte Hitler eher einen Mißerfolg hingenommen.

Mit anderen Worten: es wäre ein leichtes gewesen, hätte man es nur gewagt, den Vormarsch der deutschen Divisionen aufzuhalten. War Frankreich trotz aller Warnungen schlecht vorbereitet? Hat man sich sechs Wochen vor Neuwahlen nicht mit Hitler auseinandersetzen wollen?

Wir leben in einem Dschungel von Fragezeichen. Einer meiner älteren Kollegen pflegte zu sagen: «Die Rolle des Journalisten besteht nicht darin, Fragen zu stellen, sondern darauf zu antworten.» Zweifellos.

Aber gibt es nicht Fragezeichen, die bleiben werden bis ans

Ende der Tage? Mit der Zeit werden sie verblassen zugleich mit dem Wunsch, eine Antwort zu finden. Es sei denn, die Geschichte zwingt uns, darauf zurückzukommen.

Ich sitze wieder François-Poncet gegenüber. Er ist zutiefst niedergeschlagen. «Sie fragen sich, warum ich nicht daran geglaubt habe, daß eine Aktion unmittelbar bevorstand. Ich hatte allen Grund anzunehmen, daß nichts unmittelbar bevorstand. Ich hatte Hitler ein paar Tage vorher gesehen ...» Er deutet auf meinen Stuhl. «Ich saß rechts von ihm, wie Sie jetzt hier. Und er hat zu mir gesagt: ‹Was immer ich beschließe, ich werde nichts tun, ohne es Sie vorher wissen zu lassen.›»

«Und Sie haben ihm geglaubt?» Der Satz ist mir herausgerutscht. Mir wäre es lieber gewesen, ich hätte ihn nicht ausgesprochen.

Im August 1936, fünf Monate nach der Wiederbesetzung des Rheinlandes und einen Monat, nachdem die Luftwaffe begonnen hat, die Truppen des Generals Franco in das Innere Spaniens zu transportieren – der Bürgerkrieg war ausgebrochen –, werden in Adolf Hitlers Berlin die Olympischen Spiele eröffnet.

In seiner ungehobelten Art hätte er sie beinahe gefährdet. Bei einem Besuch hatte der belgische Graf Baillet-Latour, der Präsident des Olympischen Komitees, die antisemitischen Transparente beanstandet, die er in Garmisch-Partenkirchen gesehen hatte, als dort im Januar die Winterspiele stattfanden. Hitler hatte ihn sehr unfreundlich abgefertigt: «Ich kümmere mich nicht um Ihre Angelegenheiten, mischen Sie sich nicht in die meinen.»

Aber die Warnungen des Präsidenten sind nicht ohne Wirkung geblieben. In Berlin wurden Inschriften, Spruchbänder und Transparente mit antisemitischem Text entfernt. Und wie durch Zauberei verschwanden die Anschlagtafeln des *Stürmer*, der die Missetaten der Juden anprangert. Die Herrenrasse scheint sich zurückzuhalten. Was mag wohl ein einigermaßen anständiger Deutscher denken, der sieht, daß sich Deutschland wie eine Gastgeberin aufführt, die ihre Wohnung erst umräumen muß, um «bessere» Leute zum Abendessen einladen zu können?

Goebbels geht noch weiter. Er verlangt, daß eine Woche lang, das heißt während der Dauer der Spiele, die Deutschen aufhören sollen, Deutsche zu sein: «In der nächsten Woche müssen wir freundlicher sein als die Pariser, herzlicher als die Wiener, liebenswürdiger als die Römer, weltmännischer als die Londoner, tüchtiger als die New Yorker.» Viel verlangt.

Ich wohne den Spielen nicht bei. Einige unserer Sportredakteure sind nach Berlin gekommen. Ich muß auf die Wochenschauen warten, um auf der Ehrentribüne einen vor Stolz strahlenden Hitler zu sehen, neben ihm den König von Bulgarien, die Kronprinzen von Schweden und Griechenland und Hunderte von hochgestellten Persönlichkeiten, Vertreter der Regierungen der neunundvierzig Länder, die mehr als viertausend Athleten nach Berlin geschickt haben. Eine Huldigung für Hitler, wie es die Deutschen deuten möchten? Das ist nicht so sicher. In vielen Fällen hat die Neugier eine Rolle gespielt. Man hat sich um das Vorrecht gestritten, nach Berlin entsandt zu werden. Hitler ist jemand geworden, den man sehen, den man gesehen haben muß.

Der «französische Zwischenfall» ist bekannt und sowohl in die Geschichte Nazi-Deutschlands als auch in die Geschichte der Olympischen Spiele eingegangen. Die französischen Sportler führen den olympischen Gruß, bei dem der Arm in Schulterhöhe ausgestreckt wird, mit einer solchen Perfektion aus, daß das deutsche Publikum die Geste für den Hitlergruß hält: Es gibt einen Beifallssturm, Freudenschreie, Begeisterung.

Es heißt, daß Hitler sich seit der Wiederbesetzung des Rheinlandes nicht mehr für Parteifragen interessiere. Er wolle nichts anderes mehr sein als Staatschef und, ohne den Titel schon zu haben, Oberbefehlshaber aller Truppen. Wenn das stimmt, dann denkt er sicher an neue Operationen. Dann bereitet er sicher den Krieg vor. Aber will er ihn? Will er sich für die Geschichte rächen?

Hitler hat nie verheimlicht, was der Erste Weltkrieg, «sein Krieg», für ihn bedeutet hat. In *Mein Kampf* erinnert er an den Beginn dieses ersten großen Abenteuers seines Lebens: «So wie für jeden Deutschen begann nun auch für mich die unvergeßlichste und größte Zeit meines irdischen Lebens. Gegenüber den Ereignissen dieses gewaltigen Ringens fiel alles Vergangene in ein schales Nichts zurück ... Ich schäme mich auch heute nicht, es zu sagen, daß ich überwältigt von stürmischer Begeisterung in die Knie gesunken war und dem Himmel aus über vollem Herzen dankte, daß er mir das Glück geschenkt, in dieser Zeit leben zu dürfen.»

Er hat sich mit der Tatsache der deutschen Niederlage niemals abgefunden.

Begeistert feiert Deutschland den 47. Geburtstag des Führers. Hitler, der sich selbst einige Wochen zuvor ein üppiges Geschenk gemacht hat, als er seine Truppen ins Rheinland schickte, hat beschlossen, diesen Tag mit einer spektakulären Militärparade, wie die Berliner sie seit Wilhelms II. Zeiten nicht gesehen haben, eine besondere Bedeutung zu geben. Auch ausländische Beobachter sind dazu eingeladen. Auf diese Weise können sie sich ein Urteil über die neue deutsche Militärmacht bilden. Im Mittelpunkt der Parade steht die dritte Panzerdivision. Die Diplomaten ziehen daraus den Schluß, daß das Reich also noch zwei weitere Panzerdivisionen haben muß.

Umgeben von Offizieren seines militärischen Stabes, an seiner Seite den getreuen Werner von Blomberg, der an diesem Morgen zum Generalfeldmarschall befördert wurde, hat Hitler sich auf die am Kleinen Stern im Tiergarten errichtete Tribüne begeben.

Die Parade beginnt mit dem Vorbeimarsch der Infanterie. Im Stechschritt. Dann kommt, im leichten Trab, die Artillerie zu den Klängen einer Militärkapelle, die eine Ballettmusik zu spielen scheint. Als nächstes die Matrosen in weißen Blusen und blauen Mützen; Görings Flieger defilieren mit einer Präzision, die die Infanteristen neidisch machen könnte. Aber all das ist nur der Auftakt. Auf der Ehrentribüne recken die ausländischen Gäste ihre Hälse, um besser sehen zu können: Da kommen die Panzer der dritten Division, die Panzerwagen, die Panzerabwehrkanonen. Das Dröhnen der Motoren übertönt die Militärmusik.

Ich bin da und habe Angst. Warum bilde ich mir auch ein, ich könnte zwischen den Maschinen und den Menschen keinen Unterschied mehr erkennen? Die einen wie die anderen sind bereit, vorzurücken, immer weiter, um unter ihren Ketten oder unter ihren Stiefeln alles zu zermalmen, was sich rührt. Vergeblich mache ich mir Vorhaltungen: Das kann man doch nicht vergleichen. Die Fahrzeuge sind serienmäßig hergestellt worden. Eine ironische Stimme scheint zu antworten: Und die Menschen, die Sie sehen? Sind die nicht auch nach ein und demselben Modell in Serie hergestellt worden? Ich weiß, daß all das falsch ist. Warum aber kommt es mir in den Sinn?

Einige Jahre später wird der Abstand zwischen Mensch und Maschine noch geringer geworden sein. Die Uniform wird dem Menschen, dem «neuen Deutschen», an der Haut kleben. Er wird es als Auszeichnung empfinden, die großen Vorhaben des Führers ausführen zu dürfen, wohin er auch geht. Die besten Experten werden uns später erklären, daß die in den Todeslagern begangenen Verbrechen meistens nicht von berufsmäßigen Kriminellen verübt worden seien. Die österreichische Ärztin Ella Lingens, die selbst nach Auschwitz deportiert wurde und die Lage in den Konzentrationslagern meisterhaft analysiert hat, wird zu dem Schluß kommen, daß höchstens zehn Prozent der Aufseher und Folterknechte im klinischen Sinne des Begriffs Kriminelle waren. Die übrigen waren «völlig normal» und konnten sehr genau zwischen Gut und Böse unterscheiden. Mechanisierte Menschen?

Nichts von alldem weiß ich während der Parade im Tiergarten, die zwei Stunden dauert. Aber ich habe Angst.

Eine erfreuliche Begegnung. Ich habe einen «schmuddeligen» Arzt kennengelernt. Schmuddelig und dennoch deutsch. Deutsch und dennoch schmuddelig. Sollte er der einzige in Berlin sein? Ich hätte angewidert sein müssen. Ich war es auch. Aber gleichzeitig habe ich mir gesagt – ich weiß, das ist dumm –, daß dieser Mann mit den schmuddeligen Fingern und den schwarzen Nägeln vielleicht saubere Hände hat. Was das besagen soll? Es soll besagen, daß deutsche Ärzte bei denjenigen, die das Regime nicht lieben, und dazu gehören wir, in keinem guten Ruf stehen. Wir wissen zuviel von ihnen. Wie könnte man die abscheuliche Art vergessen, in der viele von ihnen an die Stelle ihrer jüdischen Kollegen traten, deren Praxen und Patienten sie übernahmen? Später wird in keinem Folterbericht der Arzt fehlen, der makellos gekleidet, manchmal in SS-Uniform, gepflegt und mit sauberen Händen, den fachmännischen Rat erteilt, ob die Folterungen fortgesetzt werden können, ohne den Häftling zu töten. In Zeitungen und Zeitschriften gibt es unzählige Artikel von Ärzten, die die absurdesten Rassenthesen vertreten.

Habe ich gesagt, wir wüßten zuviel von ihnen? Das ist falsch.

Ich habe nicht gewußt, daß nur einige hundert Meter von meinem Haus entfernt, in der Tiergartenstraße 4, das grausige Programm T 4 vorbereitet wurde, das in einer ersten Phase die Ermordung unheilbar Kranker, mißgestalteter Kinder und Behinderter aller Art vorsah und in einer zweiten Phase dann die Ausrottung derjenigen Kategorien von Menschen, denen Hitler das Lebensrecht abgesprochen hat.

Die Bekanntschaft mit dem «schmuddeligen» Arzt verdanke ich Margot, eine meiner wertvollsten Nachrichtenquellen. Margot ist zauberhaft. Und hübsch. Das trägt ihr die Freundschaft zahlreicher Männer ein. Man verbringt den Abend gern mit einem reizenden Mädchen, dem man von Problemen, die einen beschäftigen, erzählen kann, weil man sicher ist, daß sie nicht zuhört, an etwas anderes denkt oder nicht genau weiß, wovon die Rede ist.

Was Margot betrifft, so ist das ein Irrtum. Und das ist ein wenig meine Schuld. Seit sie mich kennt und stolz ist, eine Journalistin zur Freundin zu haben, nimmt sie automatisch zur Kenntnis, was gesagt wird. Dank ihrer Berichte bin ich über Dinge auf dem laufenden, die man nicht in der deutschen Presse findet: Bettgeschichten aus den höchsten Nazi-Sphären, Eifersüchteleien aus den Ministerien, Wutanfälle des Führers, der manchmal über seine engsten Mitarbeiter ungehalten ist.

Margot hat mich also angerufen. Sie habe Probleme. Ob ich bereit sei, sie zu ihrem Arzt zu begleiten?

Der Arzt wohnt im schicksten Viertel der Stadt. Am Hauseingang gibt ein Messingschild an, daß er Facharzt für Haut- und Geschlechtskrankheiten ist.

Margot braucht nicht zu warten. Der Doktor, ein Mann mittlerer Größe, dick, mit wulstigem Nacken, groben Zügen und offensichtlich immer guter Laune, nimmt sie sofort dran. Seine gute Laune muß ansteckend sein, denn Margot ist ganz vergnügt, als sie mir ein Zeichen gibt, ich solle ins Sprechzimmer kommen.

Sie ist so froh, von irgendeiner mir unbekannten Last befreit zu sein, daß sie wünscht, alle anderen wären auch froh. «Haben Sie nicht neulich gesagt, Sie wollten zum Arzt gehen? Warum lassen Sie sich nicht von meinem Freund untersuchen? Nicht wahr, Doktorchen, Sie sind bereit, festzustellen, daß sie kerngesund ist.» Ich habe Zeit gehabt, ein Waschbecken von fragwürdiger Reinlichkeit, den mit Flecken übersäten weißen Kittel des Arztes zu sehen und einen Blick auf seine Hände und die schmutzigen Fingernägel zu werfen. Ich finde einen Vorwand, um mich davonzumachen. Als ich das Haus verlasse, fällt mein Blick noch einmal auf das Messingschild: Dr. Theo Morell.

Ich habe nie begriffen, warum Hitler ihn bald darauf zu seinem Leibarzt gemacht hat.

Als ich nach dem Krieg die Erinnerungen einiger enger Mitarbeiter von Hitler las, die unter anderem diesen Arzt erwähnen, der immer um ihn war, fand ich überall Anspielungen auf seine «Unsauberkeit». Hitler schien daran keinen Anstoß zu nehmen. Als einer der Männer aus seiner Umgebung sich die Bemerkung erlaubte, Dr. Morell «rieche nicht gut», wies ihn der Führer scharf zurecht: «Mich interessiert nicht der Geruch meines Arztes, sondern die Pflege, die er mir angedeihen läßt.» Es ist bekannt, daß Dr. Morell seinen besonders hypochondrischen Patienten mit Medikamenten gefüttert hat, einen Patienten, der sein Leben lang an Verstopfung litt – was zu erklären, Sache der Psychiater ist – und gegen Ende seiner Tage an mit einer sich immer stärker bemerkbar machenden Parkinsonschen Krankheit zu kämpfen hatte.

Da Morell kurz nach dem Krieg gestorben ist, hat es seine Witwe auf sich genommen, diejenigen gerichtlich zu belangen, die den Arzt beschuldigten, er habe seinem erlauchten Patienten nicht «die ihm zustehende» Pflege angedeihen lassen. Die Witwe hat diese Prozesse gewonnen: Dr. Morell habe in jeder Hinsicht den hippokratischen Eid respektiert. Auf diesen Eid hat er sich auch berufen, als ihn die Amerikaner nach dem Krieg fragten, ob er nie in Versuchung gewesen sei, Hitler eine tödliche Spritze zu geben. Seine Antwort: «Er war mein Patient.»

Francecso erzählt mir von dem deutschen Maler Max Liebermann, den er ein Jahr zuvor kurz vor seinem Tod gesehen hat. Liebermann war Präsident der Akademie der Künste in Berlin gewesen und gleich bei Hitlers Machtantritt von diesem Posten zurückgetreten. Ohne abzuwarten, daß man ihn aufforderte, seinen Platz einem Arier zu überlassen. Er hatte nur noch die wenigen Freunde empfangen, die keine Angst hatten, einen Mann zu besuchen, der im Alter von dreiundachtzig Jahren den Mut gehabt hatte, dem Nazi-Regime den Rücken zu kehren.

Einer seiner Besucher hatte ihm ein Kompliment machen wollen und gesagt: «Ach, Herr Professor, wenn nur alle Juden so wären wie Sie.» Worauf Liebermann mit einem etwas traurigen Lächeln erwiderte: «Nein, mein Lieber, wenn nur alle Arier wären wie ich.»

Früher, im kosmopolitischen Berlin, machten die Aussprüche von Politikern, Kunstkritikern oder Humoristen in der Stadt rasch die Runde. Das ist vorbei. Bonmots sind nicht mehr Mode.

Der *Völkische Beobachter* kritisiert die Berliner Oper, weil sie eine neue Inszenierung des *Faust* von Gounod herausgebracht hat, dem die Legende von einem deutschen Philosophen zugrunde liegt, der, um seiner ewigen Jugend willen, dem Teufel seine Seele verkauft. Die Nazi-Zeitung äußert ihren Abscheu darüber, daß ein französischer Komponist ein Drama in Musik setzt, «von dem er nichts versteht». Daß die Oper schon Hunderte von Malen auf deutschen Bühnen aufgeführt wurde, stört die Zeitung nicht. Sie schreibt: «Heute wünschen wir weniger denn je zu sehen, daß ein Meisterwerk der deutschen Poesie von einem Musiker entstellt wird, der die Tiefe unserer Seelen nicht zu erfassen vermag. Die Musik von Gounod ist eine mondäne Musik, die zu keiner Bereicherung beiträgt und bei uns nicht angebracht ist.»

Da bleibt nur noch Richard Wagner, Hitlers Lieblingskomponist. Der Nazi-Führer unterhält enge Verbindungen mit Wagners Familie und ist ein eifriger Besucher der Festspiele von Bayreuth.

Unter uns gilt Richard Wagner als «unanhörbar». Wir sind alle etwas lärmempfindlich geworden. Außerdem erinnert seine Technik der Leitmotive allzusehr an den Perfektionismus und die abscheulichen Unterteilungen der Gesellschaft, in der wir leben. Und wie könnte man sich, ohne sie mit dem Tagesgeschehen in Verbindung zu bringen, eine Oper anhören wie *Die Meistersinger von Nürnberg*, deren Hauptfigur, der dichtende Schuster Hans Sachs, in einer wunderbaren musikalischen Passage den deutschen Tugenden, dem, was «deutsch und wahr» ist, «welschen Dunst und welschen Tand» gegenüberstellt?

Daß er die Wiederbesetzung des Rheinlandes ohne Widerstand und ohne die geringste politische Konsequenz durchsetzen konnte, hat Hitler in den Augen der Deutschen zu dem Mann mit dem Zauberstab gemacht. Sie sind von der wahnsinnigen Hoffnung beseelt, er werde so von Eroberung zu Eroberung schreiten, ohne daß die Welt reagiert. Tatsächlich ist der Kampfgeist der älteren Deutschen nicht sehr groß. Sie haben sich vom Krieg und der Niederlage noch nicht richtig erholt und gar keine Lust, wieder an die Front zu gehen.

Ganz anders verhält es sich mit den Jungen. Eifrig hören sie sich in der Schule die ausführlichen und obligatorischen Berichte an. Da ist nur von heldenhaften Kämpfen und deutschen Siegen die Rede. «Wenn es wieder einen Krieg gibt, soll er nur nicht zu früh ausbrechen oder wenigstens lange genug dauern, damit wir dabei sein können», hört man sie sagen. Und mit Überzeugung stimmen sie eines der beliebtesten Lieder der Hitlerjugend an: «Heute gehört uns Deutschland und morgen die ganze Welt.»

Die immer größere Konsolidierung der Hitler-Macht birgt eine Schwäche: Die Ignoranz des Führers. Die Schwäche des

«Großen Eroberers», die ihn schließlich ins Verderben stürzen sollte, besteht darin, daß er nichts von der Außenwelt weiß. Nicht ahnend, wie wahr er sprach, hat ein junger französischer Diplomat schon bei Hitlers Machtergreifung festgestellt: «Wie soll dieser ungeschliffene Mann ohne Kenntnis der Gepflogenheiten, ohne Sprachkenntnisse und ohne Auslandserfahrung große Politik machen können?»

Oder seine militärischen Operationen erfolgreich beenden? Wie hieß es neulich bei einem Dinner in Paris? «Wenn er England angreift, ist er verloren. Man kann nicht gegen die Briten kämpfen, ohne sie zu kennen. Ist er überhaupt jemals in England gewesen?»

Auch entgeht Hitler nicht dem Schicksal aller Diktatoren: Er wird über das, was im In- und Ausland vor sich geht, nicht ausreichend unterrichtet. Man hütet sich, ihn wissen zu lassen, wie er in der Welt angesehen wird. Er liest keine ausländischen Zeitungen und lehnt es aus gutem Grund ab, sich die zahlreichen Karikaturen anzusehen, die überall erscheinen.

Man sucht ihm alles zu verheimlichen, was einen seiner – echten oder vorgetäuschten – Wutanfälle hervorrufen könnte, die der Schrecken seiner Umgebung sind. Ohne ihm etwas vorzulügen, versucht man zu beschönigen, zu mildern, zurechtzurücken.

Im bezug auf das Ausland ist er vor allem auf seine Botschafter angewiesen. Die nicht unbedingt unaufrichtig sind, wenn sie von der Stimmung des Landes, in dem sie akkreditiert sind, einen Eindruck vermitteln, der nicht ganz der Wirklichkeit entspricht. Es ist klar, daß diese Botschafter außer ihren offiziellen Kontakten hauptsächlich mit Persönlichkeiten sprechen, die es akzeptieren, nationalsozialistische Diplomaten zu empfangen. Die mit der deutschen Politik sympathisieren und nur deren antibolschewistischen Aspekt im Auge behalten wollen. Manchmal sind sie sogar Bewunderer von Hitler. So die Gesellschaft, die sich um den englischen Faschistenführer Sir Oswald Mosley schart, dessen Schwägerin Unity Mitford zum Berliner und Münchner Hofstaat des Führers gehört; er versammelt gern einen Schwarm schöner Mädchen um sich.

Die Berichte, die Hitler aus London erhält, lassen ihn annehmen, er könne im Falle eines Konflikts im Osten auf die wohlwollende Neutralität Großbritanniens rechnen. Und als ihn der Prince of Wales in Berchtesgaden besucht, läßt die Freundschaft, die ihm der zukünftige König Eduard VIII. bekundet, Hitlers alten Traum von einem Bündnis zwischen dem Reich und England wieder aufleben. In seinen Augen verkörpert der Thronfolger die Mehrheit der öffentlichen englischen Meinung.

(Seine Illusionen verliert er, als er feststellt, wie rasch sich Großbritannien des Prinzen zu entledigen versteht, als er, nachdem er König geworden ist, eine Mrs. Simpson heiraten will, eine geschiedene Amerikanerin, die, wie es in Berlin heißt, ihre Sympathien für das nationalsozialistische Deutschland nie verheimlicht hat. Später legt sie ebenfalls Wert darauf, Hitler in Begleitung ihres herzoglichen Gemahls einen Besuch abzustatten.)

Das Drama, das sich am Hof von St. James abspielt, soll Hitler sehr berührt haben. Er verbietet der deutschen Presse, die sogenannte Affäre Simpson «aufzubauschen». Während sich die ganze Welt über diese romantische Liebesgeschichte zwischen einem König und einer Bürgerlichen leidenschaftlich erregt, gibt es daher Deutsche, die nicht einmal den Namen der Amerikanerin kennen.

In Berlin vertreten einige ausländische Diplomaten die Ansicht, die Sympathien des Königs für das Hitler-Regime, die er etwas zu deutlich bekundet hat, hätten zu seinem Sturz beigetragen.

In Frankreich ist inzwischen die Volksfront an die Macht gekommen. Die Nationalsozialisten freuen sich unverhohlen darüber. Alles, was das Nachbarland schwächen könnte, ist willkommen. François-Poncet sieht sich manchmal genötigt, hohe Nazi-Funktionäre zurechtzuweisen, die es nicht lassen können, daran zu erinnern, daß der neue französische Regierungschef der «verfluchten Rasse» angehört. Der französische Botschafter betont immer gern, daß er Léon Blum überaus hochschätze. «Er ist der einzige Ministerpräsident», sagt er einmal zu seinem jungen Mitarbeiter Léon Bérard, «der nicht nur meine Telegramme, sondern auch meine Berichte liest.» Womit gesagt war, daß Léon Blum die Peripetien der Nazi-Politik aufmerksam verfolgt.

Die Feindseligkeit des Führers gegenüber Frankreich ändert nichts daran, daß er sehr gute Beziehungen zu François-Poncet unterhält. Der französische Botschafter ist der einzige ausländische Diplomat, mit dem er sich ohne die Mitwirkung eines Dolmetschers unterhalten kann. Hitlers grober und nuancenloser Redeweise stellt André François-Poncet die gründliche Kenntnis einer Sprache gegenüber, die auch die Sprache deutscher Philosophen, Dichter und Schriftsteller ist, von denen der Führer zweifellos nicht einmal die Namen kennt. Der Botschafter spricht langsam, wobei er die Silben trennt, in einem manchmal deklamatorischen Ton, der sich gegen Ende eines jeden Satzes hebt. Gewandt wählt er das Wort, das seinem Gedanken entspringt.

Die François-Poncets sind das bekannteste Diplomaten-Ehepaar in Berlin. «Sie sehen aus, als wären sie Figuren aus einem Roman von Marcel Prévost», pflegte ein Mitglied der Académie Française jedesmal zu sagen, wenn er auf der Durchreise in Berlin war und Gelegenheit hatte, sie zu treffen. Hitler kennt Prévost nicht. Nichtsdestoweniger bewundert er die etwas altmodische Eleganz der beiden, das dichte, blonde Haar von Madame François-Poncet ebenso wie den Schnurrbart ihres Mannes, der zum etwas arroganten Ausdruck des Gesichts beiträgt. Madame François-Poncet ist zweifellos die einzige Diplomatengattin, deren Ratschläge sich der Führer gern anhört. So manches Mal hat sie Gelegenheit, ihm – mit viel Freundlichkeit und Takt – zu sagen, daß sie gar nicht, wirklich ganz und gar nicht mit seiner Ernährungsweise einverstanden ist. Hitler ist Vegetarier, ißt beachtliche Mengen von Kartoffeln und anderen stärkehaltigen Nahrungsmitteln und schwärmt für Sahnetorten. All das sei wirklich nicht gesund. Hitler hört respektvoll zu, ändert aber seinen Speisezettel nicht.

Seine Einstellung zu François-Poncet muß annähernd dieselbe gewesen sein. Er nimmt seine klugen Ratschläge zur Kenntnis, trägt ihnen aber keineswegs Rechnung. Ebenso wie vielen anderen hervorragenden Besuchern, die er empfangen hat, seit er an der Macht ist, hat der Autor von *Mein Kampf* auch dem französischen Botschafter versprochen, in der nächsten Auflage seines Buches, von dem Millionen Exemplare verkauft werden, die feindseligsten Passagen über Frankreich zu streichen. Er tut nichts dergleichen. Und diejenigen, die den Mut haben, das etwas schwerverdauliche Buch zu lesen, finden darin immer noch Sätze wie die folgenden: «Denn darüber muß man sich endlich vollständig klar werden: der unerbittliche Todfeind des deutschen Volkes ist und bleibt Frankreich. Ganz gleich, wer es regiert ... Das Schlußziel seiner außenpolitischen Tätigkeit wird immer der Versuch einer Besitzergreifung der Rheingrenze sein und einer Sicherung dieses Stroms für Frankreich durch ein aufgelöstes und zertrümmertes Deutschland ...» Oder auch: «Frankreich macht auch rassisch in seiner Vernegerung so rapide Fortschritte, daß man tatsächlich von der Entstehung eines afrikanischen Staates auf europäischem Boden sprechen kann. Was Frankreich heute ... in Europa betreibt, ist eine Sünde wider den Bestand der weißen Menschheit.»

Otto Abetz empfängt mich in seinem Arbeitszimmer im Büro Ribbentrop, einer Zweigstelle des Reichsaußenministeriums. Joachim von Ribbentrop hat den jungen Karlsruher Zeichenlehrer, der in der katholischen Jugendbewegung eine führende Rolle spielte, erst kurz zuvor an seine Seite berufen und damit betraut, die Freundschaft zwischen den deutschen und französischen Jugendverbänden zu fördern. Später übersiedelt Otto Abetz als Korrespondent des amtlichen Pressedienstes des Reichsaußenministeriums nach Paris. (1938 wird er wegen subversiver Tätigkeit ausgewiesen, kehrt aber zwei Jahre später zurück, nachdem er vom siegreichen Deutschland zum Botschafter in Paris ernannt worden ist.)

Abetz tischt mir all die üblichen Klischees auf, betont, wie dringend notwendig es sei, die Zukunft Europas, die auf einem engen Einvernehmen zwischen Frankreich und Deutschland beruhe, zu sichern. Er vergißt zu erwähnen, daß es natürlich nicht um eine Freundschaft zwischen ebenbürtigen Partnern geht. Aber er spricht voll Begeisterung, sogar voll Wärme von der Aufgabe, die er sich gestellt hat. Er wirkt so überzeugend, daß unsere Unterhaltung auf allgemeinere Themen überwechselt. Wir sprechen vom Nationalsozialismus und von diesem seltsamen Volk, das blind einem einzigen Mann folgt.

Ein neuer Schwall von Klischees. Offenbar wisse ich nicht, daß Hitler Deutschland und damit Europa gerettet habe. Den Kölner Dom, das Straßburger Münster und die Kathedrale von Chartres. Das Reich sei drauf und dran gewesen, den Bolschewisten in die Hände zu fallen. Mehrere deutsche Städte seien bereits praktisch von den Roten besetzt gewesen, zum Beispiel Berlin. In dieser Stadt habe der Terror geherrscht: tagtäglich blutige Zwischenfälle; ganze Häuserzeilen in Flammen; die Straßen mit Leichen übersät. Abends seien die Berliner vor Angst nicht mehr aus dem Haus gegangen; Todesstille, manchmal von Schüssen zerrissen ... Möglich, daß ich, ohne es zu merken, gelächelt habe. Weil ich an die Theater dachte, die vor ausverkauftem Haus spielten, an die knallvollen Nachtlokale, an die Straßen, auf denen sich Nachtschwärmer und Touristen drängten, die aus aller Herren Länder gekommen waren ...

Abetz unterbricht sich. «Sie sind doch die Journalistin, die erst vor kurzem hergekommen ist, glaube ich...»

«Ich? Keineswegs. Ich habe die Zeit miterlebt, von der Sie sprechen.»

Er sieht so verlegen aus, daß ich mich eiligst verabschiede.

Ich habe ziemlich lange gebraucht, um zu merken, wie weitgehend der pompöse Stil der Hitler-Reden von Deutschen übernommen wird, die sich für wichtige Persönlichkeiten halten. Mir fällt es in dem Zug auf, der uns, Francesco und mich, nach Venedig bringt, der ersten Etappe auf einer Reise durch Italien, das ich kennenlernen sollte.

Wir essen im Speisewagen zu Mittag. Am Nebentisch drei höhere SS-Leute, offensichtlich verwirrt durch die Anzahl von Messern, Gabeln und Löffeln, die da liegen. Sie blicken verstohlen zu uns herüber, um zu sehen, was wir damit machen.

Francesco, der mein Erstaunen sieht: «Zweifellos reisen sie zum erstenmal. Das bringt eine Revolution so mit sich.»

«Machst du dich über mich lustig?»

«Keineswegs. Neue Leute, die sich an die Stelle von anderen setzen. In Schlüsselpositionen. Und auch im Speisewagen. Sie müssen eine ganze Lehre absolvieren.»

Wir werden durch die Stimme des Oberkellners unterbrochen, der sich im hitlerschen Tonfall an die Fahrgäste wendet: «Deutsche Volksgenossen, ihr seid mit dem Essen fertig. Räumt eure Plätze, macht sie für andere frei. Denkt an die Worte des Führers: Gemeinnutz geht vor Eigennutz.»

Die Reisenden stehen auf wie ein Mann. Francesco rührt sich nicht. Der Kellner kommt an unseren Tisch: «Deutscher Volksgenosse...» beginnt er. Francesco streckt ihm seinen italienischen Diplomatenpaß hin.

«Was wünschen Sie?»

«Wir möchten mit dem zweiten Essensdurchgang anfangen.»

Francesco steht auf, ich ebenfalls.

«Warum haben Sie das nicht gleich gesagt?» – «Vielen Dank, mein Herr. Ich wußte, daß Sie es verstehen würden. Schließlich sind Sie Italiener, also fast ein Verbündeter.» Er ist ein bißchen voreilig, unser Oberkellner!

Erst drei Wochen später spricht der Duce zum erstenmal von einer Achse Berlin–Rom. Wir sind in Rom und hören die kurze, von Lautsprechern übertragene Rede.

Ich sehe Francesco an. Er ist sehr ernst. «Das ist Mussolinis Untergang.» Und er fügt hinzu: «Wir gehen dem Krieg entgegen.»

Wie geheimnisvolles Wetterleuchten – Gewitter? oder kein Gewitter? – blitzen neue Propaganda-Parolen auf und erregen unsere Aufmerksamkeit.

Ich glaube, Göring hat in einer Rede vor Arbeitern auf einer Schiffswerft, die über den Rundfunk übertragen wurde, als erster davon gesprochen: «Deutschland ist nicht reich genug, um sich so zu ernähren, wie es möchte, und gleichzeitig die notwendigen Rohstoffe für die Waffenherstellung zu kaufen. Kanonen machen uns mächtig, Butter macht uns nur fett!»

Die Aussage wird vom Propagandaminister aufgegriffen, der daraus einen feierlichen Appell an die Nation macht: «Wir können auf Butter verzichten, aber nicht auf Kanonen.» Was dann von der Presse zu der Kurzform «Kanonen statt Butter» zusammengezogen wurde.

Etwa um dieselbe Zeit kommt Agnes, das Hausmädchen, einmal vom Einkaufen zurück und erzählt mir: «Ich mußte unsere Namen in eine ‹Kundenliste› eintragen. Zuerst beim Fleischer, dann beim Bäcker und im Lebensmittelgeschäft. In Zukunft müssen wir da einkaufen, wo wir eingetragen sind.»

Ich gehe zum Fleischer, den ich gut kenne: «Was ist das, eine ‹Kundenliste›?»

Er ist ein wenig verlegen. «Wie soll ich es Ihnen erklären? Man hat uns gesagt, wir sollen die Namen unserer sämtlichen

Kunden notieren. Die Regierung kann sich dann eine bessere Vorstellung davon machen, was jeder Händler braucht.»

«Und im Augenblick? Können Sie mir alles verkaufen, was ich haben will?»

«Selbstverständlich, da hat sich nichts geändert. Eine bloße Vorsichtsmaßnahme für den Fall ...» Er hält plötzlich inne. Er hat schon zuviel gesagt.

Ein Irrtum war ausgeschlossen. Das war der erste Schritt zur allgemeinen Rationierung. Die Maßnahme rief indes keinerlei Panik in der Bevölkerung hervor. Man hatte Vertrauen zu Hitler. Höchstens eine vorübergehende schlechte Zeit. Der Führer ist ein viel zu schlauer Politiker, um die Lage nicht in Ordnung zu bringen. Auf seine Weise natürlich. «Wenn wir eine genügende Zahl von Kanonen haben, so sagt den Leuten, die euch fragen, werden wir es schaffen, immer Butter zu haben.»

Welch ein Erfolg für Hitler! Er hat es verstanden, den Begriff des «täglichen Brotes» mit dem des «geschliffenen Schwertes» zu verbinden.

Man zitiert immer öfter – und das gewiß nicht aus Zufall – die Stellen aus *Mein Kampf*, wo Hitler das moralische Recht unterstreicht, durch Gewalt fremdes Land zu erwerben, «um dem deutschen Volk den ihm gebührenden Grund und Boden auf dieser Erde zu sichern».

Andere Blitze künden wahre Katastrophen an: es ist die Rede davon, daß demnächst sechstausend Deutsche, unheilbar Kranke, Menschen mit angeborenem Alkoholismus und ererbter Schizophrenie sterilisiert werden sollen. Auf Grund eines neuen Gesetzes zur Verhütung erbkranken Nachwuchses, das ein Jahr zuvor zusammen mit den Nürnberger Rassegesetzen verkündet wurde. Die ersten öffentlich legalisierten Verstöße gegen das Recht auf Unversehrtheit des menschlichen Körpers.

Im Augenblick begnügt man sich mit dem Sterilisieren. Drei Jahre später beginnt man zu töten. Legal. Man beseitigt die Menschen, deren Dasein dem Staat nichts einbringt, sondern ihm im Gegenteil «unnütze» Ausgaben aufbürdet. Diese Ausgaben werden ab und zu in einem ganz unverfänglichen Zusammenhang in den Mathematikstunden einiger deutscher Schulen erwähnt. Die Schüler sollen ausrechnen, wie viele zusätzliche Wohnungen der Staat bauen könnte, wenn er nicht die Pflege von unheilbaren oder behinderten Personen finanzieren müßte. Es handelt sich darum, die jungen Gehirne zu «programmieren». Sie auf die letzte Etappe vorzubereiten: die Ausrottung von Millionen Menschen, deren Leben nach der hitlerschen Ideologie lebensunwert ist.

Zur selben Zeit werden von den Nazi-Gesetzgebern Schwangerschaftsunterbrechungen erlaubt und sogar vorgeschrieben, falls einer der beiden Elternteile an Erbkrankheiten leidet. Gewiß wünscht der Führer die größtmögliche Zahl von Geburten und tut alles, um sie zu fördern. Aber unter der Bedingung, daß die Neugeborenen gesund sind und würdig, später die Herrenrasse fortzupflanzen.

Während ich mich im Labyrinth der hitlerschen Politik einigermaßen zurechtfinde, kommt es vor, daß ich mich im Gewirr der Wirtschaft völlig verirre.

Dabei bedient sich der Nationalsozialismus auf beiden Gebieten derselben Mischung von «Vorgestrigem» und «Fortschrittlichem».

Schon seit Jahren arbeitet Hitler mit Hjalmar Schacht zusammen, der mit seinem ungewöhnlich langen Hals, dem abknöpfbaren Eckenkragen und dem oberschullehrerhaften Gehabe der Liebling der Karikaturisten ist. Im Gegensatz zum Führer hat er Reisen gemacht. Als ehemaliger Reichsbankpräsident kennt er Gott und die Welt, in Deutschland wie im Ausland. Er ist mit den Prinzipien des Führers nicht immer einverstanden, dient ihm aber getreulich bis zu dem Tag, an dem er zurücktritt, um seinen Platz einem waschechten Nazi zu überlassen.

In der ersten Zeit findet sich Schacht mit der Rückkehr ins Zeitalter der Höhlenmenschen, des Tauschhandels, ab. Die Wiederaufrüstung erfordert erhebliche Devisenausgaben. Auch die Stoffe der Uniformen, die die Militärs tragen, sind importiert. Im Einvernehmen mit Hitler beschließt Schacht, es wie in der guten alten Zeit zu machen, als man ein erlegtes Stück Wild gegen eine handwerklich hergestellte Keule tauschte: Deutschland kauft nur noch von Ländern, die bereit sind, Waren *Made in Germany* zu importieren. Das erweist sich als nicht immer ganz einfach.

In vielen Fällen gelingt es Dank der verführerischen Preise, Widerstände zu überwinden. Mit Hilfe von Subventionen, die den Exporteuren gewährt werden, praktiziert Deutschland ein maßloses Dumping und verkauft zu Preisen, die niedriger sind als die Gestehungskosten. Einige hohe Beamte des Wirtschaftsministeriums ziehen dagegen die «Verführung durch Drohung» vor: Sie geben zu verstehen, die Vorsicht gebiete es, gute Handelsbeziehungen zu einem Land zu unterhalten, dessen militärische Macht täglich zunehme. Eine angeblich, besonders in einigen Balkanländern, wirksame Methode. Das Reich schreckt auch nicht vor Protektionismus zurück. Wer ausländische Waren einführen will, muß eine besondere Genehmigung beantragen, die oft verweigert wird.

Wenn man an die Reichsmark denkt, wird einem schwindlig. Niemand kennt ihren wirklichen Wert. Im Ausland wird sie schon lange nicht mehr notiert. Ihr Kurs schwankt je nachdem, was man mit ihr vorhat. Es wird behauptet, es gebe mehr als hundert verschiedene Kurse. Wir haben keine Möglichkeit, es nachzuprüfen. Es steht fest, daß bei Abkommen mit ausländischen Mächten, bei denen die Devisenfrage eine Rolle spielt, über den der Mark zuzuschreibenden Wert von Fall zu Fall verhandelt wird.

Reisende dürfen nur 10 Reichsmark ins Ausland mitnehmen. Damit sind ihnen die Grenzen praktisch verschlossen. Man verläßt das Land nicht mehr. Sofern man nicht Walter S.

ist, ein Industrieller, der Einzelteile für Flugzeuge baut und manchmal nach Österreich oder England reisen muß, um gewisse Rohstoffe aufzutreiben. Er untersteht Göring unmittelbar, und seine Stellung ist so stark, daß alle so tun, als wüßten sie nicht, daß er nicht rein arisch ist.

Und das Moderne bei alldem? Das «Fortschrittliche»? Es ist Hitler selbst, der sich dafür interessiert. Er hat die italienische Lektion gelernt. Die anläßlich des Abessinienkrieges gegen den Duce verhängten Wirtschaftssanktionen haben ihn zu der Überzeugung gebracht, daß jedes Land imstande sein muß, nur auf sich selbst zu zählen. Deutschland steuert auf die Autarkie zu. Und da es ihm an wichtigen Rohstoffen mangelt, müssen sich die Anstrengungen der Forscher und Industriellen darauf konzentrieren, Ersatzerzeugnisse herzustellen.

Im vergangenen Jahr hat der Führer in seiner Rede auf der Automobilausstellung die Fortschritte bei der Herstellung von Buna hervorgehoben, dem synthetischen Kautschuk, der widerstandsfähiger sei als der natürliche und besser geeignet für den Bedarf von Lastwagen und schwerer Artillerie. Der größte Hersteller ist die I. G. Farbenindustrie.

Besondere Bedeutung mißt der Führer der Kohlehydrierung zur Gewinnung von flüssigen Treibstoffen und Mineralölprodukten bei. Das Verfahren ist kostspielig. Aber Hitler hat Befehl gegeben, das Problem des Preises nicht zu berücksichtigen. «Wozu Vergleiche anstellen, wenn wir nicht genug Devisen haben, um unser Benzin im Ausland zu kaufen.»

Als Hitler Rußland angriff, hoffte er, bald auf die teure Benzinproduktion verzichten zu können. Er träumte von dem kaukasischen Erdöl. Im August 1942 erreichte die Wehrmacht die ersten Lagerstätten von Maikop und Malgobek, aber sie fand nur noch Ruinen. Die Rote Armee hatte vorsorglich die Förderanlagen zerstört.

Ende September 1937 sind wir in München. Jetzt, da die Achse Berlin–Rom sich festigt, hat sich der Duce endlich bereit erklärt, den Besuch zu erwidern, den ihm der deutsche Führer nach der Machtübernahme abgestattet hat. Diese erste Begegnung hatte in der Umgebung von Venedig stattgefunden und war nicht sehr gut verlaufen. Der Mann mit dem in der Taille gegürteten Regenmantel und dem grauen Filzhut, den er unaufhörlich in den Händen drehte, um seine Verlegenheit zu überspielen, hatte Mussolini nicht beeindruckt. Er fand ihn zugleich anmaßend und unbeholfen. Er hatte nicht so recht gewußt, welche Haltung er einnehmen sollte und es seinem deutschen «Jünger» übelgenommen, daß er nicht eindrucksvoller war.

Jetzt ist die Lage umgekehrt. Das Reich macht von sich reden. Mussolini dagegen, der in früheren Jahren mit England oder Frankreich als «möglicher Verbündeter» verhandelte, hat praktisch keinerlei diplomatischen Manövrierraum mehr. Mit seinem Angriff auf Abessinien und der spektakulären Art, wie er auf Francos Seite in den spanischen Bürgerkrieg eingriff, hat er sich entschlossen auf die Seite derer geschlagen, die nicht nur die Gesellschaftsordnung, sondern auch die Landkarte der Welt ändern wollen. Die gemäßigten Italiener sind beunruhigt. Sie fürchten die deutsche Infizierung und ihre Begleiterscheinungen: Rassismus, einen übertriebenen Antibolschewismus und sogar Antiklerikalismus. Kurz, eine Germanisierung des italienischen Faschismus.

Philippe Barrès, der die Berichterstattung über den Duce-Besuch wahrnehmen soll, hat mich gebeten, mitzukommen. Das Ereignis erscheint ihm wichtig genug, um die Anwesenheit von zwei Sonderberichterstattern zu rechtfertigen.

Ich treffe ihn im *Regina Palast*, wo ein Teil der deutschen Delegation wohnt, an ihrer Spitze Freiherr von Neurath. Der Reichsaußenminister trägt heute zum erstenmal die Uniform, die Hitler – der Zivilisten nicht sehen mag – seinen Diplomaten von jetzt an vorschreibt. Da der Anzug der SS-Uniform ähnelt, hat Neurath beschlossen, ihm mit dem grünen Band des italienischen Ordens des hl. Moritz etwas Farbe zu geben. Als ich im Hotel ankomme, sucht man gerade überall den Kammerdiener des Ministers, der mit den verschiedenen Verschlüssen seiner Uniform nicht zurechtkommt.

Wir lassen unsere Koffer im *Regina Palast* und begeben uns gleich ins Hotel *Vier Jahreszeiten*, das Hauptquartier der nationalsozialistischen Funktionäre, wo Francesco mich erwartet. Während wir Tee trinken, kommt Graf Magistrati und schließt sich uns an. Er ist Gesandter an der Berliner Botschaft und verheiratet mit der Schwester von Ciano. (Einer großen, schlanken und eleganten Frau, die zu Beginn des Krieges ganz sinnlos an den Folgen einer Abmagerungskur stirbt.)

Wir verdanken der außerordentlichen Höflichkeit von Barrès eine prächtige Analyse der Beziehungen zwischen Italien und Deutschland. Er legt Wert darauf, seinen beiden italienischen Gesprächspartnern zu sagen, wie gut man sie verstehe. Wie sehr interessant es sei, in der geteilten Welt, in der wir leben, «zwei Völker zu sehen, die ... zwei Völker, denen ...».

Das Gespräch, das sich entspinnt, hätte weder Hitler noch Mussolini Freude gemacht. Über eine Stunde lang bemühen sich unsere beiden Italiener, dem Sohn eines von ihnen bewunderten französischen Schriftstellers die Unterschiede zwischen Italienern und Deutschen begreiflich zu machen. Unterschiede, die stets bestehen werden, wie immer die Erfordernisse der Politik auch sein mögen. In ihren Reden klingt keinerlei Feindseligkeit an. Sie kritisieren weder ihr Land noch Deutschland. Sie erklären ganz einfach, wenn es zwei Völker gäbe, die nicht dazu geschaffen seien, einander zu verstehen, es wohl die Romanen und die Germanen seien. Magistrati nennt ein recht überzeugendes Beispiel: Niemals wären Italiener bereit, sich zu versammeln, um zweieinhalb Stunden lang eine Rede anzuhören, deren wesentliche Punkte sie schon im voraus kennen. Er zitiert seinen Schwager nicht, den Grafen Ciano, der genauso denkt wie er. Erst sehr viel später erfahren wir, daß Ciano in seinem Tagebuch notiert hat: «Die armen Deutschen, die diese Prüfung alle Tage über sich ergehen lassen müssen, während sie doch jedes Wort auswendig wissen ...» Italiener ziehen es vor, die wenigen gut formulierten Sätze zu hören, die der Duce von sich gibt, wenn er etwas zu verkünden hat.

Kann man sich übrigens unähnlichere Persönlichkeiten vorstellen als Hitler, den Intuitiven, und Mussolini, den Intellektuellen?

Hitler, der jede Gelegenheit ausnützt, um sich in sein hochgelegenes Adlernest oberhalb von Berchtesgaden zurückzuziehen, während Mussolini, der ständig Bewegung braucht, nirgends sonst wohnen könnte als mitten in Rom, im Palazzo Venezia.

Francesco geht noch weiter. Was ihn mit Besorgnis erfüllt ist die Frage, ob bei einem so ungleichen «Gespann» die Italiener ihre Identität wahren können. Magistrati ist zugleich vorsichtig und scharfsinnig: die Italiener, zweifellos. Die italienische Politik? Das ist nicht sicher.

Wir kommen dann auf die Zeitungen zu sprechen, die für die Schaffung eines neuen europäischen Raums eintreten, der hundertzehn Millionen Männer und Frauen umfassen soll – demnächst wird Mussolini in einer Rede sogar von hundertfünfzehn Millionen sprechen –, was das individuelle Prestige eines jeden der beiden Partner erhöht.

Hitler, der seinem neuen Verbündeten einen triumphalen Empfang bereiten wird, ist schon in der bayerischen Hauptstadt eingetroffen. Er benutzt die Stunden bis zur Ankunft des Duce, um das Haus der deutschen Kunst feierlich einzuweihen, ein Gebäude im neoklassizistischen Stil, geschmückt mit einem Peristyl von zwanzig Säulen. Im Innern häufen sich Hunderte von Kostproben der nationalsozialistischen Kunst, die in den Museen die Plätze der «entarteten» Meisterwerke der größten deutschen und ausländischen Künstler unserer Zeit einnehmen sollen.

Was am Nazi-Stil zuerst auffällt ist das «Kolossale», das er an sich hat und das manchmal an dieselbe Eigenschaft gewisser sowjetischer «Meisterwerke» erinnert; der Gigantismus, zugleich realistisch und idealisiert. Die Männer sind allesamt Krieger: selbst wenn die Bildhauer sie nackt darstellen und sie keine anderen Waffen tragen als ihre männlichen Attribute, in Proportionen, die der Repräsentanten der Herrenrasse würdig sind. Auf den Gemälden sieht man dagegen eher Frauen, sehr schöne Frauen, die mit absoluter Natürlichkeit gesunde und kräftige Blößen zur Schau stellen. Die Maler haben sich auch ganz offensichtlich lange und ausdauernd jedem minuziös ausgeführten Detail gewidmet und nichts ausgelassen. Sie sind derart auf das «Wahre» bedacht, daß Spaßvögel, die keine Strafe fürchten, den Adepten dieser überrealistischen Schule den Ehrentitel «Meister des Schamhaares» verliehen haben.

In den Straßen von München hat die Volksbegeisterung etwas Künstliches an sich. Gewiß, dem Duce wird zugejubelt, wenn er sich, im Wagen stehend, mit geschwellter Brust und vorgestrecktem Kinn bewundern läßt. Aber die Heil- und Hurra-Rufe der großen Tage gelten vor allem dem Führer, der mit ausgestrecktem Arm neben Mussolini steht. Sobald die Wagenkolonne verschwunden ist, wird die Atmosphäre weniger herzlich. Und als man eine kleine Gruppe Italiener sieht, die sich im Laufschritt aufmacht, um sich hier wer weiß welcher Delegation anzuschließen, steigt überall Gelächter auf: «Seht mal, sie rennen jetzt schon.» Oder: «He, Kameraden, nehmt nicht so schnell Reißaus, der Krieg hat noch gar nicht angefangen.» Zu Recht oder zu Unrecht gelten die Italiener als schlechte Soldaten. («Es ist besser, man hat sie als Feinde und nicht als Verbündete», ist eine der scherzhaften Bemerkungen, die in deutschen Militärkreisen im Schwange sind.)

Auch ich werde beschimpft. Ich komme in Begleitung von

Francesco und einem italienischen Kollegen zurück zum Hotel, beide sind in schwarzer Uniform – der eine in Diplomaten-, der andere in Journalistenuniform. Zwei Bayern – Lederhose, grüner Filzhut mit dem traditionellen Gamsbart – bleiben stehen und rufen mir bitterböse zu: «Es ist eine Schande, zu sehen, daß ein nettes deutsches Mädchen (ich) sich mit zwei Katzlmachern zeigt!»

Als guter Polit-Tourist besucht Mussolini die Waffenschmiede des Reiches im Ruhrgebiet und nimmt an Manövern in Mecklenburg teil. Die Rundreise endet mit einem triumphalen Besuch in Berlin, wo auf einer Strecke von fünfzehn Kilometern eine zu diesem Behufe mobilisierte Menschenmenge den italienischen Diktator in einem ohrenbetäubenden Lärm von Geschrei und Gesang empfängt.

Aber der Aufenthalt in Berlin endet schlecht. In dem Augenblick, da Mussolini in dem riesigen Olympiastadion auf dem Maifeld vor drei Millionen Zuhörern das Wort ergreift, ergießt sich ein sintflutartiger Regen über Berlin. Der Redner ist es sich schuldig, keine Notiz davon zu nehmen. Denkt er an die neue Uniform, die er sich extra hat machen lassen für den Besuch bei jenen, die er noch vor wenigen Jahren als Barbaren bezeichnet hat? Im großen und ganzen rührt sich die Menge nicht. Nur einige Verwegene wagen es, fröstelnd vor dem Wasser Schutz zu suchen. Der Duce hält seine Rede auf deutsch. Das Wort, das am häufigsten vorkommt, ist «Frieden». Er spricht sogar im Namen von Hitler. «Die ganze Welt», ruft er aus, während es noch heftiger regnet, «die ganze Welt fragt sich voll Ungeduld, was das Ergebnis meines Besuches in Berlin sein wird. Wir beide, der Führer und ich, können antworten: ‹Der Frieden›.»

Es kommt vor, daß Francesco mich über irgendeinen diplomatischen Zwischenfall unterrichtet, über irgendein politisches Detail, das bedeutsam ist, wenn *Le Matin* es veröffentlicht.

Neulich hat Botschafter Attolico seinen Presseattaché zu sich gerufen: «Ich habe nichts dagegen, daß Sie Ihre Informationen dem *Matin* zukommen lassen. Aber ich wäre Ihnen dankbar, wenn Sie sie möglichst auch an mich weitergeben würden. Ich würde es vorziehen, sie nicht aus einer französischen Zeitung zu erfahren.» Francesco erzählt mir das lachend. Ich lache nicht: «In einer deutschen Botschaft», sage ich, «würde sich so etwas zweifellos anders abspielen.» – «Du vergißt, daß wir keine Deutschen sind.» (Noch nicht.)

Francesco spricht niemals – und ich beklage mich nicht darüber – über wichtige Entwicklungen, vor allem nicht, wenn sie sein Land unmittelbar betreffen. Gegen Ende 1937 – es ist das Jahr, von dem Hitler gesagt hat, es werde «ohne Überraschung» sein – spüre ich, daß Francesco besorgt ist. Schlimmer noch: beunruhigt. Ich stelle ihm keine Fragen. Dabei wüßte ich gern, warum er mich nicht mehr, wenn auch freundlich, zärtlich, eine Kassandra nennt, sobald ich den Krieg erwähne. Er zieht es vor zu schweigen. Er hat seine Gründe.

Hitler hat beschlossen, zum Angriff überzugehen. Im Augenblick sind nur sechs Männer in seine geheimen Pläne eingeweiht. Aber gewiß hat der Führer seinen italienischen Verbündeten in großen Zügen über den Zeitplan, den er aufgestellt hat, unterrichtet.

Die Geschichtswissenschaft verdankt es einem völlig unbekannten Mann, Hitlers Wehrmachtsadjutanten Hoßbach, daß sie nach dem Krieg die Einzelheiten der Besprechung erfährt, die an einem Herbstnachmittag im Arbeitszimmer des Führers in der Reichskanzlei stattfindet und zu der Hitler seine wichtigsten Mitarbeiter zusammengerufen hat. Oberst Hoßbach macht sich Notizen, und fertigt später eine Niederschrift an, die erhalten geblieben ist und beim Kriegsverbrecherprozeß in Nürnberg eine wichtige Rolle als Beweisstück spielte. Am Anfang der Hoßbach-Niederschrift steht das Datum der Besprechung: 5. November 1937.

Göring und Goebbels sind natürlich anwesend, ferner der Reichskriegsminister, der getreue Blomberg, die Oberbefehlshaber des Heeres und der Marine, Freiherr von Fritsch und Admiral Raeder, sowie der Außenminister, Freiherr von Neurath.

Hitler macht keine Umschweife. Seiner Ansicht nach ist der Krieg unvermeidlich, wenn er, Hitler, das Ziel erreichen soll, das er sich gesteckt hat: dem deutschen Volk in Europa den Lebensraum, die Bodenschätze und Rohstoffe zu sichern, die es am dringendsten braucht. Das Vorhaben wird nicht einfach sein. Die zwei europäischen Mächte, die drohen, sich diesen Plänen in den Weg zu stellen, sind: Frankreich und England.

All das notiert Oberst Hoßbach sorgfältig. Er erwähnt ebenfalls, daß drei der anwesenden Männer es wagen, ihre Stimme zu erheben: Ist der Krieg wirklich unvermeidlich? Sieht der Führer keine andere Möglichkeit, die Schwierigkeiten des Reiches zu beheben?

Einer dieser Männer ist Neurath, der kurz darauf seine Demission einreicht, an seine Stelle wird Ribbentrop treten, der deutsche Botschafter in London. Die beiden anderen sind Blomberg und Fritsch. Drei Monate später sind sie unter sensationell geheimnisvollen Umständen von der politischen Bühne verschwunden. Auch den geringsten Widerspruch verträgt Hitler nicht mehr, und die Gestapo ist immer bereit, ihm zu helfen, vor allem, wenn es sich darum handelt, an einem der großen Machthaber Rufmord zu begehen. Die Angehörigen der Mafia, die Hitler umgibt, lieben sich untereinander nicht.

Auch der Snobismus hat manchmal sein Gutes. Er kann mißtrauisch und hellsichtig machen. Wir erfahren, daß Generalfeldmarschall von Blomberg, der seit fünf Jahren Witwer ist, wieder heiraten wird. Endlich einmal eine erfreuliche Nachricht in dieser traurigen Stadt Berlin. Ich weiß, daß Frau von

P., die ich lange nicht gesehen habe, mit der ersten Gattin des Ministers sehr befreundet war. Sie muß auf dem laufenden sein. Ich rufe sie an.

«Wie merkwürdig. Ich hätte nie gedacht, daß Werner sich wieder bindet. Wen will er denn heiraten?»

«Ein Fräulein Luise Gruhn.»

«Entschuldigen Sie, Liebste, ich habe den Namen nicht richtig mitbekommen. Wie sagten Sie doch gleich? Ein Fräulein von ... von ...»

«Nein, Frau von P. Ein Fräulein Gruhn. Einfach Gruhn. Kein von.»

Ein langes Schweigen. «Das geht schlecht aus», sagt Frau von P. schließlich.

Sie irrt sich nicht. Die Affäre Gruhn wird einer der größten gesellschaftlichen Skandale, den die Nazi-Hauptstadt erlebt hat.

Der Führer hegt, wie uns wohlbekannt, freundschaftliche Gefühle für Blomberg. Als ihm der Generalfeldmarschall erklärt, er habe die Absicht wieder zu heiraten, ist er hocherfreut. Blomberg wird ein ganz schlichtes junges Mädchen heiraten, eine Angestellte des Kriegsministeriums. All das ist vortrefflich. Der Führer ist sogar bereit – die höchste Ehre –, als Trauzeuge zu fungieren. Die Wochenschau zeigt eine glückliche junge Ehefrau mit einem riesigen Blumenstrauß im Arm, und sie steht an der Stelle, von der so viele Frauen träumen: ganz nahe neben dem Führer.

Die neue Frau von Blomberg hätte nicht gar so dicht neben Hitler stehen dürfen. Nach und nach sickern alle möglichen Gerüchte durch. Erna Gruhn soll in früher Jugend nicht das Leben geführt haben, das man von einem anständigen deutschen Mädchen erwarten kann. Ehe sie Stenotypistin in Blombergs Ministerium wurde, verdiente sie ihren Lebensunterhalt als Prostituierte, war «registriert» und hat noch dazu die Aufmerksamkeit der Polizei auf sich gezogen.

Wer hat die Idee gehabt, sie dort einzuschleusen, wo sie den unglücklichen Blomberg verführen konnte? Man hat es nie erfahren. Jedenfalls kann der Minister, nachdem er mit ihr verheiratet ist, nicht im Amt bleiben. Zumal Hitler einen Wutanfall bekommt, der seine Umgebung zittern läßt. Man hat ihn an der Seite einer Nutte fotografiert. Blomberg bietet seinen Rücktritt an, der angenommen wird.

(Nach Ende des Krieges wurde er verhaftet und starb in einer Gefängniszelle in Nürnberg, während er noch darauf wartete, seinen Richtern vorgeführt zu werden.)

Frau von P., die an der Affäre des Ehepaares Blomberg lebhaft interessiert ist, besucht mich. Ich weiß nicht mehr darüber als sie. Hat er die Scheidung eingereicht? Sie kann ihn leichter anrufen als ich und sich erkundigen. (Blomberg läßt sich nicht scheiden.)

Wie üblich trägt sie überall, wo es nur möglich ist, Schmuckstücke in Hakenkreuzform. Sie arbeitet immer noch in einer Vereinigung nationalsozialistischer Damen. Sie vertraut mir an, daß auch sie, die seit zehn Jahren Witwe ist, daran denkt wieder zu heiraten. Ich gratuliere ihr, daß sie das Glück gehabt hat, einen Mann zu finden, der ihr zusagt. Sie sieht nicht besonders begeistert aus. «Ehrlich gesagt, Liebste, bin ich an keinem mehr wirklich interessiert, seit ich den einzigen Mann verloren habe, den ich je geliebt habe.»

Sie hat mir nie ihre Liebesgeschichten erzählt, und ich habe sie nie dazu ermutigt. Aber dank der Affäre Blomberg höre ich eine detaillierte Beichte: Ein bekannter deutscher Chefarzt. Verheiratet. Aber schließlich war sie das damals auch. Was die große Liebe nicht beeinträchtigt hat. Sie ergeht sich in Superlativen: Der intelligenteste ... der großzügigste ... der schönste aller Männer ... der beste aller Liebhaber. Sie verdankt ihm alles, was sie ist, und alles, was sie weiß. Das Glück hat zwölf Jahre gedauert. Dann, eines Tages, als keiner darauf gefaßt war, die Krankheit. Der Urteilsspruch der Ärzte: Leukämie. Sehr bald der Tod. Noch jetzt, da sie davon spricht, muß sie weinen. Schließlich das Geständnis, das wie ein

Schrei hervorbricht: «Wie bin ich froh, daß er nicht mehr lebt.»

«Weil er nicht allzuviel hat leiden müssen?»

«Nein, weil er Jude war. Er hätte das so schwer ertragen, was sich jetzt abspielt.»

Was soll man ihr darauf erwidern? Daß er vielleicht die kleinen vergoldeten Ohrringe in Hakenkreuzform nicht geschätzt hätte?

Frau von P. erwartet, daß ich etwas sage.

«Wie können Sie, gerade Sie, eine Propaganda ertragen, die behauptet, daß alle Juden ohne Ausnahme einer minderwertigen und verfluchten Rasse angehören?» Sie gibt die Antwort derjenigen, die weder nachdenken noch die Wahrheit sagen wollen: «Aber das hat doch damit nichts zu tun.»

Als sie sich verabschiedet, will sie mich umarmen. Ich weiche zurück. Sie bemerkt es. Nein. Ich kann es wirklich nicht. Ich habe Angst, die Ohrringe könnten mir weh tun.

Die Mißlichkeiten – die ihm eigentlich eher gut zupaß kommen müßten – sind für Hitler noch nicht vorüber. Am selben Tag, an dem die Affäre Blomberg durch den Rücktritt des Ministers ihr Ende findet, wird dem Führer ein weiterer Skandal gemeldet. Diesmal handelt es sich um den zweiten «Opponenten» der Besprechung vom 5. November: den Freiherrn von Fritsch, den Oberbefehlshaber des Heeres, ein Musterbeispiel des preußischen Junkers.

Die Gestapo teilt Hitler mit, daß der Mann seines Vertrauens an der Spitze des Heeres sich in homosexuellen Kreisen bewege. Dem Führer wird sogar ein fragwürdiges Individuum mit Namen Schmidt vorgeführt, von dem man später erfährt, daß er es absichtlich darauf anlegte, Homosexuelle auf frischer Tat zu ertappen, um sie zu erpressen. Er behauptet in Gegenwart des Generals von Fritsch, er habe ihn in Begleitung eines Strichjungen gesehen. Hitler verlangt Fritschs Rücktritt. Er macht diese Entscheidung auch nicht rückgängig, als kurz darauf die, man weiß nicht von welchen Kreisen gegen den General angezettelte Verschwörung ans Licht kommt. Schmidt gibt zu, daß er den Freiherrn von Fritsch mit einem anderen Offizier verwechselt hat, der Frisch heißt. Mithäftlingen vertraut er sogar an, er sei von «gewissen Personen» mit dem Tode bedroht worden, wenn er sich weigern sollte, seine Beschuldigung gegen den Oberbefehlshaber des Heeres aufrechtzuerhalten. Ein lästiger Zeuge, der die Rolle, die er in der Reichskanzlei spielen mußte, wohl nicht lange überlebt hat.

Einzelheiten der beiden Affären sickern allmählich durch. François-Poncet erzählt, daß General von Fritsch, der sehr selten Gäste bei sich sieht, zu seinem Erstaunen das Dinner absagt, zu dem er auch den französischen Botschafter eingeladen hatte und das am 2. Februar hätte stattfinden sollen. Manchen Gerüchten zufolge ist das Oberkommando des Heeres unzufrieden. Es wird sogar von der Möglichkeit eines Militärputsches gegen Hitler gesprochen. Achtundvierzig Stunden lang sind wir, die Journalisten, in Alarmbereitschaft.

Am 4. Februar rufe ich kurz nach Mitternacht meine Zeitung an, um eine eilige Nachricht durchzugeben. Der Rundfunk hat den Deutschen soeben zur Kenntnis gebracht, was uns die Agenturen einige Minuten zuvor gemeldet haben: «Der Führer hat persönlich den Oberbefehl über die Streitkräfte übernommen.» Hitler ist es gelungen, sich die Bahn frei zu machen. Nichts trennt ihn jetzt mehr vom Abenteuer.

Auf die beiden gewaltigen Skandale – die Affäre Blomberg könnte ein Gaunerstück gewesen sein, die Affäre Fritsch war eine wissentlich gegen einen hohen Offizier eingefädelte Intrige – hat die Reichswehr nicht reagiert. Der preußische Adel auch nicht. Die letzte Hoffnung auf die einzig mögliche Veränderung, eine Veränderung von oben, schwindet.

Wie ein Besessener hat Hitler sich hinter den Grenzen seines Landes mit seinen Komplicen, der Mehrheit des deutschen Volkes, eingeschlossen und hält eine hellsichtige Minderheit als leidende, dem Untergang bestimmte Geiseln in seiner

Gewalt. Jetzt kann Hilfe nur noch von außen kommen. Jetzt bedürfte es diplomatischer und militärischer Brigaden, die für dringende Fälle besonders ausgebildet sind. Es gibt sie nicht. Es hat eine Zeit gegeben, da man gefahrlos reagieren konnte. Jetzt ist Hitler seinen Gegnern in einem entscheidenden Punkt überlegen: Er will den Krieg, während seine Gegner den Krieg fürchten und alles tun werden, um ihn zu vermeiden. Hitler weiß das.

Als ich in den Zug einsteige, um nach Paris zu fahren, weiß ich noch nicht, daß ich Berlin endgültig verlassen werde. Philippe Barrès will mich dringend sprechen. Er ist gerade als Chefredakteur des *Matin* zurückgetreten: «In einem Jahr werden wir Krieg haben, und ich will nicht in die Angelegenheiten einer Zeitung verwickelt werden, die schon jetzt gemeinsame Sache mit dem Feind von morgen macht.» Ich kenne Barrès. Ich weiß, wie kompromißlos er in Fragen der Politik sein kann. Wenn er den *Matin* verläßt, muß er schwerwiegende Gründe dafür haben. (*Le Matin* wird die einzige große Morgenzeitung sein, die im von Deutschland besetzten Paris weiter erscheinen wird.)

«Sie haben Glück», fährt er fort. «Die Zeitung hat beschlossen, das Büro in Berlin aufzulösen. Also brauchen nicht Sie die Initiative zu ergreifen.» Bedeutet das, daß ich in Paris arbeiten werde? Nein. Da sei keine Stelle für mich frei. Außerdem sei es besser, mit «diesen Leuten» zu brechen. Also arbeitslos. Eine arbeitslose Journalistin. Darauf bin ich nicht vorbereitet. Als ob er meine Gedanken gelesen hätte, wiederholt Barrès: «Es wird Krieg geben. Und ich verspreche Ihnen, daß ich dann eine nützliche Arbeit für Sie finden werde.»

Für einige Wochen kehre ich nach Berlin zurück. Ich habe mich bereit erklärt, Büro und Wohnung aufzulösen.

Der Rüstung eines Journalisten beraubt, verbringe ich mehrere unerträgliche Tage. «Früher» – vorige Woche? – bestand zwischen mir und dem Ereignis die Verpflichtung, darüber zu berichten. Es traf mich nur indirekt. Jetzt ist der Aufprall direkt. Ich bin voller blauer Flecke.

Büro und Wohnung des *Matin* werden von einem griechischen Diplomaten übernommen, der vor kurzem nach Berlin versetzt wurde. Seine Frau, die wie er aus Athen stammt, ist eine bedingungslose Bewunderin des Führers, der ihrer Ansicht nach Kraft, Männlichkeit und sogar Schönheit verkörpert. Es scheint, als ob die magnetische Anziehungskraft Hitlers über alle Grenzen hinweg wirke.

Mein letzter Abend in Berlin. Ich verbringe ihn mit Francesco. Er will mir vorher nicht verraten, wo wir essen werden. Ich traue meinen Augen nicht, als wir das *Haus Vaterland* betreten, das größte populäre Restaurant, in das ich je den Fuß gesetzt habe. Es gibt dort einen Saal, wo Bier in Riesengläsern ausgeschenkt wird, und einen zweiten, wo man Wein trinkt. Die Wände des Bierlokals sind mit bayerischen Landschaften dekoriert, im Weinrestaurant sieht man Flachreliefs, die das Rheintal darstellen.

Die recht beschwipsten Gäste warten auf die Sensation des Abends. Alle Stunde geht ein künstliches Gewitter auf die imaginären Fluten des Rheins nieder. Trommeln und Trompeten der Kapelle imitieren das Donnergeräusch, elektrische Entladungen rufen Blitze hervor, während aus kleinen an der Decke angebrachten Gießkannen Regenfluten in schmale, vor dem künstlichen Fluß entlanglaufende Becken strömen. Eine höchst perfektionierte Technik im Dienst des schlechten Geschmacks. Ich stütze den Kopf in die Hände, um den Donner und das Strömen des Wassers nicht zu hören, ich schließe die Augen, um die Blitze nicht zu sehen. Denn das Schauspiel dauert lange.

Zwischen zwei Gewittern stellen sich die Kapellen – es gibt deren mehrere – den Gästen zur Verfügung, die sie dirigieren möchten. In unserem Saal ist es ein SA-Mann, der sich den

Hemdkragen aufgeknöpft hat, mächtig schwitzt und schwungvoll einen Wiener Walzer dirigiert. Ich ersticke.

«Warum bist du mit mir hier hergegangen?»

«Um im voraus die Sehnsucht zu bekämpfen, die du nach Berlin haben könntest.»

Ich blicke ihn an, als sähe ich ihn zum erstenmal. Er hat nicht verstanden, daß kein Gewitter, sei es echt oder künstlich, stärker sein kann als meine Sehnsucht nach Berlin. Berlin, das mit dem Tode ringt. Berlin, das sterben wird.

Das *Haus Vaterland* wurde von Bomben zerstört. Der Potsdamer Platz, wo es stand, gehört zum Niemandsland, das die Stadt teilt. Heute verläuft dort die Mauer.

Ich leiste mir den Luxus einer schlaflosen Nacht. Obwohl niemand von mir verlangt, ich solle Einzelheiten über die Konstruktion des Zeppelins herausfinden, der eben auf dem amerikanischen Flughafen Lakehurst in Flammen aufgegangen ist, ohne – auf Wunsch der Redaktion – eine heftig antikommunistische Rede von Joseph Goebbels wortwörtlich übersetzen und noch vor 2 Uhr morgens telefonisch durchgeben zu müssen.

Die heutige Nacht gehört mir. Der arbeitslosen Journalistin. Meiner Rüstung bar, zur bloßen Zuschauerin geworden, finde ich den Anblick der nationalsozialistischen Hauptstadt unerträglich. Warum habe ich ihn solange ertragen? Nun eben, weil ich Journalistin bin und weil das, worüber es zu berichten galt, in Berlin vor sich ging. Ich weiß auch, daß mir nunmehr das Aktuelle, das Tagesgeschehen zum unentbehrlichen Gefährten geworden ist: ein endloses Filmband mit täglich anderen Bildern, manche davon erschreckend, tragisch, unerbittlich und vor denen man nicht, auch nur einen einzigen Tag lang die Augen verschließen darf.

Am nächsten Morgen fahre ich nach Paris. Freunde am Bahnhof; Francesco, der weint. Aber er ist schon fern, auch er.

In Paris erwartet mich mein Vater. Glücklich, mich wiederzuhaben. Ich komme mir verloren vor. Wie soll ich einem Vater, der mich liebt, erklären, daß ich mich vom Journalismus, sei es auch nur vorübergehend, verstoßen – verwaist fühle?

Francesco nimmt jede Gelegenheit wahr, um mich zu besuchen. Den letzten Sommer, den Sommer des Jahres 1939, verbringen wir mit Freunden in Sanary. Eines Tages nehmen sie uns zu exilierten Deutschen mit, die sich in Südfrankreich niedergelassen haben, wo sie leben und arbeiten.

Wir befinden uns geradezu im Gotha der deutschen Literatur. Da ist Lion Feuchtwanger, der unglückliche Verfasser des *Jud Süß*, von dem Hitler so üblen Gebrauch machte, indem er einen antisemitischen Film danach drehen ließ. Seine Frau. Seine Sekretärin. Auch der große Dichter Franz Werfel, der später in Amerika *Das Lied von Bernadette* schreiben sollte. Er trug damit eine Schuld ab: Er hatte gelobt, ein Buch über die Heilige von Lourdes zu schreiben, wenn er den Deutschen nicht in die Hände falle.

Franz Werfel hat die Witwe von Gustav Mahler geheiratet, Alma, die, älter als er, immer noch schön, immer noch autoritär, immer noch imposant ist.

Plötzlich sehen wir uns, Francesco und ich, im Mittelpunkt des Interesses. Man spricht vom Krieg. Ich weiß nicht, wer der erste war, der es gesagt hat: «Wenn Krieg ausbricht, ist Hitler erledigt. Die Deutschen werden sich wie ein Mann erheben, um den Diktator zu stürzen.»

Man wendet sich an uns: Francesco kommt direkt aus Berlin, ich habe dort eine Reihe von Jahren unter dem Hitler-Regime gelebt. Habe ich das Recht zu schweigen?

«Die Deutschen werden, ganz im Gegenteil, wie ein Mann aufstehen, um zu tun, was Hitler ihnen befiehlt. Sie werden unerbittlich kämpfen, erbarmungslos. Sie werden an einen kurzen siegreichen Krieg glauben.»

«Und wenn sich der Krieg in die Länge zieht?»
«Dann werden sie bis zum Ende kämpfen.»
Und was meint Francesco, der Diplomat? Dasselbe wie ich. Die Deutschen vertrauen Hitler. Sein Krieg wird der ihre sein.

In dem großen Salon, in dem wir sitzen – es ist zu heiß, um sich auf der Terrasse aufzuhalten –, hat sich die Atmosphäre plötzlich verändert. Mir ist unbehaglich zumute, und ich gebe Francesco ein Zeichen. Als sich die Tür hinter uns schließt, hören wir, daß die Unterhaltungen wieder beginnen.

Am nächsten Tag erzählen uns unsere Freunde, daß sich ein einstimmiger Protest erhoben hat, nachdem wir gegangen waren: wir, Francesco und ich, seien Angehörige der Fünften Kolonne. Im Solde der Nazis. Deutschlands Macht? Der Zusammenhalt, von dem wir gesprochen haben? Bloße Mythen, die wir verbreiten, um Defätismus zu erzeugen.

Wieder in Paris, gehen wir spät abends über die Place de la Concorde. Ich bin müde. Ich bleibe stehen. Lehne mich an eine Straßenlaterne. «Was hast du?» Ich antworte nicht. «Woran denkst du?» Woran ich denke? An etwas Ungeheuerliches. Ich frage mich und dann frage ich auch ihn, wie man «Place de la Concorde» auf deutsch sagt. Er begreift sofort, was ich meine. «Ich glaube nicht, daß ‹sie› die Namen von Straßen oder Plätzen übersetzen werden.» Also weiß er ebenso wie ich, daß die Deutschen früher oder später angreifen werden, daß Frankreich keine Lust hat, Krieg zu führen, und daß die schwarze Flut der SS sogar das Pflaster der Hauptstadt überschwemmen wird.

Heute ist unser letzter Tag. Heute abend reist Francesco ab. Wir sind in der Rue Royale. In einer Parfumerie. Ich brauche ein neues Arpège. Ich wähle das übliche Flacon. Francesco fragt die Verkäuferin: «Haben Sie kein größeres?» – «Doch, natürlich.» Sie bringt ein Flacon, das mir riesig erscheint. Lachend sage ich: «Das reicht für mindestens zwei Jahre.» Francesco hat den Kopf abgewandt. Beim Verlassen des Ladens sehe ich, daß ihm Tränen in den Augen stehen.

Ich verstehe immer noch nichts. Vielleicht will ich auch nicht verstehen.

Etwas später – wir essen in einem italienischen Bistrot zu Mittag – fragt mich Francesco:

«Denkst du noch an das, was du mir gestern abend versprochen hast?»

«Nein, das habe ich vergessen. Was war es?»

«Du hast mir versprochen, Maria in Schottland zu besuchen.»

«Ich habe keine Lust, dorthin zu fahren. Nicht gerade jetzt.»

«Du hast es versprochen, und ich bestehe darauf.»

«Für wie lange?»

«Eine Woche, zehn Tage.»

«Es ist anstrengend, und ich werde mich langweilen.»

«Das macht nichts. Du mußt trotzdem fahren.»

Francesco reist mit dem Nachtzug. Ich halte mein Versprechen. Ich nehme nur das Notwendigste mit. Und die Flasche Arpège? Nein, zu schwer.

Maria erwartet mich in St. Andrews an der Ostküste, der Wiege des englischen Golfspiels. Wir sollen dort vierzehn Tage als Gäste eines Universitätsclubs verbringen.

Sie strahlt vor Glück, als sie mich empfängt: «Es gibt eine Neuigkeit, die Ihnen Freude machen wird. Hitler hat gestern einen Pakt mit Stalin geschlossen. Das bedeutet Frieden.» Arme Maria. Sie ist ein tapferes Mädchen, aber von Politik hat sie nie etwas verstanden.

«Sind Sie nicht meiner Meinung?»

«Nein. Ich bin nicht Ihrer Meinung. Das bedeutet nicht Frieden. Das bedeutet Krieg. Morgen oder übermorgen oder in einer Woche.»

Ich zögere, meinen Koffer auszupacken. Wir schreiben den 24. August 1939.

Hitler hat also mit Stalin die größte Schachpartie begonnen, die je gespielt wurde.

(Sie wird fünfundfünfzig Millionen Männern, Frauen und Kindern das Leben kosten. Wie bei jedem Spiel wird es einen Gewinner und einen Verlierer geben. Die Russen gelten noch immer als ausgezeichnete Spieler, obwohl sie diesmal fast verloren hätten.)

Francesco hat es gewußt. Die Puzzleteile fügen sich zusammen: das Versprechen, nach Schottland zu fahren, das er mir zweimal abgenommen hat; seine Traurigkeit; und schließlich das extra große Flacon Arpège. Er hat nicht gewagt, offen mit mir zu sprechen. Er fürchtete für sich wie für mich den Schmerz der Trennung. Ich nehme es ihm übel. Mußte ich wirklich erst von Maria, durch den Rundfunk, durch die Zeitungen das erfahren, was ich als eine der ersten hätte wissen sollen? Es ist nicht nur die Frau, die das Gefühl hat, betrogen zu sein. Es ist auch die Journalistin. Francesco hat weder der einen noch der anderen vertraut.

Gleich nach der Kriegserklärung verlasse ich St. Andrews, um nach Paris zurückzufahren. Ich unterbreche die Reise in London. Zu einem kurzen Aufenthalt. Er sollte fünf Jahre dauern.

Ich werde für eine journalistische Arbeit eingespannt. Nur für einige Tage. Die Arbeit zieht sich in die Länge. Ich versuche, Verbindung zu Philippe Barrès aufzunehmen, der mir eine militärische «Mission» versprochen hat. Aber niemand weiß, an welchem Frontabschnitt sich Major Barrès zur Zeit befindet.

Die Deutschen gehen zum Angriff über. Sie besetzen Frankreich. Sie sind in Paris.

Die Schlacht um England. Unsere Zeitungen unter den

Bomben. (Die Begegnung mitten im Krieg mit einem Mann, von dem ich nicht sprechen will.)

Und eine Szene, die ich nicht vergessen werde.

Frankreich hat kapituliert. Ich weiß nicht, was ich tun soll. Ich warte auf die Ankunft von Philippe Barrès. Ich bin sicher, daß er sich nicht damit abfinden wird, unter der deutschen Besatzung zu leben. Wird er nach London kommen?

Philippe Barrès – habe ich es gesagt? – ist sehr groß. Daher bin ich nicht erstaunt, als ich eines Tages am Hyde Park Corner einen Mann in französischer Uniform erblicke, der die Menge überragt. Ich laufe über die Straße mitten durch das Quietschen der Bremsen von Autos, die anhalten, um mich nicht zu überfahren. Ich will den französischen Offizier nicht aus den Augen verlieren. Ich renne hinter ihm her, an ihm vorbei und drehe mich um. Enttäuschung: ein Unbekannter. Traurig gehe ich nach Hause.

Am nächsten Tag ist das Bild des Unbekannten in allen Zeitungen: Es ist Charles de Gaulle. Noch am selben Abend richtet er sich im Rundfunk an alle Franzosen, um ihnen zu sagen, daß Frankreich zwar eine Schlacht verloren hat, aber nicht den Krieg.

Barrès kommt einige Tage später, und ich trete in die Redaktion der Exil-Zeitung *France* ein. Andere schließen sich in England dem General an. Tatsache bleibt aber, daß ich die erste Französin war, die de Gaulle gefolgt ist. Im Laufschritt.

V
DAS GROSSE VERGESSEN

Wenn ich manchmal Deutsche sehe, die am frühen Sonntag morgen ihr erstes Nachkriegsauto mit wahrer Leidenschaft einer gründlichen Wäsche unterziehen, sage ich mir, daß es wahrscheinlich solcher Reinlichkeitsfanatiker bedurfte, um in den Konzentrationslagern eine Folter besonderer Art zu perfektionieren: den Schmutz. Ein allgemeines Verdrecken, das die menschliche Identität zerstörte und Läuse, Typhus, den Tod mit sich brachte.

Nun bin ich schon mehrere Monate in Bonn, der zur provisorischen Hauptstadt des besiegten Deutschlands avancierten Kleinstadt. Wenn man heute in Paris oder London von Deutschland spricht, meint man natürlich jenen Teil des früheren Reiches, der nunmehr von Amerikanern, Engländern und Franzosen besetzt ist. Die anderen Provinzen, die unter der Kontrolle der Russen stehen und bald ganz zum Herrschaftsbereich der Sowjetunion gehören werden, interessieren uns weniger.

Ich bin aus London gekommen, wo ich für die Zeitung *France-Soir* gearbeitet hatte. England erholte sich damals nur mühsam vom gewonnenen Krieg, hatte den, der ihn gewann, Winston Churchill, nach Hause geschickt und eine neue Regierung gewählt. Das Land war mitten im politischen und sozialen Umbruch. Um unseren Lesern Freundliches zu berichten, war uns nur noch die englische Königsfamilie geblieben.

«Wie lange werden sich, Ihrer Meinung nach, die Leser noch für das Leben und Treiben der Bewohner von Buckingham Palace interessieren?» fragte ich eines Tages Charles Gombault, der gemeinsam mit Pierre Lazareff unsere Zeitungsgruppe leitet. «Solange, wie sie sich ablenken wollen, und sei es nur für einen kurzen Augenblick; solange sie einer beängstigenden Wirklichkeit entfliehen (der Koreakrieg hatte gerade begonnen), und den Eindruck haben möchten, in einer anderen Welt zu leben, in der es Prinzessinnen und Märchenprinzen gibt.»

Eines Tages dann hatte Charles Gombault mich nach Paris gerufen. «Wir haben beschlossen, in Bonn ein Büro zu eröffnen. Wollen Sie die Leitung übernehmen?» Er wußte nichts über Bonn. Er hat es «Bône» ausgesprochen, wie alle Leute damals. Das klang vertrauter. Nur liegt Bône nicht am Rhein, sondern an der algerischen Küste des Mittelmeers.

«Sie können ablehnen. Wir würden es alle verstehen, wenn ein Journalist im Laufe eines einzigen Lebens nicht zweimal dort arbeiten will. Aber ich glaube, Sie werden annehmen.» Charles kannte mich gut. Aber wußte er auch, in welch ein Meer von Schmerz, Sehnsucht und Haß er mich stürzte?

In all diesen Jahren hatte ich versucht, mich von Deutschland loszureißen. Ich hatte so getan, als wollte ich keine Antwort auf die Fragen haben, die wir uns einst stellten.

Wir hatten manches gewußt. Aber nicht alles. Wenn unsere kleine, nun in alle Winde zerstreute Gruppe damals zusammentraf, konnte es geschehen, daß wir uns das Schlimmste ausmalten. Aber was geschehen ist, war schlimmer, viel schlimmer als alles, was wir uns vorgestellt hatten.

Ich bin den Krieg über nicht in Deutschland gewesen. Bin nie in ein Konzentrationslager deportiert worden. Dies würde also meine erste Begegnung mit denen sein, die das Drama miterlebt oder an ihm teilgenommen hatten. Umsonst sage ich mir: ich bin Reporterin, es ist durchaus normal, daß ich mich an den Tatort begebe, und zu entdecken versuche, ob das Verbrechen Spuren hinterlassen hat. Aber die deutsche Tragödie ist nicht ein einfaches Reportagenthema. Und ich bin nicht nur Journalistin. Ich bringe es nicht fertig zu verzeihen. Ich kann sogar hassen.

Ich werde nach Deutschland zurückkehren. Jetzt, da der Entschluß gefaßt ist, kann ich es kaum erwarten, hinzufahren.

Es ist einfach, ein ganzes Volk zu hassen. Das weit weg ist. Das man nicht sieht.
Der erste Deutsche, dem ich begegne, ist der Schaffner des Zuges, in dem ich von Paris nach Bonn fahre. Es gibt keine direkte Verbindung zwischen den beiden Städten. (Die so feierlich proklamierte deutsch-französische Freundschaft hat an diesem Zustand nichts geändert. Mit der Bahn kann man immer noch nicht von der französischen Hauptstadt direkt in die deutsche Hauptstadt fahren. Man strandet in Köln. Es sind nur noch etwa 30 Kilometer nach Bonn. Dennoch braucht man ein Transportmittel, um hinzukommen.)
Der Schaffner setzt sich neben mich und sucht im Kursbuch nach der bestmöglichen Verbindung. Seine Mütze hat er neben sich auf den Sitz gelegt. Es ist Ende Juni und sehr warm. Er hat die sehr weiße, großporige Haut vieler Deutscher, die sehr blond sind. Er riecht nach leicht parfümierter Seife. Ich will seine Hände nicht ansehen, die die Seiten umblättern; ich sehe sie dennoch: gepflegt, etwas sommersprossig. Die Nägel von makelloser Sauberkeit. Er dreht sich mir zu, ganz erfreut: «Ich hab's gefunden. Heute abend um 23 Uhr sind Sie in Bonn.»
Er hat die Tür hinter sich zugezogen. Ich bin allein im Abteil. Und in diesem Eisenbahnwagen wird es mir plötzlich klar: Ich kann die Deutschen hassen. Ich kann den Schaffner nicht hassen.

Seltsam. Ehe ich abfuhr, habe ich an die Leute gedacht, die ich wiedersehen würde, an die Toten, von denen man sprechen würde, an diejenigen, die nicht aus dem Krieg zurückgekehrt sind und deren Schicksal noch ungewiß ist. An das von den Siegern zweigeteilte Reich. An die Russen in Berlin. An die Ruinen habe ich nicht gedacht.

Sie sind überall. Ruinen altern schnell. Ich hatte das in London erlebt. Ein gestern zerstörtes Gebäude scheint am nächsten Tag schon einer fernen Vergangenheit anzugehören, hat schon etwas von der Würde eines Denkmals an sich. Genauso ist es mit den zerstörten Häusern, die an meinen Augen vorbeiziehen, während der Zug sich Köln nähert.

Es ist dunkel geworden. Man sieht die Ruinen nicht mehr. Dagegen brennt Licht in großen Bauwerken, zweifellos Fabriken, die entweder wieder aufgebaut wurden oder stehengeblieben sind. Die Nachtschichten müssen wohl jetzt die Arbeit übernommen haben. Ein flüchtiges Bild: meine letzte Reise von Berlin nach Paris, als ich Deutschland «für immer» verließ. Überall Fabriken und riesige, erleuchtete Fenster. Es wurde Tag und Nacht gearbeitet, um den Krieg vorzubereiten. Jetzt, da er verloren ist, wird Tag und Nacht gearbeitet, um die Schäden zu beseitigen.

Bonn könnte eine heitere Stadt sein. Eine wahre Operettenszenerie: ein schöner Fluß, auf dem es von Lastkähnen wimmelt, ein von reichbewaldeten Hügeln umschlossenes Tal; Fachwerkhäuser; ausgedehnte Wiesen, auf denen Schafherden und Ziegen unter dem wachsamen Blick eines Schäfers weiden. Er treibt seine Tiere bis in die Nähe der Behelfsbaracken, in denen die in der Hauptstadt akkreditierten Journalisten untergebracht sind.

Und dennoch ist Bonn trist. Sogar sein Bahnhof ist trist, ein kleiner Provinzbahnhof, der nur zwei Gleise hat außer jenen, auf denen sich der Verkehr mit den Nachbardörfern abwickelt. Sechs Stufen muß man hinuntergehen, um die Straße zu erreichen. Eine Geschäftsstraße. Vier oder fünf Taxis warten auf Kunden. Rasch ein Blick nach rechts: ein Lokal, halb Ausschank, halb Kneipe. An den meisten Tischen sitzen Männer allein, die Briefe schreiben oder gar nichts tun. Bonn mangelt es an Wohnraum: viele der neu Zugezogenen leben hier ohne ihre Familien.

Die Bonner lieben ihren Bahnhof nicht. Auch nicht die Eisenbahngleise, die mitten durch die Stadt führen und sie zweiteilen. Zahlreiche Pläne sind ausgearbeitet worden, um die Bahn um die Stadt herumzuführen. Sie sind alle fallengelassen worden. Da die Deutschen nichts lieber haben als Statistiken, haben sie die Zahl der Minuten ausgerechnet, die durch das Warten an den geschlossenen Schranken vergeudet werden. Die Zahl ist beeindruckend. Mehr als hundertzwanzig Züge pro Tag: Das ergibt fast zehn Stunden Wartezeit.

Die neu geschaffenen Ministerien unterzubringen war für die Stadtverwaltung ein schwieriges Problem, das noch längst nicht gelöst ist. Es wird überall gebaut, in Bonn sowie in der Umgebung. Inzwischen sind die Dienststellen, so gut es geht, auf verschiedene bewohnbar gebliebene Gebäude verteilt worden.

Meine Arbeit in Bonn ist anfangs nicht leicht. Man kann von französischen Lesern sicher nicht erwarten, daß sie den Deutschen gegenüber Herzlichkeit oder Sympathie empfinden. Als Beobachterin, die objektiv sein möchte, muß ich gegen die Klischees der damaligen fünfziger Jahre ankämpfen. So gegen meinen Chef vom Dienst, der jedesmal, wenn ich ihm etwas für die vermischten Nachrichten vorschlage, antwortet: «Hochinteressant, aber fassen Sie sich kurz. Begnügen Sie sich damit, den Namen des Betreffenden anzugeben, sein Alter und den Rang, den er in der SS innehatte.» Es gibt aber auch Deutsche, die nicht in der SS waren, und das muß man wissen.

Dagegen ist die Redaktion hocherfreut, wenn ich Informationen übermittle, die das Bild des «bösen» Deutschlands bestätigen. Die dem Leser erlauben – zumindest glaubt man das – auszurufen: «Da sieht man's wieder, diese Deutschen. Die werden sich nie ändern.»

An dem Tag, an dem ich die tieftraurige Geschichte von einer Gruppe Berliner Kinder erzähle, die «Konzentrationsla-

ger» spielten, bekomme ich eine sehr schöne «Aufmachung».
Die Opfer waren gefesselt und mit Füßen getreten worden.
Ein paar Nasen hatten geblutet. Das Spiel wurde spannend,
als ein Schüler vorschlug, einen seiner kleinen Kameraden
aufzuhängen. Nicht richtig, natürlich. Bloß so. Zum Spaß.
Zum Glück kam ein Passant, der die Belustigung von weitem
verfolgt hatte, noch rechtzeitig hinzu, um die Schlinge aufzuknoten, die den Jungen fast erwürgt hätte.

Schließlich gilt es in Paris als ausgemacht, daß Westdeutschland, auch entwaffnet, militaristisch geblieben ist und
gern ehemalige hohe Offiziere zu Wort kommen läßt. So hat
meine Zeitung nicht gezögert, auf reichlich sensationelle
Weise die angebliche Kritik eines deutschen Generals namens
«Anzeiger» zu bringen, der sich erlaubt, die Politik der Besatzungsmächte nicht nach seinem Geschmack zu finden. Tatsächlich handelt es sich um einen wenig belangvollen Kommentar der Bonner Lokalzeitung, des *Generalanzeigers*. Durch
den Irrtum einer Stenotypistin war der Zeitungstitel in drei
Worten geschrieben worden und so blieben die Deutschen
Militaristen. Wie eh und jeh.

Das Verhalten der Deutschen scheint damals noch sehr
stark geprägt durch den Krieg und die Jahre danach. Auf den
Straßen, vor den Geschäften schubst man sich immer noch,
gebraucht die Ellbogen, bahnt sich häufig ziemlich brutal den
Weg, als ob es nicht genug Platz und nicht genug zu essen für
alle gäbe. Dabei bieten die Läden eine reiche Auswahl, und
nirgends sieht man Leute Schlange stehen.

Alle Leute drängeln, vor allem in Lebensmittelgeschäften.
Ein neues Schlagwort ist an die Stelle der patriotischen Parolen aus der Nazi-Zeit getreten. Man spricht von einer «Freßwelle». In den Zeitungen oder bei Bekannten, sieht man Fotografien, die gleich nach dem Krieg aufgenommen wurden: die
kaum wiederzuerkennenden abgezehrten Gesichter, und die
ausgemergelten Leiber von Menschen, die sich schon lange
nicht hatten satt essen können.

Ein Anruf des Bundeskanzleramtes: der Bundeskanzler lädt einige ausländische Journalisten für den kommenden Nachmittag zum Tee ein.

Es ist das erste Mal, daß ich Konrad Adenauer sehe. Er hält sich sehr gerade. Die Hand, die er mir reicht, fühlt sich kühl und trocken an. Die Hand eines Mannes, der bei bester Gesundheit ist. Unwillkürlich denke ich an de Gaulles resignierenden Ausspruch: «Altsein, was für ein Schiffbruch!» Der fünfundsiebzigjährige Adenauer scheint diesen Ausspruch täglich zu dementieren. Ja, der Regierungschef preist bei jeder Gelegenheit die Vorzüge eines vorgerückten Alters: «Nichts ersetzt die Erfahrung.»

Ich betrachte dieses seltsame Gesicht, das aus lauter Runzeln, Falten und Furchen besteht. Die plattgedrückte Nase, Folge eines Autounfalls, verleiht ihm ein etwas asiatisches Aussehen. Er hat sehr helle Augen und einen Blick, der gleichgültig erscheinen will, aber alles aufnimmt. (Er beweist es, als er einige Jahre später anläßlich eines Besuchs in Moskau als erster bemerkt, daß seine sowjetischen Gastgeber, die glauben, ihr Trick werde nicht auffallen, den deutschen Delegierten große Mengen Krimwein einschenken lassen, während sie selbst reines Wasser aus rotgefärbten Gläsern trinken.)

Der Bundeskanzler hat sieben oder acht Journalisten zu sich gebeten; er kommentiert Probleme, die ihm am Herzen liegen und die er in unseren Zeitungen, die alle in starker Auflage erscheinen, behandelt wissen möchte.

Adenauer spricht von seinem Wunsch, die Beziehungen zu Frankreich enger zu gestalten. Schade, daß dort die Regierungen so oft wechseln. Nicht, daß er über die «Herren» (niemals dieselben) zu klagen hätte, die ihn von Zeit zu Zeit besuchen, um mit ihm über Politik zu sprechen. «Im übrigen», sagt er, «könnte ich mich mit jedem französischen Staatsmann verstehen.» Nach einer kleinen Pause: «Außer, natürlich, mit General de Gaulle.»

Ich muß wohl eine Bewegung gemacht oder meine Teetasse

etwas unvermittelt auf den Tisch gestellt haben. Adenauer wendet sich mir zu. «Sind Sie nicht der Meinung? Nun lassen Sie mich mal eine Frage stellen: Glauben Sie, daß General de Gaulle sich jemals mit einem Mann wie mir einigen könnte?»

Ich habe keinerlei Recht, im Namen des Generals zu sprechen. Ich begnüge mich damit, daran zu erinnern, daß de Gaulle immer fasziniert war von der Idee einer Versöhnung zwischen «Galliern» und «Germanen» und daß er das erst neulich in Straßburg unterstrichen habe.

Aber der Bundeskanzler wiederholt, und es klingt halsstarrig: «Nicht mit General de Gaulle.»

An jenem Tag hat sich der große Staatsmann Konrad Adenauer geirrt.

Ich kehre nach Berlin zurück. Die Russen haben fünfzehn Elsässer freigelassen, die während des Krieges zur Wehrmacht eingezogen worden waren und jetzt in der ehemaligen Hauptstadt Station machen, ehe sie in die Heimat zurückkehren. Ich fliege in einem amerikanischen Flugzeug über das von den Russen kontrollierte Gebiet, in einem der drei Luftkorridore, die den alliierten Maschinen zugewiesen sind. Nicht einmal bei Gewitter oder Turbulenzen darf der Pilot den Korridor verlassen, dessen Breite und Höhe genau begrenzt sind. Er würde riskieren, sowjetische Mig auftauchen zu sehen, die nichts Freundschaftliches im Sinn haben. Die Solidarität der Sieger gehört der Vergangenheit an.

Aber es wird kein Wiedersehen mit Berlin. Berlin gibt es nicht mehr. Diese Ruinen, diese zusammengeflickten Häuser, diese neuen, in aller Eile errichteten Gebäude, die ich nicht kenne, lassen mich fast gleichgültig. Ich empfinde nicht einmal den Schock, den man beim Anblick eines geliebten Gesichts verspürt, das man nach langer Abwesenheit wiedersieht und das beklagenswert «anders» geworden ist. («Weißt du, du hast dich überhaupt nicht verändert!» Eine willkommene Notlüge.)

Berlin braucht man nichts vorzulügen. Die Stadt ist zerstört. Ich ertappe mich bei dem Gedanken: «Schade, daß sie nicht völlig verschwunden ist.» Das wäre ehrlicher.

Das ehemalige kaiserliche Schloß, das durch Bomben stark beschädigt war, ist von den Kommunisten, in deren Sektor es sich befand, dem Erdboden gleichgemacht worden. Das Brandenburger Tor steht noch. Man sieht es immer noch mit seinen sechs Säulen und der von der Siegesgöttin gelenkten Quadriga. Aber was ist aus den Straßen geworden, die dort hinführten?

In der Hotelhalle treffe ich zufällig Vera, die ich vor dem Krieg gekannt habe. Eine große junge Frau von sehr ausgeprägt slawischem Typ. Sie war damals Schneiderin, und ich war ein- oder zweimal zu ihr gegangen, um ihr etwas zu nähen zu bringen. Sie lebte in Wilmersdorf in der bescheidenen Wohnung, die sie von ihren Eltern geerbt hatte. Ihr großer Kummer war, daß die Räume so dunkel waren, denn die Fenster gingen auf einen ziemlich kümmerlichen Hof. Ach, wenn sie nur helle Zimmer haben könnte, mit einer hübschen Aussicht auf die Straße!

Der Krieg hat diesen Traum über jede Erwartung hinaus verwirklicht. Jetzt hat Vera nicht nur Aussicht auf die Straße, sondern auf ein ganzes Stadtviertel. Ein einziges Gebäude hat den Fliegerbomben und dem Geschützfeuer widerstanden: das ihre. Von ihren Fenstern aus schweift der Blick, so weit das Auge reicht, über Ruinenberge und Mauerreste, die wie durch ein Wunder noch stehen.

Wie viele Berliner hat Vera die letzte Schlacht des Krieges miterlebt: «Es gab keinen Unterschied mehr zwischen Tag und Nacht. Die Stadt war eingehüllt in Wolken von Staub und Rauch, denn überall brannte es. Man verließ die Keller nicht mehr, die ja Luftschutzkeller geworden waren. Auch später blieben wir möglichst viel unten, um den russischen Soldaten aus dem Weg zu gehen, die plünderten und die Frauen vergewaltigten. Ich habe Glück gehabt. Mich haben die Russen freundlich und sogar respektvoll behandelt; zweifellos hat mich mein slawisches Aussehen gerettet. Es waren vor allem die großen Blondinen, die herhalten mußten. Ein Soldat hat einmal zu mir gesagt: ‹Du Schwester.› Und er hat mir eine Konservendose geschenkt.»

Vera ist eine schlichte Person. Sie erzählt mir frei heraus die Geschichten, die in Berlin die Runde machen über die so primitiven russischen Soldaten, die aus dem tiefsten Sibirien oder aus der Mongolei gekommen sind und nie zuvor den Fuß in ein ‹zivilisiertes› Land gesetzt haben. (Ich frage sie nicht, wie wohl diese armen «Wilden», als sie die Konzentrationslager befreiten, auf die Errungenschaften eines so fortschrittlichen Volkes wie des ihren reagiert haben.)

«Ich sage Ihnen, die Juden haben Glück gehabt», erklärt mir Vera.

Ich bin verblüfft. «Glück?»

«Natürlich. Sie konnten das Land vor diesen schrecklichen Ereignissen verlassen.»

Das will ich ihr nicht durchgehen lassen. «Vera, ich glaube, meine Freundin Else war Ihre Kundin. Wissen Sie, was aus ihr geworden ist?»

Else, die Tochter des Schauspielers Max Adalbert, hatte erst nach dem Tod ihres Vaters, also während des Dritten Reiches, erfahren, daß ihre im Wochenbett gestorbene Mutter nicht rein arisch gewesen war. Else war also «Mischling».

Sie verließ Deutschland und ging in ein lateinamerikanisches Land, wo sie zu sterben beschloß und sich erhängte. Vera schweigt. Sie weiß es also.

Und Hanka? Eine andere Kundin, aber auch eine Freundin. Sie wurde deportiert. In einer Gaskammer umgebracht. Weiß Vera das nicht?

Sie will nicht, daß ich die Aufzählung fortsetze. «Das ist alles schon so lange her. Ich spreche von denen, die überlebt haben. Die sich im Ausland ein neues Leben aufgebaut haben.»

Und das Exil? Soll ich die schönen Worte Thomas Manns

anführen, der vom «Herzasthma des Exils» spricht, von den «nervösen Schrecken der Heimatlosigkeit»? Soll ich ihr sagen, daß das Drama lange vor den Bomben, vor der Ankunft der Roten Armee, vor der Teilung von Berlin begann? «All das ist lange her.»

Ich werde sie nicht wiedersehen.

Etwa hundert Meter vom Brandenburger Tor entfernt warnt mich ein großes Schild, daß ich den britischen Sektor verlasse. (Die Mauer gibt es noch nicht.) Ich kann unbesorgt den für Fußgänger reservierten Durchgang benutzen, um zur Allee Unter den Linden zu gelangen. Die Bäume sind verschwunden. Hitler hat sie fällen lassen, als er daran dachte, den Fahrdamm zu verbreitern. Seine Architekten hatten sich schon bei den schwedischen Diplomaten nach der Menge von Granitblöcken erkundigt, die ihnen nach dem Sieg für den Bau neuer Monumente zum Schmuck der *via triumphalis* geliefert werden könnten, die Hitler vom Brandenburger Tor ausgehend in seiner Hauptstadt schaffen wollte.

In der Wilhelmstraße sind nur noch die Ruinen von Hitlers Residenz und von dem berühmten Bunker zu sehen, in dem er die letzten Tage seines Lebens verbrachte.

Etwa sechs Kilometer liegen zwischen dem Kurfürstendamm, dem Schaufenster des neuen westlichen Wohlstands, und der weniger vom Glück begünstigten Stalin-Allee; sie ist noch im Bau und soll die Prachtstraße des «Arbeiter- und Bauern-Staates» werden.

Selbst mit geschlossenen Augen würde man erraten, daß man gerade eine unsichtbare Demarkationslinie überschritten hat. Den Ostsektor von Berlin erkennt man am Geruch. Zuerst habe ich gedacht, diese Ausdünstungen kämen von schlecht enttrümmerten Ruinen, von der Kleidung einer verarmten Bevölkerung und der schlechten Seife, von der ich gehört hatte. Die Erklärung, die ich später bekam, ist einfacher und weniger dramatisch: Der Geruch stammt vom «Minol», einem Benzin von minderer Qualität, dem einzigen, das man für seinen Wagen in Ostberlin bekommt.

Soweit die geschlossenen Augen. Mit offenen Augen merkt man mühelos, daß man sich in einer anderen Welt befindet. Aus einer Stadt mit vielbeschäftigten Bewohnern, einer Stadt, die von Besuchern, Touristen und Neugierigen wimmelt, gelangt man, indem man einfach eine breite Straße überquert, in leere Straßen.

Wo sind die Bewohner von Ostberlin? Es muß sie doch geben. Bei offiziellen Feiern sieht man sie in großer Zahl. Vielleicht verlocken die Straßen nicht zu Spaziergängen, zu Verabredungen und vor allem wohl nicht zum Schaufensterbummel. Die wenigen Läden wirken leer. Ausgenommen jene, in denen man Gedrucktes findet. In mehreren Buchhandlungen in der Stalin-Allee werden einem herrliche Kunstbücher vorgelegt, die oft in Rußland oder China gedruckt wurden. Dagegen gibt es wenig Konfektionsgeschäfte, und einen einzigen Schuhsalon, dessen Erzeugnisse aus Kunstleder bestehen. Die Verwendung von Leder für Schuhe und Handtaschen scheint verboten zu sein.

Was die Lebensmittelgeschäfte betrifft, so beleuchtet eine Geschichte, die man sich überall erzählt, die Lage in den fünfziger Jahren: Eine Ostberliner Hausfrau, die nicht weiß, was sie ihrer Familie zum Mittagessen vorsetzen soll, kommt an einem leeren Schaufenster vorbei, in dem ein schöner Blumenstrauß steht. Sie geht in den Laden: «Ich möchte gern drei oder vier von den Rosen kaufen.» – «Wir sind kein Blumenladen», wird ihr geantwortet. «Wir sind eine Fleischerei.»

Vera hatte zu mir gesagt: «Zum Glück habe ich kein Auto. So kann ich zu Fuß lange Spaziergänge machen, ohne die Stadtgrenzen zu erreichen. Wäre ich motorisiert, hätte ich vielleicht den Eindruck, eingesperrt, auf allen Seiten von

Grenzen umgeben zu sein, die man ohne besondere Genehmigung nicht überschreiten darf.»

Mit einem jener unglücklichen Autobesitzer, einem deutschen Journalisten, habe ich eine Rundfahrt gemacht: Die Demarkationslinie ist 162 Kilometer lang.

Im Laufe dieser Fahrt habe ich die Absurdität einer Teilung gesehen, die offenbar aufs Geratewohl erdacht worden ist. (Nur die Russen, heißt es, hätten neuere Landkarten gehabt, während die westlichen Sieger nur mit älteren Unterlagen versehen waren.) So liegen von einem Bauernhof die Felder in Westberlin, das Haupthaus und die Wirtschaftsgebäude im kommunistischen Osten. Etwas weiter draußen an einem schönen Havelsee mit Sandstrand weisen Schilder darauf hin, daß man nicht weiter als zweihundert Meter hinausschwimmen darf. Bojen in der Mitte des Sees zeigen an, wo der Eiserne Vorhang unter der Wasseroberfläche verläuft ...

Zwei Flugzeugstunden, dazu eine halbe Autostunde, und ich bin wieder in der abgeschirmten Atmosphäre von Bonn. Vielleicht habe ich dieses kurze Berliner Zwischenspiel gebraucht, um dieses Deutschland hier besser zu verstehen.

Ein Land von Rekonvaleszenten. Adenauer weiß es. Wenn er das, was er selbst «ein in Konkurs geratenes Unternehmen» genannt hat, wieder auf die Beine stellen soll, dann müssen sich die Deutschen rasch von den Wunden des Krieges, vom Zusammenbruch erholen. Es empfiehlt sich also, das Dringendste zuerst zu erledigen und öffentliche Polemiken oder inneren Zwist zu vermeiden. Vorrangig ist, das Land wiederaufzubauen, die Zukunft vorzubereiten. Die Vergangenheit kann warten.

(Obwohl er sein politischer Gegner war, würdigte Willy Brandt zwanzig Jahre später den ersten Kanzler und bezeichnet es in einer Rede als dessen Hauptverdienst, verhindert zu haben, daß das deutsche Volk sich bei dem Versuch aufrieb, Antworten auf die durch die düstere Periode vor 1945 aufgeworfenen Fragen zu finden. Aber Brandt betonte auch die negative Seite dieser Politik: Die Kehrseite dieses Erfolgs sei ein opportunistisches Verhalten gewesen: Das Volk habe keine gründliche Gewissensprüfung vorgenommen.)

Die zähe Masse des Vergessens, in der die Deutschen immer tiefer versinken, kommt manchmal in Bewegung, gleichsam ein Hinweis darauf, daß die Erinnerung nicht völlig verschwunden ist. Für eine Rundreise durch Deutschland habe ich einen Fahrer angeheuert. Herr Pfeiffer wohnt in Bonn, ist verheiratet und hat Kinder. Er spricht recht gut französisch. Ich frage ihn nicht, wo er es gelernt hat.

Am Tag der Abreise, während ich darauf warte, daß er seinen Dienst antritt, hole ich den Wagen aus der Garage und merke, daß er staubig ist. Ich nehme einen Lappen. Als ich fertig bin, schlage ich den Lappen an der Karosserie aus. «Ach», sagt der Fahrer, den ich nicht hatte kommen hören, «genauso hat man während des Krieges Säuglinge getötet.» Ich sehe ihn an. Habe ich vielleicht falsch verstanden? Er will es genau erklären: «Man packte sie an den Beinen und klatschte sie gegen eine Mauer, gegen ein Gitter oder was gerade da war. Kaum zu glauben, wie leicht so ein Kinderschädel aufplatzt.»

Was tun? Die Polizei verständigen? Er würde sagen, er habe sich das ausgedacht, um mir «zu imponieren». Wenn er jetzt hier vor mir steht, dann heißt das im übrigen, daß es ihm gelungen ist, entnazifiziert zu werden.

Abgang des Fahrers. Ich mache meine Rundreise allein. Das wird weniger anstrengend sein.

Sind die heutigen Deutschen Demokraten? fragen sich manchmal Ausländer, die nach Bonn kommen. Eine Frage, die niemand in bezug auf England, die Vereinigten Staaten oder Frankreich stellen würde. In der Bundesrepublik ist sie nicht ungewöhnlich. Schließlich ist die deutsche Demokratie nur so alt wie die Republik. Und das ist nicht viel. Dank Konrad Adenauer steht das neue Regime jedoch auf festen Füßen.

Den Deutschen, die in der Vergangenheit immer nur gehört haben, «Gemeinnutz geht vor Eigennutz», erklärt er: Ihr müßt euch eine neue Existenz aufbauen. Arbeitet unermüdlich. Bereichert euch. Und lebt wie die Amerikaner als gute Demokraten.

Insofern als Demokratie auch Toleranz bedeutet, gab der erste Kanzler der Bundesrepublik Deutschland den Ton an. Er verstand es, Abrechnungen zwischen den Demokraten von heute und den Nationalsozialisten von gestern zu verhindern. Seiner Ansicht nach war es für den Wiederaufbau des Landes unerläßlich, innerhalb der Bevölkerung ein Höchstmaß an Zusammenhalt und Einheit herzustellen. Er selbst ernannte Dr. Hans Globke, den öffentlich viel kritisierten Kommentator der hitlerschen Rassengesetze von Nürnberg, zu seinem persönlichen Berater und schenkte ihm vom ersten bis zum letzten Tag sein Vertrauen.

Globke, ein höflicher, zurückhaltender Mann und begabter Organisator, hat sich ein Netz von Informanten geschaffen und hält für seinen Vorgesetzten eine vollständige Kartei über die politische Tätigkeit seiner Mitarbeiter wie auch seiner Gegner auf dem laufenden. Der Bundeskanzler macht davon ungeniert Gebrauch. «Sagen Sie mal», fragte er eines Tages seinen Vizekanzler, der sich erlaubt hatte, ihm zu widersprechen, «weiß Ihre Frau eigentlich, warum Sie so oft nach Paris fahren, obwohl Ihre Aufgaben Sie nicht dorthin rufen?» Der auf diese Weise angesprochene Minister wird rot, ist verwirrt und sagt nichts. Adenauer kann mit seinem Bericht fortfahren, ohne unterbrochen zu werden.

In Regierungskreisen wird behauptet, und es ist zweifellos wahr, daß Globke eine Reihe jüdischer Familien vor dem Gefängnis und der Deportation gerettet habe. Seine Feinde dagegen – an ihnen mangelt es nicht – erinnern an das Honorar von 3000 Mark für seine unseligen «Kommentare», deren Klarheit und Präzision ihm das Lob der ehemaligen Regierung eingetragen hatten.

Indem er Globke zu seinem wichtigsten Mitarbeiter machte, folgte der Bundeskanzler dem Beispiel der Sieger, die, nachdem sie die übelsten Kriegsverbrecher bestraft hatten, die Bürger der Bundesrepublik in nützliche Deutsche und in solche einteilten, die für sie nicht interessant waren.

Die nützlichen Deutschen wurden bevorzugt. Ihnen wurde vieles verziehen. So haben die Amerikaner Wernher von Braun, dem «Star» der Heeresversuchsanstalt Peenemünde – dort wurden die V 1- und V 2-Raketen hergestellt, die in den letzten Kriegsmonaten zahlreiche Todesopfer in England verursachten –, einen erstklassigen Arbeitsplatz angeboten. Hundertsiebenundvierzig Forscher und Techniker, die mit ihm zusammengearbeitet hatten, schlugen ebenfalls den Weg in die Vereinigten Staaten ein.

Der «mysteriöse» deutsche General Gehlen, der während des Krieges den Geheimdienst in den Ostgebieten geleitet hatte, wurde von den Amerikanern beauftragt, eine Spionageabwehr-Organisation aufzubauen, die später dem Bundeskanzler unterstellt werden sollte.

Nicht nur im Bundeskanzleramt fand man Männer, die unter dem Hitler-Regime eine Rolle gespielt haben. Fast überall gab es welche. Was beweist, daß Adenauers demokratische Auffassungen sich weniger an ideologischen Prinzipien als an den Geboten der Stunde ausrichteten.

Das erste dieser Gebote war es, überall die Arbeit wiederaufzunehmen und die Millionen Vertriebenen aus den von der Sowjetunion und Polen annektierten Gebieten möglichst reibungslos zu integrieren. Eine Aufgabe von entscheidender Bedeutung, denn es galt die Bildung einer mächtigen, im Verhältnis zur übrigen Bevölkerung benachteiligten Minderheit zu vermeiden. Die Lösung dieser Frage verlieh dem Begriff Demokratie in Deutschland eine neue Dimension.

Dank einer vom Parlament verabschiedeten wirkungsvollen Gesetzgebung bekamen die Flüchtlinge finanzielle Unterstützung. Der Lastenausgleich lieferte den ersten greifbaren Beweis, daß die Deutschen, im Namen der Chancengleichheit für alle, zu finanziellen Opfern bereit waren. Mit Hilfe von Krediten der Vertriebenenbank erblickten in Westdeutschland etwa fünfzehnhundert kleine und mittlere neue Betriebe in Rekordzeit das Licht der Welt erblickt.

Ein für das kommende Wirtschaftswunder nicht unwesentlicher Faktor: Die Vertreibung sowie der Wiederaufbau zerstörter Fabriken haben eine neue Solidarität zwischen Arbeitgebern und Arbeitnehmern geschaffen. Eine Solidarität auch gegenüber den Besatzungsmächten. Der Wunsch der Sieger, einige Fabriken zu demontieren, und die Weigerung der Deutschen, es sich gefallen zu lassen, haben die einzige Widerstandsbewegung hervorgebracht, die die Bundesrepublik erlebt hat: einen wirtschaftlichen Widerstand.

Während in politischen Kreisen die Besiegten ihre Unschuld beteuern, leichten Herzens einen Mann und ein Regime verleugnen, denen sie doch bis zum Schluß gedient haben und sich willig den von den Siegern getroffenen Entscheidungen fügen, entsteht in der Industrie eine wahre Untergrund-Bewegung. «Dank dem heimlichen Einverständnis eines Beamten», erzählt mir ein Fabrikant aus Mönchengladbach in der britischen Besatzungszone, «wurde ich verständigt, daß mein Betrieb auf der Liste der Unternehmen stand, die abgebaut werden sollten. Ich rief meine Arbeiter zusammen und unterrichtete sie über das, was bevorstand. In zweiundsiebzig Stunden haben wir, ohne zu essen, ohne zu schlafen, unsere eigene Demontage durchgeführt: Jeder Nagel, jede Schraube, jede Büroklammer, die wir wegbringen konnten, stellte zusammen mit den ausgebauten Einzelteilen einen Schatz von unermeßlichem Wert dar. Als die Engländer mit ihren Lastwagen kamen, war nichts mehr da außer ein paar schweren

Maschinen, die wir nicht auf dem Buckel hatten wegschleppen können ... Keiner der Nachbarn hat uns verpfiffen.»

Trotz unvermeidlicher Reibungen ist das Einvernehmen zwischen Arbeitgebern und Gewerkschaften noch heute ein charakteristisches Phänomen im deutschen öffentlichen Leben.

Fragen Sie einen Sprecher der deutschen Industrie, warum die Lage in der Bundesrepublik oft besser ist als anderswo. Er wird immer eine Statistik zur Hand haben, die die Streikstunden in den verschiedenen europäischen Ländern während der letzten drei oder sechs Monate angibt. Einige tausend in der Bundesrepublik, mehrere Millionen Stunden, die mit Streiks vergeudet wurden, bei den Nachbarn.

Seine Gegner – an ihnen fehlt es ihm nicht – werfen dem Bundeskanzler vor, er betreibe die Politik Washingtons. Sie haben nicht unrecht. Aber Adenauer teilt, das ist eine Tatsache, die Ansichten der Amerikaner. Er sieht in der möglichst engen Anlehnung der Bundesrepublik an die amerikanische Supermacht die beste Garantie für eine dauerhafte Demokratie, die eines Tages zur Wiedervereinigung der beiden Deutschlands führen wird. Glaubt er das wirklich? Ist er aufrichtig, wenn er erklärt, nur auf dem Umweg über eine Politik der Stärke werde die westliche Welt die Russen zurückdrängen? Denkt er, daß die Russen auch nur die mindeste Absicht haben, ihren Anspruch auf Ostdeutschland aufzugeben, ohne zum Ausgleich die Neutralisierung der Bundesrepublik zu verlangen? Das bleibt sein Geheimnis.

Konrad Adenauer ist nicht umsonst Rheinländer. Viele Jahre lang war er Oberbürgermeister von Köln, der Hauptstadt des Karnevals. Er weiß also, wie wichtig es ist, daß man sein Publikum mit Humor für sich gewinnt. Denn der Kölner Karneval, das sind nicht nur der große Umzug, die Blumen und die «Kamellen», mit denen Prinz Karneval und sein Hofstaat die Menge überschütten. Das sind in den Wochen vor dem Faschingsdienstag auch die Dutzende von «Sitzungen», bei denen Büttenreden gehalten werden. Jedesmal, wenn der Karnevalist, der sich über das tägliche Leben oder politische Ereignisse ausläßt, etwas besonders Treffendes sagt, bläst die Kapelle einen dreifachen Tusch, als wollte sie die Aufmerksamkeit auch des widerspenstigsten Zuhörers erregen.

Bei den politischen Versammlungen, auf denen der Bundeskanzler das Wort ergreift, werden seine Bonmots zwar nicht mit Fanfaren, aber mit Beifallsstürmen und Gelächter aufgenommen. Es ist oft ein gutmütiges Gelächter, kann aber auch boshaft sein, wenn man sich auf Kosten eines Gegners amüsiert. Adenauer schont diejenigen, gegen die er kämpft, gewöhnlich nicht. So hat er einmal von der parlamentarischen Opposition gesagt: «Es ist nicht wahr, daß die Sozialdemokraten Leute sind, die von den Dingen nichts verstehen. Ich habe vielmehr welche getroffen, die sehr scharfsinnig sind.» Das Publikum schweigt. Verblüfft. Adenauer wartet ab, damit die Pointe besser sitzt. Dann: «Es bedarf keiner Erwähnung, daß diese Leute in der Partei nichts zu sagen haben.» Gelächter und Beifall.

Neulich abend in Frankfurt unterbrach ein junger Mann die Rede des Bundeskanzlers und rief ihm zu: «Sie erzählen uns lauter Märchen. Unter Ihrer Regierung werden die Reichen immer reicher und die Armen wie ich immer ärmer.» Zwei stämmige Kerle – deren Äußeres an inzwischen vergangene Zeiten erinnert – machen sich auf den Weg zum Störenfried, um ihn aus dem Saal zu weisen. Adenauer gebietet ihnen Einhalt: «Lassen Sie den jungen Mann doch reden.» Und als der nichts sagt, fährt er fort: «Wir sind hier ziemlich weit von der Stadtmitte entfernt. Wie sind Sie hergekommen?» – «Mit dem Motorrad.» – «Und das Motorrad gehört Ihnen?» – «Na klar. Ich hab's nicht gestohlen. Ich hab's auf Kredit gekauft.» – «Und der Kredit ist Ihnen eingeräumt worden?» – «Warum nicht? Ich verdiene ja gut.» Und inmitten des Gelächters sagt Adenauer: «Das war alles, was ich hören wollte. Bei den nächsten Wahlen geben Sie meiner Partei Ihre Stimme, dann werden Sie noch besser verdienen.»

Neben mir saß eine Frau, die strickte, während sie zuhörte. «Das ist für *ihn*», erklärte sie stolz. «Fausthandschuhe für den Winter. Schließlich darf er sich nicht erkälten.» Ob sie auch für Hitler gestrickt hat?

«Ich mag die Leute nicht, die dem *Alten* zujubeln, als wäre er der Heiland», sagte beim Herausgehen ein deutscher Kollege zu mir, den ich schon vor dem Krieg gekannt habe. «Dieses ganze Theater ist mir nicht geheuer.» Ich bin nicht seiner Meinung. Sind wir dazu verurteilt, jedesmal an Hitler zu denken, wenn eine Menge ihre Gefühle bekundet?

Aber der Deutsche war nicht zu beruhigen. «All das ist zu schnell gegangen. Wenn man bedenkt, daß der Krieg erst seit sieben Jahren vorbei ist.» Hat er vergessen, daß Hitler weniger als sieben Jahre gebraucht hat, um die Deutschen mit seinen wahnsinnigen Theorien zu infizieren; um das Land in einen Krieg zu stürzen; um die Verwirklichung seines sehnlichsten Traums, die Vernichtung der «minderwertigen Rassen» in Angriff zu nehmen? Ich wollte höflich bleiben. «Sagen wir besser, daß Ihre Landsleute sehr anpassungsfähig sind.»

In Gesprächen mit Deutschen kommt die Rede selten auf die Vergangenheit. Wenn ich erwähne, daß ich bis kurz vor dem Krieg im Dritten Reich gelebt habe, ruft das nur wenig Reaktionen hervor.

Für die meisten Deutschen hat das Drama 1944 oder 1945 mit der Zerstörung des Landes, der Bombardierung der Städte und der militärischen Einrichtungen begonnen. Sie sprechen von dem großen Treck, dem Auszug der Bevölkerung des Ostens, die vor der vorrückenden Roten Armee floh. Kurz, vor all dem, was sie zu Opfern machte. Hitlers Missetaten? Davon wußten sie damals nichts. Nicht vor dem

Krieg, nicht während des Krieges, nicht nach dem Krieg. Während des Krieges? Das ist möglich. Man lebte mit den Luftangriffen und der Angst, man zitterte um sein Leben, da zählte nichts anderes. Da interssierte man sich nicht für das, was anderswo vor sich ging.

Aber seitdem? Es gibt Dokumente und Bilder. Die Befreier der Konzentrationslager haben fotografiert, was sie gesehen haben: Leichenhaufen, Wagen voller nackter Körper, die die SS-Leute nicht mehr verbrennen konnten, als sie vor der Roten Armee flohen. Die Deutschen sind gezwungen worden, sich diese Bilder anzusehen. Und sie haben es sich oft leicht gemacht: Alles Propaganda, die Aufnahmen haben Deutsche nach der Bombardierung unserer Städte gemacht.

Von diesem kollektiven Vergessen ist im Büro des französischen Hochkommissars die Rede, einem Salon des Hotels *Dreesen* in Bad Godesberg, dessen Fenster auf den Rhein gehen. Der Fluß wimmelte von großen Lastkähnen, deren Ladungen sie auf den Grund zu ziehen scheinen.

«Das ist richtig», sagt François-Poncet. «Es erinnert mich manchmal an Philon von Alexandria, den jüdischen Philosophen, der zur Zeit von Jesus lebte und die Geschichte des jüdischen Volkes schrieb. Das Manuskript soll sich im Vatikan befinden. Es heißt, daß das Blatt, auf dem die Geschichte von Christus erzählt wird, herausgerissen wurde. So, wie er sie darstellt, ist die Geschichte übrigens gar nicht so wichtig; Jesus, ein Prophet unter so vielen anderen, der von sich behauptet, der Sohn Gottes oder der Messias zu sein. In der Bibel steht, der Messias werde unter lautem Trompetengeschmetter kommen; derjenige, der behauptete, der Sohn Gottes zu sein, war kaum besser als ein einfacher Bettler. Aber das Blatt wurde herausgerissen.

Also haben auch die Deutschen ein Blatt aus ihrer Geschichte herausgerissen.»

Indes gibt es manche, die nicht vergessen und sogar kleine Erinnerungsfeiern veranstalten. So die Treffen der ehemaligen Waffen-SS, die in mehr oder weniger regelmäßigen Abständen stattfinden. Ich bin nur ein einziges Mal bei einem solchen Treffen dabeigewesen, das wie gewöhnlich von der «Hiag» organisiert wird, eine Hilfsorganisation, die vom Gesetz geduldet wird, trotz der Proteste, die jedesmal aufkommen, wenn eine Zusammenkunft angekündigt wird. Wenn es sich wirklich nur um eine Hilfsorganisation handelt, warum inszeniert man dann spektakuläre Treffen, statt diskret vorzugehen?

Jean-Claude, ein Pariser Freund, der weder Journalist noch Fotograf ist, kommt auf einer Studienreise nach Bonn. Ich schlage ihm vor, mich zu begleiten.

Das Treffen findet in der Umgebung eines kleinen Badeorts in Norddeutschland auf einem großen Gelände statt, das für Jahrmärkte und gelegentliche Zirkusveranstaltungen reserviert ist.

Wir nehmen Zimmer in einem Hotel der Stadt; und nach einer Autofahrt von etwa zwanzig Kilometern sind wir bei der Waffen-SS angelangt.

Wir werden von einem Mann empfangen, der natürlich in Zivil ist und die Aufgabe hat, Beziehungen zur Presse zu unterhalten. Denn Journalisten sind da. Man sieht nicht alle Tage Nazi-Versammlungen. Einige wohlgesetzte Worte, in strammer Haltung ausgesprochen, um uns zu sagen, daß man die Anwesenheit einer Sonderberichterstatterin des *France-Soir* zu würdigen wisse. Der Herr, der mich begleite? Ein Freund. Franzose? Ja. Das Gesicht des Public-Relations-Mannes leuchtet auf. «Ich darf wohl Herr Kamerad sagen? Sie waren doch sicher dabei – Division Charlemagne?» Jean-Claude verschlägt es die Sprache. Wußte er überhaupt, daß Tausende von Franzosen sich freiwillig zur Wehrmacht gemeldet hatten, um im Namen des Antibolschewismus gegen

Rußland zu kämpfen, obwohl sie damit zu Waffenbrüdern der Besatzungsmacht wurden?

Die Antwort klingt entschieden, ohne Aggressivität: «Ich war bei Kriegsende sechzehn Jahre alt.» Unser deutscher Gesprächspartner lacht laut auf und klopft Jean-Claude kräftig auf die Schulter: «Es ist immer dieselbe Geschichte. Man möchte vergessen werden. Sie brauchen keine Angst zu haben. Ich werde Ihre Anonymität respektieren.» Er hat sie nicht respektiert.

Ehe wir an einem der Tische in dem riesigen Zelt Platz nehmen, schlage ich vor, einen Rundgang durch ein Nebenzelt zu machen, das als Suchdienst aufgezogen ist. Eine Überraschung erwartet uns da. An den Wänden sind überall Fotografien junger vermißter Soldaten befestigt. Gefallen? In Gefangenschaft? Ihre Familien hoffen, daß ihnen der eine oder andere der Besucher heute eine Auskunft geben kann.

Ich sehe mir meine deutschen Kollegen an, die wie wir in diesem traurigen Museum herumgehen. Nichts scheint ihnen aufzufallen. Oder tun sie nur so? Uns wurde immer gesagt, daß die Waffen-SS nicht zum Dienst in den Konzentrationslagern eingesetzt worden war. Aber die kurzen Lebensläufe, die den Fotos beigefügt sind, geben oft als letzte bekannte Adresse den Namen eines Konzentrationslagers an, und darunter sind die schlimmsten. Was machten sie da, wenn nicht dasselbe wie die anderen Nazi-Aufseher?

Wir müssen eine lange Rede eines ehemaligen SS-Obergruppenführers in bestem nationalsozialistischem Stil anhören. Das Heldentum der Deutschen wird gepriesen. Der Redner spricht zwar nicht von Herrenrasse, betont aber die besondere Rolle, die Deutschland auf der Welt spielen sollte. Von allen Seiten kommt Beifall. Und als er vorsichtig die Regierung kritisiert, vermeine ich das fette, boshafte Lachen von einst zu hören. Ich will gerade aufstehen und mit Jean-Claude weggehen, als sich der Obergruppenführer an uns wendet: «Wir haben die Ehre, heute einen ehemaligen Angehörigen der französischen Division, die so tapfer in unseren Reihen kämpfte, bei uns zu begrüßen.» Mit einer schwungvollen Armbewegung deutet er auf Jean-Claude. «Herr Kamerad, ich begrüße Sie.» Alle stehen auf und applaudieren. Wir machen uns eine kurze Ruhepause zunutze, um uns davonzustehlen.

In der Hotelhalle stürzt der Direktor, der offenbar auf unsere Rückkehr gelauert hat, Jean-Claude entgegen. «Warum haben Sie nicht bei Ihrer Ankunft gesagt, wer Sie sind, Herr Kamerad? (Die Verbindung zwischen dem Zirkuszelt der Waffen-SS und unserem Hotel klappt vorzüglich.) Ich habe mir erlaubt, Ihnen ein anderes Zimmer zu geben. Ich habe Sie in einer Suite mit Salon untergebracht. Da werden Sie sich wohler fühlen.» Er spricht deutsch. Ich muß dolmetschen. «Auch Ihnen, gnädige Frau, haben wir ein behaglicheres Zimmer gegeben.»

«Das wäre wirklich nicht nötig gewesen. Sie waren also auch in der Waffen-SS?»

Er zuckt gleichsam entrüstet zusammen: «Ich? Ich habe mit diesem hergelaufenen Gesindel nie etwas zu tun gehabt. Ich bin von Anfang an als Freiwilliger in der richtigen SS gewesen.» (In der Elite also!)

In unseren Zimmern Blumen und Obst. Schließlich ist Jean-Claude ein hoher Gast. Ich schlage ihm vor, am nächsten Morgen vor Tau und Tag aufzubrechen, damit wir keine Höflichkeiten mit dem Direktor auszutauschen brauchen.

Der ist aber auch früh aufgestanden. Als wir gehen wollen, ist er da und erwartet uns mit ernstem Gesicht, ohne zu lächeln. Wird er die Hacken zusammenschlagen? Nein. Er schlägt nicht die Hacken zusammen. Die Mode hat sich geändert. Wie so viele andere hat er sich dem Wandel angepaßt. Wenn er auch alten Kameraden seine Zuneigung bekundet. Oder denjenigen, die er für Sympathisanten von einst hält. «Bis bald, hoffe ich.» Auch kein Hitler-Gruß, denn trotz der frühen Stunde sind schon Gäste in der Halle.

Ziemlich lange fahren wir schweigend. Jean-Claude spricht als erster: «Es muss ja heute in Deutschland ungeheuer viel für sich haben, wenn man früher in der SS war.» Es ist richtig, dass man fast überall alte Kameraden findet. Aber ich erinnere Jean-Claude daran, dass einige von ihnen den Siegern in die Hände gefallen sind. Jean-Claude fragt ziemlich unverblümt: «Werden sie wieder an die Macht kommen?» – «Ich glaube es nicht. Es sei denn, die Bundesrepublik geriete in eine wirklich schwere Wirtschaftskrise.»

So wie viele meiner Kollegen habe auch ich mich geirrt. Die deutsche Demokratie war weniger anfällig als wir dachten.

So wehrten die Parteien ohne viel Mühe den Versuch einer Gruppierung der äussersten Rechten, der NPD, ab, bei den Wahlen von 1969 in das Bonner Parlament einzuziehen. Und das trotz des ersten Ölschocks und obwohl eine wirtschaftliche Rezession begann.

Dennoch gibt es in der Bundesrepublik, über das ganze Land verstreut, noch etwa sechzig mehr oder weniger bedeutsame Vereinigungen, in denen sich nicht nur alte Nazis, sondern auch junge Leute zusammenfinden, die Hitler-Deutschland nicht erlebt haben. Sie lassen sich von den Berichten der Älteren mitreissen und von einer gewissen Art Literatur, von Groschenheften, in denen die Heldentaten der Wehrmacht, die deutschen Siege zu Beginn des Krieges und die begeisternden Aktivitäten der Hitlerjugend gerühmt werden.

Der junge Nachkriegsnazi trägt eine schwarze Lederjacke und schwarze Stiefel hat, heimlich das Hakenkreuz angesteckt und hütet seine Sammlung alter Fotografien von Adolf Hitler. Er nimmt in Gruppen an paramilitärischen Übungen teil und schreckt nicht vor Gewalttätigkeit zurück. Von Zeit zu Zeit muss einer der neuen Anhänger des toten Führers vor Gericht erscheinen. Er wird verurteilt, weil er in einem Lager von Vietnam-Flüchtlingen eine Plastikbombe hat explodieren lassen – es gab Verwundete und Tote –; weil er beteiligt war, als Gastarbeiter verprügelt wurden; weil er vor dem Haus eines politischen Gegners eine Bombe gelegt hat.

Der Neonazi schreibt die Geschichte um. Der Krieg? Er wurde Hitler vom Ausland aufgezwungen, weil man auf die Erfolge des Führers neidisch war. Die Verbrechen? Eine Erfindung der Sieger, um von dem neuen Deutschland Milliarden Mark als Reparationen zu erpressen. Die Gaskammern? Die hat es nicht gegeben.

Es ist dem kleinen Heer von Neonazis bis jetzt nicht gelungen, mehr zu sein als eine Randerscheinung. Wenngleich eine gewisse Zahl von Deutschen, wie die Meinungsumfragen bestätigen, seine Ansichten teilen.

Die Frau eines deutschen Diplomaten kommt von einem kurzen Besuch in Paris zurück. Entrüstet. Sie hat bei Freunden in einem Haus gewohnt, an dessen Fassade eine Gedenktafel zur Erinnerung an einen jungen Franzosen angebracht ist, der bei der Befreiung der Hauptstadt von deutschen Kugeln tödlich getroffen wurde. «Wäre es nicht an der Zeit, die Tafel zu entfernen?» Mit allem notwendigen Takt habe ich ihr erwidert, daß die Tafel zweifellos niemals abgenommen wird. Die Schlacht um Paris ist in die Geschichte eingegangen.

«Das sind Dinge, die vergessen werden müssen», beharrt sie.

«Die Erinnerung läßt sich nicht zwingen. Vor allem nicht die der anderen.»

«Wir haben vergessen.»

Dessen bin ich nicht mehr so sicher. In dem Maße, in dem die Zeit vergeht, verblaßt das Vergessen und macht einer Erinnerung Platz, die seltsam wählerisch und aggressiv ist. Wann immer sich die Gelegenheit bietet, taucht sie auf. Die Erwähnung einer amerikanischen Kriegshandlung in Korea, der Folterung eines algerischen Partisanen in einem algerischen Gefängnis ruft sofort Kommentare hervor: «Da sehen Sie ja, daß die anderen auch nicht besser sind als wir.» Was die

Konzentrationslager betrifft, so ist die Parole, diskret natürlich, gleich nach der Kapitulation ausgegeben worden. Nicht die Deutschen, sondern die Engländer haben sie im Burenkrieg zu Beginn des Jahrhunderts erfunden.

Die deutschen Zeitschriften, die politischen Magazine und Illustrierten haben begonnen, Serien über den Krieg und manchmal sogar mit sehr großer Behutsamkeit, über die Hitler-Zeit zu veröffentlichen. In der Eisenbahn, beim Friseur, beim Zahnarzt trifft man Leute, die sie lesen. Mit ausdruckslosem Gesicht. Als würden sie als ausländische «Touristen» ihre eigene Geschichte durchstreifen. Als hätte sich alles woanders abgespielt.

Auf dem Flug von Bonn nach München sitze ich neben einem Passagier, der gerade die Lektüre eines Artikels über Nazi-Untaten in Polen beendet. Seine Miene bleibt undurchdringlich. Er faltet die Zeitschrift sorgfältig zusammen und steckt sie in die Aktentasche, die zu seinen Füßen steht. Gleichzeitig holt er Unterlagen heraus, auf die ich einen verstohlenen Blick werfe. Lange Zahlenreihen, die sich über ganze Seiten erstrecken. Der Ausdruck des Mannes hat sich geändert. Er sieht jetzt zufrieden aus. Die Tabellen, die vielleicht Ergebnisse seiner eigenen Firma wiedergeben, scheinen eine Sprache zu sprechen, die er zu würdigen weiß. Die Sprache der Gegenwart. Der Zukunft.

Was die Deutschen daran gehindert hat, sich lange mit der Vergangenheit aufzuhalten, war zuerst das Elend der Nachkriegszeit und dann zweifellos der schnellwachsende Wohlstand, das Wirtschaftswunder. Da blieb keine Zeit für einen Blick zurück.

Übrigens: Vorsicht vor deutschen Autofahrern. Sie sehen fast nie in den Rückspiegel.

Und wo ist bei alldem die Liebe geblieben? Denn die Deutschen haben Hitler geliebt. Zweifellos sind die Männer nicht so weit gegangen wie die Frauen, die manchmal vor dem Bild des Führers kleine Altäre errichtet und sie mit Blumen und

Kerzen geschmückt haben. Aber ihr Vertrauen und ihre Verehrung haben die Männer ihm dennoch geschenkt, und die Jungen sahen in ihm manchmal sogar so etwas wie eine germanische Gottheit, die auf die Erde zurückgekehrt war.

Andere liebten ihn aus weniger mythologischen Gründen. Etwa der jetzige Oberbürgermeister von Stuttgart, Rommel, der Sohn des Generalfeldmarschalls; während des Krieges hatte er der Hitlerjugend angehört. Auf eine Frage, die ich ihm stellte, antwortete er: «Warum ich Hitler geliebt habe? Weil ich ein kleiner Junge war und er uns sagte, wir seien Männer.»

Was ist aus dieser Liebe geworden? Besser, sich nicht zu erinnern, sich mit der Vergangenheit abzufinden, Erklärungen zu vermeiden, die Rolle zurechtzurücken, die man selbst gespielt hat. Enttäuschte Liebe beflügelt oft die Phantasie.

In seiner Kriegerseele tief gedemütigt, knüpfte der Deutsche, der immer eine «Ersatzseele» griffbereit hat, nach dem Krieg an eine weiter zurückliegende Vergangenheit an, an die der großen «Kaufherren»-Tradition. Vielleicht war er sogar froh, in eine zugleich alte und neue Identität schlüpfen zu können.

Die Lage der Bundesrepublik im Schnittpunkt der Straßen zwischen den beiden einander feindlichen Welten sichert ihr eine hervorragende Stellung auf wirtschaftlichem Gebiet.

Und so sind es lange vor den Politikern die Industriellen, die die Kontakte mit den Gegnern von gestern wiederherstellen. Weder der Krieg noch die Greuel des Hitler-Regimes haben den guten Ruf der deutschen Waren beeinträchtigt. Eine Situation, die ausgenutzt werden muß.

Und gerade diejenigen, die die deutschen Armeen zuerst zur Eroberung Europas, dann in die Niederlage geführt haben, erweisen sich als die Eifrigsten bei dieser Aufgabe. In den Industriebetrieben nimmt man sie mit offenen Armen auf. «Die Industrie», wird mir bei Siemens in München erklärt, «ist wie die Armee oder die Kirche. Sie braucht an ihrer

Spitze Männer, die organisieren können, die befehlen, sich Ratschläge anhören, und dann schnell die Entscheidungen treffen können, die geboten sind.»

Die Erfolge der zu Generaldirektoren gewordenen Offiziere sind so groß, daß einer der exklusivsten Klubs der industriellen Welt eine Filiale in Deutschland einrichtet. Der 1928 von König Leopold III. von Belgien gegründete Klub «Mars und Merkur» nimmt als Mitglieder nur Persönlichkeiten von gutem Ruf auf, auch ehemalige höhere Offiziere, «die dem Vaterland weiterhin dienen wollen».

Man kann sich nicht um Aufnahme in den Klub bewerben, sondern muß abwarten, daß man «aufgefordert» wird. «Wir wollen nicht», sagen die Verantwortlichen, «daß die Zahl unserer Mitglieder Kompaniestärke übersteigt, das heißt, mehr als etwa hundertfünfzig Mann beträgt.» Das ist eine recht militärische Sprache für eine überaus mondäne Vereinigung. Wenn die Herren sich abends im Klub treffen, tragen sie am Revers ihres Smokings das Abzeichen des königlichen Vereins, ein kleines Zahnrad auf zwei gekreuzten Säbeln, Sinnbild der friedlichen Koexistenz zwischen dem Gott des Krieges und dem des Handels. Da die Mitgliederzahl aus biologischen Gründen – es handelt sich naturgemäß um ältere Herren – abnimmt, wird man in Zukunft, wenn auch sparsam, Offiziere aufnehmen, die in der neuen republikanischen Armee gedient haben und dann in die Industrie hinübergewechselt sind.

1952 wird für diejenigen ein schlechtes Jahr bleiben, die, wenn auch nicht auf die Wiedervereinigung, so doch wenigstens auf eine Annäherung zwischen den beiden Deutschland hofften. Mit Zustimmung des Bundeskanzlers, und von ihm ermutigt, haben die westlichen Alliierten – die Vereinigten Staaten, Großbritannien und Frankreich – mehrere sowjetische Kompromißvorschläge abgelehnt, die langfristig für die zukünftige Unabhängigkeit der Bundesrepublik gefährlich sein, sie in die Neutralisierung treiben und später unter die

Herrschaft der Sowjetunion bringen könnten. «Man braucht sich bloß die Landkarte anzusehen», pflegte Adenauer zu sagen. «Sollten die in den beiden Deutschland stationierten Truppen überall abgezogen werden, müßten sich die Amerikaner fünftausend Kilometer weit hinter den Atlantik zurückziehen, während die Russen praktisch an unseren Grenzen stehen bleiben.»

Die Kritiker dieser Politik sprechen später von «verpaßten Gelegenheiten». Aber hat es solche Gelegenheiten jemals gegeben? Es finden sich genügend Fachleute, die erklären, daß selbst eine merkliche Annäherung zwischen den beiden Teilen des ehemaligen Reiches erst dann möglich sein wird, wenn die östliche Republik einen Lebensstandard erreicht hat, der dem ihrer reichen Nachbarin nahe kommt. Soweit ist man noch nicht.

Vage Gerüchte, die bis nach Bonn dringen, besagen, daß sich die sowjetische Politik gegenüber Deutschland nun, da die Staatsführung in Händen des Triumvirats Malenkow, Bulganin und Chruschtschow liegt, ändern könnte. (Bulganin und Malenkow werden bald verschwinden, und es wird als absoluter Herrscher der Erste Parteisekretär Chruschtschow übrigbleiben.)

In dem von ihnen kontrollierten Teil Deutschlands haben Stalins Nachfolger ein diplomatisches Revirement vorgenommen und zum Botschafter in Ostberlin Wladimir Semjonow ernannt. Er gilt als der beste Kenner deutscher Probleme und begünstigt angeblich einen Kompromiß mit der Bundesrepublik. Warum nicht versuchen, von ihm oder einem seiner Mitarbeiter empfangen zu werden? Ich bin zwar sicher, daß diese Herren zur Zeit nicht gerade erpicht darauf sind, eine «kapitalistische» Journalistin zu empfangen. Aber ich kann es ja probieren.

Also fliege ich nach Berlin. Es ist der 16. Juni 1953.

Während ich meine Zeit in der sowjetischen Botschaft in Ostberlin mit Antichambrieren vertue, sind in der Stadt Unruhen ausgebrochen. Die fügsamsten Arbeiter des sowjetischen Imperiums, die Deutschen, haben die Arbeit niedergelegt, um gegen die Forderungen einer Regierung zu protestieren, die sie verabscheuen, die sie nicht gewählt haben, die ihnen von den Sowjets aufgezwungen worden ist. Die Bauarbeiter aus der Stalin-Allee, wo in dem von den Russen bevorzugten «Zuckerbäckerstil» große Gebäude hochgezogen werden, haben für den nächsten Morgen, 8 Uhr, zu einer Massenkundgebung aufgerufen.

Um was geht es?

Es herrscht allgemein Unzufriedenheit. Aber das ist nicht neu. Die wirtschaftliche Lage ist nach wie vor schwierig, eine ganze Reihe von Lebensmitteln ist immer noch rationiert und oft überhaupt nicht aufzutreiben. Auch daran ist man gewöhnt.

Nur gehen seit einigen Wochen in Berlin Gerüchte um, daß die Russen die Absicht haben, ihrem wichtigsten Satelliten zu Hilfe zu kommen. Sie sollen ihrem deutschen Vertrauensmann Walter Ulbricht sogar geraten haben, weniger Druck auf die Arbeiter auszuüben, denen er Arbeitsnormen vorgeschrieben hat, die kaum zu schaffen sind. Einige Optimisten halten es sogar für möglich, daß der Diktator demnächst abgesetzt wird.

Und jetzt hat der «Spitzbart» – immer hat Ulbricht davon geträumt, Lenin ähnlich zu sehen – entgegen aller Erwartung eine Erhöhung der Arbeitsnormen um 10 Prozent angekündigt. Womit sich die Löhne automatisch entsprechend verringern.

Ich habe den Abend mit einer Berliner Kollegin, Gabriele Müller, in Ostberliner Lokalen verbracht. Dabei habe ich eine überraschende Entdeckung gemacht. Ich hatte geglaubt, eine Revolution – das Wort ist vielleicht zu hoch gegriffen, sagen wir: ein Aufstand – fange mit Schüssen an. Das ist falsch. Sie fängt mit Worten an. Mit Worten, die geschlummert haben und plötzlich aufwachen. Mit niemals gebrauchten oder vergessenen Worten. Nun werden sie ausgesprochen.

Ostberlin, die schweigende Stadt, hat sich verändert. Überall Menschenansammlungen. Männer und Frauen, die gewöhnlich nach der Arbeit schleunigst nach Hause gehen, es sogar vermeiden, das Wort an einen Nachbarn zu richten, diese Männer und Frauen bleiben stehen. Bilden Gruppen. Drängen sich in die wenigen Kneipen der Stadt. Was tun sie? Sie sprechen. Ausgangspunkt jedes Gesprächs sind die Bauarbeiter, die es gewagt haben, die Arbeit niederzulegen. Das in einem kommunistischen Land seltene Wort «Streik» wird ausgesprochen. Hat die Partei nicht reagiert? Haben Ulbricht und die Seinen Angst? Beraten sie gerade miteinander? Heute abend fühlen sich die Leute stark genug, um ihnen die Stirn zu bieten. Sie haben Waffen. Waffen, die jeder besitzt, auch wer es bisher nicht wagte, sich ihrer zu bedienen. Sie haben Worte: Der Spitzbart muß weg ... Wir wollen freie Wahlen ... Er soll verschwinden, der Mann, der uns nichts zu essen gibt und uns wie Sträflinge behandelt ...

Freiheit? Ja, Freiheit wollen diese Menschen, die fast übergangslos vom Nationalsozialismus, den Zwängen des Krieges und der Niederlage zum «Sozialismus auf russische Art» gelangt sind. Sie wollen Freiheit. Aber noch sehnlicher wünschen sie sich menschlichere Arbeitsbedingungen, anständige Wohnungen und die Möglichkeit, sich ordentlich zu ernähren. Acht Jahre nach Kriegsende haben sie nichts von alledem.

Ich bin spät nach Hause gekommen. Die Ostberliner sind noch nicht schlafen gegangen. Die Parole ist ausgegeben: Treffen morgen früh um 8 Uhr. Versammlung der Bauarbeiter und aller Sympathisanten auf dem großen Platz am Ende der Stalin-Allee. Die Diskussionen gehen weiter.

Noch sind es Worte ... Die Schüsse? Die kommen erst morgen.

Am nächsten Morgen sind wir am Treffpunkt. Gabriele Müller hat mich im Auto mitgenommen. Noch können Berliner ungehindert zwischen den beiden Teilen der Stadt hin- und herfahren. Und da sind wir nun am Ende der Stalin-Allee. «Los, ihr Mädchen.» Ich marschiere untergehakt mit deutschen Arbeitern, die gegen den Kommunismus und seine Methoden manifestieren. Der Mann rechts von mir sagt: «Du hast 'ne Laufmasche, Genossin.» Ich antworte: «Na und?» Das hätte ich nicht sagen sollen. Er sieht mich mißtrauisch an. Ich bin also nicht von hier. Sonst würde ich den Wert von Nylonstrümpfen kennen, die in Ostdeutschland praktisch nicht aufzutreiben sind.

Wir schlagen die Richtung zum ehemaligen Luftfahrtministerium Görings ein, einer soliden Betonfestung, die dem Bombenhagel widerstanden hat. Heute ist sie Regierungssitz. Wir laufen über Plakate, die von den Mauern gerissen wurden, über zerfetzte Spruchbänder, auf denen hier und da noch einige Silben kommunistischer Parolen zu lesen sind. Die Polizei ist unsichtbar. Die Fensterscheiben mehrerer Parteibüros sind mit Steinen eingeworfen worden, der Boden ist mit Glasscherben bedeckt. Ein Zeitungskiosk, an dem die offizielle Presse verkauft wird, steht in Flammen. In meiner Umgebung wird erzählt, eine Gruppe junger Leute sei auf das Brandenburger Tor geklettert und habe die rote Fahne heruntergeholt, die über der Quadriga flatterte. Unter dem Beifall der Menge sei sie verbrannt worden.

Unser Zug wächst sichtlich. Die Arbeiter in den Staatsbetrieben haben die Maschinen abgestellt und sind auf die Straße gekommen. Wir erfahren, daß aus den Vororten große Menschenmengen im Anmarsch sind. Die Straßenbahnschaffner haben ihre Wagen verlassen, die leer auf den Schienen stehen. Die U-Bahn-Eingänge sind geschlossen. Man sieht frohe Gesichter. Zum erstenmal seit acht Jahren marschieren die Arbeiter von Ostberlin in dichten Reihen, ohne daß es ihnen befohlen wurde.

Der Zug hält vor dem ehemaligen Luftfahrtministerium. Die Gitter sind geschlossen. Vor den Türen stehen Polizisten. Sie tragen Stahlhelme und unterm Arm Maschinenpistolen. In unserer Nähe liegt ein großer Haufen Pflastersteine, die wohl für die Ausbesserung der Straße vorgesehen sind, deren Zustand beklagenswert ist. Mit dem Ruf: «Ulbricht, zurücktreten!» stürzen sich Arbeiter auf die Behelfsgeschosse. Eine Zeitlang begnügt sich die Polizei, die offenbar Anweisung erhalten hat, sich zu mäßigen, damit, die Pflastersteine zurückzuwerfen. Es gibt die ersten Verletzten. Das erste Blut. Bald die ersten Schüsse.

Was nützt uns ein Schlachtfeld, wenn es in der Nähe kein Telefon gibt? Kein Postamt in Ostberlin, von dem aus man ohne stundenlange Wartezeit mit dem Ausland sprechen könnte. Der Wagen meiner Kollegin ist nicht weit. Wir beschließen, nach Westberlin und seinen Telefonanschlüssen zurückzukehren. Der Ehrlichkeit halber sei hinzugefügt, daß die jetzt von allen Seiten fliegenden Pflastersteine uns nicht gerade ermutigen, dort zu bleiben, wo wir sind.

Eine halbe Stunde später verkünden es alle Radiostationen: «Sowjetische Panzer sind in Berlin eingetroffen. Die Behörden haben den Belagerungszustand verhängt.»

Wieder Unter den Linden. Die breite Straße starrt von Panzern mit dem roten Stern. In den Geschütztürmen ganz junge Burschen, oft asiatischen Typs, mit rundem Gesicht, runden Augen und verdutzter Miene. Ganz offensichtlich verstehen sie nicht, was sie hier sollen. Die Panzer sind nicht von weit her gekommen. Sie sind in Deutschland stationiert. Zweifellos ist den Mannschaften erklärt worden, daß sie sich in einem befreundeten Land befinden, bei sozialistischen Brüdern.

Also warum dann diese zornige Menge, die mit Steinen wirft? Warum diese haßerfüllten Blicke, diese wütenden Rufe, deren Sinn sie erraten? Mich verblüfft, daß die Menge keine Angst zu haben scheint. Ich sehe mir die Leute an und denke wieder: «Nein, sie haben keine Angst.» Bei jedem Feuerstoß der Maschinengewehre stieben sie natürlich in alle Richtungen davon und flüchten sich rennend in die Häuser. Aber kaum ist die Gefahr vorbei, kommen sie wieder heraus, als ob sie die Stärkeren wären.

Ein neuer Feuerstoß. Mehrere Männer gehen zu Boden. Verwundet? Tot? Ein Junge wird mir in die Arme geschleudert. Aus einer Stirnwunde tropft Blut. Tränen laufen ihm über die Wangen. «Verstehst du das, Genossin? Erinnerst du dich an den Tag, als sie uns sagten, sie seien unsere Brüder, unsere Retter, unsere Befreier? Und jetzt schicken sie Panzer her, um uns niederzuwerfen.» Weinend geht er weg. Armer Junge! Wie vielen anderen jungen Deutschen muß ihm heute sehr weh ums Herz sein.

(Drei Jahre später ist Budapest dran. Und dann Prag. Und allmählich wird alles in Vergessenheit geraten.)

In derselben Nacht wird die Revolte niedergeschlagen. Sie flammt noch in mehreren anderen Städten auf, wo man leicht mit ihr fertig wird. Nach Informationen, die uns in Bonn erreichen, endet der Versuch der Ostdeutschen, besser leben zu können, mit mehr als vierhundert Toten, etwa hundert Hinrichtungen und fünfzigtausend Verhaftungen. Zu den Verhafteten gehören mehrere Parteifunktionäre und Polizeibeamte, denen vorgeworfen wird, sie seien nicht energisch genug gegen die Demonstranten vorgegangen, oder sie hätten sich ihnen sogar angeschlossen.

Sieger des Tages ist Walter Ulbricht. Er bleibt am Ruder. Und er hat den Herren im Kreml bewiesen, daß er hart durchzugreifen versteht, wenn es um die Macht geht und darum, unliebsame Vorgänge zu unterbinden. In seinem Triumph zeigt sich der deutsche Diktator zugleich klug und großzügig:

Dem Wunsch der Arbeiter gemäß werden die Arbeitsnormen nicht erhöht.

Adenauer versteht das Prestige auszuspielen, das ihm sein vorgerücktes Alter verleiht. Solange er von der Welt noch nicht als der große Staatsmann anerkannt wird, der er ist, begnügt er sich damit, ein medizinisches Phänomen zu sein. Er weiß, daß seine Energie bewundert wird. Die Deutschen folgen seinem Beispiel. «Wenn der Herr Bundeskanzler imstande ist, zehn oder zwölf Stunden im Palais Schaumburg zu arbeiten», sagte neulich die Putzfrau, die unser Büro saubermacht, «dann darf ich mich auch nicht über die Unordnung beklagen, die Sie mir jeden Morgen hinterlassen.»

Zusätzlich zu seinen Aufgaben als Regierungschef hat Konrad Adenauer auch die Leitung der Christlich-Demokratischen Union übernommen, die aus dem ehemaligen katholischen Zentrum hervorgegangen ist und der jetzt Katholiken und Protestanten angehören. Jedesmal, wenn die Sozialdemokraten den Christdemokraten vorwerfen, es fehle ihnen an einem klar umrissenen Programm, erwidert die Kanzlerpartei: «Mag sein. Aber wir haben Adenauer.»

Adenauer, das ist der ständig wachsende Wohlstand.

Adenauer, das sind die vierhunderttausend neuen Wohnungen, die in diesem Jahr gebaut werden. Das sind die spektakulären Außenhandelsüberschüsse. Das ist auch, dank dem Schumanplan, der Beginn eines geeinten Europas. (Der Schumanplan sieht die Zusammenlegung der Kohle- und Stahl-Ressourcen von Deutschland und Frankreich vor und wird bald von beiden Parlamenten ratifiziert werden.)

Aber Adenauer, das ist auch – und bei diesem Thema mangelt es nicht an Kontroversen – das Projekt einer europäischen Armee, zu der ein deutsches Kontingent gehören soll. Dieses Projekt ist Gegenstand von Diskussionen zwischen dem Bundeskanzler und den westlichen Alliierten, seit die Truppen des kommunistischen Nordkorea im Sommer 1950 den Süden der Halbinsel überfallen haben. Adenauer hat sofort erkannt, daß sich ihm da eine Chance bot, die er nicht vorübergehen lassen durfte.

Er ließ die Sieger wissen, daß die Bundesrepublik bereit sei, ihren Beitrag zur Verteidigung der freien Welt zu leisten. Hatte man ihm nicht oft vorgeworfen, er habe keine Militärausgaben zu bestreiten und könne im Gegensatz zu den anderen europäischen Ländern seine ganzen Ressourcen der Entwicklung der Wirtschaft widmen? Jetzt ist der Augenblick für eine Beteiligung der Bundesrepublik an den gemeinsamen Anstrengungen gekommen.

Es ist René Pleven, Ministerpräsident und ehemaliger Waffengefährte des Generals de Gaulle, der als erster von der Möglichkeit einer Europäischen Verteidigungsgemeinschaft spricht. Adenauer nimmt den Gedanken sofort auf. Er weiß, daß die Wiederaufrüstung Westdeutschlands dem demütigenden Besatzungsstatut ein Ende bereiten würde. Die Bundesrepublik würde ihre Souveränität wiedererlangen und selbstverständlich dieselben Rechte zugestanden bekommen wie die anderen Mitglieder der Gemeinschaft. Denn es käme nicht in Frage, deutsche Soldaten etwa zu untergeordneten Hilfstruppen zu machen.

Der Bundeskanzler ist sich wohl bewußt, daß er an mehreren Fronten kämpfen muß. Er muß vor allem den Widerstand gewisser ehemaliger Sieger überwinden, die es nicht gern sähen, daß die Deutschen wieder die Uniform anziehen.

In England erweist man sich als realistisch. Schon im Frühjahr 1950 hat Winston Churchill die Deutschen aufgerufen, sich an der Verteidigung des Westens zu beteiligen. Im August desselben Jahres hat er von der Notwendigkeit gesprochen, eine deutsche Armee aufzustellen. Und ein britischer Kommentator hat Aufsehen erregt mit der Erklärung: «Der Kalte Krieg kann lange dauern. Wir werden diese Bürde nur tragen können, wenn die Industrie des Ruhrgebiets und die

Millionen Deutschen bereit sind, sich daran zu beteiligen.» Und da war auch zum erstenmal das Wort ausgesprochen: «Der Kalte Krieg.» Es verschwand nicht mehr aus dem internationalen Vokabular. Was die Situation betrifft, die es beschreibt, so verstand die Bundesrepublik, daraus Nutzen zu ziehen. So wie sie später aus der Entspannung Nutzen zog.

Die Möglichkeit einer Wiederbewaffnung wird von einem beträchtlichen Teil der Bevölkerung nicht begrüßt. Man hat nicht vergessen, daß der Wehrmacht bei Kriegsende vorgeworfen wurde, sie sei auch nicht besser gewesen als die Waffen-SS. Manche fürchten das Wiedererscheinen ehemaliger Nazi-Offiziere auf der politischen Bühne, weil sie das Funktionieren der jungen Demokratie, die sich noch bewähren müsse, stören könnten.

All das weiß Adenauer. Seit 1949 gibt es in der Bundesrepublik ein Meinungsforschungsinstitut nach amerikanischem Vorbild, geleitet von Frau Elisabeth Noelle-Neumann, die in den Vereinigten Staaten Demoskopie studiert hat. Andere Institute folgen. Ihre Arbeit ist nicht immer einfach. Die Deutschen haben aus bitterer Erfahrung gelernt, nicht immer zu sagen, was sie denken.

Die Opposition der zweiten großen deutschen Partei, der SPD, beruht auf anderen Überlegungen. Die Schaffung einer europäischen Armee birgt die Gefahr in sich, den Graben zwischen den beiden Deutschland zu vertiefen. Während Adenauer offen erklärt, seine Ziele seien, der Reihenfolge nach die Wahrung der Freiheit, die Aufrechterhaltung des Friedens und die deutsche Einheit, scheint der Vorsitzende der SPD, Kurt Schumacher, der Wiedervereinigung den Vorrang einzuräumen. Schumacher, ein leidenschaftlicher, schwerbeschädigter Mann mit einer hektischen Sprechweise – er hat im Ersten Weltkrieg den rechten Arm verloren, hat elf Jahre in Nazi-Kerkern verbracht und mußte sich nach der Befreiung das rechte Bein amputieren lassen –, hält im Bundestag flammende Reden gegen Konrad Adenauer, den er sogar den «Kanzler der Alliierten» nennt. Adenauer nimmt die Beleidigung gelassen hin. Wenn er die Politik der Alliierten, genauer gesagt, der Vereinigten Staaten, betreibt, dann tut er es, weil sie die beste für sein Land ist, davon ist er überzeugt.

Adenauer bleibt fest. Mit Geduld wird er die Schwierigkeiten meistern.

«Man muss warten können und auf die Zukunft vertrauen», sagt er eines Tages zu mir. «Stellen Sie sich vor –» der sechsundsiebzigjährige Bundeskanzler hat eine eigene, sehr bilderreiche Sprache entwickelt – «stellen Sie sich vor, ich bitte jemanden um ein Butterbrot, und er gibt mir trockenes Brot. Dann nehme ich eben das trockene Brot und sage mir, früher oder später werde ich schon Butter finden.»

Sein trockenes Brot bekommt Adenauer in den folgenden Monaten. Der Bundeskanzler trägt zwar bei den Wahlen den Sieg davon. Die Zeitungen sprechen sogar von einem Erdrutsch, von einem Plebiszit. Nach dem Grundgesetz bestimmt der Bundeskanzler und er allein «die Richtlinien der Politik und trägt dafür die Verantwortung». Adenauer ist fest entschlossen, sein neues Mandat mit Bestimmtheit auszuüben. Er bleibt dem Schlagwort treu, das von neuem den Erfolg seiner CDU sichern soll: «Keine Experimente.» Eine Empfehlung an die Deutschen, in Zukunft auf alles zu verzichten, was wie ein Abenteuer aussehen könnte.

Das trockene Brot aber ist der Fehlschlag des Projekts einer europäischen Armee. Das französische Parlament hat es abgelehnt. «Ein schwarzer Tag für Europa», sagt der Bundeskanzler.

Adenauer hat den schwarzen Tag niemals vergessen. Er hat mit mir darüber gesprochen. «Ich erinnere mich deutlich an das Telegramm unseres Botschafters in Paris, in dem er mir die Weigerung der Nationalversammlung, den Vertrag zu ratifizieren, mitteilte.»

Zum erstenmal sehe ich einen schmerzlichen Ausdruck auf diesem Gesicht, dessen Unbeweglichkeit sonst immer wieder verblüfft. Es ist auch das erste Mal, daß ich bei einem solchen Gespräch das Gefühl habe, mit einem sehr alten Mann zu reden, der Kummer hat. «Es war schrecklich. Das war eine Katastrophe. Und ich bin heute noch davon überzeugt, daß es eine Katastrophe war. Ich war sehr niedergeschlagen. Ich verbrachte damals, wie Sie wahrscheinlich wissen, einige Wochen auf der Bühler Höhe, und meine älteste Tochter war bei mir. Auf einem unserer Spaziergänge fanden wir bei einem Antiquar eine alte Statue von der Jungfrau Maria, das sollte die ‹Madonna des Trostes› sein, die habe ich gekauft. Ja, ich war sehr unglücklich. Und ich bin immer noch davon überzeugt, daß vieles anders gelaufen wäre, wenn der Vertrag damals zustande gekommen wäre.»

Nach dem trockenen Brot das Butterbrot: Daß die französische Kammer das Projekt einer Europäischen Verteidigungsgemeinschaft abgelehnt hat, ist für die Vereinigten Staaten kein Grund, auf den militärischen Beitrag eines Landes zu verzichten, das auf dem besten Wege ist, die zweitstärkste Industrienation der Welt zu werden.

Adenauer, der eine kurze Zeitlang entmutigt war, hat sich wieder gefangen. Er wendet sich an die angelsächsischen Mächte, um sein Ziel zu erreichen. Und er hat Erfolg.

Etwas mehr als sieben Monate nach dem Scheitern der Europäischen Verteidigungsgemeinschaft gehört die Bundesrepublik als Vollmitglied der atlantischen Allianz und ihrem Verteidigungsorgan, der NATO, an. Sie wird ein Heer auf die Beine stellen, das eine halbe Million Mann erreichen soll. Das Besatzungsstatut endet, die Bundesrepublik wird ein souveräner Staat. Die Alliierten behalten sich allerdings einige Rechte hinsichtlich der Stationierung und der Sicherung ihrer Truppen auf deutschem Boden vor.

All das ist eine einfache «Regelung». Es ist nicht die Rede davon, einen ordnungsgemäßen Friedensvertrag zu unterzeichnen, solange die beiden Deutschland nicht wiedervereint sind. Bis dahin beansprucht die Bundesrepublik das Recht, im Namen des ganzen deutschen Volkes zu sprechen.

Wir wohnen am 5. Mai 1955 der bescheidenen Zeremonie bei, die im Park des Bundeskanzleramtes abgehalten wird, um die neue Souveränität zu feiern. Zum erstenmal wird eine Fahne in den Farben der Republik – Schwarz-Rot-Gold – langsam an dem im Garten aufgestellten Mast hochgezogen. Ich betrachte das undurchdringliche Gesicht des großen alten Mannes, der seinem Ziel, aus dieser Republik und zu seinen Lebzeiten ein Land zu machen, das fest an den Westen gebunden und gegen jede Versuchung aus dem Osten gefeit ist, einen großen Schritt näher gekommen ist.

Aber das, was in diesen entscheidenden Tagen die Deutschen vor allem interessiert, ist die Frage der Wiederaufrüstung. Ein beträchtlicher Teil der Jugend ist dagegen. Es kommt die Parole «Ohne mich» auf. Die neue Armee soll zu Anfang aus Freiwilligen bestehen, und es ist sicher, daß die jungen Deutschen, die auf den Straßen der Großstädte dagegen demonstrieren, die Uniform nicht anziehen werden. Viele ehemalige Wehrmachtsangehörige lassen ebenfalls deutlich erkennen, daß sie nicht dienen wollen. Dabei braucht die Armee Offiziere und Unteroffiziere.

Und im Bundestag ist die SPD gegen jede Regelung, die eine Verständigung zwischen den beiden Deutschland erschweren könnte.

Niemals zuvor wurde bei diplomatischen Begegnungen soviel von Wiedervereinigung gesprochen. Der Begriff hat nicht überall denselben Sinn. In Washington wie in den Bonner Regierungskreisen meint man damit nichts anderes als die Befreiung Ostdeutschlands vom sowjetischen Joch, wobei Adenauer wahrscheinlich nur so tut, als halte er eine solche Lösung für denkbar. Jedenfalls hört er seinem amerikanischen Freund Foster Dulles andächtig zu, der seinerseits – und anscheinend aufrichtig – glaubt, daß die inneren Schwierigkeiten der Sowjetunion (die durch Stalins Tod entstandene Lücke, die noch nicht wieder geschlossen wurde; Schwierigkeiten bei der Lebensmittelversorgung der Bevölkerung; Mißernten) so groß seien, daß Moskau seinem deutschen Satelliten, dessen Bevölkerung auf spektakuläre Weise abnimmt, schließlich die Freiheit geben könnte. «Da in Ostberlin freie Wahlen verboten sind, wird mit den Füßen abgestimmt», pflegt man in Bonn zu sagen. Allein im letzten Monat haben siebzehntausend Ostdeutsche in der Bundesrepublik Zuflucht gesucht. Einige Mitarbeiter von Adenauer, unter ihnen Ludwig Erhard, erleben Augenblicke der Euphorie: Sie denken daran, für teures Geld das Gebiet zurückzukaufen, das gegenwärtig unter russischer Herrschaft steht.

«Ach», seufzt der Wirtschaftsminister, «gäbe man uns nur den anderen Teil Deutschlands zurück, würde ich der Welt zeigen, was ein wirkliches Wirtschaftswunder ist.»

In Moskau, das weiß man sehr wohl, ist das Wort Wiedervereinigung praktisch zum Äquivalent für Neutralisierung geworden. Die russisch-amerikanische «Grenze» (in Berlin stehen einander seit zehn Jahren amerikanische und sowjetische Truppen gegenüber) würde endlich verschwinden, und gleichzeitig würden die amerikanischen Stützpunkte auf westdeutschem Gebiet wegfallen. Die Bundesrepublik bekäme eine kleine Streitmacht zugestanden, von einer massiven Wiederaufrüstung wäre nicht mehr die Rede.

Befürchten die Russen wirklich, wie sie behaupten, ein Wiederaufleben des deutschen Militarismus? «Es gibt in Rußland zwei Arten von Ängsten», erklärte mir eines Tages Louis Joxe, der Botschafter in Moskau gewesen war. «Einmal eine tiefsitzende Angst, die aus dem letzten Krieg stammt und in allen Bevölkerungsschichten lebendig geblieben ist. Man kann keinen Abend mit Russen verbringen, ohne daß sie von der Vergangenheit sprechen. Das ist auch nicht verwunderlich; fast alle Familien beweinen zumindest einen Toten. Und zum andern gibt es noch eine Angst, die unecht ist und als Vorwand für die sowjetische Aufrüstung dient.»

Die Sowjetunion hat dem Bundeskanzler eine offizielle Einladung übermittelt. Jetzt, da die Bundesrepublik sich eine Armee zugelegt hat – womit, nach der Interpretation des Kremls, die Teilung Deutschlands festgeschrieben wurde –, könnte der Augenblick für die Aufnahme diplomatischer Beziehungen zwischen Moskau und Bonn gekommen sein. Adenauer teilt die sowjetischen Ansichten nicht, aber er beschließt die Reise zu unternehmen; er hofft, die Freilassung deutscher Kriegsgefangener aus sibirischen Lagern zu erreichen.

Die Russen haben ihren Gast, der am 9. September eingetroffen ist, in einem Luxushotel untergebracht, dem *Sowjetskaja*, in einiger Entfernung vom Roten Platz. Adenauer ist ganz erstaunt, als er die Flucht von Salons und Schlafzimmern sieht, über die er verfügt. Sogar ein Flügel ist aufgestellt worden. Man weiß ja, daß die Deutschen Musik lieben. Am kommenden Wochenende wird er in der Datscha wohnen, die Maxim Gorki gehört hat und mehrere Kilometer außerhalb von Moskau liegt.

Die Verhandlungen finden im Palais Spiridonowka statt, das Ende des vorigen Jahrhunderts von einem millionenschweren russischen Textilindustriellen erbaut wurde und das Entzücken der Moskauer Gesellschaft vor der Revolution gewesen ist. Prächtige Feste sind dort gegeben worden. Nach tollen Nächten ist der Hausherr gegen 7 Uhr morgens mit seinem Freund Schaljapin hinuntergegangen, um Holzkübel mit Champagner zu füllen, damit sich die Kutschpferde aufwärmen könnten. Das schöne Parkett im großen Salon, die Brokatvorhänge mit den eingewebten Bienen erinnern noch an die Pracht von einst.

In dieser Szenerie seinen sowjetischen Gesprächspartnern

gegenübersitzend, wirft Adenauer die Frage der deutschen Kriegsgefangenen auf. Bulganin, der ranghöchste im Triumvirat, das Stalins Nachfolge angetreten hat, schneidet ihm das Wort ab: «Es gibt keine Kriegsgefangenen in Rußland. Wir haben nur Verbrecher in Haft, die von unseren Gerichten wegen Mord und terroristischer Taten verurteilt wurden.» Adenauer, der Mann, der sein eigenes Volk und die ehemaligen Sieger dazu bringen möchte, die Vergangenheit zu vergessen, ist offensichtlich in großer Verlegenheit und begeht eine ungeheure Ungeschicklichkeit: «Manche Deutsche haben zweifellos sträfliche Taten begangen. Aber was ist mit dem Verhalten der sowjetischen Truppen, die nach Deutschland eingedrungen sind, geplündert, Brände gelegt, Männer getötet und Frauen vergewaltigt haben?»

Für Chruschtschow, der bald der absolute Herrscher im Kreml sein wird, ist das zuviel. Er braust auf: Wagt es Adenauer, die Rote Armee zu beleidigen? Mit welchem Recht spricht er von «unglücklichen» deutschen Familien, die auf die Rückkehr eines Vaters oder Sohnes warten? Weiß er nichts von der Tragödie russischer Frauen, die nicht einmal mehr hoffen, weil sie wissen, daß die Männer nicht heimkommen werden? Er erinnert daran, daß er, Chruschtschow, einen Sohn an der Front verloren habe. «Sie wollen Ihre Gefangenen heimbringen? Ich werde Ihnen sagen, wo sie sind ...» Und mit einer ausdrucksvollen Handbewegung deutet er auf den Fußboden: «Unter der Erde. Tot und begraben. Da sind Ihre Gefangenen.»

Molotow, der dritte der Troika an der Macht, glaubt, seinerseits eingreifen zu müssen: «Sie erklären uns, daß die Deutschen nicht alle Nazis waren. Das ist möglich. Aber die Tatsache bleibt bestehen. Sie haben Hitler nicht beseitigt.»

Adenauer bemüht sich, ruhig zu bleiben. Aber antworten muß er. Er wählt den Gegenangriff: «Sie finden, die Deutschen seien alle schuldig. Erlauben Sie mir, Ihnen eine Frage zu stellen: Wer hat den Pakt mit Hitler geschlossen? Sie oder ich?» Tiefes Schweigen. Adenauer fährt fort und äussert die bekannte These, die in der Bundesrepublik in Gesprächen mit Ausländern gang und gäbe ist: «Und die Westmächte, die nichts getan haben, um Hitler den Weg zu verlegen? Die ihm ermöglicht haben, das zu werden, was er war?» Auf sowjetischer Seite legt man keinen Wert darauf, das Gespräch fortzusetzen.

Als der Bundeskanzler das Palais Spiridonowka verlässt, ist seine Miene undurchdringlich. Einige Stunden später berichten uns befreundete Diplomaten, worüber am Nachmittag gesprochen wurde. «Warum haben die Russen auf die zweite Frage nicht geantwortet?» will ein Kollege wissen. «Es wäre doch einfach gewesen daran zu erinnern, daß der Brandstifter mehr Schuld hat als die Feuerwehrleute, die zu spät kommen oder zögern, ihr Leben aufs Spiel zu setzen, um den Brand zu löschen.»

Adenauer will nicht, daß dieser erste Tag mit einem Misserfolg endet. Am Abend sitzt er neben seinen Gastgebern bei einer Galavorstellung im Bolschoi-Theater: *Romeo und Julia* von Prokofjew. Als der Vorhang fällt und das Licht wieder angeht, dreht sich das Publikum, wie es Sitte ist, zur «kaiserlichen» Loge um. Und man sieht Adenauer, der mit einer ausholenden, grosszügigen Geste seine Hände in die von Bulganin legt. Ich wußte, daß er ein guter Schauspieler ist. Aber einer so spontan theatralischen Geste hatte ich ihn nicht für fähig gehalten.

Die Russen weigern sich, über das Problem der Wiedervereinigung zu sprechen. «Das ist eine Angelegenheit, die nur die beiden Deutschland etwas angeht.» Als ob das von der UdSSR kontrollierte Ostdeutschland nach Belieben handeln könnte. Wenn der Bundeskanzler nicht mit leeren Händen heimfahren will, muß er sich damit abfinden, ohne jede politische Gegenleistung die Aufnahme diplomatischer Beziehungen mit Moskau zu akzeptieren. Dafür werden die Russen mehrere tausend deutsche Gefangene nach Hause schicken.

Das Beispiel der Russen, Menschenleben gegen politische oder wirtschaftliche Vorteile zu tauschen, macht Schule. Die Regierung in Ostberlin ist der Sowjetunion darin sogar vorausgegangen. So bewohne ich in Bonn die Wohnung eines deutschen Diplomaten, den die Behörden der kommunistischen Republik ins Gefängnis gesteckt hatten, bis seine Familie ihn freigekauft hat.

Später wird dieser Tauschhandel in viel größerem Maßstab stattfinden. Politische Gefangene werden freigelassen und in die Bundesrepublik geschickt, wenn diese mit Krediten oder Waren dafür bezahlt. Da in Ostberlin viel verhaftet wird, hat die kommunistische Regierung immer genügend «Tauschware» auf Lager.

Manchmal scheint mir, daß die Gesichter der Deutschen nicht mehr den benommenen Ausdruck von Menschen haben, die einer Naturkatastrophe, etwa einem Erdbeben oder einem Wirbelsturm entkommen sind. Die Niederlage, die Besetzung des Landes, die Hinrichtung der Machthaber, an die sie geglaubt hatten, die lange Abwesenheit von Ehemännern, Söhnen oder Brüdern, lauter Mißgeschicke, die über sie gekommen waren, keiner wußte so recht wie oder warum, man brachte sie nicht immer mit einer noch nicht weit zurückliegenden Vergangenheit in Verbindung. Man weicht davor zurück, Zusammenhänge zu sehen.

Im Gegensatz zu dem, was auf den großen öffentlichen Versammlungen vor sich geht, wo die Aussicht auf ein geeintes Land auf der Tagesordnung bleibt, sprechen die Deutschen in kleinem Kreis selten davon. Ein französischer Diplomat, der vor kurzem nach Bonn gekommen ist, wundert sich darüber: «Wäre Frankreich seit so vielen Jahren zweigeteilt, ich glaube, wir hätten kein anderes Gesprächsthema. Ich habe eben bei Deutschen zu Mittag gegessen. Sie haben nicht einmal eine Andeutung gemacht.»

Eine spektakuläre Ausnahme von dieser scheinbaren oder wirklichen Gleichgültigkeit: Axel Springer, der «Pressezar», der seine Karriere unter der britischen Besatzung begonnen hat. Er ist der Sohn eines kleinen Altonaer Druckers, gewann das Vertrauen der Sieger, arbeitete mit britischer Lizenz und baute sich in einem Minimum von Zeit ein wahres Imperium auf mit dem auflagenstarken Boulevardblatt *Bildzeitung*, der seriösen Tageszeitung *Die Welt* und der ersten Radiozeitschrift.

Bis in die Fingerspitzen ein Pressemann, realistisch und notfalls erbarmungslos gegenüber seinen Mitarbeitern, leistet sich Springer den Luxus, ein Visionär zu sein. Er «weiß», daß er mit der Aufgabe betraut ist, die Einheit seines Landes wiederherzustellen.

Axel Springer empfängt mich im zwölften Stock seines Hamburger Wolkenkratzers. Ein riesengroßes Büro, wie es einem «Pressezaren» zukommt. Interessanterweise haben die Innenarchitekten als Bezug für die großen Sessel einen Stoff mit dem Hahnentrittmuster gewählt, das die Verpackungen der Parfums von Dior schmückt.

Springer, groß, blond, die Augen hell und etwas vorstehend, sehr schlank, in einem Anzug von tadellosem Schnitt – im Laufe des Gesprächs erwähnt er, daß die Hamburger Gesellschaft sich in London anzieht –, hat sich die Rolle eines Playboys auf deutsche Art zugelegt: elegant, sportlich, sprachkundig, aber auch ernst und romantisch.

Wir kommen gleich zum Thema Wiedervereinigung. Warum reden die Deutschen nicht darüber? Warum dieses Schweigen? Er überlegt einige Sekunden. Dann:

«Stellen Sie sich vor, Sie hätten, als Sie sehr jung waren, Ihre Mutter verloren. Sie denken an sie, das ist klar. Aber nicht ununterbrochen. Nicht jeden Tag. Sie sprechen nicht von ihr. Vor allem Fremden gegenüber sprechen Sie nicht von ihr. Stellen Sie sich dann vor, daß Ihnen eines Tages gesagt wird: Sie lebt immer noch. Würden Sie sich bemühen, sie wiederzufinden?»

«Ich würde wohin auch immer gehen. Barfuß, wenn nötig.»

«Sehen Sie, das ist die Situation der Westdeutschen heute. Trotz der Tröstungen, die ihnen Diplomaten und Politiker in so reichem Maße zukommen lassen, ahnen sie dunkel, wie wenig Aussicht unter den gegenwärtigen Umständen besteht, die beiden Teile des ehemaligen Reiches wieder zu vereinen. Aber gäbe es auch nur die geringste Hoffnung, würden Sie erleben, wie ein ganzes Volk aufsteht und wie die Deutschen einander die Arme entgegenstrecken würden, um nur noch eine einzige Nation zu sein.»

Ich habe einen Tag bei der neuen deutschen Armee verbracht. In Andernach am Rhein, wo sich eine der größten Bundeswehrkasernen befindet. Ich glaube nicht, daß ein anderes Land, und sei es noch so demokratisch, einer Journalistin erlaubt hätte, ungehindert militärische Einrichtungen zu besichtigen, in die Stuben einzudringen, mit den Soldaten während des Dienstes zu plaudern und einen Ausbildungsunteroffizier zu befragen.

Deutschland hat einen neuen Soldatentyp schaffen wollen, den «Staatsbürger in Uniform». Es war der sehnliche Wunsch einer kleinen Gruppe von Offizieren – an ihrer Spitze Graf Baudissin, ehemals Offizier im Stab von Rommel –, sich von einer Vergangenheit freizumachen, in der die Uniform dem Träger gewissermaßen zur zweiten Haut geworden war und der sich unter ihrem Schutz – schon vor dem Krieg – dazu verleiten ließ, blindlings ungeheuerliche Taten zu begehen unter dem Vorwand, es müsse «der Feind bekämpft» werden. Der neue Soldat zieht zwar die Uniform an, soll aber Staatsbürger bleiben und sich seiner Rechte und Pflichten bewußt sein.

Sobald man das Kasernentor durchschreitet, merkt man den Unterschied zwischen den Robotern von einst und diesen Männern, die «Soldaten einer besonderen Art» sein sollen.

Sie wurden gewissermassen in Laboratorien erdacht, in denen Fachleute fünf Jahre lang gearbeitet haben, um das Modell des neuen deutschen Soldaten zu erstellen.

Er ist nicht mehr in Feldgrau gekleidet, sondern in ein etwas dunkleres Mausgrau. Der Kampfanzug ist dem der Amerikaner nachempfunden, aber für den Ausgang trägt er einen bequemen zweireihigen Waffenrock. An die Stelle der schwarzen Knobelbecher traurigen Angedenkens sind Schnürstiefel der amerikanischen Armee mit dicken Kreppsohlen getreten. Den berühmten Stahlhelm, der so tief im Nacken sass, ersetzt der amerikanische Stahlhelm oder bei Übungen eine Feldmütze mit Schirm.

Vor uns geht ein halbes Dutzend junger Soldaten vorbei. Sie grüssen die Offiziere, die uns führen, korrekt, aber ohne das heftige Zusammenzucken des ganzen Körpers, an das uns ihre Vorgänger gewöhnt hatten, jene untadelige Drehung, ehe die Hand den Mützenschirm erreichte. Nach dem neuen Reglement brauchen die Mannschaften ihre Vorgesetzten nur einmal am Tag, beim ersten Treffen, zu grüssen. Aber die Vorschrift wird selten eingehalten, weil die Leute sich nicht immer erinnern, wem sie schon begegnet sind.

Im klassischen Moment des militärischen Lebens, beim Essenfassen (die Verpflegung ist dieselbe für Offiziere und Mannschaften), finden die Soldaten von Andernach ihren Nationalcharakter wieder. Spontan stellen sie sich in Zweierreihen auf, marschieren im gleichen Schritt und Tritt und singen eines der demokratischen Lieder, die vom Heimweh und dem Vöglein im Walde handeln und die nunmehr die kriegerischen Hymnen der alten Wehrmacht ersetzen. Und plötzlich hört man auf, den Kommentaren der Offiziere zu lauschen, und folgt mit den Augen diesen seltsamen Soldaten, die in ihrer Aufmachung atlantisch und bis auf den Grund ihrer Seele deutsch sind.

Die Gegner der Wiederaufrüstung sagen der neuen Armee, die sie als «kränkliches, mit dem amerikanischen Fläschchen ernährtes Baby» bezeichnen, eine traurige Zukunft voraus. Ehemalige Kriegsteilnehmer sprechen voll Verachtung von diesen zukünftigen Divisionen, die alle in die NATO-Streitkräfte integriert werden sollen: Sie finden es lächerlich, daß der Bundestag einen Wehrbeauftragten eingesetzt hat, und werfen den neuen Soldaten vor, sie vernachlässigten die Tradition. Mit welchem Recht wagt man von «neuen Soldaten» zu sprechen, wenn es doch genügen würde, dem Beispiel der großen Verblichenen zu folgen: der Armee des Kaisers und Hitlers Armee? Diese Männer von über fünfzig Jahren, denen ein Soldat ohne Knobelbecher und mit amerikanischem Stahlhelm ein wahrer Graus ist, erschauern beim Anblick von höflichen und zurückhaltenden Offizieren, die so gar nicht an Erich von Stroheim erinnern.

Im Laufe der Zeit wird sich der «neue Soldat», der jetzt noch als ein Wundertier angesehen wird, in die Gesellschaft einfügen. Er besucht weiterhin psychologische Schulungskurse, wird aber allmählich, vor allem durch den Kontakt mit seinen Verbündeten, ein Soldat wie die anderen. Der Prozentsatz der Wehrdienstverweigerer schwankt je nach der deutschen und internationalen Lage.

Der Kreml läßt einige tausend Kriegsgefangene frei. Darunter ein Waggon voll Generale. Die Nachricht von ihrer bevorstehenden Ankunft trifft eines Abends zu später Stunde ein. Morgen früh werden sie in Friedland, einem Dorf in der Nähe von Göttingen sein, nicht weit von der Zonengrenze. Dort hat man ein Aufnahme- und Überprüfungslager für Leute, die aus dem kommunistischen Deutschland und aus den von Russen oder Polen besetzten Gebieten kommen, eingerichtet.

Edo König, ein junger deutscher Fotograf, ruft mich an. «Ich fahre in einer Viertelstunde nach Friedland. Wollen Sie mitkommen?» Es ist etwa Mitternacht, und nach Friedland sind es fast 400 Kilometer. (Eine schöne schlaflose Nacht steht mir bevor.) Er läßt nicht locker: «Wir nehmen meinen Wagen, und ich fahre.»

Wir kommen im Morgengrauen an. Im Aufnahmelager wimmelt es von Menschen: Ganze Familien sind hergekommen, um die Heimkehrer zu empfangen.

In der Kantine habe ich mich an einen Tisch gesetzt. Neben mir eine recht elegante, aber auch sehr nervöse Dame. Sie raucht eine Zigarette nach der andern, bricht Streichhölzer entzwei. Hin und wieder wirft sie mir einen Blick zu. Schließlich kann sie nicht mehr, sie muß mit jemandem sprechen: «Ich erwarte meinen Mann. Ich habe ihn seit zwölf Jahren nicht gesehen. Damals war er noch nicht General.» Mit drei Kindern ist sie allein geblieben. Wurde von ihren Eltern unterstützt. Hat nach dem Krieg einen kleinen Textilbetrieb aufgebaut mit vier Arbeiterinnen. Heute sind es achtzig. Die Chefin ist sie.

Auf unserem Tisch liegen überall zerbrochene Streichhölzer. Schließlich: «Ich habe Angst, vielleicht erkenne ich ihn auch gar nicht wieder. Zwölf Jahre sind eine lange Zeit. Ich muß mich ja wohl auch verändert haben.»

Der Zug fährt ein. Gewaltiges Gedränge auf dem Bahnsteig. Ausrufe. Tränen. Umarmungen. Ich erblicke den Waggon der Generale. Sie steigen aus, einer nach dem anderen, den Rücken gebeugt, das Gesicht von Müdigkeit gezeichnet. Die Russen haben ihnen Zivilkleidung gegeben. Offensichtlich in der Sowjetunion hergestellt. Der Schnitt hat nichts Verführerisches. Die Männer sehen aus, als seien sie verkleidet. Sie tragen ein einziges Gepäckstück, dazu einen Plastikbeutel. Man kann den Inhalt sehen: ein paar deftige Brotstücke, zwei Äpfel. Ich weiß nicht, warum der Anblick der dicken Brotkanten, der Äpfel, der von Hitlers Generalen getragenen Plastikbeutel mir plötzlich das ganze Ausmaß der deutschen Niederlage vor Augen führt.

Ich versuche die Unbekannte von vorhin zu entdecken, die an den Wagen entlangläuft. Sie ist an einem Mann vorbeigekommen, der nur mit Mühe gehen kann, hat gezögert, ist umgekehrt. Nun stehen sie einander gegenüber. Sie haben sich nicht umarmt. Mit einer automatischen Geste will sie seine schlecht geknotete Krawatte zurechtziehen. Er wehrt ab. Er hat den Krieg verloren, das stimmt. Er hat nichts anderes zurückgebracht als Brot und Äpfel, ein Geschenk der Russen, zugegeben. Aber das ist kein Grund, daß diese gutgekleidete fremde Frau hier, und die doch seine eigene Ehefrau ist, sich erlaubt, öffentlich ihre Überlegenheit zu zeigen, und sei es auch nur, indem sie seine Krawatte in Ordnung bringt. Hätte sie das früher gewagt?

Nein, sie hätte es nicht gewagt. Auch sie hat sich verändert. Und würde ihr Mann ihr von den Leiden in der russischen Schneewüste erzählen wollen, wäre sie schnell mit einer Entgegnung bei der Hand: Und ich? Und mein Krieg? Die Brandbomben, die Nächte im Luftschutzkeller, das zerstörte Haus. Und später:

Ganz allein habe ich die Familie ernähren, die Kinder in die Schule bringen müssen, ehe ich mich in der in Trümmer liegenden Stadt auf die Suche nach Arbeit machen konnte.

In den folgenden Monaten wird es Scheidungen geben. Es wird Selbstmorde geben. Aus unbekannten Gründen.

VI
DIE ZUKUNFT

Mit einemmal wird es schwer, sich der Erinnerung zu verschließen: In Frankfurt beginnt der Auschwitz-Prozeß.

Es geht um «Verbrechen gegen die Menschlichkeit». Zwanzig ehemalige Angehörige der SS stehen unter der Anklage, Tausende von Morden begangen zu haben, vor Gericht. Es ist der größte Prozeß dieser Art, der bisher in der Bundesrepublik verhandelt wurde.

Viele Deutsche sind der Ansicht, es werde zuviel Lärm um die Vergangenheit gemacht. Wäre es nicht an der Zeit, einen Schlußstrich zu ziehen? Sie haben die feste Absicht, die Zeitungsberichte über das Frankfurter Verfahren nicht zu lesen. Wozu auch? Es fehlt nicht an Statistiken.

Statistiken? Das ist es ja eben. Der Auschwitz-Prozeß wird ihrer absoluten Herrschaft ein Ende bereiten. Es war oft bequem, sich hinter diesen Millionenzahlen nichts Genaues vorstellen zu können. Nun aber werden Männer und Frauen aus aller Herren Ländern hierher kommen. Sie werden über ihr Martyrium aussagen, werden erzählen, wie sie überlebt haben, und wie neben ihnen andere den Tod fanden. Gewöhnlich sprechen die Überlebenden nicht viel. Hier, den Angeklagten gegenüber, werden sie nicht schweigen. Und das, was sie sagen werden, wird furchtbar sein.

Die Statistiken werden sich auflösen, werden den Platz räumen. Einen Tag um den anderen wird das Scheinwerferlicht – es sind Hunderte von Berichterstattern hier versammelt – sich auf einen einzelnen, auf ein Einzelschicksal, richten, und sei es nur, jedesmal, für die Dauer einiger Minuten.

Der Prozeß, der im Dezember 1963 beginnt, dauert zwanzig

Monate. Die Anordnung in dem Saal, in dem die ersten Verhandlungen stattfinden, sieht vor, daß wir in gleicher Höhe mit den Angeklagten sitzen. Jedesmal, wenn sie gebracht werden oder gehen, kommen sie dicht an uns vorbei. Sie sehen nicht reumütig aus, im Gegenteil. Dieser Auftritt, der es ihnen noch einmal erlaubt, eine wichtige Rolle zu spielen, muß von unerhörter Bedeutung für Menschen sein, die so lange Zeit eine gleichsam totale Macht ausgeübt haben: Mit einer Handbewegung schickten sie die einen in den Tod und ließen anderen das Leben. Dabei stellten sie, ehe sie in Hitlers Elitecorps aufgenommen wurden, eine beliebige Auswahl aus allen Kreisen der Gesellschaft dar: Geschäftsmann, Ingenieur, Arzt, Zahnarzt, Apotheker, Sparkassenangestellter, Polizeibeamter, Handwerker, Arbeiter ... Wieder einmal trifft man auf die Perfektion des nationalsozialistischen Machtapparates, der es verstanden hat, in allen Bevölkerungsschichten die Menschen zu finden, die er brauchte.

Welche Berufe die Angeklagten früher auch ausgeübt haben, sie waren alle bereit, sich für die Leichenindustrie «umschulen» zu lassen. Denn um eben das hat es sich gehandelt. Auschwitz allein hat in den vier Jahren seines Bestehens einen «Ausstoß» von zwei Millionen Toten gehabt. Im Laufe des Prozesses scheut man sich nicht, von «Auswertung» der Leichen zu sprechen: von Frauenhaar oder Zahngold, das an spezialisierte Werkstätten geschickt wurde.

Heute, 21 Jahre später, scheinen die ehemaligen Bewacher von Auschwitz immer noch nicht begriffen zu haben, was an ihrer Tätigkeit ungewöhnlich gewesen sein soll. Manche erwarten sogar, daß man sie «verstehe». So antwortet einer der Angeklagten, als der Generalstaatsanwalt ihn fragt, ob es stimme, daß an den Tagen, an denen neue Transporte kamen, die jungen SS-Leute sich darum stritten, wer die Männer, Frauen und Kinder bezeichnen sollte, die sofort zu vergasen waren: «Aber das ist doch menschlich. Im Krieg waren Zigaretten und Schnaps rationiert. Diejenigen, die bei der Selektion eingesetzt wurden, hatten Anspruch auf fünf zusätzliche Zigaretten. Es gab starke Raucher unter uns...»

Auf solche Erklärungen folgt manchmal ein langes Schweigen. Die Richter beugen sich über die Akten, in denen sie blättern, um ihre Entrüstung zu verbergen. Die Geschworenen ebenfalls. Sie gehören derselben Generation an wie die Angeklagten. Sie haben in unterschiedlicher Eigenschaft – als Akteur oder Statist – am Leben der Nation teilgenommen. Was wußten sie?

Auf der Zuhörertribüne sitzen fünfzehn-, sechzehnjährige Schüler aus verschiedenen Schulen. Sie haben gebeten, herkommen zu dürfen; sie wollen die Wahrheit erfahren. In den Verhandlungspausen bilden sie kleine Gruppen und sprechen untereinander. Sie haben keine Lust, sich unter die Erwachsenen zu mischen.

Sie sehen ganz entsetzt aus an dem Tag, an dem eine ehemalige Inhaftierte, Dunia Wasserstrom, ihre Aussage macht. Sie, eine polnische Jüdin, war Dolmetscherin in der politischen Abteilung des Lagers und unterstand dem Angeklagten Wilhelm Boger, einem Angehörigen der SS-Hilfspolizei. «Es dürfte etwa im November 1944 gewesen sein. Ein Lastwagen, auf dem jüdische Kinder waren, fuhr ins Lager. Der Wagen hielt bei der Baracke der politischen Abteilung. Ein Junge – er dürfte etwa vier bis fünf Jahre alt gewesen sein – sprang herunter. Er spielte mit einem Apfel, den er in der Hand hielt. Da kam Boger an die Tür, nahm das Kind an den Füßen und schlug es mit dem Kopf gegen die Wand... Später wurde ich zu Boger gerufen, um zu dolmetschen. Er saß in seinem Zimmer und aß den Apfel des Kindes.»

Die ehemalige Deportierte lebt in Mexiko. Nach einigen Ehejahren wurde sie schwanger. Aber sie hat das Kind abtreiben lassen. «Ich wollte kein Kind in eine Welt setzen, in der es Menschen wie Boger gibt.»

Boger und fünf seiner Mitangeklagten werden zu lebenslänglicher Haft verurteilt, da die Todesstrafe in der Bundesrepublik abgeschafft ist. Andere kommen mit Strafen davon, die nicht immer der Schwere der begangenen Taten entsprechen. Richter und Geschworene halten sich streng an das Gesetz. Es verlangt, daß von den Tausenden von Verbrechen, die in der Anklageschrift aufgeführt sind, nur diejenigen berücksichtigt und bestraft werden, die auf unbestreitbare Weise durch Zeugenaussagen bewiesen sind. Den ehemaligen SS-Angehörigen kommen also die Rechtsregeln eines Regimes zugute, das sie erbittert bekämpft haben: die Demokratie.

Während der Dauer des Prozesses hat vor allem eine Frage die Gemüter beschäftigt: Hätten Taten dieser Art auch in einem anderen Land begangen werden können? Niemand hat eine gültige Antwort. Dagegen waren sich die Zeugen, die ehemaligen Häftlinge aus Auschwitz, in einem Punkt einig: Die Art, in der die Verbrechen erdacht und ausgeführt wurden, war spezifisch deutsch. Deutsch das immer neue Streben nach immer besseren Leistungen; deutsch der Perfektionismus auf allen Ebenen; deutsch die Disziplin der Tausenden von Ausführenden, von den Henkern bis zu den Beamten der Reichsbahn, die die Züge mit den Gefangenen bis in die Vernichtungslager brachten. Ein ehemaliger Arzt aus Auschwitz (er wurde nach dem Krieg von einem polnischen Gericht freigesprochen) kam zu dem Schluß: «Nirgendwo sonst hätte man in so kurzer Zeit eine so große Anzahl von Menschen töten können.»

Der Auschwitz-Prozeß endet im Sommer 1965. In Bonn spricht mich ein deutscher Kollege an, einer von jenen, die der Vergangenheit ihres Landes höchst gleichgültig gegenüberstehen:

«Jetzt brauchen Sie wenigstens nicht mehr ganze Wochen im Gerichtssaal zu verbringen. Ich habe mich oft gefragt, wer sich noch für diese alten Geschichten interessiert.»

«Unsere Leser zum Beispiel.»

«Merkwürdig. Ich dachte, unsere beiden Völker seien Freunde geworden.»

Das stimmt; vor zwei Jahren haben de Gaulle und Adenauer im Élyséepalast einen Freundschaftsvertrag unterzeichnet. Keine seiner Klauseln besagt jedoch, daß mit dem Vertrag die Erinnerung abgeschafft sei.

Einige Monate vor der Unterzeichnung hatte de Gaulle seine erste offizielle Reise in die Bundesrepublik unternommen. Und die Vergangenheit war zur Stelle gewesen.

Der Höhepunkt von de Gaulles Reise hat sich in einem bescheidenen Rahmen abgespielt, auf dem Marktplatz von Bonn. Eine große Menschenmenge, die sogar die angrenzenden Straßen füllt. Seit de Gaulle von neuem an der Macht ist, verfolgen die Deutschen wieder aufmerksamer, was jenseits des Rheins vor sich geht. Sie bedauern nicht mehr das arme Frankreich, das von einer Krise in die andere gerät und das vor allem die Regierungen in einem Tempo wechselt, das einem Bürger der Bundesrepublik erstaunlich erscheint. Konrad Adenauer ist jetzt schon seit neun Jahren Bundeskanzler.

Der General steht hoch aufgerichtet auf der Tribüne, die vor dem Rathaus aufgeschlagen ist. Er hat seine Reise sorgfältig vorbereitet und die Reden, die er auf deutsch halten will, auswendig gelernt. Was wird er in Bonn sagen?

Die Deutschen waren nicht auf das gefaßt, was der General an diesem Tag sagt. Er sagt: «Ihr seid ein großes Volk.» Er wiederholt: «Ja, ein großes Volk.»

Die auf dem Marktplatz versammelte Menge applaudiert, noch ehe sie überhaupt begriffen hat. Man wirft den Nachbarn fragende Blicke zu: «Haben wir richtig verstanden? Ist er wirklich hergekommen, um uns zu sagen, daß wir trotz allem ein großes Volk sind? Aber er hat uns doch bis zuletzt bekämpft, dieser französische General!» Sollte die Vergangenheit ausgelöscht sein?

Adenauer an de Gaulles Seite strahlt vor Glück: Die

deutsch-französische Versöhnung wird zur Wirklichkeit. Ein langes Leben lang hat er dafür gearbeitet.

Die Worte des Generals hallen im ganzen Land wider. Wohin er auch geht, überall wird de Gaulle von einer riesigen Menge empfangen, die ihm zujubelt.

Die Reise endet triumphal im Hof des schönen Schlosses Ludwigsburg in der Nähe von Stuttgart, das nach dem Vorbild von Versailles erbaut wurde. De Gaulle spricht vor etwa zehntausend Jugendlichen. Schon seine ersten Worte werden von Freudenschreien begleitet: «Ich gratuliere Ihnen. Zuerst einmal gratuliere ich Ihnen, weil Sie jung sind. Und dann gratuliere ich Ihnen, weil Sie junge Deutsche sind.»

Zwanzig Jahre später benutzen die jungen Leute von Ludwigsburg ein anderes Vokabular. Weder sie noch ihre Kinder sprechen noch von «Versöhnung». Das Wort ist nicht mehr modern, es kommt nur noch in offiziellen Reden vor. Aber Tausende junge Leute einer neuen Generation haben sich im Rahmen der Austauschprogramme getroffen, die von einem deutsch-französischen Jugendwerk finanziert werden. Denken sie überhaupt noch an den Wortlaut eines Abkommens, das vor so langer Zeit unterzeichnet wurde? Obwohl ohne dieses Abkommen die Beziehungen zwischen Frankreich und Deutschland gewissermaßen banaler wären? In politischen, wirtschaftlichen und kulturellen Kreisen wird das von de Gaulle und Adenauer ersonnene Zeremoniell eingehalten: Es sieht in sehr regelmäßigen Abständen offizielle Besuche, Konsultationen, Zusammenkünfte auf allen Ebenen der Gesellschaft vor.

Die großen europäischen Visionen der beiden Staatsmänner haben sich nicht verwirklicht. Wollten sie vielleicht zu schnell zu weit gehen? Hatte mir nicht Adenauer gleich nach der Unterzeichnung des Vertrags in einer kühnen Kurzformulierung erklärt, daß es sich darum handle, «die vergangenen Jahrhunderte aus der Welt zu schaffen»? Da die Nachfolger eines «alten Franzosen und eines sehr alten Deutschen» – diese Bezeichnungen verdanken wir General de Gaulle – es nicht vermochten, in Europa eine gemeinsame entscheidende Rolle zu spielen, müssen sie sich damit begnügen, im «Europa der Kaufleute», in der Europäischen Wirtschaftsgemeinschaft, ein beinahe unzertrennliches «Paar» zu sein. Beinahe unzertrennlich. Freundschaft schließt Anfälle von schlechter Laune, die Unterstellung böser Absichten, manchmal sogar Krisen nicht aus. Von Anfang an ist man darauf gefaßt gewesen. Die Lage in den beiden Ländern ist nicht die gleiche. Die französische Regierung wählt ihre Außenpolitik nach eigenem Ermessen. Deutschland ist von seinen Bindungen an die Vereinigten Staaten abhängig, die es im großen und ganzen ohne Zwang oder Protest akzeptiert. Die USA garantieren die Sicherheit der Bundesrepublik. Und auch die von Westberlin, wo amerikanische GIs russischen Soldaten gegenüberstehen. Sie halten Wache an einer amerikanisch-russischen Grenze, die gleichsam aus Versehen am Ende des Weltkriegs geschaffen wurde. Eine ungewöhnliche, aber immer noch bestehende Grenze.

Der europäische Patriotismus der unmittelbaren Nachkriegszeit ist nur noch eine schwache Erinnerung. Der Elan, der die Besiegten lange Jahre lang von den «Vereinigten Staaten Europas» träumen ließ und hinter dem sich wohl die Flucht in eine neue Identität verbarg, richtet sich nun auf andere Ziele.

Wie, wenn heute in den achtziger Jahren die Bürger der Bundesrepublik nichts anderes mehr sein wollten, als das was sie sind, nämlich Deutsche?

Einige Monate nach der Unterzeichnung des Vertrags mit Frankreich macht Adenauer im Alter von 87 Jahren Ludwig Erhard Platz, dem «Vater des Wirtschaftswunders». Adenauer ist vierzehn Jahre und einen Monat an der Macht gewesen.

Ehe der einstige Oberbürgermeister von Köln im Jahre 1949 seine politische Tätigkeit wieder aufnahm, hatte er seinen Arzt befragt. Und Professor Martinis Diagnose hatte ihn so sehr erfreut, daß er sie mit den Worten bekanntgab: «Martini sagt, es gehe mir gut. Ich werde ohne weiteres noch zwei Jahre arbeiten können.» Trotz seines fortgeschrittenen Alters ermahnte der Bundeskanzler immer wieder zur Geduld. «In der Politik ist sie die beste aller Waffen. Sie kostet weder Blut noch Tränen, sie kostet nur den Sieg über sich selbst. Wichtig ist, daß man mit kleinen Schritten voranzukommen versteht.» Bei jeder Gelegenheit bekundet Adenauer seine Verachtung für die Intellektuellen. «Ihr Fehler», sagte er einmal zu dem Sozialdemokraten Carlo Schmid, «ist, daß Sie die Vergangenheit analysieren wollen und an eine ferne Zukunft denken. Ich denke an das, was ich morgen zu tun habe.»

Carlo Schmid, der Sohn einer französischen Mutter und Übersetzer von Baudelaire, ein hervorragender Redner und großer Schriftsteller, war mit der Philosophie des Bundeskanzlers nicht einverstanden. Allerdings mußte er zugeben, daß sich der Regierungschef nicht immer getäuscht hat: «Er ist wie eine angehaltene Penduluhr, die zweimal am Tag die richtige Zeit angibt.»

Vier Jahre später, am 16. April 1967, stirbt Konrad Adenauer. Im Kölner Dom überragt die hohe Gestalt de Gaulles, der gekommen ist, um «seinem berühmten Freund» die letzte Ehre zu erweisen, die Trauergemeinde.

Den Worten des französischen Botschafters François Seydoux zufolge, muß de Gaulle dem deutschen Freund gegenüber eine Art Dankbarkeit dafür empfunden haben, daß er, obwohl fast fünfzehn Jahre älter als er selbst, immer noch ein fähiger Regierungschef war, der sich durchzusetzen wußte.

Die beiden Männer zeigten sich oft gegenseitig besorgt um ihre Gesundheit. Mit der geheimen Illusion, dem fortschreitenden Alter selbst besser zu widerstehen als der Partner. So sagte zum Beispiel Adenauer, der mich manchmal nach einer Begegnung mit dem General empfing, einmal mit ernster Miene: «Der Herr de Gaulle erschien mir heute recht abgespannt.» Während um dieselbe Zeit der General irgendwo einem Herrn seiner Begleitung erklärte: «Dieser Adenauer. Ein erstaunlicher Mann, aber er sollte sich etwas mehr schonen. Man merkt, daß er älter wird. Schade.»

Die Deutschen von heute gehen mit den politischen Dissidenten von gestern nicht gerade sanft um. Es sind Dissidenten von besonderer Art. Das Abseitsstehen war ihnen von Hitler und den Seinen aufgezwungen worden. Manche von ihnen, denen die Flucht gelang, sind nicht in die Heimat zurückgekehrt. Andere Emigranten, die sich entschieden, nach Deutschland zurückzukommen, haben das Gefühl, immer noch abseits zu stehen. Man findet sie selten auf wichtigen Posten, in einem Ministerium oder im Parlament; einige wenige an der Spitze der SPD und der Gewerkschaften. Im großen und ganzen keine Juden. Was sich erklären läßt: Man mag sie nicht. Hitler hat lange gebraucht, um den Abscheu vor Juden in einem Land einzubürgern, wo es eingefleischten Antisemitismus nur in gewissen Kreisen gab. Aber nachdem sich dieser Abscheu einmal festgesetzt hatte, hielt er an.

Es ist das Jahr 1969, und der bekannteste Emigrant, Willy Brandt, ist Bundeskanzler der neuen Republik geworden. Mit ihm kommt die deutsche Sozialdemokratie an die Macht, was ihr seit vierzig Jahren nicht gelungen war.

Für Willy Brandt ist es das Ende eines langen Weges, auf dem es Höhen und Tiefen gegeben hat. Der ehemalige Regierende Bürgermeister von Berlin hatte sich schon zweimal zur Wahl gestellt und war gescheitert. Die heftige Kampagne, die seine politischen Gegner damals gegen ihn führten, hatte tiefe Spuren bei ihm hinterlassen.

Ihm wurde öffentlich seine uneheliche Geburt vorgeworfen, man meinte ihn zu beleidigen, wenn man ihn auf Wahlversammlungen Herbert Frahm nannte, wie er bei seiner Geburt hieß. Die Angriffe riefen ihm seine unglückliche Kindheit in der Heimatstadt Lübeck in Erinnerung, wo er als Schüler versucht hatte, die Ehre seiner Mutter zu verteidigen, die Verkäuferin in einem Konsumverein war.

Der sozialdemokratische Kandidat wurde beschuldigt, sein Vaterland verraten und den Krieg im Exil verbracht zu haben, während seine Kameraden an der Front kämpften und starben. In der Tat war Herbert Frahm, der als Mitglied der Sozialistischen Jugend an einem Straßenkampf mit SA-Leuten teilgenommen hatte, nach Oslo geflohen, als Hitler an die Macht kam. Er stand auf der Schwarzen Liste der Gestapo und nahm den Namen Willy Brandt an, um vor deutschen Agenten sicher zu sein, die in den skandinavischen Ländern ihr Unwesen trieben. Am Ende der Feindseligkeiten kehrte er als Korrespondent norwegischer Zeitungen nach Deutschland zurück.

Dieser verleumdete Deutsche trägt nun der Bundesrepublik ungeahnte Ehrungen ein: 1971 beschließt das Nobel-Komitee in Stockholm, zum erstenmal seit dem Krieg, einen Deutschen auszuzeichnen: Willy Brandt erhält den Friedensnobelpreis.

So wurde das Werk eines Staatsmannes gewürdigt, der die Beziehungen zwischen der Bundesrepublik, einer der Erbinnen des ehemaligen Reiches, und den Ländern des Ostens normalisiert hat. Dank seinen Bemühungen ist der Begriff *Ostpolitik* in das Vokabular der internationalen Politik eingegangen.

Der frühere Regierende Bürgermeister von Westberlin hat fast zehn Jahre lang warten müssen, ehe er eine Politik, die ihm seit dem Mauerbau vorschwebte, in die Tat umsetzen konnte. Schon damals hatte er an die Notwendigkeit direkter Verhandlungen mit der Sowjetunion und den Ländern des Ostblocks gedacht. Ihm war klar geworden, daß keine der großen Westmächte «den kleinen Finger rühren» würde, um die Interessen Deutschlands zu verteidigen. Nun, da er Bundeskanzler ist, beauftragt er seinen Vertrauensmann Egon Bahr, Gespräche mit der UdSSR aufzunehmen. Es ist der Auftakt zu langen und schwierigen Verhandlungen. Schließlich aber kann Brandt im August 1970 nach Moskau fahren, um dort das Abkommen zu unterzeichnen. Die beiden Mächte verpflichten sich, die bestehenden Grenzen zu respektieren und auf Gewaltanwendung und -androhung bei der Regelung ihrer Differenzen zu verzichten.

Ein zweiter Vertrag, der zwischen der Bundesrepublik und der Deutschen Demokratischen Republik ausgehandelt wurde, sichert der Stadt Berlin eine relative Ruhe. Die Zwischenfälle auf den Zufahrtswegen hören auf. Reisen westdeutscher Staatsbürger, die Familienangehörige in der DDR besuchen wollen, werden erleichtert. Die Vorteile der Ostpolitik sind so groß, daß die Nachfolger der sozialdemokratischen Regierungen Brandt und Schmidt sie fortsetzen.

Das Treffen in Moskau findet in einer ganz besonderen Atmosphäre statt. Die deutsche Nationalhymne, auf dem Flughafen Wnukowo schwungvoll von einer sowjetischen Militärkapelle gespielt, wird von den sowjetischen Staatsmännern in starrem Schweigen angehört. Sie erklingt hier seit dem Krieg, einem Krieg, der Rußland zwanzig Millionen Menschenleben gekostet hat, zum erstenmal.

Irgendwann schlägt der Wind Breschnjews Jackett zurück, und ich sehe auf seinem Hemd direkt oberhalb des Gürtels eine kleine schwarze Rose, das Markenzeichen einer westdeutschen Wäschefirma. Trotz der Feierlichkeit der Stunde kann ich nicht umhin zu bemerken, daß auch der Herr des Kremls in Westdeutschland einkauft. Bei dem sowjetischen Wunsch, die Beziehungen zur Bonner Regierung zu normalisieren, spielen sicher auch wirtschaftliche Erwägungen eine Rolle.

Nach der Versöhnung mit Moskau erwartet man von Willy Brandts Reise nach Polen nichts besonders Sensationelles. Aber es gibt «das» Foto. Ein Foto, das um die ganze Welt geht.

Vor dem Denkmal für die Opfer des Warschauer Gettos, wo er soeben einen Kranz niedergelegt hat, bleibt der Bundeskanzler stehen, mit tief gesenktem Kopf und übereinandergelegten Händen, wie es das diplomatische Zeremoniell verlangt. Und plötzlich läßt er sich in einer einzigen Bewegung auf beide Knie nieder, den Kopf immer noch gesenkt, die Hände immer noch übereinandergelegt. Der ehemalige Deutsche, der im Exil gelebt, der keinerlei Anteil an den nationalsozialistischen Untaten hat, scheint um Vergebung zu bitten. So kniet er, vielleicht dreißig Sekunden lang ...

Die zuerst verblüffte, dann entrüstete Miene mehrerer deutscher Kollegen täuscht nicht. Zahlreiche Journalisten sprechen von einem Skandal. Bei den Zeitungen trifft bald eine Flut von Leserbriefen ein, die meisten verurteilen die Geste: Welche Schande, einen deutschen Bundeskanzler in einer solche Haltung zu sehen! Viele wollen wissen, ob der Kniefall spontan war oder ob er geplant wurde. Ich habe manches Mal Gelegenheit gehabt, Willy Brandt zu treffen; aber ich bin nie auf den Gedanken gekommen, ihm diese Frage zu stellen.

Im Mai 1974 endet Willy Brandts Regierungslaufbahn auf tragische Weise. Im «Land der tausend Spione» (aus gutem Grund ist ihre genaue Anzahl unbekannt) ist es mit einem Agenten im Solde des Ostberliner Geheimdienstes, Günter Guillaume, gelungen, sich dank seiner Geschicklichkeit und der gefährlichen Intelligenz seiner Ehefrau in die Umgebung des Kanzlers einzuschleichen. Die westliche Spionageabwehr hat Guillaume aufgespürt, hat sich aber, statt ihn hinter Schloß und Riegel zu bringen, damit begnügt, Willy Brandt zu warnen. Der Bundeskanzler nahm die Warnung nicht ernst, und das wurde ihm zum Verhängnis. Er fuhr mit seiner Familie nach Norwegen, wo er einige Tage am Meer verbringen wollte, und nahm Guillaume mit. Der Skandal war nicht mehr zu vertuschen. Auf den Rat mehrerer politischer Freunde, die ihn überarbeitet fanden und seinen Rücktritt wollten, verließ Willy Brandt das Kanzleramt.

Die Bundesrepublik ist seit ihrer Entstehung ein Tummelplatz für Spione aller Nationalitäten gewesen. Natürlich besonders für Agenten aus Ostberlin. Es ist um so schwieriger, sie ausfindig zu machen, als sie dieselbe Sprache sprechen wie ihre Opfer, dieselbe Kultur haben und dieselben Lieder singen.
   Die kommunistischen Agenten fangen gewöhnlich klein an und müssen sich hocharbeiten. (Guillaume, der im Bundeskanzleramt arbeitete, war eine Ausnahme.) Im allgemeinen muß man sagen, daß die Mata Haris, die weiblichen Agenten, aus dem Geschäft vertrieben sind. Der Markt wird von Männern beherrscht. Sie spielen die Rolle von einsamen und traurigen Junggesellen auf der Suche nach der gleichgestimmten Seele und haben die Aufgabe, eine der zahlreichen Sekretärinnen zu erobern, die in verschiedenen Ministerien Vertrauensstellungen innehaben.
   Auf diese oft vereinsamten Frauen haben es die Agenten aus dem Osten besonders abgesehen. Der Verführer trifft sich mit einer von ihnen nach einem im voraus schon festgelegten Szenario. Er bedrängt sie, bis sie nachgibt oder ihn sogar heiratet, und eines Tages ist sie aus Liebe, oder weil sie Angst hat, ihn zu verlieren, bereit, für ihn zu arbeiten. Manchmal überzeugt der Agent seine Komplicin mit einem Argument, das sie wiederum vorbringt, wenn ihrer beider Tätigkeit entdeckt wird: Sie habe geglaubt, im Interesse der beiden deutschen Staaten und der Wiedervereinigung zu handeln. Sie glaubt eigentlich nicht wirklich an die Wiedervereinigung, aber als moralisches Alibi ist sie ein gut verwendbares Argument.

Willy Brandt ist nicht der einzige, dem die Deutschen vorwerfen, das Vaterland verraten zu haben. Vor ihm hat Marlene Dietrich ein gleiches erfahren. Allerdings hat sie das Exil freiwillig gewählt. Nach *Der blaue Engel* hat sie zuerst einige Jahre in Paris verbracht, ehe sie nach Hollywood ging. Als wieder Frieden herrschte, ist sie oft gebeten worden, nach Deutschland zurückzukommen. Sie hat es abgelehnt. Sie verzeiht den Deutschen nicht, daß sie Nationalsozialisten gewesen sind. Einem Schauspieler, der sie in Amerika besucht und sie bittet, zurückzukommen, erklärt sie, daß sie die Untaten der Nazis nicht vergessen könne. «Ich auch nicht», antwortet der Besucher. «Aber ich habe verziehen.» – «Das ist etwas anderes», erwidert Marlene. «Du bist Jude. Du bist auf der Seite der Opfer, dir steht es frei zu verzeihen. Ich kann es nicht. Die Verbrechen wurden im Namen des Volkes begangen, dem ich angehöre.»

Und dann ist Marlene eines Tages in Europa. Sie ist bereit, in Berlin aufzutreten. Einmal.

Auf dem Flugplatz Tempelhof drängt sich eine Menschenmenge, Neugierige, die die legendäre Lola aus *Der blaue Engel* sehen wollen. Darunter viele Berliner, die ihr übelnehmen, daß sie nicht in Berlin leben will und die Vergangenheit so heftig verurteilt. Sie soll es ja nicht wagen, das rote Bändchen der Ehrenlegion zu tragen, eine französische Auszeichnung für Marlene Dietrich: Sie hatte zu Beginn des Krieges vor Soldaten gesungen, die bald darauf gegen Deutsche kämpfen sollten.

Das Flugzeug landet, und der Star erscheint. Sie setzt den Fuß auf die oberste Stufe der Gangway, damit die Fotografen sie besser ins Bild bekommen. Mit einer Bewegung der linken Schulter schüttelt sie ihr Pelzcape nach hinten. Und es ist, als richteten sich die Scheinwerfer und Kameras alle auf das rote Band am Revers ihres Kostüms. Es wird totenstill. Die Zuschauer, die gekommen sind, um zu demonstrieren, rühren sich nicht. Marlene hat das Lächeln ihrer großen Zeit aufgesetzt: skeptisch, ironisch, schmerzlich. Wieder einmal hat sie das Publikum in ihren Bann geschlagen.

Willy Brandt befürchtet für die achtziger Jahre das Wiederaufleben schmerzlicher Erinnerungen. Die Welt werde, so meint er, sich darauf besinnen, daß vor fünfzig Jahren Hitlers Herrschaft begann. «Man wird von uns sprechen», hat der Altbundeskanzler zu mir gesagt. «Und ob es meinen jungen Mitbürgern gefällt oder nicht, sie werden sich damit abfinden müssen.»

Die Vergangenheit sollte die Deutschen früher einholen, als Willy Brandt es vorausgesehen hatte.

Im Januar 1979 bringt das deutsche Fernsehen eine mittelmäßige amerikanische Serie in vier Folgen, *Holocaust*. Millionen Deutsche sehen sie, und gleich am ersten Abend ist es, als sei aus heiterem Himmel ein Wirbelsturm über das Land hereingebrochen: Erinnerungen drängen aus der Tiefe des Gedächtnisses hervor, Tabus werden beseitigt, Ströme von Tränen ausgelöst. Die Deutschen weinen und machen keinen Hehl daraus. Verspätete Tränen, die Staunen auslösen.

Die Fernsehserie bringt nichts Neues: die Geschichte einer jüdischen Familie, die deportiert wird, und einer deutschen Familie, deren Oberhaupt, ein Rechtsanwalt ohne Klientel, von seiner ehrgeizigen Ehefrau angetrieben, in die SS eintritt, wo er blitzschnell Karriere macht.

Das Fernsehen hat Dutzende von Spielfilmen, Dokumentarfilmen und politischen Podiumsgesprächen über den Nationalsozialismus ausgestrahlt. Historiker haben ihre Aufgabe erfüllt. Die Literatur, die unmittelbar nach dem Krieg manchmal Umwege gegangen war, wenn sie von der Vergangenheit sprechen wollte – indem sie zwar Gewissenskonflikte, das Drama der Verfolgung oder die grenzenlose Einsamkeit des Menschen in einem Polizeistaat beschrieb, die Handlung aber in einem anonymen «Anderswo» ansiedelte –, hat sich schon seit langem der Probleme des Hitlerismus angenommen.

Vielleicht hat es der typisch amerikanischen Darstellungsweise bedurft, die auf die eine Seite die Guten und auf die andere die Bösen stellt, um Gemüter und Herzen zu überrumpeln und zu erschüttern, die sich so lange davor verschlossen hatten? Die Qualität des Films und seine Unglaubwürdigkeiten sind dabei kaum von Belang.

Das Fernsehen veranstaltet nach den einzelnen Folgen der Serie Gesprächsrunden, an denen sich das Publikum beteiligen kann. Die Zuschauer sind aufgefordert, anzurufen und ihre Reaktionen mitzuteilen. Die Telefonzentralen werden im Sturm genommen: am ersten Abend kommen mehr als siebentausend Anrufe. Es werden in aller Eile zusätzliche Telefone angeschlossen und Aushilfsredakteure eingestellt. «Sie reden, als ob sie sich übergeben», sagt einer, der Anrufe entgegennimmt. «Man versteht sie nicht immer, so heftig weinen sie. Man könnte glauben, wir sind hier die Telefonseelsorge.»

Am nächsten Tag unterbricht der Kanzler Schmidt im Bundestag die Budget-Debatte. Er lenkt die Aufmerksamkeit auf die amerikanische Fernsehserie und ruft die Deutschen, 34 Jahre nach dem Ende des Krieges und des Nationalsozialismus, zum Nachdenken auf.

Was sagen die Deutschen, die beim Fernsehen anrufen oder die Redaktionen der Zeitungen mit Briefen überschwemmen? In der ersten Zeit scheinen sie skeptisch zu sein: Haben sich die Dinge wirklich so abgespielt, wie es die amerikanischen Filmemacher berichten? Es werden auch Fragen gestellt, denen man die Angst anmerkt. Als ob den Fragenden plötzlich Zweifel gekommen seien, was Vater, Ehemann oder Sohn während des Krieges wohl getan haben könnte...

Manchmal sind die Anrufe dramatisch. Wie der eines ehemaligen SS-Mannes, der schluchzt: «Ich bitte Sie, im Fernsehen zu sagen, daß nicht alle SS-Leute Verbrecher waren. Meine Frau hat die Sendung gesehen. Sie will mich verlassen. Tun Sie es schnell, ich flehe Sie an. Wir sind seit dreißig Jahren verheiratet. Wir haben Kinder.»

Wie? Dieser Mann hätte dreißig Jahre lang nicht den Mut gehabt, seiner Frau zu erzählen, was die SS war und was er selbst, allerdings wie er behauptet, nicht war? Seine Kinder hätten nicht den Mut gehabt, ihn zu fragen?

Von der dritten Folge an gehen die Stellungnahmen der Zuschauer in eine andere Richtung. Wieviel haben wir gewußt? Was konnten wir wissen? Und vor allem: Was konnten wir tun zu einer Zeit, in der man die Todesstrafe riskierte, wenn man einem Kriegsgefangenen einen Kanten Brot gab?

Manchmal kommen auch unerwartete Geständnisse. Eine Frau: «Ich wußte eine ganze Menge. Ich habe Bücher gelesen, Filme gesehen. Ich wollte mit niemandem darüber sprechen, nicht einmal mit meinem Mann. Es tat zu weh. Stellen Sie sich meine Einsamkeit vor.» Kommentar eines Sozialpsychologen: Eine solche Reaktion auf den Film wäre ohne eine kollektive Verdrängung nicht möglich gewesen.

Aber auch die Getreuen des Führers nehmen an dieser Debatte über die Vergangenheit teil. Sie telefonieren, schreiben Leserbriefe an Zeitungen und greifen mit verblüffender Leichtigkeit auf das alte Vokabular zurück. Die amerikanische Fernsehserie? Eine jüdische Machenschaft, um von der Bundesrepublik neue Geldmittel zugunsten des Staates Israel und der angeblichen Opfer des Nazismus zu erpressen. «Die Amerikaner sollten Hitler dankbar sein, daß er ihnen ein so schönes Drehbuch geliefert hat.»

Besonders hellsichtige Beobachter allerdings meinen, daß der «Holocaust-Effekt» nur vorübergehend sein wird. Sie behalten recht. Nur die deutschen Filmemacher denken noch daran. «Diesen Film», sagen sie, «hätten wir drehen müssen. Aber wir wollten keine Fiction. Wir haben lieber wahre Begebenheiten geschildert oder an die Statistiken erinnert.»

«Statistiken haben noch keinen zum Weinen gebracht»,

pflegt der französische Abbé Pierre zu sagen, der zahlreiche Hilfsaktionen für Hungernde und Frierende organisiert hat.

Ein deutscher Freund, der in der Nähe von Bonn wohnt, hat mich eingeladen, die letzte Folge der Serie bei ihm zu sehen. Seine Kinder seien da. Er lege Wert darauf, daß sie wissen, wie die Vergangenheit gewesen ist.

«Kennen Ihre Kinder Juden?»

Er sieht ehrlich erstaunt aus. «Wie sollen sie denn? Sie sind fünfzehn und siebzehn Jahre alt. Das wissen Sie doch. Wie sollen sie denn Juden kennengelernt haben?»

In der Bundesrepublik mit ihren sechzig Millionen Einwohnern leben etwa dreißigtausend Juden. Zwei Drittel von ihnen sind nach dem Krieg aus östlichen Ländern gekommen, weil sie ihr Zuhause verloren hatten und vor der Verfolgung flohen. Ihre Muttersprache ist nicht deutsch.

Die «vollkommene Symbiose» zwischen Deutschen und Juden und der jüdische Beitrag zur deutschen Kultur – beides hat es vor Hitler gegeben, und beides gehört der Vergangenheit an.

Zwei junge Deutsche. Sie haben nicht die lässige Arroganz des «Ich-bin-nach-dem-Krieg-Geboren». Eine ganz neue Generation: nicht älter als zwanzig Jahre. Der eine studiert Jura, der andere Medizin. Beide gehören dem Großbürgertum an. Sie sind Freunde, und ich lerne sie in Baden-Baden kennen. Ernsthafte junge Leute, die niemals den Fuß in das berühmte Spielkasino gesetzt haben, wo sich einst deutsche Prinzen und russische Großfürsten ein Rendezvous gaben.

Wir sprechen nicht von der Vergangenheit. Sie ist fern. Und überdies ist der Herbsttag zu schön. Einer der beiden, vielleicht ohne es zu wissen, etwas romantisch veranlagt, erzählt von seinen Reisen. Er ist weit herumgekommen, war in den Vereinigten Staaten, in Afrika, in Italien, in Griechenland. Und in Frankreich? Ja, auch in Frankreich. Ach, alle waren sehr freundschaftlich. Aber ihm schien – er hat ein feines Ohr, liebt Musik –, daß die Franzosen ihn manchmal «anders» behandelten. «Meinen Sie, als Ausländer?» – «Nein, als Deutschen.» Er denkt nach. «Aber bin ich das wirklich? Ich bin nicht in Deutschland, sondern in der Bundesrepublik geboren, einem Bruchstück von Deutschland.» Er beklagt es, in Geschichtslosigkeit aufgewachsen zu sein, in einem Land, das nicht das seines Vaters war. «Wie schön muß es sein, ein Vaterland zu haben!»

Probleme dieser Art hat sein Freund nicht. Ein gutaussehender junger Mann, sehr selbstsicher und, wie ich glaube, auch davon überzeugt, eine große Karriere vor sich zu haben. Er will Politiker werden, gehört aber keiner Partei an. Die Christdemokraten? Zu konservativ. Die Sozialdemokraten? Er ist niemals links gewesen. Die Grünen? Ein kleines Zurückzucken, eine unbewußte Geste, um das gepflegte und gut anliegende Haar glattzustreichen. Nein, nein. Das sind Leute von nirgendwoher, die nicht wissen, was sie wollen. Spinner, die den Fortschritt in der Welt unter dem Vorwand aufhalten wollen, den Wald zu retten. Nein, er habe seine politische Heimat noch nicht gefunden. Er suche auch nicht danach, sondern begnüge sich mit seinem Wirkungskreis an der Universität.

Auch er ist in Paris gewesen. Er findet die Franzosen zu intelligent. Oder vielmehr zu brillant. Diejenigen, die Erfolg haben, kommen fast alle von den Elite-Hochschulen, das hat ihm ein junger Franzose gesagt, den er im vorigen Sommer kennengelernt hat. «Wir haben keine solchen Schulen. Was uns interessiert ist die angewandte Intelligenz, ich meine damit diejenige, die in der Tätigkeit zum Ausdruck kommt, genauer gesagt, in der Leistung.»

Wir haben eine Weile lang geschwiegen und den Walzerklängen gelauscht, die aus der Ferne zu uns drangen. Baden-Baden ist nach wie vor ein beliebter Kurort.

Wir verabschieden uns. Sie gehen zusammen weg, der vom Vaterland Träumende und sein Freund: zwei junge Deutsche von morgen.

Wir haben weder den letzten Krieg noch die Jahre davor erwähnt. Vielleicht war das nicht richtig. Man weiß nie, was die Vergangenheit in ihrem Schoß birgt.

Fünf sind es. Ich habe fünf Deutschland kennengelernt. Die ausgeblutete Weimarer Republik mit ihrer tausendfältig begabten Hauptstadt, die ich habe sterben sehen. Das wahnbesessene Hitler-Reich, dessen Geburt ich miterlebte. Die Adenauersche Republik, das Land des großen Vergessens und des Neubeginns, der bedingungslosen Anlehnung an Amerika und des europäischen Traums. Jene «andere» Republik, die die Sowjetunion gefangenhält. Und schließlich das werdende Deutschland, das Deutschland von morgen.

Es gibt in Europa kaum ein Land, dessen politische Landschaft sich in einem so kurzen Zeitraum so oft verändert hat. Das heutige Deutschland hat nur wenig Ähnlichkeit mit dem vor zwanzig oder dreißig Jahren. Selbst das tägliche Leben hat sich verändert. Die Deutschen sind nicht mehr von derselben Arbeitswut besessen wie früher. Heute fordern sie vor allem Verbesserungen ihrer Arbeitsbedingungen. Die Forderungen der Gewerkschaften richten sich schon lange nicht mehr nur auf Lohnerhöhungen, sondern auch auf die Neuregelung der Arbeitszeit. In dem Land, das die gleitende Arbeitszeit erfunden hat, um Verkehrsstauungen und den Stoßverkehr in den Großstädten zu vermeiden, hat der Kampf für die Fünfunddreißig-Stunden-Woche begonnen. Die Ferienreisen in ferne Länder sind zuerst in Deutschland in Mode gekommen, und zwar zu erschwinglichen Preisen für alle. Die Jugend nützt die totale Freiheit, die diese zweite Republik ihr gewährt, das liberalste, großzügigste, egalitärste Regime, das es je in Deutschland gegeben hat.

Indes haben die Deutschen ihre neue Staatsform nicht selbst gewählt. Sie wurde ihnen von den Siegern des Zweiten Weltkriegs auferlegt. Und wenn auch Deutsche an der Ausarbeitung der Institutionen mitgearbeitet haben, so hatte doch das Endprodukt, vor allem in der ersten Zeit, für viele den Beigeschmack einer Importware. Tatsache bleibt, daß die Bundesrepublik mit allen Institutionen ausgestattet wurde, die nötig waren, um diese nach Maß gearbeitete Demokratie funktionsfähig zu machen. Es war alles vorgesehen, um die Stabilität zu gewährleisten, die der ersten deutschen Republik so sehr gefehlt hatte. Jener Republik von Weimar, in der die übergroßen Machtbefugnisse des Reichspräsidenten, die schwache Position des Reichskanzlers und die Unzahl größerer und kleinerer Parteien dazu beigetragen hatten, das Regime zu schwächen und die Machtübernahme durch einen Diktator zu erleichtern.

Gewiß haben die Deutschen zu Beginn das «Geschenk» der Alliierten mit einem gewissen Mißtrauen entgegengenommen. Was hatte Hitler nicht alles über die Demokratie gesagt! Für ihn war sie gleichbedeutend mit Unordnung und Verfall. Demgegenüber gab es eine Reihe von Männern, sowohl bei den Sozialdemokraten wie auch in der Christlich-Demokratischen Union, die sehr wohl verstanden, welche Bedeutung diese auferlegte «Charta» für die Zukunft Deutschlands hatte. Es ist das Verdienst Konrad Adenauers, des ersten Bundeskanzlers, gewesen, den Deutschen klarzumachen, daß Demokratie nicht nur eine gute, sondern auch eine lohnende Sache sei. Die Situation, in der sich Deutschland damals befand, half ihm dabei. Diktatur und Nationalsozialismus hatten zum Zusammenbruch geführt. Die Sieger, mit denen man sich von nun ab würde verständigen müssen – an ihrer Spitze die Vereinigten Staaten –, repräsentierten die größten Demokratien der Welt. Auf ihrer Seite zu stehen, konnte nur richtig sein. An der demokratischen Gesinnung von Konrad Adenauer selbst konnte nicht gezweifelt werden.

Die große politische Weisheit dieses wie vom Schicksal bestimmten Bundeskanzlers bestand darin, die noch «hitlerkranken» Deutschen davon zu überzeugen, daß es in ihrer aller Interesse sei, die Sitten und Gebräuche guter und zuverlässiger

Demokraten anzunehmen. Zögernd zuerst, dann immer beherzter folgte man ihm. Der starrsinnige alte Staatsmann, der nach der Art eines absoluten Monarchen oder eines tätigen und unbeugsamen Großvaters regierte, der oft handelte, ohne irgend jemanden um Rat zu fragen, der nicht viel von der Nützlichkeit parlamentarischer Debatten hielt, stellte mit seiner «Kanzlerdemokratie» den idealen Übergang von einem diktatorischen Regime zu einer Art von Demokratie dar, die gerade noch genügend autoritäre Züge aufwies, um einer manchmal schwankenden Wählerschaft Vertrauen einzuflößen.

Nachdem sie unter Hitler einen Personenkult ohnegleichen erlebt hatten, waren die Bundesbürger glücklich, nunmehr an der Spitze der Regierung einen weisen alten Mann zu haben, dem sie mit gutem Gewissen zujubeln konnten. Diese Bewunderung hatte nichts von «Heldenverehrung» an sich. Wie sollte sie auch?

Der Aufbauwille der Unternehmer, die Zusammenarbeit zwischen Arbeitgebern und Gewerkschaften unter besonders schwierigen Bedingungen, haben viel dazu beigetragen, den Begriff der Demokratie in der Bundesrepublik populär zu machen. Die neue Staatsform brachte den Bürgern zunächst eine Besserung ihrer Lebensbedingungen, später immer größeren Wohlstand und endlich einen vorher nie gekannten Aufschwung: das Wirtschaftswunder.

Die demokratischen Lehren des Bundeskanzlers wurden von politischen Kreisen, Parlamentariern und Journalisten mit bemerkenswerter Gründlichkeit befolgt. Es gab Fälle, in denen das demokratische Gewissen sogar die Staatsräson überspielte. So konnte es geschehen, daß die christlich-demokratische Presse den deutschen Entwurf für ein Abkommen zwischen Bonn und Moskau veröffentlichte, während der damalige Bundeskanzler Willy Brandt noch darüber verhandelte. Und bevor noch der Text von der Sowjetunion offiziell gebilligt worden war. Die Aufgabe des Bundeskanzlers wurde dadurch nicht erleichtert. Die Beamten, die den Presseorganen das Dokument zugeleitet hatten, glaubten zweifellos, als gute Demokraten zu handeln.

Ein solcher Vorfall wäre in Frankreich undenkbar, wo Machthaber und Beamte eine eher «monarchische» Staatsauffassung haben, die sie daran hindert, Informationen durchsickern zu lassen, die ihrer Meinung nach den Interessen des Landes schaden könnten. Die Folge ist, daß französische Zeitungen weniger gut informiert sind als die deutschen und deshalb ihre Leser weniger gut informieren. Im Laufe der Jahre war die deutsche Presse für eine Reihe von Mini-Watergates verantwortlich. Ein Bundespräsident, Heinrich Lübke, und ein Bundeskanzler, Kurt Georg Kiesinger, wurden wegen ihrer Tätigkeit im Dritten Reich angegriffen, ein Ministerpräsident von Baden-Württemberg, Hans Filbinger, mußte zurücktreten. Es ist noch nicht lange her, da führte der Flick-Skandal zum Rücktritt des Bundeswirtschaftsministers Graf Lambsdorff und des Bundestagspräsidenten Barzel.

Die Beziehungen zwischen den beiden deutschen Republiken sind im Begriff, sich zu ändern.

In den Jahren, die der Teilung des Reiches folgten, waren sie nicht gut gewesen. Die Bundesrepublik hatte oft auf die wehrlose Bevölkerung dieses zugleich kommunistischen und deutschen Regimes – man kann sich dessen Perfektion vorstellen – die Verachtung übertragen, die sie für deren Kerkermeister empfand. Das verschaffte den Westdeutschen, die sehr bald einen höheren Lebensstandard erreichten als ihre unglücklichen Brüder im Osten, ein gutes Gewissen. Man begnügte sich damit, ihnen Pakete zu schicken.

Wer noch Verwandte «drüben» hatte, fuhr manchmal in die Deutsche Demokratische Republik; die meisten Bürger der Bundesrepublik dagegen interessierten sich nur mäßig für ein Land mit abscheulichen politischen Sitten, das überdies nicht dieselben Tourismus-Möglichkeiten bot wie Frankreich, Italien oder Spanien.

Wenn auch die Ostpolitik Willy Brandts die offiziellen Beziehungen erleichterte, so führte sie doch nicht zu einer spürbaren Annäherung zwischen den Menschen beider Staaten. Solange die sozialdemokratischen Bundeskanzler Brandt und Schmidt an der Regierung waren, schienen die Ostberliner Politiker für ihr Volk die Ansteckungsgefahr der «Westdeutschen Spielart des Sozialismus» zu fürchten: die Gefahren einer liberalen und fortschrittlichen Sozialdemokratie, die jedem politischen oder wirtschaftlichen, allein von Ideologien bestimmten Experiment abgeneigt war. Die Rückkehr der Christdemokraten an die Macht bedeutete einen Wendepunkt: In Ostberlin zeigte man sich aufgeschlossener.

In den letzten Jahren sind die Bindungen zwischen den beiden deutschen Staaten auf kulturellem und wirtschaftlichem Gebiet, insbesondere aber auch auf dem der menschlichen Beziehungen immer enger geworden. Alljährlich fahren mehrere Millionen Westdeutsche in die DDR. Jede protestantische Gemeinde in der Bundesrepublik ist durch Partnerschaft mit einer protestantischen Gemeinde im anderen Deutschland verbunden; die Kirchen stehen ständig in Kontakt miteinander. Die 500. Wiederkehr von Martin Luthers Geburtstag wurde «im Familienkreis» gefeiert. Die Begegnungen zwischen Schriftstellern und Wissenschaftlern mehren sich. Die Sprache ist die gleiche und die Kultur ist die gleiche. Die Erinnerung auch. Aber nicht ganz. Die Ostdeutschen haben das «große Vergessen» nicht mitgemacht. Die DDR wurde zum Land der «organisierten Erinnerung». Wallfahrten in Konzentrationslager, die zu Museen umgestaltet wurden, sind obligatorisch, und die Fremdenführer deuten gern an, daß die Untaten des Nationalsozialismus von einem übersteigerten Kapitalismus herrührten, wie es ihn heute in gemilderter Form in der Bundesrepublik gebe. Die Folge ist, daß die Ostdeutschen oft das, was furchtbare Wirklichkeit war, für marxistische Propaganda halten.

Westdeutschlands finanzielle Hilfe für die DDR wird immer beträchtlicher. Sie hat es dem Land ermöglicht, seine Straßen- und Eisenbahn-Netze zu modernisieren. Die kommunistischen Behörden ihrerseits erleichtern die Reisen von Westdeutschen, sind großzügiger bei der Erteilung von Ausreisegenehmigungen und lassen politische und andere Häftlinge frei, die die Bonner Regierung zu Preisen, die von Ostberlin festgesetzt werden, «freikauft».

Bei der Wahrnehmung dieser innerdeutschen Kontakte verfügt die Bundesrepublik über einen größeren Spielraum als ihre Partnerin, die von Anweisungen aus Moskau abhängig ist, auch wenn der Druck manchmal nachzulassen scheint.

Fragen Sie einen Deutschen nicht, wohin der Weg geht, den die deutsche Politik eingeschlagen hat. Hüten Sie sich vor allem, von «Wiedervereinigung» zu sprechen. Er würde Ihnen mangelnden Realismus vorwerfen. Kann man sich vorstellen, Amerika, England und Frankreich – ganz zu schweigen von der Sowjetunion – würden es hinnehmen, daß mitten in Europa ein Reich mit achtzig Millionen Einwohnern entstünde, ohne das jetzt bestehende Gleichgewicht zu gefährden?

Sprechen wir nicht von Wiedervereinigung, würde man Ihnen sagen. Wichtig ist, unsere beiden Länder durch immer festere Fäden gemeinsamer Interessen miteinander zu verknüpfen; unser Verhältnis zueinander so eng zu gestalten, daß die Bundesrepublik und die DDR zu Faktoren des Friedens und der Stabilität im Herzen unseres Kontinents werden; eine Lage zu schaffen, die einen Bruderkrieg unmöglich macht. Was sich jetzt zwischen den beiden Deutschland anbahnt, ist daher von größter Bedeutung.

Was wollen diese Deutschen letztlich erreichen, die mit so viel Eifer an der Annäherung zwischen den beiden Völkern arbeiten? Wie stellen sie sich das Deutschland von morgen vor? Sie sagen es nicht. Man versteht sie. Wie sollten sie mit einem Außenstehenden, einem Ausländer, über Vorstellungen reden, die weit davon entfernt sind, eine feste Form angenommen zu haben? Die französische Logik findet sich schlecht mit derlei unscharf umrissenen Visionen ab, die unsere Nachbarn nicht zu stören scheinen.

Immer wenn Deutschland in Bewegung kommt, horcht die Welt auf. Und es erheben sich Stimmen, die der Bundesrepublik in Erinnerung rufen, daß sie im Zentrum dieses kleinen westlichen Europas, das nicht mehr Ausdehnung besitzt, als in der Zeit vor Hitler, gerade die richtige Größe hat. Ein Deutschland mit achtzig Millionen Einwohnern wäre zu groß.

Angesichts des Mißtrauens, das sich da und dort äußert, ist die Aufgabe der Regierenden in Bonn nicht immer leicht. Sie, die Europa und der atlantischen Allianz aufrichtig treu sind, müssen jederzeit eine öffentliche Meinung berücksichtigen, die darauf dringt, daß die deutsche Frage, die Frage der Wiedervereinigung, offen bleibt.

Auch für die Verbündeten der Bundesrepublik ist die Lage nicht einfach. Die verschiedenen früheren Regierungen in Bonn schienen das Bild eines Westdeutschlands zu reflektieren, das die Teilung wie eine Schicksalsfügung akzeptiert hatte und von der Existenz seiner östlichen Brüder keine Notiz zu nehmen schien. Eine seltsame Haltung, die aber allen sehr gelegen kam. Und nun mit einemmal führt sich Westdeutschland auf wie ein innerlich zerrissenes Land, das ein Vernarben der Wunde nicht zulassen will. Ein Verhalten, das vor vierzig Jahren niemanden verwundert hätte, uns jetzt aber wieder daran erinnert, daß die deutsche Frage noch ungelöst ist.

Schließlich ist die Lage auch für das deutsche Volk nicht leicht, das von der Geschichte zur ständigen Suche nach seiner Identität verurteilt zu sein scheint. Die jungen Deutschen von heute – sie werden das Deutschland von morgen sein – haben den bedingungslosen Glauben an Amerika verloren und schon lange die Hoffnung aufgegeben, in einem großen vereinten Europa aufzugehen. So sind sie mit ihren Problemen allein und stellen sich Fragen. Sie können nicht auf die Geschichte zurückgreifen, die ihnen keine gültigen Modelle liefert, zumindest nicht, was die letzten Kapitel betrifft. Die jüngste Vergangenheit liegt noch im dunkeln, das Schweigen ihrer Väter hat dafür gesorgt. Des Zusammenhangs mit der Welt von gestern beraubt, suchen sie die Identität ihres Vaterlandes und die des deutschen Volkes zu umreißen. Sie tun es ernsthaft und gründlich. Die zahlreichen Werke über das Thema, die in den Buchhandlungen ausliegen, zeugen davon.

«Tendenzen aufzeigen bedeutet nicht, die Zukunft voraussagen zu wollen», sagt Karl Jaspers.

Ich habe den Abend mit einem Berliner Kollegen verbracht, einem der wenigen, der ein Freund geworden ist. Oder fast. Gleich bei unserer ersten Begegnung hat er zugegeben, daß er überzeugter Nationalsozialist war und die Uniform der SS getragen hat. Hat er Verbrechen begangen? Ihm sei nie der Befehl erteilt worden. Und wenn der Befehl erteilt worden wäre? Schwer zu sagen. Vielleicht wäre er wie die anderen gewesen.

Was empfindet er jetzt, so viele Jahre nach dem Krieg? Trauer? Nein. Das sei Vergangenheit. «Ich habe sie vergessen, wie man eine Krankheit vergißt.» Zorn? Empörung? Warum Zorn? Er sei nie Kommunist gewesen oder katholischer Antinazi, er sei weder Jude noch homosexuell, er habe nie ein Gefängnis der Gestapo kennengelernt. Er habe mit dem Hitler-Regime keine Abrechnung zu halten. «Und Ihr zerstückeltes Vaterland? Und Ihre Hauptstadt, die keine Hauptstadt mehr ist? Und Deutschlands entwürdigter Name?» Darüber habe er nicht nachgedacht.

Jedesmal wenn er nach Bonn kommt, sehen wir uns.

Heute abend haben wir lange dagesessen, ohne zu reden. Ich weiß, daß er unser erstes Gespräch nicht vergessen hat. Es gibt nicht viel hinzuzufügen. Oder sollte ich wiederholen: Sie sind betrogen worden. Wie einst Doktor Faustus hatten Sie Ihre Seele dem Teufel verkauft. Der Ihnen eine neue Jugend versprochen hatte, die Größe Ihres Vaterlandes, ein Reich, das die Welt beherrschen würde. Und was sind Sie heute? Bürger eines reichen Landes, das aber aus dem Leib Ihres Vaterlandes herausgeschnitten wurde. Fühlen Sie sich wirklich als Deutscher? Sind Sie immer noch, wie so viele Ihrer Landsleute, auf der Suche nach einer Identität? Und die Zukunft? Glauben Sie, daß es gelingen wird, die beiden Teile des alten Reiches wieder zusammenzufügen?

Ich habe nichts von alldem gesagt. Und ich weiß nicht, was er geantwortet hätte.

Wie lange mag unser stummer Dialog gedauert haben? Plötzlich spüre ich seine Hand auf der meinen. «Geben Sie sich doch nicht solche Mühe, versuchen Sie nicht zu verstehen, was wir gewesen sind, was wir sind und wohin wir gehen. Wir wissen es selbst nicht.»

NAMENREGISTER

Abetz, Otto 243f
Adalbert, Else 282
Adalbert, Max 282
Adenauer, Konrad 279f, 285, 287f, 290f, 302, 308f, 331f, 347
Alt, Mathilde 150f
Antinori, Marchese Francesco 211f, 225, 238, 245f, 252f, 263f
Attolico, Bernardo 256

Bahr, Egon 337
Baillet-Latour, Graf 231
Barbusse, Henri 113
Barrès, Claude 57
Barrès, Maurice 56
Barrès, Philippe 56f, 154, 157, 172, 228f, 251f, 262, 268f
Barzel, Rainer 349
Baudelaire, Charles 334
Baudissin, Wolf Graf von 320
Bechstein, Frau 50
Bérard, Léon 242
Bertrand, Louis 207
Blomberg, Werner von 159f, 229, 233, 257f
Blum, Léon 242
Boger, Wilhelm 329
Botticelli, Sandro 165
Brando, Marlon 13

Brandt, Willy 27f, 285f, 335f, 349
Braun, Eva 168
Braun, Wernher Freiherr von 288
Braun von Stumm 103, 214
Brecht, Bertolt 113, 164
Breschnjew, Leonid I. 337
Brink, Elga 165
Brinon, Fernand de 207
Brüning, Heinrich 51, 59f
Buber, Martin 63
Buber, Rafael 63
Buber-Neumann, Margarete 63f
Bulganin, Nikolai A. 302, 316f
Buñuel, Luis 25

Chaplin, Charles Spencer 143
Chruschtschow, Nikita S. 18, 23, 26, 31, 302, 316
Churchill, Sir Winston S. 18, 273, 309
Ciano, Galeazzo Graf 252f
Coblentz, Gaston 23

Dietrich, Marlene 34, 340
Dimitrow, Georgi M. 97
Dollfuß, Engelbert 161
Dostojewskij, Fedor M. 113
Dreyfus, Alfred 57

Dulles, John Foster 313
Dürer, Albrecht 217

Eden, Sir Robert Anthony 184
Eduard VIII., König von
 England 241
Eichmann, Adolf 175
Einstein, Albert 113, 125
Erasmus von Rotterdam 113
Erhard, Ludwig 314, 333
Ernst, Karl 155 f

Falkenhayn, Benita von 15
Fellini, Federico 25
Feuchtwanger, Lion 265
Filbinger, Hans 349
Fölkersam, Baron Adolf 199
Franco Bahamonde, Francisco
 231, 251
François-Poncet, André 61,
 176, 211, 227 f, 231, 242 f,
 261, 293
François-Poncet, Madame 242
Freud, Sigmund 84, 113
Friedrich Wilhelm III., König
 von Preußen 182
Fritsch, Werner Freiherr von
 257, 260 f

Gaulle, Charles de 56, 269,
 279 f, 309, 331 f
Gehlen, Reinhard 288
Globke, Hans 287 f
Goebbels, Magda 165 f
Goebbels, Joseph 34, 36, 87,
 113, 115, 129, 164 f, 170, 172,
 181, 187 f, 200, 203, 219, 222,
 230, 232, 257, 264

Goethe, Johann Wolfgang von
 42, 174
Gombault, Charles 273 f
Göring, Edda 167 f
Göring, Emmy 167
Göring, Hermann 50, 58, 88,
 97, 99 f, 105, 156, 166 f, 186,
 234, 246, 250, 257, 305
Göring, Karin 50, 167
Gorki, Maxim 315
Gounod, Charles 238
Gropius, Walter 164
Grosz, George 34, 42
Gruhn, Luise 258
Guillaume, Günter 338 f

Heine, Heinrich 206 f
Heines, Edmund 155
Helldorf, Wolf Heinrich Graf
 von 97
Hellmann 82 f, 140 f, 157, 186
Hermine, Prinzessin 105
Heß, Rudolf 49, 159 f
Himmler, Heinrich 74, 82, 193,
 205
Hindenburg, Paul von Be-
 neckendorff und von 47, 59 f,
 64 f, 73, 79, 156, 162
Hindenburg, Oskar von 59 f, 64
Hitler, Adolf 16 f, 35, 45, 48,
 49 f, 53, 55, 57 f, 69, 72 f, 78 f,
 83 f, 98 f, 102, 105 f, 109,
 116 f, 122 f, 130, 133 f, 137,
 140 f, 145, 149, 152, 155 f,
 166, 168 f, 173, 181 f, 191,
 193, 195 f, 198, 200 f, 205,
 207 f, 213, 217, 219 f, 226 f,
 235, 237 f, 247 f, 255 f, 266 f,

283, 292, 297f, 299, 316, 322f, 328, 335f, 341, 343f, 347f, 352
Hoßbach, Friedrich 256f

Jacob, Berthold 43f, 57
Jaspers, Karl 353
Jesus 293
Johnson, Lyndon B. 28
Joxe, Louis 314

Kafka, Franz 113
Kennedy, John F. 26f
Kessel, Joseph 54f
Kiesinger, Kurt Georg 349
Klee, Paul 34
Kokoschka, Oskar 34, 164
König, Edo 322
Korsakoff, Sergej 54

Lambsdorff, Otto Graf 349
Lang, Fritz 130
Laporte, Guy 55
Lazareff, Pierre 273
Le Corbusier 164
Lederer, Joe 69f
Lenin, Wladimir I. 23, 30, 75, 206, 303
Leopold III., König der Belgier 301
Lichtenberg, Pater 172
Liebermann, Max 125, 238
Lingens, Ella 234
Löwenthal, Richard 152
Lubbe, Marinus van der 97
Lubitsch, Ernst 130
Lübke, Heinrich 349
Ludendorff, Erich 47, 49

Ludendorff, Mathilde 49
Lueger, Karl 203
Luther, Martin 350

Magistrati, Graf 252f
Mahler, Gustav 265
Mahler Werfel, Alma 265
Malenkow, Georgi M. 302
Mann, Thomas 113, 282
Marlowe, Christopher 71
Martini, Professor 334
Marx, Karl 113, 205
Max, Prinz von Baden 47
Méhul, François-Étienne 76
Mitford, Unity 168, 241
Mitscherlich, Margarete 182
Molnár, Franz 138
Molotow, Wjatscheslaw M. 316
Morell, Theo 237
Mosley, Sir Oswald 240
Müller, Gabriele 303, 305
Müller, Hermann 51, 120f
Mussolini, Benito 58, 143, 161, 213f, 246, 251f

Napoleon I., Kaiser der Franzosen 182
Natzmer, Renate von 15
Neumann, Heinz 63f
Neurath, Konstantin Freiherr von 228, 252f, 257
Nicolson, Harold 57
Noelle-Neumann, Elisabeth 310

Ossietzky, Carl von 43, 190

Papen, Franz von 60f, 64f, 156, 162, 170
Philon von Alexandria 293
Phipps, Sir Eric 229
Pierre, Abbé 344
Pirandello, Luigi 216
Pleven, René 309
Prévost, Marcel 242
Preßburg, Henriette 206
Price, Ward 173
Prokofjew, Sergej S. 317
Proust, Marcel 37, 113

Raeder, Erich 257
Raubal, Angela 168
Remarque, Erich Maria 113
Ribbentrop, Joachim von 243, 257
Riefenstahl, Leni 201f
Rilke, Rainer Maria 37
Röhm, Ernst 58, 155, 160
Rommel, Erwin 300, 320
Rommel, Manfred 300
Roosevelt, Franklin D. 13

Sarraut, Albert 230
Sauerwein, Jules 173, 189f
Schacht, Hjalmar 126, 141, 248f
Schaljapin, Fedor I. 315
Schleicher, Kurt von 65, 154, 156
Schmid, Carlo 121, 151, 334
Schmidt, Helmut 337, 342, 350
Schönberg, Arnold 34
Schröder, Kurt Freiherr von 64
Schuerl, Peter 148
Schumacher, Kurt 310

Seeckt, Hans von 44
Semjonow, Wladimir 302
Seydoux, François 334
Shakespeare, William 71
Shaw, George Bernard 129
Simon, Sir John 183f
Simpson, Wallis W. 241
Sinclair, Upton 113
von Sosnowski, Hauptmann 15f
Spengler, Oswald 176f
Spitz, René 84f
Springer, Axel Cäsar 319
Stalin, Josef W. 17f, 63f, 267f, 302, 314, 316
Steiner, Rudolf 190
Stendhal 11
Streicher, Julius 203f
Strieder, Edmond 41f, 51f
Strieder, Frau 54
Stroheim, Erich von 322

Torgler, Ernst 97

Ulbricht, Walter 23, 27, 303f, 306f

Wagner, Winifred 50
Wagner, Richard 89, 238f
Wasserstrom, Dunia 329
Weinreich, Lily 136
Wells, Herbert George 113
Werfel, Franz 265
Wessel, Horst 76
Wilder, Billy 130
Wilhelm II., Deutscher Kaiser 47, 105, 233
Williams, Edith 136

Zola, Émile 113

Axel Eggebrecht

Der halbe Weg

Zwischenbilanz einer Epoche

347 Seiten. rororo 4813

Der namhafte Publizist und «zornige alte Mann» Axel Eggebrecht erzählt von sich und der Epoche, deren Zeuge er war: Die Jugend im Kaiserreich, das Chaos der Nachkriegszeit, Kapp-Putsch und Kommunistische Partei, das Berlin der zwanziger Jahre und das Moskau des V. Weltkongresses, die Wirtschaftskrise und die Agonie der Republik, Nazizeit, Verhaftung und Neubeginn nach 1945. Stationen eines exemplarischen Lebens, dessen Weg bedeutende Zeitgenossen kreuzten: Kurt Tucholsky und Carl von Ossietzky, Alfred Döblin und Bertolt Brecht, Joseph Roth, Egon Erwin Kisch, Hans Fallada, Erich Maria Remarque; aber auch Willi Forst und Marlene Dietrich.

«Es ist die spannende, klar konzipierte, klug
und mitreißend geschriebene
Geschichte einer Generation»
(Rheinische Post)

Rowohlt

Carola Stern

In den Netzen der Erinnerung

Lebensgeschichte zweier Menschen

256 Seiten. Gebunden

«Carola Stern, Redakteurin beim WDR und Mitbegründerin der Deutschen Sektion von amnesty international, hat, inzwischen einundsechzigjährig, ihre Erinnerungen aufgeschrieben. Ihr Buch unterscheidet sich von vergleichbaren Memoirenbänden, indem es zugleich die Lebensgeschichte des Ehepartners mitteilt, in einem zweiten, die eigene Biographie ständig unterbrechenden und kontrastierenden Erzählstrang.
Die weibliche Zentralgestalt trägt den Namen Erika Asmus.
Es ist dies der Geburtsname Carola Sterns. Die Wahl des jüdisch klingenden Pseudonyms erfolgte unter dem Eindruck jüdischer Schicksale, von denen sie nach dem Kriege erfuhr; einige hatte sie auch, ohne alles recht zu begreifen, schon als Kind miterlebt. Das Generalthema dieser Erinnerungen ist damit angeschlagen. Hier versucht jemand alle auch nach vierzig, fünfzig Jahren noch vorhandenen Gefühle der Mitbeteiligung und Mitschuld zu bewältigen: indem er freimütig davon spricht.»
(Rolf Schneider, Der Spiegel)

«Carola Stern hat ein Lehrbuch verfaßt gegen ‹Systeme› jeglicher Art, ein fesselndes und durch und durch humanistisches Plädoyer für die Unantastbarkeit der Menschenwürde.»
(De Schnüss, Stadtzeitung Bonn)

«Thema des Buches: Nichts über das politische Deutschland heute. Alles – und so gut und bewegend, wie ich es nirgends gelesen habe – darüber: Wie konnten wir so irren, Götzen dienen, die sich als Verbrecher entpuppten und uns alle zu Mittätern grausamer Morde machten?»
(DIE ZEIT, Gerd Bucerius)

Rowohlt

Leonard Gross

Versteckt

Wie Juden in Berlin
die Nazi-Zeit überlebten

Deutsch von Cornelia Holfelder – von der Tann

380 Seiten. Gebunden

Von den etwa 160 000 Juden, die zur Zeit von Hitlers Machtübernahme in der Hauptstadt lebten, waren zuletzt doch noch mehr als eintausend den Häschern entkommen und überstanden mit unsäglichen Ängsten und Mühen die ganze Nazi-Zeit und den Krieg. Diesen «U-Booten», wie sie selbst sich bezeichneten, widmet der amerikanische Journalist Leonard Gross seinen von Spannung, Dramatik, Mut und schieren Wundern erfüllten Tatsachenbericht.
Die Geschichte einiger dieser Überlebenden recherchierte Gross in zahllosen Gesprächen, aus denen noch immer die Erinnerung an die ständige Lebensgefahr herausklingt, in der nicht nur die untergetauchten Juden, sondern erst recht ihre nichtjüdischen Retter, Helfer und Mitwisser schwebten. Daß sie alle die Gestapo zu fürchten hatten, war klar; daß aber zugleich in deren Diensten auch jüdische Spitzel ihr Unwesen trieben, wirkte auf manche der Verfolgten wie ein Schock. Das Buch von Gross ist nicht als Anklage angelegt, sondern als ein fast romanhafter Tatsachenbericht ohne Schwarz-Weiß-Malerei.
(NDR)

Rowohlt

Peter Koch

Konrad Adenauer
Eine politische Biographie

Wissenschaftliche Mitarbeit Klaus Körner
540 Seiten. Gebunden

«Koch analysiert nicht den Politiker, sondern er schildert den Menschen. Er präsentiert einen Adenauer zum Anfassen, und er macht nachdenkliche Leser dadurch neugierig auf das, was hinter dem Sichtbaren steckt.»
(DIE ZEIT)

«Koch schwankt zwischen der Faszination, die von Adenauer ausgegangen ist, und der Ablehnung seines autoritären Stils, die er als junger Journalist in den 60er Jahren selbst empfunden hat, als er Adenauer in Pressekonferenzen in Bonn erlebt hat. Mir scheint, dieses Schwanken ist eine gute Voraussetzung, um das Leben des ersten Kanzlers der Bundesrepublik in seinen verschiedenen Facetten anschaulich zu beschreiben.»
(Süddeutscher Rundfunk)

Rowohlt

Anke Martiny

Wer nicht kämpft, hat schon verloren

Frauen und der Mut zur Macht

304 Seiten. Gebunden

Die bayerische SPD-Politikerin Anke Martiny, seit Ende 1972 im Deutschen Bundestag, zieht eine Zwischenbilanz ihres – weiblichen – politischen Wirkens: Lohnt es sich für Frauen, um Macht zu kämpfen? In allen Parteien gibt es Frauen, die es an Fachkenntnissen, politischer Erfahrung, Rhetorik und Leistungsfähigkeit mit den Männern aufnehmen können. Sie haben den Männern wesentliche Erfahrungen voraus, auch die Erfahrung von Mutterschaft und Kindererziehung, die ihnen zu größerer Standfestigkeit im politischen Leben verhilft. Politikerinnen – «Überzeugungstäterinnen» im Kampf um die Macht?

Anke Martiny beschreibt die Entwicklung des weiblichen Selbstbewußtseins und wie sie die Veränderung der politischen Landschaft erfahren hat. War es vor zwanzig Jahren noch möglich, die Frauen als «Wählergruppe» und einzelne Politikerinnen als Aushängeschild zu *benutzen*, so gilt heute: Frauen lassen sich nicht länger be-handeln noch be-nutzen – sie handeln selbst. Für Wahlforscher sind sie zur wichtigsten, weil mobilsten Gruppe geworden, denn für sie hat sich am meisten verändert: sie wählen nach ihren Interessen.

Niemand bestreitet, daß uns die Männerpolitik bei der Hochrüstung und bei der Ausbeutung der Natur an den Rand des Abgrunds geführt hat. Gibt es feministische Gegenentwürfe?

Die Zeit für Handlungsstrategien – konkret und in Kochrezeptmanier – ist noch nicht gekommen: nach wie vor sind zu wenig Frauen am Machtspiel beteiligt, jede ihre eigene Orchidee. Eine Kleewiese wäre fruchtbarer.

Rowohlt

Paul Frank

Die senile Gesellschaft

Hieb- und Stichworte

189 Seiten. Gebunden

Paul Frank, Jahrgang 1918, ehemaliger Staatssekretär im Auswärtigen Amt und Chef des Bundespräsidialamtes, dreißig Jahre in politischen Diensten des Staates, hat ein Buch geschrieben über die Befindlichkeit der bundesrepublikanischen Gesellschaft. Seine Beobachtungen über die «Schule des Konformismus» (Parteien) · über die «Verödung» (des Parlaments) · über den «Wilden Westen» (auf den bundesdeutschen Autobahnen) · über das «Urdeutsch(e)» (einiger Fernsehsendungen) · über den «Slogan» (zu dem die freie Marktwirtschaft verkommen ist) · über die «Inquisition» (die Gewissensprüfung für Wehrdienstverweigerer) · über die «Politik im Sitzen» (unserer jetzigen Regierung) · über die «Steinzeit» (die in der Diplomatie ausgebrochen ist) · über «Krieg und Frieden», «Bergpredigt und Pentagon» diagnostizieren in vielen einzelnen Hieb- und Stichworten die Zeichen der Zeit. Der Befund ist eindeutig: diese Gesellschaft ist altersschwach.

> «Die senile Gesellschaft sagt: ‹Nach uns die Sintflut!›
> Die erneuerte, lebendige Republik antwortet: ‹Nein!›
> Die neue Arche, die uns allen offensteht,
> ist aus Mut, innerer Unabhängigkeit
> und persönlicher Freiheit gezimmert.»

Rowohlt